Dietrich-Alex Koch

Die Bedeutung der Wundererzählungen
für die Christologie des Markusevangeliums

Dietrich-Alex Koch

Die Bedeutung der Wundererzählungen für die Christologie des Markusevangeliums

Walter de Gruyter · Berlin · New York
1975

Beiheft zur Zeitschrift für die neutestamentliche Wissenschaft
und die Kunde der älteren Kirche

Herausgegeben von Eduard Lohse
Beiheft 42

©
ISBN 311 004783 7
Library of Congress Catalog Card Number: 74 — 80631
1975
by Walter de Gruyter & Co., vormals G. J. Göschen'sche Verlagshandlung—J. Guttentag,
Verlagsbuchhandlung — Georg Reimer — Karl J. Trübner — Veit & Comp., Berlin 30
Alle Rechte des Nachdrucks, der photomechanischen Wiedergabe,
der Übersetzung, der Herstellung von Mikrofilmen und Photokopien,
auch auszugsweise, vorbehalten.
Printed in Germany
Satz und Druck: Walter de Gruyter & Co., Berlin 30
Bindearbeiten: Lüderitz & Bauer, Berlin 61

Dem Gedenken meiner Mutter

Vorwort

Die vorliegende Untersuchung wurde 1973 von der Theologischen Fakultät der Universität Göttingen als Dissertation angenommen. Für die Veröffentlichung ist sie an einigen Stellen überarbeitet, z. T. gekürzt und um die neuere Literatur ergänzt worden.

Ausgangspunkt für diese Arbeit war die eigentümliche Spannung zwischen der kritischen Einstellung des Markus zu den Wundertraditionen, wie sie etwa in den Verbreitungsverboten sichtbar wird, und der gleichzeitigen Hervorhebung der Wundertaten Jesu in den Summarien. Wenn das Ergebnis der Beschäftigung mit diesem Fragenkreis nun im Druck erscheint, so in der Hoffnung, daß sie an einigen Punkten ein sinnvoller Beitrag zu der breiten redaktionsgeschichtlichen Debatte über das Markusevangelium sein könnte.

Dankbar nenne ich an dieser Stelle die theologischen Lehrer, die mein Studium bestimmten, insbesondere Prof. Hans Conzelmann, dessen methodische Strenge und Unbestechlichkeit mir zum Maßstab wurden, und den mir unvergeßlichen Prof. Ernst Wolf.

Entscheidenden Anteil an der Entstehung der Arbeit hatten Prof. Hans Conzelmann und Landesbischof Prof. Eduard Lohse. Sie ermutigten mich, meine Examensarbeit zum gleichen Thema zur Grundlage für diese Dissertation zu wählen und haben die Fertigstellung hilfreich begleitet.

Gern erinnere ich mich auch der zahlreichen Gespräche mit Wolfgang Hinze und Andreas Lindemann. Während der über vierjährigen gemeinsamen Arbeit bei Prof. Hans Conzelmann entwickelte sich ein fruchtbarer Austausch von Anregung und Kritik, der auch dieser Arbeit zugute gekommen ist.

Danken möchte ich auch meiner Frau, die trotz eigener beruflicher Aufgaben der erste Gesprächspartner für Probleme und Schwierigkeiten bei der Anfertigung war.

Für die jetzt erfolgte Veröffentlichung ist ein vierfacher Dank — und zwar nicht nur pflichtgemäß — abzustatten: Herrn Landesbischof Prof. Eduard Lohse für die Aufnahme in die Beihefte zur ZNW, der Ev.-luth. Landeskirche Hannovers und der Theologischen Fakultät Göttingen, die durch einen bedeutenden Zuschuß die Drucklegung ermöglichten, und nicht zuletzt dem Verlag und seinen Mitarbeitern für die endgültige Gestaltung des Buches.

Dietrich-Alex Koch

Inhaltsverzeichnis

Vorwort VII

Zitierweise und Abkürzungen XII

I. Einleitung: Problemkreis, gegenwärtiger Diskussionsstand und Fragestellung 1

II. Vorfragen: Die vormarkinische Tradierung der Wundererzählungen 8

    1. Die gegenwärtige formgeschichtliche Debatte über die Wunderüberlieferungen 8
        a) Die Differenz von Mündlichkeit und Schriftlichkeit 8
        b) Zur Gattungsbestimmung der Wunderüberlieferungen 12
        c) Der 'Sitz im Leben' der mündlich tradierten Wundererzählungen . . 15
        d) Die Abschlüsse der Wundererzählungen 19

    2. Zur Frage der traditionsgeschichtlichen Herkunft der markinischen Wundererzählungen 26

    3. Zum Problem von vormarkinischen Wundersammlungen . . 30

    4. Zur Frage der schriftlichen Fixierung der markinischen Wundererzählungen 39

III. Die markinische Gestaltung der Wundererzählungen 42

    1. Die Interpretation der Wunder als Darstellung der ἐξουσία der Lehre Jesu 42
        a) Die jeweilige markinische Redaktion 43
            α) Mk 1 21—28 43
            β) Mk 2 1—12 46
            γ) Mk 3 1—6 50
        b) Gemeinsamkeiten der redaktionellen Interpretation bzw. Verwendung 52
        c) Die Funktion von Mk 1 21—28 2 1—12 und 3 1—6 im Kontext . . 53

    2. Dämonenanreden und Schweigebefehle — Zum markinischen Verständnis der Exorzismuserzählungen 55
        a) Die Funktion der Dämonenreden und der Schweigebefehle in den Exorzismuserzählungen 55
        b) Die markinische Redaktion von Mk 5 1—20 62

3. Wunder und Öffentlichkeit — Verbreitungsverbote und
   öffentliche Wirkung 64
   a) Die jeweilige markinische Redaktion 65
      α) Mk 5 21—24. 35—43 65
      β) Mk 8 22—26 68
      γ) Mk 7 31—37 72
      δ) Mk 1 40—45 73
      ε) Mk 5 1—20 78
   b) Ergebnis 84
   c) Nachtrag: Die Verborgenheit Jesu in Mk 7 24—30 85

4. Die Epiphanie Jesu in den sog. ‚Natur'wundern und das
   Unverständnis der Jünger 92
   a) Mk 4 35—41 93
   b) Mk 6 30—44 99
   c) Mk 6 45—52 104
   d) Mk 8 1—9 109
   e) Die Interpretation von 6 30—44 und 8 1—9 in Mk 8 14—21 . . . 110

5. Wundererzählungen nach Mk 8 27 113
   a) Mk 9 14—29 114
   b) Mk 10 46—52 126
   c) Mk 11 12—14. 20—25 132

6. Wundererzählungen, die lediglich durch den markinischen
   Kontext interpretiert werden 134
   a) Mk 1 29—31 134
   b) Mk 5 25—34 136

IV. Die Reflexion über Jesu Wundertaten in der vormarkinischen
    Tradition und deren Interpretation durch Markus — Wunder
    und öffentliche Ablehnung Jesu 140

    1. Mk 3 20—35 140
    2. Mk 6 1—6a 147
    3. Mk 6 14—16 154
    4. Mk 8 11—13 155

V. Die Interpretation der Wundererzählungen in den summarischen Darstellungen des Wirkens Jesu 160

   1. Mk 1 32—39 161
   2. Mk 3 7—12 166
   3. Mk 6 53—56 169

4. Folgerungen 171
   a) Jesu Exorzismen als kosmischer Kampf? 171
   b) Jesu Wundertaten als Zeichen der anbrechenden βασιλεία τοῦ θεοῦ? 173
   c) Die Wunder Jesu als Hinweise auf die Auferstehungsherrlichkeit? . 176

VI. Wundererzählungen und Christologie im Markusevangelium 180

  1. Die Vielfalt der markinischen Interpretationsmomente . . 180

  2. Die kritische Interpretation der Wundererzählungen im Markusevangelium 182

  3. Die positive Funktion der Wundererzählungen für die Christologie des Markusevangeliums 188

Literaturverzeichnis 194

Register 208

Zitierweise und Abkürzungen

1. Selbständige Veröffentlichungen werden jeweils mit dem Verfassernamen und einem Titelstichwort angegeben (Kommentare mit der Abkürzung der kommentierten Schrift).
2. Aufsätze werden mit dem Verfassernamen und dem Fundort (also ohne Titelstichwort) zitiert. Bei einem Neuabdruck in einer Aufsatzsammlung (einheitlich: »Aufs.«) ist auch das Jahr der Erstveröffentlichung genannt.
3. Hervorhebungen im Original sind, wenn nicht anders angegeben, nicht beibehalten.
4. Die Abkürzungen der biblischen Bücher folgen dem in der ‚Zeitschrift für die Neutestamentliche Wissenschaft' üblichen Schema. Die sonstigen Abkürzungen entsprechen den Abkürzungsverzeichnissen in den Werken: Die Religion in Geschichte und Gegenwart (hg. von K. Galling) ³VI, Tübingen 1962; Theologisches Wörterbuch zum Neuen Testament I—IX (hg. von G. Kittel, ab. Bd. V von G. Friedrich), Stuttgart 1933—1973 und W. Bauer, Griechisch-deutsches Wörterbuch zu den Schriften des Neuen Testaments und der übrigen urchristlichen Literatur, Berlin ⁵1963.

Außerdem werden verwendet:

AGSU	Arbeiten zur Geschichte des Spätjudentums und Urchristentums, Hg.: Institutum Iudaicum, Tübingen
BL	Bibel und Leben, Düsseldorf
EvErz	Der Evangelische Erzieher. Zeitschrift für Pädagogik und Theologie, Frankfurt/M.
SBM	Stuttgarter Biblische Monographien, Hg.: J. Haspecker und W. Pesch
SBS	Stuttgarter Bibelstudien, Hg.: H. Haag, R. Kilian und W. Pesch
SNTS Mon. Ser.	Society for New Testament Studies. Monograph Series, Hg.: M. Black
StANT	Studien zum Alten und Neuen Testament, Hg.: V. Hamp und J. Schmid
SThU	Schweizerische Theologische Umschau, Bern
StudEv	Studia Evangelica, Hg.: Band I K. Aland, F. L. Cross u. a., ab Band II F. L. Cross
SUNT	Studien zur Umwelt des Neuen Testaments, Hg.: K. G. Kuhn
WMANT	Wissenschaftliche Monographien zum Alten und Neuen Testament, Hg.: G. Bornkamm und G. v. Rad
Aufs.	Aufsatzsammlung
Festschr.	Festschrift
Gedenkschr.	Gedenkschrift

I. Einleitung: Problemkreis, gegenwärtiger Diskussionsstand und Fragestellung

Der Verfasser des Markusevangeliums (»Markus«)[1] hat — soweit erkennbar — als erster[2] die Passion mit Traditionen vom Wirken des irdischen Jesus verbunden, die keinen Bezug zur Passionstradition enthielten. Daß er hier Neuland betritt — und zwar bewußt —, zeigt sich an der Art, beide Traditionsbereiche miteinander zu verklammern: Der ursprüngliche Beginn der Passionserzählung wird von Mk 14 1 auf 11 1 vorverlegt, ab 8 27 vorbereitet[3] und mit 3 6[4] bereits angedeutet[5]. Somit wird M. Kählers Charakterisierung der Evangelien (insbesondere des Markus- und Johannesevangeliums) als »Passionsgeschichten mit ausführlicher Einleitung«[6] verständlich. Sie weist zu Recht auf den gemeinsamen Zielpunkt des gesamten Markusevangeliums hin, reduziert jedoch zu sehr das Gewicht von Mk 1 1—8 26[7]. Denn die Mühe, die Markus aufwendet, um Passionstradition und passionslose Jesustraditionen miteinander zu verbinden, widerspricht der Annahme, diese lediglich als Einleitung oder Hinführung zur Passionsdarstellung zu verstehen. Gerade dazu boten sie sich von Haus aus gar nicht an!

Daß in der Passionstradition und den passionslosen Jesustraditionen gegenläufige Tendenzen wirksam sind, wird besonders deutlich,

---

[1] Zur Verfasserfrage vgl. Kümmel, Einleitung 67—69; Conzelmann, Geschichte 144.

[2] Die Beurteilung des MkEv als Beginn der Evangelienschreibung verändert sich natürlich dann, wenn mit der Entstehung der gleichen Form des Evangeliums unabhängig vom MkEv im joh (so Robinson, in: Jesus and man's hope I, 1970, 102—106; ders., in: Köster-Robinson, Entwicklungslinien 248—250, vgl. auch 218f.) oder vorjoh Raum (so Haenchen [1959] Aufs. I 112f. und Fortna, Gospel 221—223) zu rechnen ist. Doch ist eine solche Annahme problematisch, s. u. S. 32 A 8. Vgl. auch die gegenteilige Sicht von Conzelmann, Grundriß 354: Mit der literarischen Unabhängigkeit der Traditionsstoffe des JohEv von den übrigen Evangelien »ist nicht gesagt, daß Johannes von den anderen Evangelien nichts weiß. Das ist schon daraus zu folgern, daß er sein Buch nach dem literarischen Muster des Evangeliums gestaltet. Aber er verwertet sie nicht als seine Quellen.«

[3] Vgl. Conzelmann, in: Conzelmann u. a., Bedeutung 41f.

[4] Zur mk Herkunft s. u. S. 50—52.

[5] In Mk 3 22 (οἱ γραμματεῖς οἱ ἀπὸ Ἱεροσολύμων καταβάντες) liegt ein weiterer Vorverweis auf die Passion vor, s. u. S. 145.

[6] Kähler, Der sogenannte historische Jesus (2. Aufl. 1896) 80 A 1 (= ThB 2, 59f. A 1).

[7] Vgl. Conzelmann, in: Conzelmann u. a., Bedeutung 39f. Strecker, Festschr. O. Cullmann, 1972, 91.

wenn man die Wundererzählungen betrachtet, die in der markinischen Darstellung des Wirkens Jesu einen breiten Raum einnehmen.

Die markinische Passionsdarstellung[8] entfaltet die unlösliche Verknüpfung von Leiden und Würde Jesu: Die Passion ist die notwendige und bleibende Bestimmung seiner Herrlichkeit[9]. Deshalb erfolgt die erste öffentliche Selbstkundgabe Jesu im Verhör vor dem Hohen Rat (Mk 14 62) und das erste öffentliche Bekenntnis zu Jesu Gottessohnschaft unter dem Kreuz (Mk 15 39)[10]. Umgekehrt stellen die Wundererzählungen direkt die Macht und Würde Jesu in seinem irdischen Wirken dar. Er erscheint — in jeder einzelnen Wundergeschichte — als der machtvolle Herr über Dämonen (so Mk 1 21—28) oder Krankheiten (so Mk 5 21-43) oder Naturgewalten (so Mk 4 35-41), und das Ziel der Erzählung ist im akklamatorischen Schluß, der Verherrlichung des Wundertäters (so Mk 1 27 7 37), erreicht. In diesen Erzählungsschlüssen, die direkte christologische Aussagen darstellen[11], erscheint — wie in der Gesamtheit jeder Wundererzählung — kein einziger Bezug zum Passionskerygma oder gar ein Verständnis der Person Jesu im Sinne einer theologia crucis. Eine ganze Reihe von Wunderüberlieferungen weist vielmehr in die Sphäre einer hellenistischen Offenbarungsreligiosität, für die im Wundertäter die heilbringenden göttlichen Kräfte epiphan werden[12].

Die grundsätzliche Frage, die sich von hier aus an die markinische Redaktion stellt, besteht darin, wie Markus diese gegenläufigen Tendenzen miteinander verbunden hat. Die äußere Verklammerung durch die mehrfachen Vorverweise auf die Passion ist ja deutlich. Entspricht nun dieser äußeren Verklammerung auch eine innere? Wenn Markus Passionstradition und Wundertraditionen auch inhaltlich aufeinander bezogen hat, so müßte sich dies auch in der Redaktion der Wundererzählungen ausgewirkt haben und am redaktionellen Vorgehen des Markus feststellbar sein. Versucht man, die in der Lite-

---

[8] Zur Analyse und Interpretation der mk Passionsdarstellung vgl. Bultmann, Geschichte 282—308 (mit ErgH 94—102, bes. 101f.); Dibelius, Formgeschichte 178—218; Lohse, Geschichte; Conzelmann, in: Conzelmann u. a., Bedeutung 39—48. Eine Übersicht über die neuere Diskussion der Passionsüberlieferung(en) vermittelt Conzelmann, ThR NF 37, 1972, 243—245.

[9] Vgl. Conzelmann, in: Conzelmann u. a., Bedeutung 42f. Zur ekklesiologischen Konsequenz dieses christologischen Sachverhalts (Leidensnachfolge) vgl. ders. a. a. O. 43; ders., EvErz 20, 1968, 255f.; Haenchen (1968) Aufs. II 102—120; Schweizer, Mk 99—102; Reploh, Markus 123—140.

[10] Zur Interpretation der Stellen vgl. Vielhauer (1964) Aufs. 203—205. 208f.; zur bewußten Verwendung der Königstitulatur gerade in der Darstellung der Passion vgl. ders. a. a. O. 209—214.

[11] S. u. S. 28.

[12] Zur traditions- und religionsgeschichtlichen Einordnung der Wundererzählungen s. u. S. 26—30.

ratur diskutierten Antworten zu schematisieren, so ergeben sich drei Grundmöglichkeiten:

1. Markus hat durch die Einbeziehung der Wundererzählungen in seine Konzeption des Messiasgeheimnisses den Epiphaniecharakter der Wundergeschichten zurückgedrängt.

Diese Deutung wird vor allem dort vertreten, wo man in Fortführung von W. Wredes Analysen[13] das Messiasgeheimnis als theologische Aussage des Markus versteht[14], mit dessen Hilfe er die ihm vorgegebenen Traditionen interpretiert und korrigiert. Dabei hat sich jedoch die Beurteilung der vormarkinischen Traditionen entscheidend gewandelt: Die synoptischen Überlieferungen zeichnen nicht — wie W. Wrede voraussetzte — ein unmessianisches Bild vom Wirken Jesu, sondern deuten dieses bereits christologisch[15]. Dadurch ergibt sich — in Wahrung der literarischen Beobachtungen W. Wredes[16] — eine Umkehrung in der Deutung des Befundes: »Nicht der *un*messianische Charakter von Überlieferungsstücken macht dem Evangelisten Mühe, sondern im Gegenteil der messianische«[17]. Diese Deutung des Messiasgeheimnisses als bewußter Korrektur der Überlieferung — einschließlich der Wundertraditionen — hat in gewissem Umfang Zustimmung gefunden[18].

2. Markus hat die Wundertraditionen nicht kritisch-restriktiv, sondern positiv aufgenommen. Durch das Stilmittel der — durchbrochenen — Schweigegebote und die von ihm selbst gestalteten Summarien betont er die allgemeine, nicht zu verhindernde Ausstrahlung und Anziehungskraft der Wunder Jesu.

In diesem Sinne hat zuerst H. J. Ebeling[19] alle Momente interpretiert, die W. Wrede zur Formulierung seiner Theorie vom marki-

---

[13] Wrede, Messiasgeheimnis (1901).

[14] Wrede, Messiasgeheimnis 154f. (vgl. auch 206) hat mit einer vormk Entstehung der Geheimnistheorie gerechnet, die Mk seinerseits aufgreift; diese Sicht Wredes hebt Strecker, ZThK 57, 1960, 75f.; ders., TU 88 (StudEv III), 1964, 87—89 hervor. Da die für die Geheimnistheorie relevanten Stellen des MkEv jedoch mit großer Wahrscheinlichkeit durchgehend redaktionell sind, rechnet man seit Bultmann (Geschichte 371—373; Theologie 33) meist mit deren rein mk Herkunft, vgl. Conzelmann, ZThK 54, 1957, 293; ders., Grundriß 159; Strecker, TU 88 (StudEv III), 1964, 89—96.

[15] Diese Korrektur an Wrede formuliert ausdrücklich Conzelmann, ZThK 54, 1957, 293f.; vgl. ders., Grundriß 159.

[16] Vgl. die positive Beurteilung der methodischen Strenge in Wredes Analysen durch Conzelmann, ThLZ 91, 1966, 754.

[17] Conzelmann, ZThK 54, 1957, 294 (Hervorhebung im Original).

[18] Vgl. Kümmel, Einleitung 62; Strecker, TU 88 (StudEv III), 1964, 93; Vielhauer (1964) Aufs. 201; Schweizer (1965) Aufs. II 19; Robinson, in: Köster-Robinson, Entwicklungslinien 47; Köster ebd. 175.

[19] H. J. Ebeling, Messiasgeheimnis (1939).

nischen Messiasgeheimnis führten. Da diese Radikallösung allzu gewaltsam war, hat sie zunächst keine große Auswirkung gehabt[20]. Vor einiger Zeit hat jedoch U. Luz[21] in differenzierter Form an sie angeknüpft[22]: Er unterscheidet zwischen den Schweigegeboten, die nur den direkten Aussagen über die Person Jesu zugeordnet sind (so Mk 3 11f. 8 29f.) und denen keine Durchbrechung folgt, und den Verbreitungsverboten, die den Wundererzählungen zugeordnet sind und die darauf zielen, durchbrochen zu werden[23].

3. Markus hat, indem er die vornehmlich hellenistischen Wundererzählungen in sein Evangelium aufnahm, Jesus bewußt als halbmythischen Gottmenschen dargestellt, der — mit übernatürlichen Kräften augsestattet — unerkannt über die Erde schreitet.

Diese — besonders von S. Schulz[24] vertretene — Deutung kennt keine sachliche Spannung zwischen Wunderüberlieferung und Passionsdarstellung: Gerade auch die markinische Darstellung der Passion ist Ausdruck einer theologia gloriae, Darstellung des irdischen Weges des gottmenschlichen Erlösers[25]. Diese Sicht gewinnt an Geschlossenheit, wenn man voraussetzen kann, daß zum theologiegeschichtlichen Ausgangspunkt des Markusevangeliums eine Präexistenz- und Abstiegschristologie im Sinne von Phil 2 6-11 gehörte[26].

Die Tatsache solch stark divergierender Interpretationen weist darauf hin, daß in keiner Deutung alle Momente, die mit der Aufnahme und redaktionellen Bearbeitung der Wundertraditionen im Markusevangelium verknüpft sind, hinreichend erklärt werden.

Die zuerst skizzierte Deutung kann zwar alle mit dem Problem des ‚Messiasgeheimnisses' verbundenen literarischen Momente als Einheit interpretieren, aber eine positive Funktion der Wundererzählungen im Markusevangelium wird nicht sichtbar. Die mögliche Auskunft, daß Markus die Wundererzählungen nur unter dem Druck der Tradition übernommen habe, befriedigt nicht, besonders angesichts

---

[20] Zur Kritik an H. J. Ebeling vgl. Percy, Botschaft 289f.; Minette de Tillesse, Secret 25—28; Strecker, ZThK 57, 1960, 78 A 2; s. auch Luz, ZNW 56, 1965, 17 A 37.
[21] Luz, ZNW 56, 1965, 9—30.
[22] Vgl. Luz, ZNW 56, 1965, 17 A 37.
[23] Diese Unterscheidung übernimmt Roloff, EvTh 29, 1969, 86f.
[24] Schulz, Stunde 46—79.
[25] So ausdrücklich Schulz, Stunde 77.
[26] So Schulz, ZThK 58, 1961, 184—188. 196 (doch s. u. S. 178); Schreiber, ZThK 58, 1961, 154—183; ders., Theologie 218—228 (bes. 222). Diese These ist — soweit ich sehe — von Bultmann, Geschichte 372f. angestoßen, der die Absicht des MkEv in der »Vereinigung des hellenistischen Kerygma von Christus, dessen wesentlicher Inhalt der Christusmythos ist, wie wir ihn aus Paulus kennen (bes. Phil 2, 6ff.; Röm 3, 24), mit der Tradition über die Geschichte Jesu« sieht.

der Tatsache, daß Markus das Gewicht der Wundertradition in seinem Evangelium durch mehrere Summarien (Mk 1 32-39 3 7-12 6 53-56) nachdrücklich unterstrichen hat[27].

Die zweite Deutungsmöglichkeit trägt zwar den positiven Momenten in der Aufnahme der Wundererzählungen im Markusevangelium, besonders den Summarien, viel stärker Rechnung, ist jedoch mit einer nicht überzeugenden Interpretation des Problemfeldes ‚Messiasgeheimnis‘ verbunden. Denn die Trennung der Schweigegebote nach Heilungswundern von denjenigen, die im Zusammenhang mit personalen Christus-Bekenntnissen stehen, ist problematisch. Immerhin wird in Mk 5 43 auch ein Schweigebefehl nach einer Heilungserzählung nicht durchbrochen[28], und die Zusammenfassung von Heilungen und Exorzismen (mit Bekenntnisaussagen und Schweigebefehlen) in den Summarien (Mk 3 7-12, vgl. 1 32-34) legt doch ein einheitliches Verständnis der Schweigegebote zumindest nahe. Falls man die von U. Luz vorgeschlagene Unterscheidung zwischen ‚Wundergeheimnis‘ und ‚Messiasgeheimnis‘ wirklich konsequent durchführt, bleibt es außerdem bei einem beziehungslosen Nebeneinander von Aussagen über Jesu Epiphanie in seinen Wundern und deren Herrlichkeit einerseits und der Passionstradition und der theologia crucis von Mk 8 27ff. andererseits[29].

Unzureichend ist der dritte Lösungsversuch, das Markusevangelium durchweg als Darstellung des über die Erde schreitenden Gottmenschen zu verstehen. Zwar ist hier ein einheitliches Verständnis von Passionstradition und Wundertraditionen erreicht, aber um den Preis, zumindest die Passionstradition — und deren Interpretation durch Markus — völlig zu verzeichnen[30]. Auch ist es unbefriedigend, daß hier das Messiasgeheimnis nicht in seiner kritischen Funktion gegenüber den vorgegebenen Traditionen gesehen wird, sondern im

---

[27] Charakteristisch ist, daß z. B. Vielhauer (1964) Aufs. 211 den Dämonenbekenntnissen keine positive Bedeutung zuerkennen kann. Sie seien, »obwohl inhaltlich zutreffend, illegitim, weil vorzeitig und von unzuständiger Seite ausgesprochen«. Dann bleibt es jedoch unverständlich, warum Mk solche illegitimen und von ihm selbst abgelehnten Dämonenaussagen nicht nur übernimmt (Mk 1 24 5 7), sondern auch ausdrücklich selbst formuliert (Mk 3 11).

[28] Die Interpretation von Mk 5 43 durch Luz, ZNW 56, 1965, 14 A 18 ist eine Notlösung; s. u. S. 67 f.

[29] Luz selbst rechnet schließlich doch mit einer sachlichen Vorordnung der theologia crucis im MkEv: Die mk Christologie ist »zu verstehen als ein Versuch, die θεῖος-ἀνήρ-Christologie und das Epiphaniedenken der hellenistischen Gemeinde nicht etwa zu beseitigen, sondern vom Kreuzeskerygma her verstehbar zu machen« (ZNW 56, 1965, 30) — was offenbar auch für Luz nicht einfach umkehrbar ist.

[30] Vgl. die Kritik von Schweizer (1970) Aufs. II 42 an der Interpretation der Passion bei Schulz, s. auch u. S. 178.

Gegenteil als Steigerung ihres mythischen Charakters[31]. Dies überzeugt vor allem dann nicht, wenn man im Markusevangelium keine mythischen Schemata von Präexistenz und Abstieg voraussetzen kann[32].

Aufgrund der Sichtung der vorhandenen Alternativen stellt sich die Frage, ob bei der Aufnahme und redaktionellen Interpretation der verschiedenen Überlieferungen ein einheitliches theologisches Gesamtverständnis leitend ist, d. h. ob Markus es vermochte, die Wundertraditionen und die Passionstradition mit ihrer jeweiligen Christologie in einen sachlichen Zusammenhang zu bringen und sie in verstehbarer Weise aufeinander zu beziehen. Denn es genügt ja nicht, Traditionen verschiedenster Art einfach zu addieren, deren einzige Klammer das Stichwort »Jesus« ist, wenn deren inhaltliche Zielrichtung völlig verschieden ist. Und in den Wundererzählungen und der Passionsdarstellung wird ja die Größe »Jesus« in sehr unterschiedlicher Weise ausgelegt[33]. Wenn Markus also ein einheitliches Verständnis seiner unterschiedlichen Traditionsstoffe erreichen wollte, so mußte er dies gerade im Bereich der Christologie leisten. D. h. die Frage nach der Rolle der Wundererzählungen im Markusevangelium spitzt sich zu auf die Frage nach ihrer Bedeutung für die markinische Christologie.

Um diese aus dem redaktionellen Vorgehen des Markus zu erheben, ergibt sich als Aufgabe:

1. Die Erhebung der verschiedenen Momente in der markinischen Interpretation der Wundererzählungen. Dabei sind die einzelnen Interpretationsmomente zunächst gesondert auf ihre jeweilige Aussageabsicht zu untersuchen, ohne sie von vornherein zu harmonisieren.

2. Die Analyse derjenigen Traditionsstücke, die eine Reflexion über die Erzählungen von Jesu Wundertaten enthalten, wobei natürlich jeweils nach der spezifisch markinischen Verarbeitung zu fragen ist.

3. Die Interpretation der markinischen Summarien, die auf die Wundererzählungen Bezug nehmen; denn es ist zu vermuten, daß die wesentlichen Momente der markinischen Wunderinterpretation in den rein redaktionellen Bildungen besonders klar zum Ausdruck kommen.

---

[31] S. u. S. 177. [32] S. u. S. 178.

[33] Und Mk ist sich bewußt, daß nicht nur die Größe »Jesus«, sondern auch die Prädikation σὺ εἶ ὁ χριστός (Mk 8 29) auslegungsbedürftig ist. Diese Auslegung betreibt Mk durch die Anfügung eines Schweigegebotes (8 30), der Leidensankündigung (8 31 — mit Zurückweisung des Petrus 8 32f.) und der Einweisung in die Nachfolge (8 34ff.). Hierbei ist vorausgesetzt, daß die Abfolge von Mk 8 27ff. ab v. 30 auf Mk zurückgeht, s. u. S. 113 A 2.

Nach diesen Analysen kann gefragt werden, ob in den verschiedenen Momenten der markinischen Wunderinterpretation ein einheitliches Gesamtverständnis leitend ist, in welchem Bezug dies zu der für Markus kennzeichnenden Theorie vom Messiasgeheimnis steht (und: wie diese hinsichtlich der Wundererzählungen zu verstehen ist) — und ob in dieser so erhobenen Interpretation der Wundererzählungen ein mit der Darstellung der Passion zusammenstimmendes Verständnis der Person Jesu sichtbar wird.

II. Vorfragen: Die vormarkinische Tradierung der Wundererzählungen

Vor der Analyse der Verwendung und Interpretation der Wundererzählungen durch den Verfasser des Markusevangeliums ist es notwendig, ein — wenn auch vorläufiges — Bild von der vormarkinischen Formung und Tradierung der Wundererzählungen zu gewinnen, um so den Ausgangspunkt für die markinische Redaktion und ihren Anteil an der jetzigen Gestaltung der Überlieferungen bestimmen zu können. Hierbei sind vor allem Vorgehen und Ergebnisse der formgeschichtlichen Erforschung der Wunderüberlieferungen und die neuere Kritik an ihr zu behandeln. Bei der Klärung der Vorgeschichte der markinischen Wundererzählungen stellt sich außerdem die Frage nach ihrer traditionsgeschichtlichen Herkunft und nach der Möglichkeit von Sammlungen oder Quellen, in denen bereits vor Markus mehrere Wundererzählungen in einer relativ festen Abfolge vereinigt waren.

1. DIE GEGENWÄRTIGE FORMGESCHICHTLICHE DEBATTE ÜBER DIE WUNDERÜBERLIEFERUNGEN

a) Die Differenz von Mündlichkeit und Schriftlichkeit

Die formgeschichtliche Forschung betrachtete die in den Evangelien enthaltenen Traditionsstoffe — unter Berücksichtigung der redaktionellen Bearbeitung — als Zeugnisse, die direkt für die Analyse der mündlichen Tradition verwendbar waren. Man ging davon aus, daß »es zunächst gleichgültig ist, ob die Tradition mündlich oder schriftlich erfolgte, da bei dem unliterarischen Charakter des Überlieferungsstoffes ein prinzipieller Unterschied zwischen beiden nicht vorhanden ist«[1].

An dieser Einebnung des Unterschiedes zwischen mündlicher Tradierung und schriftlicher Fixierung hat jüngst E. Güttgemanns Kritik geübt[2]. Er wendet ein, daß die Verschriftlichung des mündlichen Überlieferungsgutes in der Form der Evangelien nicht als quasi-automatisches Endprodukt der mündlichen Tradierung auf-

---
[1] Bultmann, Geschichte 7; vgl. Dibelius, Formgeschichte 36.
[2] Güttgemanns, Fragen (1970; ²1971).

gefaßt werden könne. Vielmehr liege zwischen beidem ein für die formgeschichtliche Untersuchung äußerst relevanter Bruch[3]. Der Übergang von der mündlichen Weitergabe zur schriftlichen Fixierung stelle prinzipiell den Wechsel in eine andere sprachliche Seinsweise dar[4]. Das verschriftlichte Traditionsgut befinde sich gleichsam in einem anderen linguistischen Aggregatzustand als in seiner vorschriftlichen, mündlichen Form. Mit der schriftlichen Fixierung sind zudem die jeweiligen Überlieferungen von ihrem ursprünglichen Sitz im Leben abgelöst[5], als schriftlicher ‚Text' jederzeit verfügbar geworden[6] — und höchstens durch den ‚Sitz im Leben' der Gesamtgattung ‚Evangelium' bestimmt, in die die einzelnen Überlieferungen inkorporiert sind[7].

Diese Einwände sind methodisch von erheblichem Gewicht. Schon jede mündliche ‚Wiederholung' eines bereits vorgegebenen erzählerischen Traditionsstückes (Legende, Wundererzählung, Epos)[8] stellt eine Neuerzählung dar, bei der die inhaltlichen Interessen und sprachlichen Besonderheiten des jeweiligen Erzählers zum Zuge kommen[9]. Dieser Vorgang einer jeweiligen Neugestaltung verstärkt sich beim Wechsel in das Medium der Schriftlichkeit — vor allem dann, wenn mit diesem Wechsel die Einbeziehung der Einzelüberliefe-

---

[3] Güttgemanns, Fragen 82—166.
[4] Güttgemanns, Fragen 119—153, bes. 133—135.
[5] Hierauf ist zuerst in der atl. Forschung hingewiesen worden (s. Conzelmann, ZThK 54, 1957, 293), vgl. v. Rad, VF ([3] 1942/46) 1946/47, 44, der hinsichtlich der ätiologischen Stoffe der Genesis betont, daß »wir uns diesen Prozeß der Literaturwerdung nicht einschneidend genug vorstellen (können)«.
[6] Güttgemanns, Fragen 169.
[7] Güttgemanns, Fragen 170. Da für Güttgemanns a. a. O. 174—177 der ‚Sitz im Leben' selbst »‚sprachlicher' Natur« ist (176), stellt für ihn der Wechsel des Sitzes im Leben den Wechsel in der sprachlichen Kontextsituation dar.
[8] Im Bereich des Redenstoffes und der kerygmatischen und liturgischen Traditionen stellt sich das Problem der Differenz zwischen mündlicher Tradierung und schriftlicher Fixierung an sich genauso. Auch hier liegt eine Ablösung vom ursprünglichen Sitz im Leben im Zuge der Verschriftlichung vor. Doch ist bei diesen Überlieferungen aufgrund ihrer katechetischen, kerygmatischen oder liturgischen Verwendung mit einer viel größeren Festigkeit bereits auf der Stufe der mündlichen Tradierung zu rechnen, so daß hier ein größeres Beharrungsvermögen — auch der aktuellen Sprachgestalt — über den Wechsel im Sitz im Leben hinweg vorausgesetzt werden kann; vgl. auch Güttgemanns, Fragen 87.
[9] Güttgemanns, Fragen 143—150 demonstriert dies an den Ergebnissen der neueren Epenforschung, die den Schluß zulassen, daß in den erzählerischen Gattungen prinzipiell mit einer erheblichen Variationsbreite in der jeweiligen sprachlichen — und inhaltlichen — Gestaltung gerechnet werden muß. Doch ist zugleich der Unterschied zwischen der Gattung des Epos und den Erzählgattungen des NT zu beachten, so daß direkte Vergleiche nur sehr begrenzt möglich sind.

rungen in den größeren literarischen Zusammenhang des Evangeliums verbunden war[10]. Die schriftlich vorliegende Gestalt einer Wundererzählung kann deshalb nicht ohne weiteres mit der Fassung gleichgesetzt werden, die dem Verfasser im Zuge der mündlichen Tradierung überliefert wurde. Umgekehrt ist natürlich die schriftliche Wiedergabe bzw. Neufassung einer mündlichen Überlieferung von deren konkreter Sprachgestaltung nicht einfach unabhängig[11]. Die schriftliche Fixierung mündlicher Erzählungen und die ad-hoc-Formulierung von erzählerischen Stücken, die nicht Niederschlag mündlicher Tradition sind (wie z. B. die Summarien), sind linguistisch erheblich unterschiedliche Vorgänge.

Hieraus ergeben sich als Schlußfolgerungen:

1. Für die formgeschichtliche Auswertung der in den synoptischen Evangelien enthaltenen Erzähltraditionen:

a) Die vorliegende schriftliche Fassung einer Erzähltradition ist auch in ihrer von redaktionellen Veränderungen gereinigten Form nicht mit deren mündlicher Vorstufe identisch; d. h. daß »die formgeschichtliche Rekonstruktion in keinem Fall zur ursprünglichen, mündlichen Erzählungsform zurückführt«[12].

b) Für die mündliche Tradierung einer Erzählung ist zwar mit einer relativ konstanten Grundstruktur der für die Erzählung notwendigen Elemente zu rechnen, aber mit einer mehr oder minder großen Variabilität in der jeweiligen Sprachgestaltung.

c) Auskünfte über die vorschriftliche *Sprach*gestaltung einer Erzählung sind nur dann möglich, wenn sie sich in dieser Hinsicht von anderen Erzählungen, die sich im gleichen literarischen Gesamtwerk befinden, d. h. denselben Verschriftlichungsprozeß erfahren haben, deutlich unterscheidet[13].

d) Differenziert man so zwischen der tragenden Struktur und der aktuellen — und potentiell jeweils verschiedenen — sprachlichen Gestaltung, dann ist es auch weiterhin möglich

α) nach strukturellen Unstimmigkeiten zu fragen und sekundäre Veränderungen festzustellen;

β) nach der — strukturell — kleinsten Einheit zu fragen[14] und das methodische Prinzip anzuwenden, daß die größere, zusammen-

---

[10] Zur Frage einer vormk Verschriftlichung des Traditionsmaterials s. u. S. 39—41.

[11] Ein Beispiel dafür, daß die sprachliche Gestalt einer mündlichen Erzählung auch ihre schriftliche Fassung beeinflußt, bietet Mk 5 25-34; zur sprachlichen Besonderheit dieser Erzählung, die sich vom Kontext instruktiv abhebt, s. u. S. 138.

[12] Conzelmann, EvErz 20, 1968, 250 A 3.

[13] Von hier aus werden Versuche, vormk Erzählungen wörtlich zu rekonstruieren (so Pesch, BL 9, 1968, 114—128. 177—195. 261—277; ders., in: J. B. Bauer, Evangelienforschung 241—276 für Mk 1 21-39; ders., Besessene 41—44 für Mk 5 1-20) problematisch.

gesetzte Einheit gegenüber der einfacheren eine sekundäre Bildung darstellt.

2. Für die Analyse der schriftlichen Fassung mündlicher Erzählungen:

Auf der Stufe der mündlichen Tradierung wurde die Einzelerzählung als selbständige Einheit formuliert und weitergegeben. Ihre schriftliche Fixierung im Rahmen eines literarischen Gesamtwerkes ‚Evangelium' bedeutet, daß die Erzählung in ihrer vorliegenden Fassung nicht mehr ihren Zweck in sich selbst besitzt. Sie erhält ihren Zweck vielmehr aus dem Bezug zu dem literarischen Ganzen, innerhalb dessen und auf das hin diese Erzählung jetzt neu formuliert worden ist[15]. Daraus folgt:

a) In der Regel ist mit einer Verkürzung und Straffung der — nicht mehr um ihrer selbst willen — wiedergegebenen Erzählung zu rechnen; d. h. die invariable Grundstruktur der Erzählung tritt in ihrem schriftlichen Niederschlag stärker hervor.

b) Der Auswahlprozeß, den diese Verkürzung darstellt, bedeutet zugleich eine Akzentuierung der Erzählung, bei der auch die theologische Reflexion des letzten ‚Erzählers', d. h. des Evangelien-Verfassers, zum Zuge kommt[16].

c) Umgekehrt ist auch mit einer — nur selten exakt faßbaren — Trägheit des Stoffes und seiner sprachlichen Gestalt gegenüber den literarischen und inhaltlichen Intentionen des Verfassers zu rechnen[17].

d) Die schriftlich vorliegende Sprachgestalt einer Erzählung stellt deshalb in der Regel eine ‚graue Zone' zwischen der mündlichen Überlieferung und der schriftlichen Redaktion dar[18].

---

[14] Zu dieser Fragestellung vgl. Dibelius, ThR NF 1, 1929, 186f.; ders., Formgeschichte 5.

[15] Wenn die schriftliche Fixierung einer Erzählung bereits vor der Einbeziehung in den Gesamtrahmen des Evangeliums erfolgte (dazu s. u. S. 39—41), verringert sich das Ausmaß der Neugestaltung nicht, sondern verteilt sich nur auf mehrere Stufen.

[16] Vgl. Conzelmann, EvErz 20, 1968, 250 A 3: »Bei der Niederschrift wird die Erzählung gerafft und pointiert, Detail wird ausgeschieden. Die Reflexion über den Sinn tritt schärfer heraus.« Vgl. bereits ders., ZThK 54, 1957, 293.

[17] Auch kann das Interesse desselben Redaktors an der stilistischen und inhaltlichen Neugestaltung hinsichtlich verschiedener Überlieferungen unterschiedlich sein.

[18] Charakteristisch für diesen Befund ist, daß eindeutig redaktionelles Vokabular gelegentlich auch recht unvermittelt innerhalb einer der Substanz nach vorredaktionellen Erzählung erscheinen kann. So begegnet der typisch mk Ausdruck κατ' ἰδίαν (in redaktionellen Einleitungen oder Nahtstellen: Mk 4 34 6 31. 32 9 2 [vgl. Horstmann, Studien 85] 13 3) in Mk 7 33 innerhalb einer vorgegebenen Tradition.

e) Rückschlüsse auf redaktionelle Um- und Neugestaltungen einer vorgegebenen Erzählung haben deshalb bei der Analyse der formgeschichtlich zu erhebenden, erzählerisch notwendigen Grundstruktur der betreffenden Tradition einzusetzen. Am häufigsten — und am sichersten — zu beobachten sind dabei Veränderungen in der Rahmung einer Erzählung[19] und Einfügungen, die gegenüber dem erzählerischen Grundmuster der Tradition überschießen und diese sprengen[20]. Erheblich schwieriger ist es, redaktionelle Auslassungen oder Verkürzungen von erzählerisch notwendigen Bestandteilen einer Tradition zu fixieren. Dennoch ist mit der Möglichkeit redaktioneller Auslassungen genauso zu rechnen wie mit der umgekehrten Möglichkeit der Zufügungen[21].

b) Zur Gattungsbestimmung der Wunderüberlieferungen

Ausgangspunkt für eine Gattungsbestimmung der Wunderüberlieferungen sind immer noch die divergierenden Analysen von M. Dibelius und R. Bultmann[1].

Bei der Analyse des synoptischen Erzählstoffes geht M. Dibelius von der Frage nach dessen Sitz im Leben der Gemeinden aus. Als deren zentrale Lebensäußerung sieht er die Predigt an[2], der er als Gattung das (Predigt-) *Paradigma* zuordnet[3]. Ihrem Zweck entsprechend sind Paradigmen — nach M. Dibelius — erbaulich stilisiert und münden in einen »für die Predigt brauchbaren Gedanken«[4]. Von dieser genuin urchristlichen Gattung, zu der er auch einige Wunderüberlieferungen rechnet[5], unterscheidet M. Dibelius die *Novelle*[6]. Diese Erzählungen, zu denen ausschließlich Wundertraditionen gehören, dienten nicht als Beleg bzw. Ausgangspunkt für die Predigt, sondern stellten ein selbständiges Propagandamittel anstelle

---

[19] Ein instruktives Beispiel hierfür bietet Mk 1 21-28; s. u. S. 43f. 45f.
[20] Diese Technik ist ebenfalls an Mk 1 21-28 (v. 27!) zu beobachten; s. u. S. 44f. Zu dem Problem, daß Mk bei diesem Vorgehen sein Traditionsgut offenbar wie schriftliches Material behandelt, s. u. S. 39f.
[21] Redaktionelle Auslassungen von vorgegebenen Bestandteilen der Erzählstruktur scheinen im MkEv mehrfach in den Abschlüssen von Wundererzählungen vorzuliegen, s. u. S. 22. Ein Beispiel dafür, daß ein Bestandteil einer Erzählung redaktionell direkt ersetzt wurde, liegt wahrscheinlich in Mk 4 38 vor; s. u. S. 96.
[1] Eine Gegenüberstellung bietet Grobel, Formgeschichte 13—22.
[2] Dibelius, Formgeschichte 8—34; vgl. ders., ThR NF 1, 1929, 191—197.
[3] Dibelius, Formgeschichte 34—66; vgl. ders., ThR NF 1, 1929, 198—200.
[4] Dibelius, Formgeschichte 55.
[5] Vgl. die Übersicht bei Dibelius, Formgeschichte 40.
[6] Dibelius, Formgeschichte 66—100 (Übersicht: 68).

der Predigt dar[7]. Im Gegensatz zum Paradigma ist für M. Dibelius die Novelle eine ausgesprochen weltliche Erzählungsform. Ihr fehlt der erbauliche Zweck, in ihr treten daher auch Worte Jesu von allgemeiner Bedeutung zurück. Kennzeichnend sind vielmehr die Breite der Erzählung und die Verwendung profaner Motive. Gegenstand der Novelle ist Jesus als Thaumaturg.

Auch R. Bultmann ordnet die Gesamtheit der Wundertraditionen zwei verschiedenen Gattungen zu. Wunderüberlieferungen, in denen die Wundertat Anlaß für die Darstellung eines Sachproblems (z. B. der Sabbatfrage) ist, rechnet er zu den *Apophthegmata*[8]. Die übrigen Wunderüberlieferungen, in denen die Erzählungen der Wundertat nicht von mittelbarem Interesse ist, sondern selbst das Thema darstellt, faßt er in der Gattung der *Wundergeschichten* zusammen[9]. Gemeinsam für diese Gattung ist die Thematik der Erzählungen und ihre Topik. Stärker als bei M. Dibelius ist hier also der Inhalt der Überlieferungen berücksichtigt. Das zeigt sich auch daran, daß R. Bultmann innerhalb der Gattung ‚Wundergeschichten' zwischen Heilungs- und Naturwundern unterscheidet.

> Äußerlich scheinen die Ergebnisse von M. Dibelius und R. Bultmann nicht weit voneinander entfernt zu sein. So werden sämtliche von M. Dibelius als Novellen bezeichneten Erzählungen von R. Bultmann als Wundergeschichten klassifiziert. Umgekehrt bezeichnet jedoch Bultmann auch mehrere andere Überlieferungen als Wundergeschichten, die M. Dibelius nicht den Novellen, sondern den Paradigmen zurechnet (Mk 1 23-27 2 1-12 10 46-52). Wichtiger ist aber, daß die Differenz in der Gattungsbestimmung sich z. T. direkt auf die Analyse von Einzelüberlieferungen auswirkt und so zu divergierenden Ergebnissen führt[10].

Eine Entscheidung zwischen den jeweils vorgeschlagenen Gattungsbestimmungen muß sich an deren Brauchbarkeit angesichts des konkreten Materials orientieren; d. h. es ist zu fragen, welche Klassifizierung der Gesamtheit der synoptischen Wunderüberlieferungen am ehesten gerecht wird.

Die hauptsächlich am stilistischen Kriterium der Erzählbreite einer Überlieferung orientierte Unterscheidung von M. Dibelius zwischen ‚Paradigmen' und ‚Novellen' wird fragwürdig, sobald man gerade an diesem Punkt mit einer nicht zu geringen Variationsmöglichkeit für jede Erzählung rechnet[11]. Außerdem ist auffällig, daß in

---

[7] Dibelius, Formgeschichte 72. 93f.
[8] Bultmann, Geschichte 9—14. 33. 38f.   [9] Bultmann, Geschichte 223—260.
[10] Bes. deutlich ist dies bei der Analyse von Mk 2 1-12 der Fall, s. u. S. 47f. (mit A 13); vgl. auch u. S. 136 A 9 (zu Mk 1 29-31) und Dibelius, Formgeschichte 75 A 1 (zu Mk 8 1-9).
[11] Und mit einer (u. U. verschieden starken) Reduktion im Zuge der Verschriftlichung; s. o. S. 11.

beiden Erzählgattungen von M. Dibelius Überlieferungen zusammengefaßt sind, die in ihrer Erzählstruktur erhebliche Unterschiede aufweisen. So rechnet M. Dibelius für ‚Paradigmen' und ‚Novellen' jeweils mit Beispielen, die einen chorischen Abschluß aufweisen, und solchen, in denen ein derartiger Abschluß fehlt[12]. Anders als M. Dibelius wird man aber gerade die Erzählungsschlüsse zum Ausgangspunkt für eine formgeschichtliche Gruppierung des Überlieferungsbestandes nehmen müssen. Denn in den Abschlüssen zeigt sich der Erzählzweck, auf den hin die ganze Überlieferung ausgerichtet ist.

Der Abschluß einer Wunderüberlieferung durch eine Akklamation des Publikums weist darauf hin, daß in dieser Tradition die Wundertat (und der Wundertäter) der beherrschende Gegenstand der Erzählung ist. Dabei geht der Akklamation jeweils eine Darstellung der Reaktion der akklamierenden Menge voraus. Schon mit der Reaktion des Publikums wird die Größe der Wundertat wirksam hervorgehoben, so daß Überlieferungen, die lediglich mit einer derartigen Reaktion abschließen, ebenfalls der gleichen Gattung von Wunderüberlieferungen zugerechnet werden können.

Von diesen — im folgenden *Wundererzählungen* genannten[13] — Traditionen sind diejenigen Wunderüberlieferungen zu unterscheiden, in denen ein derartiger Abschluß fehlt, da in ihnen nicht die Wundertat der zentrale Gegenstand der Erzählung ist, sondern das berichtete Wunder nur die Voraussetzung zur Darstellung eines Sachproblems[14]

---

[12] Vgl. Dibelius, Formgeschichte 55. 67. 76f. Zudem ist Dibelius geneigt, bei ‚Paradigmen' mit verlorengegangenen Chorschlüssen zu rechnen (Formgeschichte 42 für Mk 3 1-6), während er mehrfach bestrebt ist, diese Erzählungsschlüsse bei ‚Novellen' als sekundär zu erweisen (Formgeschichte 76f. für Mk 5 1-20 7 31-37).

[13] Bisher wurde unspezifisch von ‚Wundergeschichten', Wundererzählungen' oder allgemein von ‚Wundertraditionen' gesprochen.

[14] Die nicht als ‚Wundererzählungen' zu klassifizierenden Wunderüberlieferungen stellen keine einheitliche Größe dar. Der Darstellung eines Sachproblems dienen neben Mk 3 1-5 auch Lk 14 1-6 und Mk 7 24-30; auch Mt 8 5-13 vgl. Lk 7 1-10 kann man zu dieser Gruppe ‚apophthegmatischer' Wunderüberlieferungen rechnen (vgl. Bultmann, Geschichte 39 mit ErgH 31). In Lk 5 1-11 liegt eine Berufungslegende vor, vgl. Dibelius, Formgeschichte 109f., s. auch Bultmann a. a. O. 232; auch Lk 17 11-19 (s. u. S. 21 A 15) und Mk 10 46-52 (s. u. S. 126—130) sind nicht als Wundererzählungen im engeren Sinne zu bezeichnen. In allen diesen Traditionen ist das Fehlen von Reaktion und Akklamation seitens des Publikums durch die jeweilige Zielrichtung der Erzählung bedingt. Eine sekundäre Mischform stellt Lk 13 10-17 dar (zur Analyse vgl. Dibelius a. a. O. 94f.; Bultmann a. a. O. 10 mit ErgH 17): v. 10-13 enthält eine vollständige Wundererzählung (zum Abschluß in v. 13 s. u. S. 21), nach deren Ende erst die Streitgesprächsszene folgt. Die Reaktion des Volkes in v. 17, die sich auf v. 10-16 insgesamt bezieht, gehört nicht zum ursprünglichen Erzählschema der Sabbatheilungen.

bildet[15]. Deshalb wäre hier die Akklamation der Wundertat (wie auch die Reaktion auf das Wunder) als Abschluß verfehlt. Aus diesen Gründen werden im folgenden nicht die Gattungsbestimmungen von M. Dibelius verwendet, sondern es wird an die von R. Bultmann angeknüpft[16].

Nicht überzeugend ist der Versuch von G. Schille[17], einen Teil der synoptischen Wundertraditionen als *Missionslegenden* zu interpretieren[18]. Denn er kann keine für diese Gattung charakteristische Erzählstruktur nachweisen[19], was zur Folge hat, daß er so ungleiche Bildungen wie Mk 7 24-30 und 6 1-6 der gleichen Gattung zuweist[20].

c) Der ‚Sitz im Leben' der mündlich tradierten Wundererzählungen

Die Vertreter der klassischen Formgeschichte sahen den Sitz im Leben der Wundererzählungen in erster Linie in der religiösen Propaganda des Urchristentums, und zwar besonders im hellenistischen Raum[1].

---

[15] Die Einheit der erzählenden Wort- und Wunderüberlieferung versuchte Perels, Wunderüberlieferung nachzuweisen (vgl. bes. 107 f.). Doch sind seine Analysen der einzelnen Wunderüberlieferungen häufig willkürlich (vgl. 93 zu Mk 1 29-31; 96 f. zu Mk 5 25-34; 97 zu Mk 5 21-24. 35-43) und durch eine fragwürdige Sicht des synoptischen Problems (101—104) belastet.

[16] Zur Frage einer Unterscheidung zwischen Heilungs- und ‚Natur'wundern s. u. S. 92 f.

[17] Vgl. Schille, ZDPV 73, 1957, 133—166; ders., Anfänge 64—71; ders., Wundertradition 26 f.

[18] Dabei unterscheidet Schille zwischen ‚Gemeindegründungstraditionen' (im MkEv: 5 1-20 8 22-26 10 46-52) und ‚Gebietsprogrammen' (im MkEv: 6 1-6 7 24-30). Nicht zu den ‚Missionslegenden' rechnet Schille Mk 1 29-31 1 40-45 5 21-43 7 32-37. — Dabei erfahren die geographischen Angaben und auch die Personennamen eine ganz neue Bewertung. Sie werden nicht als sekundäre Zusätze betrachtet (so die generelle Sicht von Bultmann, Geschichte 256—258), sondern als der jeweils entscheidende historische Kern der Legende: »Die Ortsangaben dieser Stoffe haben direkten historischen Quellenwert für die Erforschung der urchristlichen Missionsgeschichte« (ZDPV 73, 1957, 139).

[19] Die bloße Tatsache von Orts- und Personenangaben reicht zur Bestimmung einer Gattung nicht aus. Zudem sind die Einzelinterpretationen, mit denen Schille seine Konzeption belegen will, anfechtbar (so die Interpretation von Mk 5 18-20 als Missionsauftrag ZDPV 73, 1957, 139—141; s. u. S. 78—80) oder sogar willkürlich (a. a. O. 143: in 10 52 weise ὕπαγε auf einen ursprünglichen Missionsauftrag!).

[20] Zur Kritik an den traditionsgeschichtlichen Hypothesen, die Schille mit seinen Analysen verknüpft, vgl. Hahn, VF 15/2, 1970, 19 f.

[1] Dibelius, Formgeschichte 72. 93 f.: Die Paradigmen dienten als Belege der Predigt, die Novellen warben selbst anstelle der Predigt; vorsichtiger Bultmann, Geschichte

Gegen die Sicht, die vorliegenden Wundertraditionen aus den aktuellen Bedürfnissen der Gemeinden abzuleiten, protestiert J. Roloff. Er versucht zu zeigen, daß die Wundererzählungen der synoptischen Überlieferung in der Missionsarbeit des Urchristentums keine Rolle spielten[2]. Der ‚Sitz im Leben', der ihre Tradierung ermöglichte, sei vielmehr die Erinnerung der Gemeinde, wobei das Interesse an der Bewahrung der historischen Momente in der Jesusüberlieferung — in den Wundererzählungen: das Interesse an der Bewahrung des Ineinanders von Wundertat und Glaubensangebot — leitend gewesen sei[3].

Um hier zu einer Klärung zu gelangen, bietet es sich an, die Untersuchung auf zwei außersynoptische Bereiche auszuweiten: Die redaktionelle Verwendung der Wundererzählungen in der Apostelgeschichte und in der Semeiaquelle des Johannesevangeliums. Dabei zeigt sich jeweils, daß den Wundererzählungen — entgegen der Ansicht von J. Roloff[4] — eine hohe propagandistische Bedeutung zukam.

Lukas mißt in der Apostelgeschichte den Wundertraditionen eine große Bedeutung für die Missionstätigkeit der Gemeinden bei: Er hat die Wundertätigkeit der Gemeinden in seinen Summarien kräftig unterstrichen[5], und in der lukanischen Redaktion sind die Wundertaten der Apostel Anlaß zur Predigt[6], rufen Furcht und Achtung vor der Gemeinde hervor, führen zu ihrer Ausweitung[7], ja sie können den Grund für die Bekehrung ganzer Gebiete darstellen[8].

---

393. 395: Die Propaganda war eine von mehreren Verwendungsmöglichkeiten der Wundergeschichten. Zur Rolle der Wundererzählungen als Propagandamittel hellenistischer Kulte vgl. Nock, Conversion 83—92. Zur Frage der jüdischen oder hellenistischen Provenienz der synoptischen Wundererzählungen s. u. S. 26—30.

[2] Roloff, Kerygma 173—205. Analoges versucht Roloff ebd. auch für die Wundergeschichten der Act nachzuweisen.

[3] Vgl. Roloff, Kerygma 204.   [4] Roloff, Kerygma 188—200.

[5] Act 2 42-47 (v. 43) 5 12-16. Zur Analyse vgl. Conzelmann, Apg 36—38. 46f.; Haenchen, Apg 152—158. 198—202. Zur Technik der Summarien vgl. auch Dibelius (1923) Aufs. Apg 15f.; Conzelmann a. a. O. 9.

[6] Paradigmatisch von Lk in Act 3 11-26 im Anschluß an die erste von ihm berichtete Wundertat (3 1-10) dargestellt; vgl. auch 4 1-22, wo auf Predigt *und* Wundertat Bezug genommen wird. Zur Verknüpfung von Wundertat und Predigt vgl. Haenchen, Apg 181f.

[7] Die Auswirkungen der Wundertaten stellt Lk exemplarisch in dem reinen Wunsummar Act 5 12-16 dar: Furcht der »λοιποί« vor der Gemeinde (v. 13 a), Gunst beim Volk (v. 13 b), Ausweitung der Gemeinde (v. 14). Die Behauptung von Roloff, Kerygma 195: »Lukas berichtet weder, daß diese Ereignisse (sc. die τέρατα καὶ σημεῖα der Apostel) Glauben geweckt hätten, noch daß sie überhaupt in diese Richtung gezielt hätten«, ist also unzutreffend und nur möglich, weil er Act 5 13f. ohne Begründung übergeht.

[8] Die Auswertung der Wundertraditionen Act 9 33f. 36-41 als Anlaß für die Missionierung ganzer Gebiete (v. 35. 42) ist sekundär — stilgemäß für ein innerhalb der

1. Die formgeschichtliche Debatte über die Wunderüberlieferungen

Ein ähnliches Bild ergibt sich bei der Frage, welche Funktion die Wundererzählungen in der vom Verfasser des Johannesevangeliums aufgenommenen Semeiaquelle[9] hatten. Der Schluß der Quelle gibt über das Gesamtverständnis der Wunder und ihre Funktion eine (für diese Stufe der Tradition geltende) unmißverständliche Auskunft: Die — nur in Auswahl erzählten[10] — Wundergeschichten der Quelle sind berichtet, ἵνα πιστεύητε, ὅτι Ἰησοῦς ἐστιν ὁ χριστὸς ὁ υἱὸς τοῦ θεοῦ (Joh 20 31)[11]. Die Wundererzählungen haben also für den Redaktor der Semeiaquelle direkt werbende und glaubensbegründende Funktion[12]; »es ist der dezidierte Zweck der Semeiaquelle, jeden Leser dieses Buches aufgrund der Darstellung der Wunder zum Glauben zu führen«[13].

In den literarischen Dokumenten des frühen Christentums konnte den Erzählungen von Wundertaten der Apostel *und* von Wundertaten Jesu also eine werbend-propagandistische Funktion zugeschrieben werden. Und es ist zu vermuten, daß diese — für die Redaktion der Apostelgeschichte und der Semeiaquelle feststellbare — Funktionsbestimmung nicht ohne Anhalt an den so verwendeten Traditionen war.

Diese Vermutung wird durch ein wesentliches Strukturelement der Wundererzählungen, das durch die Verschriftlichung hindurch sichtbar ist, gestützt: den Abschluß zahlreicher Wundererzählungen durch die Darstellung der Reaktion und Akklamation des Publikums. Derartige Abschlüsse begegnen in deutlicher Häufung innerhalb der synoptischen Tradition[14] und fehlen auch in der Apostelgeschichte

---

Gemeinde spielendes Wunder ist der Abschluß Act 20 12 — und entspricht der lk Absicht, mit Kap. 9 die Missionierung in Palästina abzuschließen (vgl. Haenchen, Apg 228). Act 9 35. 42 sind also lk. Roloff, Kerygma 198 A 322 sieht in 9 42f. die Sachreihenfolge Wunder — Predigt — Missionserfolg angedeutet. Doch wird der Missionserfolg ausdrücklich als Folge der Wundertaten dargestellt, und v. 43 enthält keinen Hinweis auf eine Predigttätigkeit, sondern ist reine Überleitungsnotiz zu 10 1ff. (vgl. 10 5); vgl. Haenchen a. a. O. 286.

[9] Zum literarischen Befund im JohEv, der die Annahme einer Wunderquelle nahelegt, s. u. S. 31f.

[10] Zu Joh 20 30f. als Abschlußwendung der vorjoh Wunderquelle s. u. S. 31. Der Auswahlcharakter geht daraus hervor, daß von jedem ‚Typ' von Wundergeschichten nur ein Beispiel enthalten ist, s. u. S. 32.

[11] Die Fortsetzung καὶ ἵνα πιστεύοντες ζωὴν ἔχητε ἐν τῷ ὀνόματι αὐτοῦ geht mit einiger Wahrscheinlichkeit auf den Vf. des JohEv zurück, vgl. Bultmann, Joh 541f.; s. auch Schulz, Joh 248.

[12] Zutreffend Robinson, in: Köster-Robinson, Entwicklungslinien 52: In Joh 20 30f. »folgt der apologetische, missionarische Sitz im Leben dieser Sammlung von Wundergeschichten«.

[13] Jü. Becker, NTS 16, 1969/70, 139.

[14] Zu den Abschlüssen der synoptischen Wundererzählungen s. u. S. 19—26.

nicht[15] (Act 3 9f.[16] 5 11 20 12[17]; vgl. auch 14 11[18] und 19 17[19]). Diese Abschlüsse zeigen, worauf die einzelne Wundergeschichte zielt: auf die Reaktion und Zustimmung des Hörers. Und auch in der Umwelt des Neuen Testaments begegnen akklamatorische Erzählungsschlüsse besonders dort, wo eine propagandistisch-missionarische Verwendung der Wundererzählungen vorliegt[20].

Neben der — sicher dominierenden — Verwendung der Wundererzählungen in der nach außen gerichteten missionarischen Aktivität der Gemeinden ist auch mit einem innergemeindlichen, erbauenden Gebrauch dieser Erzählungsgattung zu rechnen[21]. D. h. aber auch: Die Wundererzählungen stellen zugleich ein Stück des Selbstverständnisses der sie tradierenden und benutzenden Gemeinden dar. Sie

---

[15] Obwohl die Wundererzählungen der Act nicht mehr die strengere Form der Synoptiker aufweisen, vgl. Conzelmann, Apg 8.

[16] Act 3 9f. ist in der Substanz als vorlk anzusehen; vgl. Dibelius, Aufs. Apg (1923) 19f. (1941) 77; Haenchen, Apg 161; Conzelmann, Apg 39; gegen Roloff, Kerygma 189 A 286, der v. 9 (+ 10) eher für lk halten will und annimmt, die »Tradition dürfte ursprünglich nur von Petrus und dem Lahmen gehandelt haben«. Das widerspricht jedoch der Logik einer Erzählung, deren Szenerie — sicher bewußt — der Tempelbereich (die Öffentlichkeit par execellence!) gewesen ist. v. 8b ist auch eher als lk Einschub (zur Vorbereitung von v. 11f., vgl. Conzelmann a. a. O. 39) denn als Anfang einer rein redaktionellen Passage verständlich.

[17] Hier handelt es sich um eine Reaktion innerhalb der Gemeinde. Der Stil ist zwar lk (Litotes), aber es handelt sich, wie der lk Einschub v. 11 (vgl. Conzelmann, Apg 125) zeigt, um Substanz.

[18] Hier begegnet die Wirkung auf die Zuschauer in literarischer Weiterentwicklung (vgl. Conzelmann, Apg 87).

[19] Act 19 17 ist zwar redaktionell, aber im Stil der typischen Erzählungsschlüsse entworfen, vgl. Conzelmann, Apg 121; vgl. auch die bei Haenchen, Apg 449 A 8 zusammengestellten Belege, die zeigen, daß sich der Topos vom Eindruck der Wundertat verselbständigt hat und zum lk Stilmittel geworden ist.

[20] So vor allem in den jüdisch-hellenistischen Wunderüberlieferungen, den Darstellungen von Isis- und Sarapiswundern (zur propagandistischen Verwendung von Wundergeschichten gerade in diesen Kulten vgl. Nock, Conversion 51f. 82ff.) und frühchristlichen Apostel- und Märtyrerakten (vgl. Peterson, ΕΙΣ ΘΕΟΣ 183—216). Einzelbeispiele für die Darstellung von Reaktion und Akklamation des Publikums s. u. S. 20 A 6. 23f. A 27.
Die Wunderdarstellungen von Epidauros, die natürlich auch der religiösen Propaganda dienten, enden dagegen stereotyp mit der Konstatierung der erfolgten Heilung (meist ὑγιὴς ἐξῆλθε oder ὑγιὴς ἐγένετο). Doch lag hier das propagandistische Element wohl primär in der Häufung der Wunderberichte selbst (Herzog, Wunderberichte 59—64 weist außerdem auf den Eindruck der Wunderberichte auf den hilfesuchenden Besucher als ebenfalls wichtiger Funktion der Sammlung von Epidauros hin).

[21] Vgl. in den Act die Wundergeschichten, die innerhalb der Gemeinde spielen: Act 9 33f. (?). 36-41 20 7-12.

spiegeln einen — sicher nicht nebensächlichen — Aspekt des Bildes wider, das diese Gemeinden von ihrem Herrn hatten[22]. Natürlich ist die theologische Durchdringung in den einzelnen Erzählungen unterschiedlich stark, aber an mehreren Punkten wird deutlich, daß die theologische Reflexion auf die Gestaltung der Überlieferungen direkt eingewirkt hat[23].

d) Die Abschlüsse der Wundererzählungen

Wenn die Abschlüsse zahlreicher Wundertraditionen durch Reaktion und Akklamation des Publikums den entscheidenden Anhalt zur Bestimmung der Gattung ‚Wundererzählung' bilden[1], so ist umgekehrt zu fragen, ob alle Wunderüberlieferungen der synoptischen Tradition[2], deren zentraler Gegenstand die Wundertat selbst ist, einen derartigen Abschluß aufweisen.

Die Darstellung einer *Reaktion* des Publikums am Ende einer Wundererzählung findet sich in Mk 1 21-28 (v. 27a) 2 1-12 (v. 12b) 4 35-41 (v. 41a) 5 1-20 (v. 15c)[3] 5 21-24.35-43 (v. 42b)[4] 6 45-52 (v. 51b) 7 31-37 (v. 37a) Lk 7 11-17 (v. 16a) Mt 12 22f. (v. 23a)/Lk 11 14 Mt 9 32f. (v. 33).

Die breite Streuung innerhalb der synoptischen Traditionsschichten (Markusevangelium, Lukas-Sondergut, Logienquelle) und der Traditionen der Apostelgeschichte[5] sowie das Vorkommen eines derartigen Abschlusses in Wunderüberlieferungen auch außerhalb der

---

[22] In diesem Bild können durchaus Momente der historischen Erinnerung wirksam gewesen sein (auf diese konzentriert sich Roloff, Kerygma). Doch ist nach diesen nur unter Beachtung der Funktionen und Bedürfnisse zu fragen, die die Weitergabe u. U. historischer Erinnerung überhaupt erst möglich machten — und nicht an diesen Tradierungsfaktoren vorbei.

[23] So in Mk 4 35-41 (s. u. S. 93 f.) 5 25-34 (s. u. S. 136 f.) 6 34-44 (s. u. S. 102 f.) 6 45-51 (s. u. S. 106). Auch die Verwendung christologischer Titulaturen in den Exorzismuserzählungen ist Zeichen christlicher Adaption vorgegebener Erzählformen, s. u. S. 61.

[1] S. o. S. 14 f.

[2] Die folgende Analyse beschränkt sich auf die Wundererzählungen aus dem synoptischen Überlieferungsbereich. Die Wundererzählungen des JohEv würden eine eigene form- und traditionsgeschichtliche Untersuchung erfordern.

[3] Zum jetzigen Abschluß von Mk 5 1-20 s. u. S. 82—84.

[4] In Mk 5 42 liegt im strengen Sinne keine Reaktion eines ‚Publikums' vor, da in der jetzigen Fassung der Erzählung der Kreis der Zuschauer auf die Eltern und die drei Jünger eingeschränkt ist (vgl. v. 37. 40), die zudem zum Schweigen verpflichtet werden (v. 43a). Doch ist bei dieser Ausschaltung der Öffentlichkeit mit mk Redaktion zu rechnen, s. u. S. 65—67.

[5] S. o. S. 18.

urchristlichen Literatur[6] zeigen, daß es sich hierbei um ein relativ konstantes Formmerkmal handelt, das für die mündliche Formung und Tradierung von Wundererzählungen typisch ist. Mit diesem Abschluß zielt die Erzählung auf ihre eigene Gegenwart; zur Beglaubigung des ‚Damals', von dem erzählt wird, ist die Demonstration ausreichend[7]. Mit der Einbeziehung des Publikums der erzählten Wundertat wendet sich die Erzählung an ihr eigenes Publikum, dessen Reaktion und Zustimmung hervorgerufen werden soll.

Damit ist zugleich festgestellt, daß die Darstellung der Reaktion der Zuschauer am Ende einer Wundererzählung nicht zur Charakterisierung dieser Zuschauerschaft dient. Das Publikum ist vielmehr die Kulisse, vor der die Wundertat wirksam hervorgehoben wird. Deshalb wird auch die Reaktion der Zuschauer mit ausgesprochen stereotypen Wendungen[8] wie θαυμάζειν, φοβεῖσθαι, θαμβεῖσθαι, ἐξιστάναι, ἐκπλήσσεσθαι sowie φόβος und ἔκστασις formuliert. Sie drücken nicht persönliche Empfindungen oder Einstellungen aus, sondern stellen die charakteristische Wirkung des Erscheinens göttlicher Macht auf den Menschen dar[9]. Entsprechend stereotyp werden — wenn überhaupt — die Zuschauer als πάντες (Mk 2 12), ἅπαντες (Mk 1 27) oder οἱ ὄχλοι (Lk 11 14) bezeichnet[10].

Dieser Ausrichtung der Abschlüsse der Wundererzählungen auf die Größe der erzählten Wundertat entspricht es auch, daß in den Wundererzählungen des Markusevangeliums keine Reaktion der

---

[6] Parallelen bietet Peterson, ΕΙΣ ΘΕΟΣ 193—195; Weinreich, Heilungswunder 108f.; zu hellenistisch-jüdischen Beispielen vgl. auch Tagawa, Miracles 93. Als Beispiele seien genannt: Apul Met XI 13: *populi mirantur, religiosi uenerantur tam euidentem maximi numinis potentiam* (Isiswunder); P Oxy 1242, 52—54: θεασάμενος δὲ Τραιανὸς ἀπεθαύμασ[ε]ν, καὶ μεθ' ὀλίγον συνδρομαὶ ἐγένοντο εἰς [τὴ]ν Ῥώμην κραυγαί τε παντληθεῖς ἐξεβοῶντ[ο κ]αὶ πά[ν]τες ἔφευγαν εἰς ὑψαλὰ μέρη τῶν λό[φων (Sarapiswunder); Tob 11 16 BA (vgl. ℵ): καὶ ἐθαύμαζον οἱ θεωροῦντες αὐτὸν πορευόμενον ὅτι ἔβλεψεν, vgl. auch Dan 3 91 LXX; 2 Makk 1 22 und Hi 42 11 LXX (anders MT!); Liv II 36, 7 sowie Plut I 24, 225c (Strafwunder durch Jupiter); Luc Philops 12; Ditt Syll ³III 1173, 5f. (Reaktion des Volkes hier: Freude — über die erfolgreiche Heilung durch Asklepios); zur Freude als Reaktion auf Rettung vgl. auch Hom Hymn 33, 16f. (Dioskuren).

[7] Diese war natürlich auch schon in Blick auf die Hörer erzählt worden.

[8] Vgl. die Zusammenstellung bei Bultmann, Geschichte 241; eine Zusammenstellung hellenistischer Parallelen (aus Lukian) bietet Betz, Lukian 159 A 3. Tagawa, Miracles 95 schließt aus der Verschiedenartigkeit der benutzten Wendungen, daß die Formentwicklung an diesem Punkt noch im Fluß gewesen sei. Doch ist diese Schlußfolgerung problematisch, da einerseits der Topos als solcher konstant ist und andererseits die verschiedenen Ausdrücke weitgehend synonym gebraucht werden.

[9] S. u. S. 29.

[10] Vgl. Bultmann, Geschichte 241; Tagawa, Miracles 90f.

1. Die formgeschichtliche Debatte über die Wunderüberlieferungen 21

Betroffenen dargestellt wird. Nicht die Person des Geheilten ist von Interesse, sondern die Wirkung der Wundertat nach außen, auf die Zuschauer[11].

Eine gegenüber den markinischen Traditionen[12] verschiedene Entwicklung zeigt sich in einem Teil der Wundertraditionen des Lukas-Sondergutes. Während in der Darstellung der Reaktion des Publikums in Lk 7 16 genau wie in den markinischen Wundererzählungen der Geheilte nicht mehr auftaucht, ist dies in Lk 13 13 anders: Hier folgt anstelle (!) der Reaktion des Publikums eine Reaktion der Geheilten (als Gotteslob)[13]. Nun stellt sich hier natürlich die Frage, ob darin nicht lukanische Redaktion zu sehen ist, da Lukas zweimal seine markinische Vorlage in genau diesem Sinne geändert hat: Lk 5 25 (vgl. Mk 2 12) und 18 43 (vgl. Mk 10 52)[14]. Doch liegt in Lk 17 11-19 eine vorlukanische Tradition vor, in der die Reaktion des Geheilten (als Gotteslob) zu einem selbständigen Bestandteil der Erzählung ausgestaltet worden ist[15]. Das von Lukas aufgegriffene Motiv vom Dank des Geheilten war also in einem Teil seiner Traditionen bereits vorgegeben; d. h. zugleich, daß die den Evangelisten jeweils vorgegebenen Überlieferungen hinsichtlich bestimmter inhaltlicher Tendenzen nicht uniform waren[16].

---

[11] Bultmann, Geschichte 235; Conzelmann, SThU 29, 1959, 58: »Eine Wirkung (sc. der Wundertat) wird nur in bezug auf die Zuschauer erzählt, nicht auf den Geheilten: die Wundergeschichten sind nicht *Bekehrungs*geschichten« (Hervorhebung im Original).

[12] Ausnahmen sind Mk 10 52 5 18-20 und 5 30-34. Doch tritt in 10 46-52 das biographische Moment überhaupt stärker hervor (s. u. S. 128 f.), und 5 18-20 und 5 30-34 stellen spätere Erweiterung dar, s. u. S. 81—84. 136 f.

[13] Zu Lk 13 10-13 s. o. S. 14 A 14. Der Dank des Geheilten begegnet auch in der Umwelt, vgl. Ditt Syll ³III 1173, 9 f.: καὶ ἐσώθη καὶ δημοσίᾳ ηὐχαρίστησεν τῷ θεῷ καὶ ὁ δῆμος συνεχάρη αὐτῷ, vgl. Z. 13 f. 17 f.

[14] Die Einbeziehung von Lk 18 35-43 ist sinnvoll, da Lk bei der Wiedergabe von Mk 10 46-52 in den Stil einer Wundererzählung hinüberlenkt; s. u. S. 127 A 3.

[15] Bultmann, Geschichte 33 interpretiert Lk 17 11-19 als Apophthegma, dessen Pointe »in dem Gegensatz von Dankbarkeit und Undankbarkeit« besteht (235). Anders Dibelius, Formgeschichte 117: eine Legende, in deren Mittelpunkt Jesus steht. Betz, JBL 90, 1971, 314—328 sieht in Lk 17 11-19 eine Reflexion über die Angemessenheit von Wundererzählung (v. 11-14) und Bekehrungsgeschichte (v. 15-19) als Ausdruck des christlichen Heilsverständnisses, wobei er v. 11-14 als »parody« einer echten Heilungserzählung wertet (327 f.). Doch wird damit die Differenz zwischen v. 11-14 und v. 15-19 überbetont. Näherliegend ist es, Lk 17 11-19 als Wundergeschichte zu bezeichnen, in der die Frage nach der angemessenen Antwort des Menschen auf die göttliche Gnadentat zu einem selbständigen Teil der Erzählung ausgebaut worden ist — woraus sich auch deren apophthegmatischer Charakter ergibt. Eine besondere Pointe der Erzählung liegt noch darin, daß die angemessene Reaktion gerade von einem Samaritaner erfolgt.

[16] Eine gewisse Parallele stellen Mk 4 41 und 6 51 dar, wo jeweils eine Reaktion der geretteten Jünger vorliegt. Zugleich sind jedoch die Unterschiede nicht zu übersehen: In beiden ‚Natur'wundern tritt das Moment der Epiphanie stark in den Vordergrund (s. u. S. 93. 105 f.), und der Epiphanie vor den Jüngern ent-

Neben den zahlreichen Abschlüssen, die eine Reaktion der Zuschauer enthalten, stehen mehrere Fälle, in denen eine solche fehlt. Doch stellen diese Fälle das Gesamtbild nicht in Frage, sondern runden es eher ab:

1. Die Reaktion des Publikums fehlt in Mk 1 29-31 6 34-44 und 8 1-9[17], da hier ein geeignetes Publikum, das *über* die an einem Dritten vollzogene Wundertat etwa erstaunen könnte, nicht vorhanden ist[18].

2. Sonderfälle liegen in Mk 1 40-45 und 5 25-34 vor. In Mk 1 40-45[19] wird die Heilung nicht vollständig erzählt. Die Demonstration wird nur befohlen, aber nicht dargestellt, so daß die anschließende Reaktion fehlen muß; und Mk 5 25-34 ist bereits auf vormarkinischer Stufe durch eine Reflexion über die erzählte Wundertat umgestaltet worden[20].

3. Nur in drei Fällen ist das Fehlen der Reaktion des Publikums nicht aus den Besonderheiten der Tradition erklärbar — Mk 5 21-24. 35-43[21] 8 22-26 9 14-29 —, und hier ist jeweils auch aus anderen Gründen mit markinischer Redaktion zu rechnen[22], so daß die Annahme berechtigt ist, das Fehlen des stilgemäßen Abschlusses auf Markus selbst zurückzuführen.

Die Konstanz der Erzählform zeigt sich auch in der Bearbeitung der markinischen Wundertraditionen durch Matthäus und Lukas: Zum einen haben beide — soweit sie die Wundererzählungen des Markusevangeliums übernehmen[23] — die Darstellung der Reaktion auf die Wundertat fast ausnahms-

---

spricht deren Reaktion (4 41 6 51) und Akklamation (4 41) — vgl. die Reaktion auf die Verklärung Mk 9 6.

[17] Joh 6 14 ist literarische Bildung und zur Erhebung der Formmerkmale der mündlichen Erzählstruktur nicht heranzuziehen; vgl. Bultmann, Joh 157f.; Schnackenburg, Joh II 23—25.

[18] Das gilt auch für Mk 1 29-31; die Erwähnung der weiteren Jünger in v. 29 ist mk, s. u. S. 135.

[19] Zur Analyse s. u. S. 73—78. [20] S. u. S. 136f.

[21] In Mk 5 42 liegt keine eigentliche Reaktion eines ‚Publikums' vor, s. o. S. 19 A 4.

[22] In Mk 5 42f. weist die Einfügung des mk Schweigegebots und die unorganische Reihenfolge der Topoi auf redaktionelle Umgestaltung hin, s. u. S. 65f.; in Mk 8 26 ist der Befehl an den Geheilten, nicht ins Dorf zu gehen, ebenfalls als mk Eingriff anzusehen, s. u. S. 68—70; in Mk 9 14-29 setzt mit v. 28 (esoterische Jüngerbelehrung) mk Redaktion ein, s. u. S. 120f.

[23] Bei Mt fehlen Mk 7 31-37 und 8 22-26, bei Lk Mk 6 45-52 7 31-37 8 1-10 und 8 22-26. Die Auslassung von Mk 8 22-26 durch Mt ist aus der mt Redaktion der mk Wunderüberlieferungen erklärbar: Hier bot sich kein geeigneter Anhalt für eine Neuinterpretation im Sinne des Mt (so m. R. Held, WMANT 1, 195—199). Mk 7 37- 31 ist jedoch nicht einfach ausgelassen (so offenbar Held ebd.), sondern durch Mt 15 29-31 ersetzt, vgl. Bultmann, Geschichte 378; Klostermann, Mt 135.
Die Auslassung von Mk 6 45-52 usw. durch Lk ist durch die sog. ‚große Lücke' bedingt und wohl kaum durch einen besonderen inhaltlichen Aspekt der dabei

1. Die formgeschichtliche Debatte über die Wunderüberlieferungen 23

los beibehalten[24], und mehrfach ist außerdem zu beobachten, daß Matthäus und Lukas eine im Markusevangelium fehlende Reaktion des Publikums nachgetragen haben — so Lk 9 43a (vgl. Mk 9 27f.) Lk 18 43b (vgl. Mk 10 52) Mt 21 18-20 (vgl. Mk 11 12-14. 20f.)[25].

An die Darstellung der Reaktion im Abschluß einer Wundererzählung schließt sich mehrfach noch eine ausdrückliche *Akklamation* der Zuschauer an[26]: so in Mk 1 27 2 12 4 41 7 37 Lk 7 16[27]. Diese

---

übergangenen Traditionen verursacht; vgl. Conzelmann, Mitte 45—48 und Schürmann, Lk I 525—527 (jeweils mit Lit.).

[24] Die beiden ‚Ausnahmen' (Mt 9 18f. 22-26 14 22-33) bestätigen die allgemeine Tendenz: In beiden Fällen ist in der mk Vorlage zwar eine Reaktion auf die Wundertat noch vorhanden (Mk 5 42 6 51), doch war dies Moment durch die völlig andersartige mk Bearbeitung (s. u. S. 65 f. 107 f.) für Mt bereits völlig in den Hintergrund getreten. Mt verändert gerade diese mk Interpretationen, jedoch in jeweils unterschiedlicher Weise: Mk 5 42f. ersetzt er insgesamt durch eine Darstellung von der Ausbreitung der Kunde der Wundertat (Mt 9 26; vgl. die ebenfalls redaktionelle Ausbreitungsnotiz 9 31), und anstelle von Mk 6 51b. 52 beschließt Mt das Wunder vom Seewandel (und dem sinkenden Petrus) durch eine Akklamation der Jünger Mt 14 33).

[25] Lk 18 43b ist Reaktion des Publikums und Akklamation in einem; gegenüber Mk 10 52 fügt Lk καὶ πᾶς ὁ λαὸς ἰδὼν ἔδωκεν αἶνον τῷ θεῷ hinzu. Reaktionen auf die Wundertat, die eine indirekte Akklamation darstellen, finden sich vereinzelt auch bei Mk und Mt: Mk 2 12 (δοξάζειν τὸν θεόν); Mt 15 31 (vgl. Mk 7 37). Bes. häufig ist diese Technik des Erzählungsschlusses jedoch bei Lk: neben Lk 18 43b ebenfalls lk in Lk 5 25 (indirekt dargestellte Akklamation des Betroffenen); 9 43a (Reaktion und Akklamation der Zuschauer) — vorlk dagegen in Lk 7 16 und 13 13.

[26] Mit ‚Akklamation' ist hier der direkt (oder z. T. auch indirekt) dargestellte Lobpreis der Wundertat und bes. des Wundertäters am Ende einer Wundererzählung gemeint. Peterson, ΕΙΣ ΘΕΟΣ 141—145. 195—212 schränkt dagegen den Begriff auf stereotype Akklamations*formeln* (Εἷς θεός, μέγας ὁ θεός usw.) ein, so daß er zu dem Schluß kommt, »daß im Neuen Testament die eigentliche Akklamation innerhalb der Wundergeschichte fehlt« (195; aufgenommen von Bultmann, Geschichte 241). Kritisch dazu bereits Dibelius, Formgeschichte 72 A 2.

[27] Für den Abschluß einer Wundererzählung durch den Lobpreis der Wundertat (und des Wundertäters) sind die Parallelen aus der Umwelt nicht sehr zahlreich. Dabei begegnet der Lobpreis in direkter und indirekter Fassung: Bel 41 LXX: καὶ ἀναβοήσας εἶπεν ὁ βασιλεύς· Μέγας ἐστὶ κύριος ὁ θεός, καὶ οὐκ ἔστι πλὴν αὐτοῦ ἄλλος (vgl. auch Dan 3 95 LXX: ὁ βασιλεὺς εἶπεν· Εὐλογητὸς κύριος ὁ θεὸς τοῦ Σεδραχ — jeweils nach einem Rettungswunder; zum Unterschied beider Akklamationen vgl. Peterson, ΕΙΣ ΘΕΟΣ 207). 2 Makk 3 30: (nach einer wunderbaren Bewahrung des Tempels) οἱ δὲ τὸν κύριον εὐλόγουν τὸν παραδοξάζοντα τὸν ἑαυτοῦ τόπον. Apul Met XI 13: *religiosi uenerantur tam euidentem maximi numinis potentiam ... claraque consona voce.* P Oxy 1382, 20f.: οἱ παρόντες εἴπατε εἷς Ζεὺς Σάραπις (vgl. Weinreich [1919] Aufs. I 421—425; Peterson

Akklamationen verstärken die in der Reaktion des Publikums sichtbar werdende Tendenz: Die Akklamationen formulieren ausdrücklich die Bedeutung der erzählten Wundertat (während mit der Reaktion der Zuschauer hierauf nur hingewiesen wird) — vgl. z. B. Mk 2 12: οὕτως οὐδέποτε εἴδαμεν. Gegenstand der Akklamation ist aber nicht nur die Größe der Wundertat, sondern mehrfach auch der Wundertäter selbst, so in Mk 1 27 4 41 Lk 7 16. Daß seine Person der eigentliche Mittelpunkt der Wundererzählung ist, wird hier ausdrücklich ausgesprochen. Diese Konzentration auf die Wundertat und den Wundertäter ist als charakteristisch für die Gattung der Wundererzählung anzusehen.

Dem widerspricht natürlich der gelegentlich auftauchende Hinweis auf den Dank an Gott (Mk 2 12 Lk 7 16) nicht[28]. Das gilt eindeutig für die Wundererzählungen des Markusevangeliums, während die Wunderüberlieferungen des Lukasevangeliums auch an diesem Punkt offenbar eine Sonderentwicklung repräsentieren. Die im Lukasevangelium erkennbare Tendenz, die Wundererzählungen mit einer »glorification de Dieu«[29] abzuschließen[30], ist zwar in mehreren Fällen eindeutig redaktionell (so Lk 9 43a 18 43)[31]. Und daß hier bewußte theologische Arbeit des Lukas vorliegt, zeigt die ausdrückliche Reflexion über das Verhältnis von Gott als dem eigentlichen Bewirker der Wunder zu Jesus als deren Täter in Act 4 30[32]. Aber es handelt sich hierbei

---

a. a. O. 216—221). Ditt Syll ³III 1173, 4—6: καὶ ὀρθὸν ἀνέβλεψε τοῦ δήμου παρεστῶτος καὶ συνχαιρομένου, ὅτι ζῶσαι ἀρεταὶ ἐγένοντο ἐπὶ τοῦ Σεβαστοῦ ἡμῶν ᾽Αντωνείνου. In den Apostel- und Märtyrerakten dominieren dann die formelhaften Akklamationswendungen (vgl. Peterson a. a. O. 183—216).

[28] Bes. deutlich ist dies in Lk 7 16, wo nach καὶ ἐδόξαζον τὸν θεόν die Akklamation des Wundertäters — προφήτης μέγας ἠγέρθη ἐν ἡμῖν — folgt, die auch der ursprüngliche Abschluß der Erzählung gewesen sein dürfte (s. A 31).

[29] Tagawa, Miracles 97. Dabei liegt ein deutliches Interesse auf dem Gotteslob durch den Geheilten (s. o. S. 21). Anders Mt 15 31 (zur mt Herkunft s. o. S. 22 A 23), wo das Gotteslob nicht durch die Geheilten, sondern den ὄχλος erfolgt.

[30] Zum Vergleich sei auf die Darstellung von Wunderheilungen im Asklepiostempel in Rom, Ditt Syll ³III 1173, verwiesen: καὶ ηὐχαρίστησεν δημοσίᾳ τῷ θεῷ (Z. 18, vgl. auch Z. 10f. 13f.).

[31] Gleiches kann man auch für Lk 7 16 vermuten. Die Doppelung der Akklamation ist sicher nicht ursprünglich. ὅτι ἐπεσκέψατο ὁ θεὸς τὸν λαὸν αὐτοῦ wirkt deutlich angehängt und nimmt der christologischen Akklamation προφήτης μέγας ἠγέρθη ἐν ἡμῖν die Spitze.

[32] Vgl. dazu Conzelmann, Mitte 166 A 1: »Der letzte Bewirker der Taten (sc. Jesu) ist Gott.« Tagawa, der die Abschlußwendungen der Wundererzählungen in den synoptischen Evangelien vergleicht (Miracles 92—99), sieht diese lk Redaktion der Wundererzählungen im Zusammenhang mit der subordinatianischen Christologie des Lk (98f.).

um redaktionelle Weiterentwicklung von Tendenzen, die bereits in der Tradition wirksam waren (vgl. Lk 17 11-19 13 13 Act 3 8-10)[33].

Die Akklamation dient also — noch stärker als die Reaktion des Publikums — zur Hervorhebung der Wundertat und zum Hinweis auf den Wundertäter, und zwar in eindeutig werbend-propagandistischer Absicht[34]. Das bedeutet zugleich, daß auch die Akklamation nicht zur Charakterisierung der Zuschauer dient[35].

Die Akklamation kann somit ebenfalls als charakteristischer Bestandteil des Abschlusses einer Wundererzählung bezeichnet werden. Doch stellt die Akklamation keinen ebenso notwendigen Bestandteil der Gattung dar wie die Reaktion der Zuschauer selbst, zu deren Verstärkung die Akklamation ja dient. Die Akklamation fehlt z. B. in Mk 6 45-51[36] und Lk 11 14[37] und ist auch in Mk 5 21-24. 35-43 und Mk 8 22-26 für die mündliche Form der Erzählungen nicht zu postulieren.

Redaktionsgeschichtlich zeigt sich eine Tendenz zur Verstärkung der Akklamationen: Wo sie für Matthäus und Lukas vorgegeben waren, haben

---

[33] Zum Abschluß von Act 3 1-10 s. o. S. 18 A 16. Das Gotteslob des Geheilten (v. 8 b. 9) ist offenbar sekundär verstärkt worden. In einfacher Form kann es durchaus der Tradition zugerechnet werden.

[34] Vgl. Peterson, ΕΙΣ ΘΕΟΣ 213—216.

[35] In den Ausdrücken des Staunens, Erschreckens und der Furcht sowie in den fragend formulierten Akklamationen von Mk 1 27 4 41 werden oft Aussagen über das Unverständnis des Publikums gesehen. Schille, ZNW 56, 1965, 31 zu Mk 4 41: »die typische Frage des vorgläubigen Menschen«. Lohmeyer, Mk 38 zu Mk 1 27: »Die Wirkung des Ereignisses ist nicht Bekennen und Glauben, sondern dumpf erschrecktes Staunen und Fragen ... Beides regt sich wohl *vor* Jesus, aber richtet sich nicht *an* Ihn ... Das Wort geht nicht in die Tiefe; die Zuschauer bekümmern sich nicht um die erstaunliche Aussage des Dämons: ,Der Heilige Gottes', sondern allein um das machtvolle und dennoch rätselhafte Ende dieser Auseinandersetzung« (Hervorhebungen im Original); ähnlich z. B. auch Burkill, Revelation 36.
Eine negative Qualifizierung der Zuschauer durch die Ausdrücke des Staunens und der Furcht bestreitet energisch Tagawa, Mircales 99—116. Für die Einzelerzählung gilt in der Tat, daß Reaktion und Akklamation des Publikums der Hervorhebung der dargestellten Wundertat dienen. Die lediglich stereotyp geschilderte Zuschauermenge ist nicht von selbständigem Interesse. Dies gilt jedoch nicht automatisch für die Ebene der mk Redaktion; s. u. S. 99 A 38. 108 A 20.

[36] Zu Mk 6 52 s. u. S. 107 f.

[37] Lk 11 14 hat schon in Q nur Einleitungsfunktion zum folgenden Streitgespräch über die Dämonenaustreibung gehabt (s. u. S. 144) und ist deshalb äußerst knapp gehalten. Es zeigt sich aber, daß auf die Akklamation verzichtet werden konnte, nicht jedoch auf den Eindruck als solchen, den die Wundertat auslöste. Mt 12 22f. enthält zwar eine Akklamation, doch dürfte diese — zusammen mit der analogen Gestaltung von Mt 9 32f. — auf mt Redaktion zurückgehen (s. A 39).

beide nie gekürzt oder reduziert[38]; mehrfach ist jedoch eine Akklamation hinzugefügt worden: Mt 12 23 und 9 33 (vgl. Lk 11 14)[39] 14 33 (vgl. Mk 6 51f.) Lk 9 43a (vgl. Mk 9 27f.) 18 43 (vgl. Mk 10 52).

2. ZUR FRAGE DER TRADITIONSGESCHICHTLICHEN HERKUNFT DER MARKINISCHEN WUNDERERZÄHLUNGEN

Die recht weite Verbreitung der Wundergeschichten im jüdischen und hellenistischen Raum hat zu religionsgeschichtlichen Vergleichen herausgefordert und Versuche veranlaßt, die Herkunft der synoptischen Wundererzählungen auch traditionsgeschichtlich präziser zu bestimmen[1].

Besonders M. Dibelius hat die von ihm als Novellen klassifizierten Wundererzählungen der Evangelien als Epiphaniegeschichten hellenistischen Stils interpretiert[2]. Innerhalb des breiten hellenistischen Vergleichsmaterials ist vor allem die Darstellung hervorragender, als göttlich verehrter Wundertäter von Interesse[3]. Und mehrfach wird vermutet, daß eine derartige Konzeption des Wundertäters als θεῖος ἀνήρ auch in den Wundererzählungen des Markusevangeliums (und des Johannesevangeliums) — zumindest auf der letzten Stufe ihrer

---

[38] Der Topos der Akklamation ist beibehalten in Lk 4 36 (vgl. Mk 1 27) Mt 9 18 / Lk 5 26 (vgl. Mk 2 12) Mt 8 27 / Lk 8 25 (vgl. Mk 4 41) Mt 15 31 (vgl. Mk 7 37).

[39] Die Gegenüberstellung der Akklamation der Zuschauer mit der Ablehnung der Pharisäer in Mt 12 22-24 und 9 32-34 ist wie in Mt 21 15f. mt (vgl. Held, WMANT 1, 235; Strecker, Weg 101. 168 A 6).

[1] Zum religionsgeschichtlichen Vergleich s. bes. Reitzenstein, Wundererzählungen; Weinreich, Heilungswunder; Herzog, Wunderheilungen; Fiebig, Wundergeschichten. Zur Beruteilung des Wunders im Hellenismus vgl. Grant, Miracle.

[2] Dibelius, Formgeschichte 90—94; vgl. ders. a. a. O. 142—149 zum Unterschied zu den jüdischen Wunderüberlieferungen. Auch für Bultmann, Geschichte 256 ist »der hellenistische Ursprung der Wundergeschichten überwiegend wahrscheinlich«.

[3] Ein herausragendes Beispiel bildet Apollonius von Tyana (dazu jetzt Petzke, Traditionen, bes. 161—194); dem gleichen Typ gehören auch Alexander Abonuteichos und Peregrinus Proteus an (dazu vgl. Betz, Lukian 100—179). Seit Bieler, ΘΕΙΟΣ ΑΝΗΡ I, II (1935/36) hat sich zur Charakterisierung dieses Typs die Bezeichnung θεῖος ἀνήρ eingebürgert (vgl. auch Kleinknecht, ThW III, 1938, 123; Betz, Festschr. E. C. Colwell, 1968, 114—133; M. Smith, JBL 90, 1971, 174—199 — dazu kritisch: Kee, JBL 92, 1973, 402—422). Doch sind die Einschränkungen von Wülfing von Martitz, ThW VIII, 1969, 337—340 zu beachten, daß θεῖος ἀνήρ »mindestens in vorchristlicher Zeit kein feststehender Begriff« gewesen ist (339) und daß ein terminologischer Zusammenhang zwischen der Vorstellung vom θεῖος ἀνήρ und der einer Gottessohnschaft nicht besteht (340).

2. Zur traditionsgeschichtlichen Herkunft der Wundererzählungen

vorredaktionellen Tradierung — leitend gewesen ist[4]. Gegenüber dieser betont hellenistischen Sicht der Wundererzählungen wird häufig auf die Existenz jüdisch geprägter Wundertraditionen (z. B. Mk 1 40-45 10 46-52)[5] und deren nichthellenistisches Verständnis etwa in Mk 3 22-30 und Mt 11 5 hingewiesen[6].

Für die Analyse der markinischen Redaktion der Wundererzählungen kann jedoch die Frage nach der ursprünglichen Herkunft der Wunderüberlieferungen und deren Verständnis auf vorangegangenen Traditionsstufen ausgeklammert werden[7]. Zu fragen ist, an welchem traditionsgeschichtlichen Ort — und in welcher inhaltlichen Ausprägung — Markus die Wundererzählungen übernommen hat. Bei dieser Fragestellung empfiehlt es sich nicht, beim vereinzelt begegnenden Lokalkolorit[8] oder einzelnen Logien, die auf Jesu Wundertaten Bezug nehmen, einzusetzen[9]. Auch die Herkunft der in den Wundererzählungen enthaltenen Prädikationen Jesu ergibt keinen sicheren Ausgangspunkt, da der Gesamtsinn einer Erzählung nicht notwendigerweise von der besonderen Bedeutung eines einzelnen Titels abhängt[10]. Auch ist der Charakter der Prädikationen nicht immer ein-

---

[4] So z. B. Betz, Festschr. E. C. Colwell, 1968, 114—133; Köster, in: Köster-Robinson, Entwicklungslinien 173—177. 201—204; H.-W. Kuhn, ZThK 67, 1970, 303—305; ders., Sammlungen 211—213; Weeden, Mark (bes. 54—64); zurückhaltend Achtemeier, Interpretation 26, 1972, 174—197.

[5] So z. B. Jeremias, Theologie I 93—95; er unterscheidet »eine ältere palästinische und eine jüngere hellenistische Fassung der Wunderberichte . . ., von denen die zweite Jesus als antiken Thaumaturgen schildert, während die erste in schlichter Erzählung die Vollmacht Jesu ins Zentrum rückt« (94f.), und illustriert dies durch eine Gegenüberstellung von Mk 10 46-52 mit Mk 8 22-26. Kritik an einer weitgehend hellenistischen Herleitung üben auch Fiebig, Wundergeschichten 69—75 und Fuller, Wunder 37—44.

[6] So z. B. Manson, Bist Du . . .? 50. 58f.; Delling (1955) Aufs. 150—159.

[7] Die Rückfrage nach der Funktion der Wunder im Rahmen der Verkündigung Jesu (und ihrer Bedeutung für dessen Selbstverständnis) ist deshalb in diesem Zusammenhang nicht erforderlich; zur Lit. s. u. S. 140 A 2.

[8] Zu Mk 10 46-52 s. u. S. 126—132.

[9] Aus der Logienüberlieferung kommt im MkEv für eine eher palästinische Sicht des Wundertäters nur Mk 3 22 — ἐν τῷ ἄρχοντι τῶν δαιμονίων ἐκβάλλει τὰ δαιμόνια — in Betracht (vgl. Bultmann, Geschichte 11).

[10] Hahn, Hoheitstitel 292—297 weist aufgrund der Titel von Mk 1 24 und 5 7 diese Erzählungen jeweils dem hellenistischen Judenchristentum zu. Hier sei Jesus als begnadeter Charismatiker verstanden (296, vgl. auch 235—248), aber noch nicht — wie in Mk 6 45ff. (vgl. 313f.) — die wesenhafte Gottessohnschaft vorausgesetzt. Ähnlich, wenn auch vorsichtiger, H.-W. Kuhn, Sammlungen 196—200. 204f. Doch sind derart zugespitzte Fragestellungen auf die einzelne Wundererzählung kaum anwendbar. Die einzelne Überlieferung war vielmehr in diesem und jenem Vorstellungsrahmen verwendbar. Vgl. auch die Kritik von Vielhauer (1965) Aufs. 190f.

deutig[11]. Sachgemäßer erscheint es zu sein, — durchaus unter Beachtung des form- und religionsgeschichtlichen Vergleichsmaterials — nach den erzählerischen Schwerpunkten zu fragen, die für die Gestaltung der Wundererzählungen auf der der markinischen Redaktion vorausliegenden Stufe leitend waren, um so zu einer angemessenen Interpretation des Verhältnisses von Tradition und Redaktion zu gelangen.

Als zwei charakteristische Momente, die in den Wundererzählungen des Markusevangeliums in relativer Häufigkeit erscheinen, heben sich heraus:

1. Die Erzählungsschlüsse weisen darauf hin, daß die Wundererzählungen ausgesprochen interessiert sind an der Person des Wundertäters. Jesus wird als der über Krankheit, Dämonen und Naturgewalten schlechthin Überlegene dargestellt und auch ausdrücklich akklamiert (Mk 1 27 4 41 7 37). Der Charakterisierung der Person Jesu dient auch seine Qualifizierung als ὁ ἅγιος τοῦ θεοῦ (Mk 1 24) bzw. υἱὸς τοῦ θεοῦ τοῦ ὑψίστου (Mk 5 7) durch das Medium der Dämonen[12]. In dieser Konzentration auf die Person des Thaumaturgen zeigt sich eine deutliche Nähe zu hellenistischen Darstellungen des als göttlich verehrten Wundertäters. Auch er ist der schlechthin Überlegene, der auch auf Manipulation und Zauberei verzichten kann[13] — während etwa der jüdische Wunderrabbi an das Gebet gebunden bleibt[14].

2. Die Wundertaten Jesu werden als Erscheinungen der göttlichen Kraft des Wundertäters verstanden und dargestellt. Das ist

---

[11] Charakteristisch ist, daß man z. B. streiten kann, wie hellenistisch ὁ θεὸς ὁ ὕψιστος ist; zu jüdisch-hellenistischen, jüdisch-synkretistischen und rein hellenistischen (Isis als ὕψιστος θεός!) Parallelen vgl. Bauer, WB 1681 f. s. v. ὕψιστος 2; Bertram, ThW VIII, 1969, 613—619.

[12] Zur Funktion der Dämonenanreden s. u. S. 55—61.

[13] Daß sich Jesus im Verzicht auf magiehafte Manipulationen von heidnischen (und jüdischen) Wundertätern unterscheidet (so Grundmann, Begriff 65—67; ders., ThW II, 1935, 302—304; Oepke, ThW III, 1938, 209 f.; Delling [1955] Aufs. 151), ist — für die Stufe der synoptischen Wunder*überlieferung* — unzutreffend. In den Wundererzählungen wird keine prinzipielle Trennung zu zauberhaften Hilfsmitteln gezogen (vgl. Mk 8 22-26); andererseits ist der weitgehende Verzicht auf Manipulationen und das Wunder auf das bloße Wort hin auch in hellenistischen Wundererzählungen belegt; vgl. Philostr Vit Ap IV 20. Thraede, RAC VII, 1969, 55: In den Exorzismen des θεῖος ἀνήρ »ist der Held des Wunders ... als Person so kraftbegabt, daß er jeglichen Rituals entraten kann«; vgl. auch die Kritik von Grant, Mircale 172 f. an Grundmann. Gegen apologetische Überbewertung der Heilungen durch das Wort im NT wendet sich auch Pesch, BL 9, 1968, 121.

[14] Dazu vgl. Schlatter, Wunder 73—83; Dibelius, Formgeschichte 146—149; ebenso Fiebig, Wundergeschichten 72 f., der darin jedoch keinen wesentlichen Unterschied zu den synoptischen Wundererzählungen sieht.

nicht nur in Mk 5 25-34 der Fall, wo Jesus ausgesprochen als δύναμις-Träger erscheint, sondern bestimmt auch die stereotypen Darstellungen der Reaktion des Publikums auf die Wundertat. φόβος und ἔκστασις, Staunen und Erschrecken sind die charakteristischen Reaktionen des Menschen auf die Epiphanie des Göttlichen in seiner Welt; das gilt sowohl für den alttestamentlichen[15] als auch für den griechischen und hellenistischen[16] Bereich[17]. Und im Hellenismus beginnen Wunder und Epiphanie zu verschmelzen[18].

Bei der Charakterisierung der synoptischen Wundererzählungen als Epiphaniedarstellungen ist aber zugleich festzustellen, daß es sich

---

[15] Vgl. Jo. Becker, Gottesfurcht 19—84; Wanke, ThW IX, 1973, 197; die Furcht betrifft nicht nur Jahves Taten und seine Heiligkeit, sondern auch seinen Beauftragten (vgl. Ex 34 30). Von der Furcht als Wirkung des Erscheinens des Göttlichen ist die ‚Gottesfurcht' als Charakteristikum der Frömmigkeit im AT (bes. in der Weisheit) und im Judentum zu unterscheiden; dazu vgl. Becker a. a. O. 184—261; Wanke a. a. O. 197—199. 201; Balz, ThW IX, 1973, 201—204.

[16] Zu den Wirkungen der Epiphanie vgl. Pfister, PW Suppl. IV, 1924, 317—319; Pax, RAC V, 1962, 841f.; zu φόβος/φοβεῖσθαι vgl. Balz, ThW IX, 1973, 191; zu ἔκστασις/ἐξιστάναι vgl. Oepke, ThW II, 1935, 457; zu θαυμάζειν vgl. Bertram, ThW III, 1938, 27f. 36f. 39f.; zu θαμβεῖσθαι vgl. Bertram, ThW III, 1938, 3—7.

[17] Dieselben Reaktionen begegnen auch bei direkten (personalen) Epiphanien im NT, so den Angelophanien der lk Vorgeschichte (Lk 1 12. 29 a 2 9), der Verklärung Jesu Mk 9 2-8 (v. 6) und den Erscheinungen des Auferstandenen (Lk 24 37, vgl. auch Mk 16 8); vgl. dazu Balz, ThW IX, 1973, 205—208 (mit Lit.). D. h. die Wirkung einer Wundertat ist die der Epiphanie.

[18] Pax, RAC V, 1962, 842f.: ἐπιφάνεια im Sinne eines hilfreichen göttlichen Eingreifens wird zum Wechselbegriff für ‚Wunder'. Vgl. auch die Belege bei Herzog, Wunderheilungen 49. Von Bultmann/Lührmann, ThW IX, 1973, 8—10 und bes. von Lührmann, Festschr. K. G. Kuhn, 1971, 185—199 ist die Frage aufgeworfen worden, ob ἐπιφάνεια dem Begriff ‚Epiphanie' entspreche. ἐπιφάνεια im religiösen Sinne meine im Hellenismus »das geschichtlich faßbare Eingreifen des Gottes zugunsten seiner Verehrer« (Lührmann a. a. O. 195f.); »das Moment der sichtbaren Erscheinung der Gottheit« spiele jedoch »keine konstitutive Rolle« (196). Zutreffend ist, daß ἐπιφάνεια in der Regel (doch vgl. 2 Makk 5 4) ein hilfreiches Eingreifen meint, doch ist das Moment der Sichtbarkeit nicht auszuschalten (vgl. auch den Hinweis von Lührmann a. a. O. 196 A 39; Dibelius/Conzelmann, Past 77f.). Nur handelt es sich nicht primär um ein Sichtbarwerden der Gottheit selbst, sondern von deren Macht. Zutreffend Bultmann/Lührmann a. a. O. 9 (Z. 21f.): Es handelt sich um »Offenbarung der ἀρετή oder δύναμις der Gottheit« (so auch Pax, ΕΠΙΦΑΝΕΙΑ 38f.); vgl. P Oxy 1381, 218—222: μέλλω γὰρ αὐτοῦ τερατώδεις ἀπαγγέλλειν ἐπ[ι]φανείας δυνάμεως τε μεγέθη εὐε[ρ]γετημάτων ⟨τε⟩ δωρήματα. Wichtig ist auch, daß Staunen, Furcht usw. nicht nur die Wundertat betreffen, sondern sich auch auf den als göttlich verehrten Wundertäter selbst beziehen; vgl. die aus Lukian gesammelten Belege bei Betz, Lukian 159 A 3—6; vgl. dazu im MkEv die Reaktion des Volkes auf das Erscheinen Jesu in Mk 9 15.

grundsätzlich um Heilsepiphanien handelt. Das gilt auch für Mk 6 45-51 — auch wenn dort das Moment der Rettung nachgetragen ist[19]; gerade der Nachtrag zeigt, wo hier eine Lücke empfunden wurde.

Diese beiden — eng zusammengehörenden — Momente machen deutlich, daß zumindest ein wesentlicher Teil der markinischen Wundererzählungen dem Verfasser des Markusevangeliums bereits in einer stark hellenistischen Prägung vorgegeben war[20]; sie zeigen zugleich, wie der Jesus dieser Wundertraditionen in Analogie zu den als göttlich verehrten Thaumaturgen des Hellenismus verstanden werden konnte.

Beide Momente sind auch für die markinische Interpretation der Wundererzählungen von besonderer Bedeutung. In seinen Summarien (Mk 1 32-39 3 7-12 6 53-56) betont Markus die überlegene Wunderkraft Jesu und führt — durch die Hervorhebung der Prädikation Jesu durch die Dämonen als υἱὸς τοῦ θεοῦ (Mk 3 11) — die Konzentration auf die Person des Wundertäters fort.

3. ZUM PROBLEM VON VORMARKINISCHEN WUNDERSAMMLUNGEN

Die im Markusevangelium dominierenden Gattungen, Streitgespräche, Gleichnisse und Wundererzählungen, bilden im Aufriß des Evangeliums mehrere mehr oder minder feste ‚Blöcke'. Es wird deshalb häufig gefragt, ob Markus bei seiner Anordnung vorgegebenen Quellen, Sammlungen oder Erzählzusammenhängen folgt[1]. Hinsichtlich der Wunderüberlieferungen steht vor allem zur Diskussion, ob solche vormarkinischen Zusammenhänge in Mk 2f. und 4—8 vorliegen[2]. Die Annahme von Wundersammlungen im Markusevangelium

---

[19] S. u. S. 104—106.

[20] Andererseits sind die stilistischen und auch gattungsmäßigen Differenzen zu den hellenistischen Wunderdarstellungen nicht zu übersehen. Das gilt nicht nur für die Ἰάματα von Epidauros (vgl. dazu Herzog, Wunderheilungen 46—64; zum unterschiedlichen Traditionsprozeß gegenüber den synoptischen Wundererzählungen vgl. Dibelius, Formgeschichte 165—172), sondern auch für die Wunderdarstellungen in der romanhaften Literatur, in der für die schriftlich-literarische Gestaltung andere Gesichtspunkte leitend waren als bei der insgesamt doch recht straffen Wiedergabe der Wundererzählungen in den Evangelien.

[1] Die Form des in Frage stehenden Zusammmenhangs mehrerer Einzeltraditionen (mündlicher Erzählzusammenhang oder schriftliche Quelle) ist hier zunächst bewußt offengehalten. Daß diese Frage jedoch zur präzisen Problemerfassung nicht ausgeklammert werden kann, wird sich im Zuge der Darstellung zeigen; s. u. S. 38f.

[2] Die Äußerungen zu diesem Fragenbereich sind zahlreich und kaum zu überblicken. Eine gewisse Orientierung verschafft H.-W. Kuhn, Sammlungen 16—52. Thema-

gewinnt dadurch an Wahrscheinlichkeit, daß es innerhalb des Neuen Testaments ein gesichertes Beispiel für eine Sammlung von Wundererzählungen gibt: die sog. Semeiaquelle des Johannesevangeliums[3].

Für die Existenz einer zusammenhängenden Quelle von Wundererzählungen im Johannesevangelium sprechen:

1. In Joh 2 12 ist eine redaktionelle Verknüpfung zweier Wundererzählungen erkennbar, die sich von der Redaktion des Evangeliums deutlich unterscheidet[4].

2. Das Ende der Quelle, das auf diese insgesamt zurückblickt, ist in Joh 20 30f. erhalten[5].

3. Innerhalb der Wundererzählungen des Johannesevangeliums sind mehrfach Einfügungen durch den Verfasser des Evangeliums

---

tisch haben sich (in bezug auf das ganze MkEv) geäußert: A. Meyer, Festschr. A. Jülicher, 1927, 35—60; Knox, Sources I und jüngst H.-W. Kuhn, Sammlungen.

[3] Zu der in ihrer jetzigen Form hauptsächlich durch Bultmann (vgl. Joh 78f. und 559f. das Reg. s. v. σημεῖα-Quelle) bestimmten Diskussion vgl. Kümmel, Einleitung 178—180; Haenchen, ThR NF 23, 1955, 302—305; Schnackenburg, BZ NF 8, 1964, 62—67. 76—82. 87f.; ders., Joh I 51—55; Robinson, in: Köster-Robinson, Entwicklungslinien 49—52. 219—222. 226—230; Schulz, Joh 7f.; zur Theologie der Semeiaquelle vgl. Jü. Becker, NTS 16, 1969/70, 130—149. Die neueste Diskussion ist durch die Beiträge von Haenchen (1959) Aufs. I 78—113 (vgl. die Hinweise von Robinson a. a. O. 221 A 11 auf Haenchens noch nicht erschienenen Kommentar zum JohEv) und Fortna, Gospel gekennzeichnet; zu beiden vgl. die Kritik von Robinson a. a. O. 230—235.

[4] In Joh 2 12f. stoßen sich zwei redaktionelle Reisenotizen, von denen nur v. 13 dem Fortgang des JohEv (Reise nach Jerusalem) entspricht, so daß in v. 12 (ohne καὶ ἐκεῖ . . ., das offenbar ausgleichen soll) eine vorjoh redaktionelle Verknüpfung sichtbar wird, die ursprünglich zu einer Kapernaumerzählung überleitete (vgl. Joh 4 46bff.). Vgl. dazu Bultmann, Joh 79 (mit A 4). 85; Schweizer (1951) Aufs. I 408 A 7; Schnackenburg, BZ NF 8, 1964, 63f.; ders., Joh I 358. 501; Fortna, Gospel 102f.; Robinson, in: Köster-Robinson, Entwicklungslinien 51. 228. — Ob in Joh 7 1-13 eine weitere vorjoh redaktionelle Überleitung erschlossen werden kann, ist umstritten; positiv: Bultmann a. a. O. 216f.; ebenso Jü. Becker, NTS 16, 1969/70, 135 A 6; ablehnend: Schnackenburg, Joh II 193. 198 und Schulz, Joh 114.

[5] Zu Joh 20 31b s. o. S. 17 A 11. Joh 20 30f. ist nicht nur durch seine jetzige Stellung, sondern auch aufgrund der zahlreichen stilistischen Parallelen (vgl. Bultmann, Joh 540 A 3) als Abschlußwendung kenntlich. Auch ist deutlich, daß Joh 20 30f. nicht als Abschluß des JohEv konzipiert ist, denn hier wird ausschließlich auf σημεῖα-Stoffe zurückgeblickt, d. h. Joh 20 30f. setzt die Wunderquelle von Joh 2 1ff. 4 46bff. usw. voraus und schließt diese ab. Vgl. Bultmann a. a. O. 541. Anders Conzelmann, Grundriß 377, der das Stichwort σημεῖον durchweg für joh hält und auch in 20 30f. eine Bildung des Vf. des JohEv sieht. Doch ist zu beachten, daß σημεῖον im JohEv an die Machttaten Jesu gebunden bleibt und daher

erkennbar[6], die den Schluß zulassen, daß die Quelle dem Evangelisten bereits in schriftlicher Form vorgelegen hat[7].

In gewissem Umfang ist auch noch der Charakter der Quelle erkennbar: Sie bestand offenbar hauptsächlich aus Wundererzählungen[8]. Möglich ist weiterhin die Annahme, daß diese Quelle von jedem ‚Typ' von Wundergeschichten (Speisungswunder, Blinden-, Lahmenheilung usw.) jeweils nur eine Erzählung enthielt[9].

Die Semeiaquelle zeigt also, daß im frühen Christentum Wundererzählungen zu einer zusammenhängenden Quelle zusammengestellt worden sind. Deshalb ist grundsätzlich mit der Möglichkeit zu rechnen, daß auch Markus eine (oder mehrere) analoge Sammlung(en) benutzen konnte[10].

Die Existenz vormarkinischer Sammlungen, die teilweise oder vollständig aus Wunderüberlieferungen bestanden, ist mehrfach für Mk 2f. und Mk 4—8 in Erwägung gezogen worden.

---

auch nur in Kap. 1—12 verwendet wird. Als zusammenfassender Ausdruck für das Wirken des Offenbarers hätte für den Vf. des JohEv etwa ἔργον wesentlich näher gelegen (zur Einheit von Worten und Taten des Offenbarers im Begriff der ἔργα vgl. Bultmann a. a. O. 295—298. 471); vgl. auch Schulz, Joh 248.

[6] Bes. deutlich: Joh 4 48; vgl. auch 2 4 6 4. 6. Diese Einfügungen unterbrechen jeweils den Ablauf der Erzählung, ohne jedoch deren Fortgang zu beeinflussen, und bringen jeweils typisch joh Gesichtspunkte zur Geltung; vgl. Bultmann, Joh und Schnackenburg, Joh I, II jeweils z. St.; Haenchen (1959) Aufs. I 87—89; Robinson, in: Köster-Robinson, Entwicklungslinien 229f.

[7] Zutreffend Robinson, in: Köster-Robinson, Entwicklungslinien 230: »Solche Interpolationen . . ., die mitten in die Geschichten hineingesetzt sind, entsprechen der Art und Weise, in der eine schriftliche Quelle, die ihre eigene Stabilität besitzt, bearbeitet werden mußte.« Das spricht gegen die Annahme von Haenchen, ThR NF 23, 1955, 303f.; ders. (1959) Aufs. I 112f., die Quelle sei zwar schon vor Joh schriftlich fixiert gewesen, diesem aber aus lebendigem Umgang im Gottesdienst — also in mündlicher Vermittlung — bekannt gewesen.

[8] Dies ist z. Z. stark umstritten. Doch spricht dafür der Abschluß der Quelle in Joh 20 30f., der nur σημεῖα-Stoffe voraussetzt. Vgl. Bultmann, Joh 68. 78. 131; Jü. Becker, NTS 16, 1969/70, 135. Haenchen (s. o. S. 31 A 3) ordnet dagegen der Quelle wesentlich mehr Erzählmaterial zu, so daß sich eine Art Evangelium, jedoch »von nichtsynoptischem Typ« (ders. [1959] Aufs. I 113) ergibt. Zu einem quasi-synoptischen Evangelium gelangt Fortna, Gospel 221—223, indem er auch die Passions- und Auferstehungstraditionen der gleichen Quelle zurechnet — was er weitgehend mit stilistischen Argumenten begründet (214—218). Doch vgl. die Kritik von Robinson, in: Köster-Robinson, Entwicklungslinien 230—235.

[9] Auffällig ist, daß eine Exorzismuserzählung fehlt.

[10] Auf die Semeiaquelle als einem gesicherten Analogiefall für die Annahme weiterer Sammlungen von Wundererzählungen verweisen ausdrücklich H.-W. Kuhn, Sammlungen 210; Robinson, in: Jesus and man's hope I, 1970, 102—104; vgl. ders., in: Köster-Robinson, Entwicklungslinien 48f. 249.

3. Zum Problem von vormarkinischen Wundersammlungen

So wird in Mk 2(f.) häufig mit einer vormarkinischen Sammlung von Streitgesprächen gerechnet[11]. Doch ist der Nachweis einer vormarkinischen Redaktion, der diese Annahme sichern könnte, bisher nicht gelungen. Alle Beobachtungen, die für die Existenz einer Sammlung in Mk 2(f.) angeführt werden, sind auch ohne eine derartige Annahme erklärbar.

1. Weder in Mk 3 6[12] noch in 2 28[13] liegt eine redaktionelle Abschlußwendung vor, die sich von der markinischen Redaktion abheben ließe. Mk 3 6 entspricht der Redaktionstechnik des Markus, auf die Passion schon vor Mk 8 27 vorzuverweisen[14], und auch in 2 28 ist keine Differenz zur markinischen Redaktion erkennbar[15].

2. Die Verwendung von υἱὸς τοῦ ἀνθρώπου in Mk 2 10. 28 ist zwar vor Mk 8 27 singulär, doch widersprechen weder 2 10 noch 2 28 dem Aufbau des Markusevangeliums[16], sondern fügen sich voll in das ab Mk 1 21 leitende Thema von der Vollmacht des Irdischen ein[17].

---

[11] Diese These ist seit Albertz, Streitgespräche (1921) 5—16 recht weit verbreitet (vgl. H.-W. Kuhn, Sammlungen 22f.) und jüngst von Kuhn a. a. O. 53—98 (Abgrenzung der Sammlung: 88f. 228 A 13) modifiziert worden.

[12] So Albertz, Streitgespräche 5: Der in Mk 3 6 vorliegende Hinweis auf die Passion komme »innerhalb des Mk-Plans zu früh«; ebenso z. B. Knox, Sources I 12, der annimmt, Mk habe die Sammlung, die ursprünglich direkt zur Passion überleitete, von dieser Fortsetzung getrennt: »the original collection of stories ended with the plot for the simple reason that at one time it stood by itself as an introduction to the story of the Passion.«

[13] So H.-W. Kuhn, Sammlungen 73. 86. Für Kuhn gehört Mk 3 1ff. nicht zur Sammlung (vgl. 19—21. 86f.), da die form- und traditionsgeschichtliche Homogenität der Überlieferungen als Kriterium zur Abgrenzung dient. — Die thematische Verwandtschaft der Stoffe steht bei A. Meyer, Festschr. A. Jülicher, 1927, 37f. 41. 50 im Vordergrund; er dehnt die Gruppe der Streitfragen auf Mk 1 40ff. aus (ebenso Knox, Sources I 8. 150) und rekonstruiert in Mk 1 40—3 5 (also ohne 3 6!) eine vormk Gruppe von Streitfragen mit vier Untergruppen, die aus je zwei zusammengehörigen Einheiten bestehen (vgl. die Übersicht a. a. O. 50).

[14] S. o. S. 1. Zur Kritik an Albertz vgl. H.-W. Kuhn, Sammlungen 19f.

[15] H.-W. Kuhn, Sammlungen 73. 86: Durch das (sekundär eingefügte) καί in κύριός ἐστιν ὁ υἱὸς τοῦ ἀνθρώπου καὶ τοῦ σαββάτου greife Mk 2 28 über die vorangegangene Einzeltradition hinaus. Da der mk Abschluß von Mk 2 1ff. erst in Mk 3 6 folge, liege in Mk 2 28 eine vormk redaktionelle Abschlußwendung vor (a. a. O. 87). Doch ist 2 28 keinesfalls ein zusammenfassender Abschluß, sondern enthält höchstens einen Rückbezug der *Einzel*tradition Mk 2 23ff. auf Vorangegangenes (bes. 2 10). Der vormk Charakter eines möglichen Rückbezuges in Mk 2 28 ist Postulat.

[16] So jedoch Albertz, Streitgespräche 5 und H.-W. Kuhn, Sammlungen 87.

[17] S. u. S. 53—55. Zudem ist die zumeist stillschweigend vorausgesetzte Ansicht ungenügend, daß im MkEv die Worte vom irdischen und vom leidenden, auferstehenden und wiederkommenden Menschensohn beziehungslos nebeneinander stehen (s. u. S. 183 A 2).

3. Die formgeschichtliche und inhaltliche Verwandtschaft der Traditionen von Mk 2(f.) beweist keine gemeinsame vormarkinische Überlieferung. Verwandte Überlieferungen zusammenzuordnen, war auch für einen Evangelienverfasser naheliegend[18].

4. Der lockere Aufbau von Mk 2(f.) ist ohne Schwierigkeiten als markinisch verständlich und weist nicht auf markinische Einschübe in einen vorgegebenen Zusammenhang hin[19].

Auch innerhalb von Mk 4—8 sind keine Hinweise auf eine vormarkinische Redaktion erkennbar. Hier haben jedoch Erzählungsdubletten und Konvergenzen in der Erzählabfolge zwischen Mk 4 und Mk 6 (jeweils ein Seewunder in Mk 4 35-41 und 6 45-51), Mk 6 f. und Mk 8 (zwei Speisungserzählungen Mk 6 34-44/8 1-9; zwei Streitgespräche Mk 7 1ff./8 11-13; zwei Heilungserzählungen Mk 7 31-37/8 22-26) und auch Übereinstimmungen zwischen Mk 6—8 und Joh 6[20] die Frage nach vormarkinischen Überlieferungszusammenhängen angestoßen. So wird mehrfach die Existenz von zwei parallelen Überlieferungskränzen in Mk 6 34—7 37 und 8 1-26 (mit deutlichen Entsprechungen in Joh 6) in Erwägung gezogen[21]. Doch ist eine derartige Annahme mit zahlreichen Schwierigkeiten verbunden[22]:

1. Zwischen Mk 6 34-56 und 8 1-10 besteht keine überzeugende Parallelität in der Erzählabfolge:

---

[18] Das sieht auch H.-W. Kuhn, Sammlungen 139: »Eine rein formgeschichtliche Verwandtschaft ließe sich auch damit erklären, daß ein Autor einem gleichen ‚Sitz im Leben' sein Material entnahm; eine vorgegebene Sammlung ist damit noch nicht bewiesen.«

[19] Albertz, Streitgespräche 14 und H.-W. Kuhn, Sammlungen 86: Mk 2 13f. ist eine sekundäre (Kuhn: mk) Einfügung. Kuhn: 2 13f. unterbricht den Zusammenhang von 2 1-12 und 2 15ff., der durch die Stichworte ἁμαρτίαι bzw. ἁμαρτωλοί markiert werde (im Anschluß an Sundwall, Zusammensetzung 15). Doch ist es kaum wahrscheinlich zu machen, daß der Zusammenhang von 2 1-12 mit 2 15ff. ursprünglicher ist als der von 2 14 mit 2 15ff. Vgl. Schweizer, Mk 34f., der die Abfolge 2 1-12/13f./15ff. für mk hält.

[20] Verglichen werden Mk 6 34-56 mit Joh 6 1-21, Mk 7 1ff. und 8 11-13 mit Joh 6 26ff., Mk 7 24-30 und 8 14-21 mit Joh 6 32ff.; vgl. Haenchen, Weg 283 f.; z.T. abweichend: Schweizer, Mk 76 f., der außerdem die Übereinstimmung auf Mk 8 27ff./Joh 6 66ff. ausdehnt.

[21] Vgl. die Tabellen bei Klostermann, Mk 74f. und Haenchen, Weg 283; s. auch Taylor, Mk 628—632; weitere Lit. bei H.-W. Kuhn, Sammlungen 31 A 121.

[22] Kritik an dieser These üben Lohmeyer, Mk 154; H.-W. Kuhn, Sammlungen 30—32; auch Taylor, Mk 628—632 weist auf zahlreiche Schwierigkeiten hin; Knox, Sources I 43—46 sieht ebenfalls in Mk 6 34—7 37 und 8 1-26 keine durchlaufenden parallelen Überlieferungszusammenhänge.

a) Mk 6 45-51 hat in Mk 8 1-10 keine Entsprechung[23]; die See-reise*notiz* Mk 8 10 entspricht nicht der Seewandel*erzählung*, sondern allein der Reisenotiz Mk 6 53[24].

b) Mk 6 53 und 8 10 sind keine Abschlußwendungen einer vorangegangenen Tradition, sondern folgen jeweils *nach* Abschluß einer in sich vollständigen Erzählung[25] und sind deshalb nur sinnvoll als redaktionelles Bindeglied[26] zu einer *weiteren* Einheit[27]. Und Anzeichen, daß Mk 6 53 eine vormarkinische redaktionelle Verklammerung 6 34-51/ 7 1ff. (und 8 10 zwischen 8 1-9/8 11ff.) darstellt, liegen nicht vor[28].

2. In Mk 7 1-37 und 8 11-26 sind nicht nur vergleichbare Traditionen (7 31-37/8 22-26), sondern auch völlig ungleichartige Bildungen enthalten (7 24-30 — eine vorgegebene Tradition / 8 14-21 — eine weit-

---

[23] Lohmeyer, Mk 130—136 (vgl. ErgH 12 zu S. 130) will in Mk 6 45-51 je eine Sturmstillungs- und Seewandelerzählung rekonstruieren. Klostermann, Mk 65. 74 greift dies auf und vermutet für die in 6 45-51 eingeschmolzene Seesturmerzählung eine ursprüngliche Stellung nach Mk 8 1-9, so daß die Parallelität zu 6 34-51 tatsächlich gegeben wäre. Doch kann die Hypothese von der Kontamination zweier Erzählungen in Mk 6 45-51 kaum eine weitere (über die Parallelität von Mk 6 und 8) stützen. Zudem ist die Kontaminationshypothese selbst fragwürdig: Eine reine Sturmstillungserzählung ist nicht rekonstruierbar; s. u. S. 106 A 8.

[24] Um eine Parallelität zwischen Mk 6 und 8 herzustellen, muß man deshalb mit einer unterschiedlichen vormk Entwicklung beider ‚Erzählungskränze' rechnen — nämlich daß die Überfahrtnotiz in 6 53 (anders als in 8 10) zur Einbeziehung der Seewandelerzählung geführt habe. In diese Richtung tendiert offenbar Knox, Sources I 45.

[25] Deshalb liegt in Joh 6 21 keine Entsprechung zu Mk 6 53 vor. In Mk 6 53 ist die Landung nach dem Abschluß der Erzählung 6 45ff. an diese angefügt. Dagegen ist sie in Joh 6 16ff. Teil der Erzählung — die wunderbare Landung unterstreicht den Wundercharakter der Erzählung (vgl. Bultmann, Joh 159). Zutreffend H.-W. Kuhn, Sammlungen 31: »Natürlich landet das Schiff nach Jesu Seewandel im JohEv irgendwo, wie es auch in Mk 6, 53 der Fall ist ... Das ist aber keine Parallele.«

[26] Das übersieht K. L. Schmidt, Rahmen 209 A 1: »Topographische Notizen, wie sie nebenbei in den Einzelgeschichten enthalten sind, können nicht von dem Evangelisten erfunden sein« (ebenso Preuß, Galiläa, Diss. Göttingen 1966, 20). Das kann für geographische Angaben innerhalb der *Exposition* einer Erzählung zutreffen. Überleitungsnotizen *zwischen* zwei Erzählungen sind jedoch hiervon zu unterscheiden.

[27] Gegen Snoy, EThL 44, 1968, 234—241, der Mk 6 53 in Analogie zu 8 10 als Abschluß von 6 34-44 ansieht (aufgenommen von Achtemeier, JBL 89, 1970, 283f.). Diese These, die zugleich eine vormk Verbindung von Speisung und Seewandel ausschließt (s. A 32), wurde bereits von Hauck, Mk 85f. und Grundmann, Mk 144 erwogen.

[28] Die Differenz der Ortsangaben von Mk 6 45 und 6 53 ist in einer vormk Abfolge Mk 6 34-53/7 1ff. genauso störend wie auf der Stufe des MkEv; s. auch u. S. 169f.

gehend redaktionelle Komposition[29]). Und die Abfolge Mk 7 1-23/7 24-30 und 8 1-9/8 11f. ist jeweils deutlich von Gesichtspunkten der markinischen Redaktion bestimmt[30].

3. Die jetzige Abfolge von Joh 6 geht — unter Verwendung der Semeiaquelle — auf den Verfasser des Johannesevangeliums zurück, so daß sie für vormarkinische Erzählzusammenhänge kaum auswertbar ist. Eine Übereinstimmung zwischen Joh 6 und Mk 6, die Schlüsse auf die vormarkinische Überlieferung der Traditionen von Mk 6 zuläßt, stellt nur die Abfolge von Speisungswunder und Seewandel dar; diese war dem Verfasser des Johannesevangeliums in der Semeiaquelle bereits vorgegeben[31], und für Mk 6 kann dies ebenfalls gelten[32].

Ebenfalls mit parallelen Erzählungs‚catenen', die jedoch ausschließlich Wunderüberlieferungen umfassen, rechnet P. J. Achtemeier[33]. Ausgangspunkt sei jeweils ein Seewunder gewesen (Mk 4 35-41/ 6 45-51), gefolgt von je drei Heilungserzählungen (Mk 5 1-20 5 25-34 5 21-24. 35-43/8 22-26 7 24-30 7 32-37); abgeschlossen worden sei jede Catene durch ein Speisungswunder (Mk 6 34-44. 53/8 1-10). Doch ist auch in diesem Fall eine vormarkinische Redaktion, die sich von der des Markus abheben ließe, nicht wahrscheinlich zu machen[34].

---

[29] S. u. S. 110—112.
[30] S. u. S. 91. 110. 159. Zutreffend K. L. Schmidt, Rahmen 137: Zunächst ist zu fragen, »nach welchem Zweck der Evangelist die Einzelgeschichten zusammengestellt hat. Erst wenn wir diese Frage nicht beantworten können, gewinnt die Frage, ob der Evangelist vielleicht einem Aufriß, einer Vereinigung von Einzelgeschichten folgt, Bedeutung.«
[31] Der Seewandel unterbricht den joh Zusammenhang von Brotwunder und Brotrede, so daß die Abfolge Speisung—Seewandel vorjoh ist; vgl. Bultmann, Joh 155. 158.
[32] So der weitgehende Konsens der Forschung; zur Lit. vgl. Snoy, EThL 44, 1968, 206 A 2. Allerdings ist die enge redaktionelle Verklammerung in Mk 6 45 mk (s. u. S. 107). Snoy a. a. O. 205—241 bestreitet eine vormk Abfolge von Mk 6 34-44/ 6 45ff.: Die Lokalisierung der Speisung am Ostufer in 6 32 und die Überfahrt εἰς τὸ πέραν in 6 45 (= ‚ans Ostufer') schlössen sich aus. Ebenso stießen sich 6 45 und 6 53. Aber 6 32 ist mk Bildung im Anschluß an 6 35 (so auch Snoy a. a. O. 238—241; dennoch benutzt er zuvor 6 32 als Argument für die vormk Abfolge) und kann auch nicht geographisch ausgewertet werden. Weiterhin ist die Gleichsetzung von εἰς τὸ πέραν mit ‚ans Ostufer' nicht zwingend; für Mk gilt diese jedenfalls nicht (vgl. Mk 5 21). Und die positive Lösung von Snoy, in 6 53 den ursprünglichen Schluß von 6 34-44 zu sehen, ist nicht schlüssig, s. o. S. 35.
[33] Achtemeier, JBL 89, 1970, 265—291, vgl. das Ergebnis der Rekonstruktion a. a. O. 291. Ausgehend von diesen Analysen fragt Achtemeier, JBL 91, 1972, 198—221 nach den Tradenten und dem Sitz im Leben der postulierten Erzählungsketten.
[34] Achtemeier versucht auch eine unterschiedliche redaktionelle Bearbeitung der Wunder-‚Catenen' und der übrigen Traditionen in Mk 4—8 nachzuweisen. Die Traditionen außerhalb der ‚Catenen' seien von Mk wesentlich stärker redigiert

1. Die Gleichartigkeit der Szenerie von Mk 4 35 5 1 und 5 21[35] beweist nicht die vormarkinische Zusammenstellung dieser Traditionen. Der Gesichtspunkt der Szenerie kann genauso für Markus leitend gewesen sein[36].

2. Teilweise benutzt P. J. Achtemeier ausgesprochen markinische Veränderungen der Traditionen als Argumente für vormarkinische Zusammenhänge (so Mk 5 43b und 7 24b)[37].

3. Die Annahme einer ursprünglichen Abfolge Mk 6 45-51/8 22-26 löst zwar das Problem der Ortsangaben in Mk 6 45/6 53, stößt sich aber mit der auch in Joh 6 vorliegenden Abfolge von Speisung und Seewandel[38].

4. Der verallgemeinernde Chorschluß Mk 7 37 blickt nicht notwendigerweise auf mehrere Einzelüberlieferungen zurück[39]. Die Tendenz zur Verallgemeinerung des erzählten Einzelfalls in der abschließenden Akklamation zeigt sich auch in Mk 1 27[40].

Dagegen nimmt H.-W. Kuhn keine parallelen Erzählungskränze an, sondern rechnet mit einer einzigen Sammlung der sechs Wundererzählungen von Mk 4 35—6 51[41], deren Existenz er jedoch nur mit

---

worden (JBL 89, 1970, 274) — Ausnahme: Mk 6 17-29, was jedoch auf eine geringere Redaktion der Erzählstoffe insgesamt hindeuten würde. Oder ist diese nur weniger deutlich erkennbar? Jedoch ist in Mk 4 35-41 mk Redaktion auch innerhalb einer Wundererzählung erkennbar, s. u. S. 96—98.

[35] Achtemeier, JBL 89, 1970, 276. 278.

[36] Zudem ist Achtemeier geneigt, den mk Anteil in der jeweiligen szenischen Rahmung der Wundererzählungen von Mk 4—8 für sehr gering zu halten, vgl. Achtemeier, JBL 89, 1970, 275f.; s. auch 278: Mk 5 21 "is so closely bound up with the preceding story and flows so well from it that it seems to be part of a narrative in which these stories followed one another prior to their use by Mark". Daß glatte Übergänge als solche bereits vormk Zusammenordnung nahelegen, ist damit keineswegs nachgewiesen.

[37] Achtemeier, JBL 89, 1970, 279. 281: Mk 5 43a — καὶ εἶπεν δοθῆναι αὐτῇ φαγεῖν — sei als Abschluß einer Einzelerzählung unverständlich, jedoch sinnvoll als Übergang zur folgenden Speisungs(!)erzählung. In Mk 7 24 setze die Erwähnung der οἰκία eine Umgebung voraus, die Jesus vertraut ist, und schließe sich direkt an 8 26 (κώμη) an (287f.). Doch ist in beiden Fällen mit mk Bearbeitung zu rechnen; s. u. S. 65—67. 68—70. 89 f.

[38] Achtemeier, JBL 89, 1970, 282 schließt sich Snoy (s. o. S. 36 A 32) an und hält die Verbindung von Mk 6 34-44 / 6 45ff. erst für mk. Dies ist fraglich.

[39] So jedoch Achtemeier, JBL 89, 1970, 289.

[40] Vgl. auch die generalisierende Akklamation Ditt Syll ³III 1173, 5f. (Text s. o. S. 24 A 27).

[41] H.-W. Kuhn, Sammlungen 191—213. — Eine auf Mk 4 35—5 43 beschränkte Sammlung vermuten u. a. Dibelius, Formgeschichte 220; Bultmann, Geschichte 257 (weitere Lit.: Kuhn a. a. O. 27 A 98). Knox, Sources I 39—41 schließt aus dieser Sammlung Mk 5 1-20 als Fremdkörper aus. A. Meyer, Festschr. A. Jülicher,

einiger Vorsicht in Erwägung zieht[42]. Er kann in der Tat nur die traditionsgeschichtliche Verwandtschaft dieser Erzählungen als Argument anführen[43], doch reicht dies nicht aus, um einen gemeinsamen vormarkinischen Überlieferungszusammenhang der Stoffe nachzuweisen[44].

Aus allgemeinen religions- und theologiegeschichtlichen Erwägungen heraus versuchen H. Köster und J. M. Robinson die Annahme einer vormarkinischen Wundersammlung wahrscheinlich zu machen[45]. Sie rechnen damit, daß eine in bestimmten Bereichen verbreitete Christologie vom ‚göttlichen Menschen'[46] zur Ausbildung von ‚Aretalogien' geführt habe[47]. Als Beispiel dient die Semeiaquelle des Johannesevangeliums, und H. Köster und J. M. Robinson setzen voraus, daß auch im vormarkinischen Raum derartige ‚Aretalogien' entstanden. Doch ist dieser Analogieschluß problematisch. Aufgrund vergleichbarer theologiegeschichtlicher Voraussetzungen kann nicht ohne weiteren Nachweis mit analogen literarischen Entwicklungen gerechnet werden.

Eine festere Zusammenordnung zweier oder mehrerer Wundererzählungen, die vor der Abfassung der Evangelien liegt, ist somit nur an zwei Punkten erkennbar:

1. Die Abfolge Speisungswunder — Seewandel hat sich offenbar bereits in der mündlichen Überlieferung herausgebildet.

1927, 40. 43. 50 nimmt je ein Erzählungspaar von zwei Seewundern und der Heilung zweier Frauen an.

[42] Vgl. H.-W. Kuhn, Sammlungen 209f. 213.

[43] H.-W. Kuhn, Sammlungen 191—200. 204—206.

[44] H.-W. Kuhn, Sammlungen 208f. 217f. meint jedoch, daß auch die jetzige Anordnung der Erzählungen einen Hinweis auf eine vormk Sammlung ergebe: In Mk 3 erscheine als Gliederungseinschnitt: Summar (3 7-12), Einsetzung der Zwölf (3 13-19), Jesu Stellung zu den Verwandten (3 20ff.). In Mk 6 finde sich in umgekehrter Weise die gleiche Abfolge: Jesu Mißerfolg in seiner Heimatstadt (6 1-6 a), Aussendung der Zwölf (6 7-13 [mit v. 14ff. als Anhang]), Summar (6 53-56). Wenn Mk dennoch in 6 34-52 zwei weitere Erzählungen nachtrage, so liege das daran, daß beide Erzählungen noch in der mit Mk 4 35 einsetzenden Sammlung vorgegeben waren, die Mk bewußt aufgespalten habe. Doch zeigt die Abfolge von Mk 4 35—6 56 nur, daß Mk nicht alle zur Verfügung stehenden Wundertraditionen ohne Einschaltung anderer Themen wiedergeben wollte.

Hier ist an die Feststellung von Grobel, Formgeschichte 63 zu erinnern: »Das lockere Gefüge im Aufbau des Markus-Evangeliums wird nur allzuleicht zur Verführung zu einer Quellenanalyse.«

[45] Köster, in: Köster-Robinson, Entwicklungslinien 173—179; Robinson ebd. 248—250; ders., in: Jesus and man's hope I, 1970, 102—106.

[46] Vgl. Köster, in: Köster-Robinson, Entwicklungslinien 201—204.

[47] Vgl. jüngst M. Smith, JBL 90, 1971, 174—199.

2. Die einzige gesicherte neutestamentliche Wundersammlung liegt in der Semeiaquelle des Johannesevangeliums vor, und diese stellt zugleich eine schriftliche Quelle dar.

Dagegen hat sich die Annahme, daß sich schon vor der schriftlichen Fixierung der Wundererzählungen größere Erzählungszusammenhänge herausgebildet hätten, nicht begründen lassen. Dieser Befund scheint kein Zufall zu sein. Denn mit einer vorgegebenen stabilen Reihenfolge mehrerer Einzelerzählungen, durch die auch der Redaktor in gewissen Grenzen gebunden wäre, ist nur dann zu rechnen, wenn diese schriftlich vorlag. Für die mündliche Überlieferung ist — über die Zusammenordnung von zwei einzelnen Erzählungen hinaus — nur mit beliebigen ad-hoc-Zusammenstellungen mehrerer Einzeltraditionen zu rechnen, für die jedoch keine Stabilität im Prozeß der mündlichen Weitergabe vorausgesetzt werden kann[48].

Die Existenz von mündlichen ‚Sammlungen' als Überlieferungsgrößen, die für die Redaktion des Markusevangeliums von Bedeutung waren, kann also ausgeschlossen werden. Und für die Annahme von schriftlichen, mehrere Wundererzählungen umfassenden Quellen fehlen im Markusevangelium alle positiven Indizien. Erkennbar ist nur, daß die schriftliche Fixierung *einzelner* Wundererzählungen bereits vor deren Einbeziehung in die Evangeliendarstellung erfolgte.

4. ZUR FRAGE DER SCHRIFTLICHEN FIXIERUNG DER MARKINISCHEN WUNDERERZÄHLUNGEN

Während Indizien für die Existenz umfangreicherer schriftlicher Quellen von Wundererzählungen im Markusevangelium nicht vorhanden sind, gibt es hier und dort Anzeichen, daß einzelne Wundererzählungen bereits schriftlich fixiert waren, als Markus sie in seine Evangeliendarstellung einbezog.

1. Bei der Wiedergabe der ersten Wundererzählung im Markusevangelium in Mk 1 21-28 hat Markus die redaktionelle Bemerkung διδαχή καινή κατ' ἐξουσίαν (v. 27)[1] in die ihm vorgegebene Erzählung

---

[48] Die Frage nach der mündlichen oder schriftlichen Fassung der postulierten vormk ‚Sammlungen' wird in der Regel nicht gestellt. Auch H.-W. Kuhn behandelt sie nur am Rande. Für Mk 2 rechnet er mit schriftlicher Fixierung (Sammlungen 97f.). Er verweist — neben Mk 2 28 (s. o. S. 33 A 15) — auf Mk 2 1-12. In der jetzigen Form dürfte Mk 2 1-12 in der Tat nicht mündlich tradiert worden sein (s. u. S. 40), womit jedoch noch nicht eine über Mk 2 1-12 *hinausgreifende* Quelle sichtbar geworden ist.

[1] Zum Nachweis der mk Herkunft (und zur textkritischen Frage) s. u. S. 44f.

eingesprengt[2] — und zwar so, daß die Fortsetzung der Erzählung dadurch nicht verändert wird. Nach der redaktionellen Unterbrechung wird die Erzählung unverändert durch die stilgemäße Akklamation fortgeführt, die auf die Einfügung keinerlei Bezug nimmt[3]. Dieser Befund macht es wahrscheinlich, daß Markus seine Tradition, als er sie in dieser Weise bearbeitend in sein Evangelium aufnahm, bereits in schriftlicher Form benutzen konnte[4].

2. In Mk 2 1-12 ist eine ursprünglich selbständige Wundererzählung sekundär durch den Einschub einer Streitgesprächsszene erweitert worden[5]. Diese Zusammensetzung von Mk 2 1-12 aus zwei völlig verschiedenen Bestandteilen ist nur als ein schriftlich-literarischer Vorgang zu erklären[6], wobei außerdem mit der schriftlichen Fassung der als Rahmen dienenden Wundererzählung zu rechnen ist[7]. Denn der Verfasser, auf den die Komposition zurückgeht, setzt nach dem Abschluß der Einschaltung in v. 10 einfach an der Stelle, an der er die begonnene Wundererzählung verlassen hat, wieder ein, wiederholt deren letzte Wendung und fährt dann in deren ursprünglichen Ablauf fort[8]. Dies weist darauf hin, daß schon die derart als Rahmen benutzte Tradition in schriftlicher Form vorlag. D. h. auch in Mk 2 1-12 sind zwei Stufen — die schriftliche Fixierung der als Grundlage dienenden Wundererzählung und die schriftliche Bearbeitung — erkennbar, von denen mindestens eine vor der Evangelienredaktion lag.

3. Wichtig ist auch die für das Markusevangelium typische literarische Technik der Verschachtelung zweier Einzelerzählungen, wie sie z. B. in Mk 5 21-24/25-34/35-43 und 11 12-14/15-19/20ff. vorliegt[9]. Auch hier unterbricht der Verfasser des vorliegenden Textes die erste begonnene Erzählung, fügt eine andere Tradition ein und setzt dann mit der unterbrochenen Tradition an dem Punkt fort, an dem er sie verlassen hat. Das spricht dafür, daß ihm zumindest eine der beiden

---

[2] Zur Frage, ob in Mk 1 27a noch mit weiteren mk Umgestaltungen zu rechnen ist, s. u. S. 45.

[3] Zum analogen Befund, der bei der Bearbeitung der Semeiaquelle durch den Verf. des JohEv sichtbar wird, s. o. S. 32 A 6.

[4] Darauf hat Conzelmann, EvErz 20, 1968, 250 A 3 hingewiesen.

[5] Zur Analyse s. u. S. 47—49.

[6] Nur so ist erklärbar, daß die Nahtstellen des Einschubs in v. 5 und v. 10 (jeweils: λέγει τῷ παραλυτικῷ, s. u. S. 48 A 12) noch so klar erkennbar vorliegen.

[7] Loisy, Évangiles I 480: «Il semble donc que l'argumentation messianique (gemeint ist der Gesprächsgang insgesamt) a été surajoutée au récit déja fixé dans la tradition et même dans une relation écrite.»

[8] Die gleiche Technik findet sich auch in der joh Redaktion der Semeiaquelle, vgl. Robinson, in: Köster-Robinson, Entwicklungslinien 230 zu Joh 4 48: Nach dem Einschub nimmt »der Evangelist . . . einfach die Stelle wieder auf, an der er seine Erzählung unterbrochen hatte«.

[9] Weitere Beispiele s. u. S. 138f.

4. Zur Frage der schriftlichen Fixierung der Wundererzählungen

Überlieferungen (und zwar die aufgespaltene) bereits in schriftlicher Form vorlag[10].

Es ist also in einigen Fällen erkennbar, daß die Verschriftlichung der Wundererzählungen hier in zwei Stufen erfolgte:

1. Die schriftliche Fixierung isolierter Einzeltraditionen.
2. Die — ebenfalls schriftlich vollzogene — Interpretation dieser Traditionen durch kurze Einfügungen, größere Einschübe oder Verschachtelungen mit anderen Überlieferungen. Dieser zweite Schritt ist in mehreren Fällen identisch mit der Verwendung der betreffenden Einzeltradition im Rahmen des Markusevangeliums[11].

Bei der Frage, wann die erste Stufe der schriftlichen Fixierung erfolgte, ist man dagegen auf Vermutungen angewiesen. Doch ist es vielleicht nützlich, die vorhandenen Alternativen zu formulieren:

a) Einzelne Erzählungen wurden zum Zweck der missionarischen Verwendung[12] oder der privaten Erbauung aufgezeichnet. Und Markus — so muß man dann weiter annehmen — habe Zugang zu solchen Aufzeichnungen gehabt.

b) Die Einzelerzählungen sind vom Evangelisten selbst schriftlich fixiert worden. Die Aufgaben, die sich mit der Abfassung des literarischen Gesamtwerkes ‚Evangelium' ergaben (Sammlung, Sichtung, Ordnung und interpretierende Überarbeitung des Überlieferungsgutes), stellen einen sinnvollen Grund für die Aufzeichnung von Einzeltraditionen dar. In diesem Falle wäre die schriftliche Fixierung der Erzählungen nicht Endpunkt der mündlichen Tradierung, sondern der erste Schritt im Zuge der Evangelienschreibung gewesen.

---

[10] Die Verschachtelung hat auf die Gestaltung der so redigierten Erzählungen keinen Einfluß. Die Verschachtelung selbst hat höchstens zur Folge, daß der Redaktor an der Nahtstelle einen Übergang herstellt; so in Mk 5 24, s. u. S. 65 A 2.

[11] Dies ist deutlich bei der Einfügung in Mk 1 27 und den Verschachtelungen der Fall (s. u. S. 53—55. 138 f.). Und es stellt sich die Frage, ob auch die Verbindung von Wundererzählung und Streitgesprächsszene in Mk 2 1-12 auf Mk zurückgeht; dazu s. u. S. 48—50.

[12] So rechnet Dibelius, Formgeschichte 9 ff. 35 f. mit der Möglichkeit einer schriftlichen Fixierung der (Predigt-) Paradigmen, mit denen dann die Missionare als ‚Material' ausgestattet wurden.

III. Die markinische Gestaltung der Wundererzählungen

In der folgenden Darstellung werden Wundererzählungen, die eine erkennbar gleiche markinische Interpretation aufweisen, zusammengefaßt. Dabei orientiert sich der Aufbau dieses Kapitels im wesentlichen an der Reihenfolge, in der die verschiedenen Interpretationsmomente im Markusevangelium vorkommen, also:

1. Wunder und Lehre (Mk 1 21ff. u. ö.)
2. Dämonenanreden und Schweigebefehle (Mk 1 21ff. u. ö.)
3. Verbreitungsverbote und öffentliche Wirkung (Mk 1 40ff. u. ö.)
4. Jesu Epiphanien in den sog. ‚Natur'wundern und das Unverständnis der Jünger (Mk 4 35ff. u. ö.)

Sodann sind zu behandeln:

5. Die Wundererzählungen nach Mk 8 27 (Mk 9 14ff. u. ö.)
6. Diejenigen Wundererzählungen, die lediglich durch den markinischen Kontext interpretiert werden (Mk 1 29ff. u. ö.).

1. DIE INTERPRETATION DER WUNDER ALS DARSTELLUNG DER ΕΞΟΥΣΙΑ DER LEHRE JESU

Der Beginn des Markusevangeliums ist dadurch gekennzeichnet, daß nach der Berufung der ersten Jünger die Darstellung des öffentlichen Wirkens Jesu mit Erzählungen von Jesu Wundertaten einsetzt (Mk 1 21—2 12). Zugleich liegt in dem ersten größeren Abschnitt des Markusevangeliums — Mk 1 21—3 6[1] — ein mindestens ebenso starker Akzent auf Jesu Lehrtätigkeit[2]. Neben der Darstellung Jesu als Wundertäter enthält dieser Abschnitt mehrere Szenen, in denen Jesus ausschließlich als Lehrender geschildert wird (Mk 2 15-28), und: diese Tendenz der Verbindung von Wundertaten und Lehrtätigkeit bestimmt auch die redaktionelle Bearbeitung und Verwendung der Wundertraditionen von Mk 1 21-28 2 1-12 und 3 1-6.

---

[1] Zu dieser Untergliederung des MkEv s. u. S. 54 A 1.
[2] Vgl. die Voranstellung des Lehrsummariums Mk 1 14f.

1. Die Wunder als Darstellung der ἐξουσία der Lehre Jesu

a) *Die jeweilige markinische Redaktion*

α) Mk 1 21-28

In der Wundererzählung Mk 1 21-28[3] heben sich als markinische Redaktion heraus:

1. v. 21f. als redaktionelle Rahmung, durch die Markus einerseits die Verbindung zu Mk 1 16-20 herstellt, andererseits das Wunder mit einer Lehrtätigkeit Jesu verbindet, die für die Wundererzählung selbst nicht konstitutiv ist.

Die markinische Herkunft von v. 22 ist allgemein anerkannt[4]: Formal und inhaltlich kann die summarische[5] Darstellung der Lehrtätigkeit Jesu nicht als Teil einer Exorzismuserzählung angesehen werden[6], und Sprache und Stil sind charakteristisch markinisch[7]. Umstritten ist dagegen die Beurteilung von v. 21[8]. Da die eigentliche

---

[3] Zur Analyse der in Kap. III behandelten Wundertraditionen sind jeweils zu vergleichen: Dibelius, Formgeschichte und Bultmann, Geschichte (vgl. jeweils die Reg.); die fortlaufenden Analysen von K. L. Schmidt, Rahmen und Sundwall, Zusammensetzung; die jeweiligen Analysen von Minette de Tillesse, Secret; Fuller, Wunder und Kertelge, Wunder sowie die Kommentare zum MkEv. Zu den Mt-Parallelen vgl. neben den Kommentaren Held, WMANT 1, 155—287; zu den Lk-Parallelen: die Kommentare; Conzelmann, Mitte sowie die literarkritischen Analysen von Schramm, Markus-Stoff. — Zur Auslegung der Wundererzählungen in der alten Kirche vgl. Schlingensiepen, Wunder. Weitere Lit. s. jeweils Bultmann, Geschichte ErgH. (4. Aufl.) zu den betreffenden Abschnitten des Buches. Sonstige Lit. wird jeweils angegeben.
Zu Mk 1 21-28: Burkill, Revelation 33—36; Tagawa, Miracles 82—87; Pesch, BL 9, 1968, 116—128.

[4] Vgl. u. a. Bultmann, Geschichte 223; Sundwall, Zusammensetzung 9; Schweizer, Mk 26f. und die A 7 genannte Lit.; anders Lohmeyer, Mk 34f.

[5] Den summarischen Charakter von v. 22 hat K. L. Schmidt, Rahmen 50 richtig bemerkt.

[6] Das betont m. R. Knigge, EvErz 18, 1966, 376f.

[7] Vgl. Pesch, BL 9, 1968, 117f.; ders., in: J. B. Bauer, Evangelienforschung 249f.; Kertelge, Wunder 50; Stein, ZNW 61, 1970, 84f. — Typisch mk bzw. in mk Bildungen häufig sind: ἐκπλήσσεσθαι ist außer Mk 1 22 mk in 10 26 11 18 (in direkter Entsprechung zu 1 22); in traditionellem Zusammenhang: 7 37; zu 6 2 s. u. S. 152. διδαχή kommt im MkEv insgesamt fünfmal vor: neben 1 22 noch 1 27 4 2 11 18 12 38 und ist dort jeweils mk. Auch διδάσκειν geht meist auf mk Redaktion zurück, so 2 13 4 1f. 6 6b. 34 8 31 9 31 u. ö.; vgl. zu διδαχή und διδάσκειν Schweizer (1962) Aufs. I 95f.; ders. (1964) Aufs. II 25; Tagawa, Miracles 49f.; H.-W. Kuhn, Sammlungen 138. Zur periphrastischen Konstruktion, die im MkEv gehäuft erscheint, vgl. Bl-Debr § 352. 353; Björck, ΗΝ ΔΙΔΑΣΚΩΝ (bes. 44—50); Taylor, Mk 45. 62f. ἐξουσία: mk auch in 1 27 3 15 6 7; vormk in 11 27-33 13 34; zu 2 10 s. u. S. 49f.

[8] In v. 21b ist der Text unsicher. ℵ (C) L Δ φ lesen ἐδίδασκεν εἰς τὴν συναγωγήν (Δ + αὐτῶν), während B D W Θ A 𝔐 lat εἰσελθὼν εἰς τὴν συναγωγὴν ἐδίδασκεν

III. Die markinische Gestaltung der Wundererzählungen

Exorzismuserzählung kaum mit v. 23 begonnen haben kann[9], ist die ursprüngliche Einleitung der Erzählung entweder von Markus durch v. 21 ersetzt oder in v. 21b[10] verarbeitet worden[11].

2. In v. 27 die v. 22 entsprechende Aussage διδαχὴ καινὴ κατ' ἐξουσίαν, durch die Markus die vorgegebene Akklamation erweitert[12]. Dieser Einschub stört Ablauf und Thematik der Wundererzählung, die nach der Darstellung der Wundertat auf die Akklamation des Wundertäters — und nicht des ‚Lehrers' — zielt[13]. Die Terminologie ist wie in v. 22 markinisch. Die Härte, mit der diese Bemerkung in die Erzählung eingesprengt ist, ist von Lukas gemildert (Lk 4 36:

(D Θ lat + αὐτούς) bieten. Der kürzeren LA von ℵ etc. wird häufig der Vorzug gegeben, so von K. L. Schmidt, Rahmen 48; Klostermann, Mk 13; Taylor, Mk 172; Lohmeyer, Mk 34; Schweizer, Mk 26. Doch ist diese LA sprachlich nicht derart hart, daß die — auch deutlich besser bezeugte — LA von B etc. notwendigerweise eine sekundäre Glättung darstellt.

[9] So m. R. Lohmeyer, Mk 34; Pesch, BL 9, 1968, 117; ders., in: J. B. Bauer, Evangelienforschung 248f.; Kertelge, Wunder 50; Stein, ZNW 61, 1970, 85f.

[10] v. 21a ist mk Einleitung; so Bultmann, Geschichte 223; Klostermann, Mk 13; Lohmeyer, Mk 34. Anders Pesch, BL 9, 1968, 117. 178; ders., Exegese 146f.; ders., in: J. B. Bauer, Evangelienforschung 245—247: v. 21a sei die ursprüngliche Einleitung von Mk 1 29-31 gewesen (übernommen von Kertelge, Wunder 50). Doch ist der unmk Charakter von v. 21a Postulat. εἰσπορεύεσθαι ist z. B. mk in 6 56.

[11] So Bultmann, Geschichte 223. 367. 369; Pesch, BL 9, 1968, 117; ders., in: J. B. Bauer, Evangelienforschung 247—249; vgl. auch Lohmeyer, Mk 34f. Der Subjektwechsel zwischen v. 21a und v. 21b scheint zwar auf eine Naht zwischen Tradition und Redaktion hinzuweisen; doch war dieser Übergang auch für den Redaktor in Blick auf v. 23ff., wo die Jünger keine Rolle mehr spielen, notwendig; vgl. den analogen Befund in Mk 5 1f. 9 14 u. ö.; s. u. S. 119f. A 29. Auch der Hinweis auf Jesu διδάσκειν in v. 21b braucht nicht vormk zu sein. M. R. bemerkt Stein, ZNW 61, 1970, 85 (unter zutreffendem Hinweis auf Mk 3 1-5): »we cannot argue that a statement about Jesus teaching is necessary for the pericope simply because the setting of the pericope was the synagoge.« Für rein mk Herkunft von v. 21f. tritt auch Schweizer, Mk 26 ein.

[12] Die mk Herkunft der Einfügung ist weithin anerkannt; vgl. Bultmann, Geschichte 223; Burkill, Revelation 34; Schweizer (1962) Aufs. I 97 A 17; ders. (1964) Aufs. II 29; Fuller, Wunder 78; Pesch, BL 9, 1968, 118; ders., in: J. B. Bauer, Evangelienforschung 254; Kertelge, Wunder 51.

[13] Taylor, Mk 171 will dagegen Mk 1 21-28 als einheitlich verstehen: Die Differenz zur typischen Stilform spreche nicht für mk Bearbeitung. Die Erzählung sei vielmehr noch nicht dem Schema der Wundererzählungen angepaßt und befinde sich auf einer Stufe »nearer to the original eyewitnesses«. Dennoch kann auch Taylor nicht bestreiten, daß die Topik einer Wundererzählung vorliegt. Auch »colour and detail« beweisen nicht, daß hier ein »actual event« (ebd.) wiedergegeben werde.

1. Die Wunder als Darstellung der ἐξουσία der Lehre Jesu 45

τίς ὁ λόγος οὗτος;) und wohl auch der Grund für die zahlreichen Änderungen von Mk 1 27 in den Handschriften[14].
Man kann erwägen, ob in v. 27 noch weitere Spuren markinischer Bearbeitung erkennbar sind. Jedenfalls ist das συζητεῖν der Menge[15] als Hinführung zur Akklamation recht überraschend[16]. Will Markus hier eine gewisse Kritik an der Haltung der Menge zum Ausdruck bringen? Der positive Sinn der Akklamation selbst bleibt jedoch davon unberührt[17].
3. v. 28 als Erweiterung von v. 27b, wo bereits der akklamatorische Abschluß der Wundererzählung erreicht ist[18]. Eine Beschränkung der markinischen Redaktion auf die Einfügung von τῆς Γαλιλαίας[19] ist nicht hinreichend begründbar[20]. Daß v. 28 etwa im Sinne eines ‚Er-

---

[14] Vgl. den Apparat im Greek NT (hg. K. Aland u. a.) z. St.! Der oben vorausgesetzte Text ist von B ℵ L bezeugt, während C Δ 𝔐 (A φ) τίς ἡ διδαχὴ ἡ καινὴ αὕτη; ὅτι κατ' ἐξουσίαν καὶ τοῖς πνεύμασι... lesen (von Kilpatrick, Festschr. M. Black, 1969, 198—201 als ursprünglich verteidigt). Auch die übrigen LA sind Glättungsversuche; gegen Lohmeyer, Mk 34, der die von r¹ (b c d e ff²) gebotene LA quaenam esset doctrina haec? vorziehen will — um die nach seiner Meinung unpassende Wendung διδαχὴ καινή zu vermeiden (a. a. O. 38); vgl. die zutreffende Kritik von Taylor, Mk 176 A 2. Aufgrund des in v. 22 vorgegebenen Zusammenhangs von διδαχή und ἐξουσία ist auch die an sich mögliche Satzgliederung διδαχὴ καινή· κατ' ἐξουσίαν καὶ ... abzulehnen (so m. R. Metzger, Commentary 75).

[15] συζητεῖν kommt im MkEv noch 8 11 9 10. 14. 16 12 28 vor und geht dort jeweils auf Mk zurück, der es durchweg in kritischem Sinne gebraucht.

[16] Mit der Möglichkeit der mk Herkunft von ὥστε κτλ. in v. 27 rechnet Hahn, Hoheitstitel 295f. A 4. Pesch, in: J. B. Bauer, Evangelienforschung 254 verweist zwar auf Mk 2 12 (ὥστε ἐξίστασθαι πάντας), um die vormk Herkunft von ὥστε συζητεῖν αὐτούς zu sichern, doch ist dies eine Sachparallele zum θαμβεῖσθαι der Menge, nicht zum συζητεῖν.

[17] Pesch, BL 9, 1968, 118; ders., in: J. B. Bauer, Evangelienforschung 254f. (aufgenommen von Kertelge, Wunder 51) nimmt an, daß in v. 27a τί ἐστιν τοῦτο; von Mk in Blick auf die Fortsetzung διδαχὴ καινὴ κατ' ἐξουσίαν formuliert worden sei. Für die vormk Erzählung setzt Pesch in Analogie zu Mk 4 41 τίς ἐστιν οὗτος; voraus. Doch ist τί ἐστιν τοῦτο; auch in einer unredigierten Fassung der Erzählung möglich.

[18] So Bultmann, Geschichte 223; Dibelius, Formgeschichte 55; Sundwall, Zusammensetzung 9; Klostermann, Mk 18; Horstmann, Studien 119 unter zutreffendem Hinweis auf Mk 4 41.

[19] So K. L. Schmidt, Rahmen 51; Lohmeyer, Mk 38 A 4; Marxsen, Evangelist 37; Pesch, BL 9, 1968, 118; ders., in: J. B. Bauer, Evangelienforschung 255; Kertelge, Wunder 51.

[20] Lohmeyer, Mk 34: v. 28 sei vormk, »denn er stößt sich mit der Einleitung der nächsten Geschichte, die Mk anfügt«. Doch begegnen im MkEv noch viel härtere mk Zufügungen (bes. kraß: 5 43a). Auch vom Vokabular her ist v. 28 nicht als unmk zu erweisen: εὐθύς und ὅλος sind in mk Formulierungen häufig; ὅλος ist

folgsberichtes' zur Topik einer Wundererzählung gehöre[21], ist unzutreffend[22].

Durch die Anfügung von v. 28 generalisiert Markus sofort die Wirkung der ersten von ihm dargestellten Wundertat Jesu und gibt ihr damit einen programmatischen Charakter.

β) Mk 2 1-12

In Mk 2 1-12[1] ist die Rahmung von v. 1f. stark markinisch gestaltet[2]. Diese Rahmung enthält natürlich Material aus der Tradition; z. B. ist die Erwähnung des Hauses (v. 1) für v. 4 notwendig. Nicht notwendig und erst einer redaktionellen Stufe zuzurechnen ist dagegen die Bemerkung über Jesu Lehrtätigkeit[3] — καὶ ἐλάλει αὐτοῖς τὸν λόγον (v. 2 c)[4]. Wie in Mk 1 22 wird hier sekundär ein Hinweis auf Jesu Lehrtätigkeit in eine Wunderüberlieferung eingeführt. Diese Übereinstimmung der redaktionellen Bearbeitung spricht für markinische Herkunft. Auch die spezifische Nuance, die Jesu Aufenthalt ‚im Hause' erhält, ist markinisch: Mit ἠκούσθη ὅτι ἐν οἴκῳ ἐστίν (v. 1) wird ein (zunächst verborgener) Aufenthalt abseits der Öffentlichkeit

---

z. B. eindeutig mk in Mk 1 33. 39 6 55; vgl. die Verwendung von πᾶς zur Darstellung der umfassenden Wirkung Jesu bzw. des Täufers in Mk 1 5. 32. 37 2 13 9 15 11 18; s. auch Schweizer (1962) Aufs. I 97; ders. (1964) Aufs. II 25. Das Vorkommen von Hapaxlegomena (ἀκοή [Sg.], πανταχοῦ und περίχωρος) ist als einziges Kriterium für die Zuweisung zur Tradition nicht ausreichend; s. u. S. 161 A 7. — Die ungeschickt wirkende Wendung ἡ περίχωρος τῆς Γαλιλαίας (die epexegetisch zu verstehen ist, vgl. Bauer, WB 1296 s. v. περίχωρος) braucht keineswegs auf verarbeitete Tradition zu weisen (so Lohmeyer, Mk 38 A 4).

[21] So Pesch, BL 9, 1968, 122.
[22] Pesch, BL 9, 1968, 122 bietet auch keine Parallelen. Entsprechend Ausbreitungsnotizen nach synoptischen Wundererzählungen sind durchweg redaktionell, so Mt 9 26 (vgl. Mk 5 42f.); Lk 7 17 (zur lk Herkunft vgl. Conzelmann, Mitte 34. 39f.), vgl. auch Lk 5 15 mit Mk 1 45.
[1] Lit.: s. o. S. 43 A 3; außerdem: Wrede, ZNW 5, 1904, 354—358; Manson, Bist Du ...? 55—57; H.-W. Kuhn, Sammlungen 53—57; Maisch, Heilung; zu Mt 9 2-8 außerdem: Strecker, Weg 220f.
[2] Vgl. K. L. Schmidt, Rahmen 78f.; Bultmann, Geschichte 12. 227; Maisch, Heilung 12—20.
[3] Gegen Lohmeyer, Mk 50 A 1, der Jesu Lehrtätigkeit für die notwendige Voraussetzung des Zulaufs der Menge hält. Mk 3 20 5 21 8 1 zeigen jedoch, daß weder für Mk noch für die Einzelüberlieferungen solche Motivierungen notwendig waren.
[4] Absolutes ὁ λόγος ist urchristliche Gemeindeterminologie, vgl. Bauer, WB 945 s. v. λόγος 1bβ; bei Mk z. B. 4 14-20. λαλεῖν τὸν λόγον weist in den Bereich der Missionssprache, vgl. Act 4 29 11 19 14 25 u. ö., s. Haenchen, Apg 185 (mit A 6); bei Mk außer 2 2 auch in 4 33 (?) und 8 32 (vgl. Strecker, ZThK 64, 1967, 22) redaktionell; vgl. Schweizer (1962) Aufs. I 100.

1. Die Wunder als Darstellung der ἐξουσία der Lehre Jesu

angedeutet, dem das Zuströmen der πολλοί (v. 2) entspricht[5]. Markus führt also in 2 1f. das in 1 45 dargestellte Thema vom (erfolglosen) Rückzug Jesu und dem Zustrom der Menge fort[6].

Die in Mk 2 1-12 dominierende sekundäre Umgestaltung liegt in der Einfügung der Streitgesprächsszene von v. 5b-10 in die Wundererzählung v. (1f.) 3-5a. 11f. vor. Diese Analyse hat sich weitgehend durchgesetzt[7]. Für sie sprechen:

1. Mk 2 (1f.) 3-5a. 11f.[8] ist als Wundererzählung ohne den Einschub von v. 5b-10 in sich voll verständlich: v. 11f. setzt unmittelbar v. 5a fort und nimmt auf die dazwischenliegende Streitgesprächsszene keinen Bezug[9].

2. Für die Heilungserzählung und den Gesprächsgang liegen je eine selbständige Exposition vor: v. (1f.) 3f. und v. 6. Die Tatsache, daß eine zweite Exposition notwendig war, zeigt, daß die erste auf eine reine Wundererzählung zielte[10].

---

[5] Dieses Gegeneinander von Jesu Rückzug und dem Zustrom der Menge ist nicht in der Topik einer Wundererzählung angelegt, entspricht aber den deutlich mk Bildungen 1 45 3 7-10 6 31-33. Eine analoge Bearbeitung durch Mk ist auch in 3 20 erkennbar (s. u. S. 146). Auch das Vokabular weist in diese Richtung: συνάγειν begegnet sonst nur noch in redaktionellen Überleitungen (4 1 5 21 6 30 7 1) und ist offenbar ein beliebtes mk Regiewort.

[6] Zu Mk 1 45 s. u. S. 74f.

[7] Sie ist vor allem durch Bultmann, Geschichte 12—14 (der V. 5b-10 als Einschub bestimmt) vertreten worden und war vorbereitet durch Wrede, ZNW 5, 1904, 354—358, auf den Bultmann a. a. O. 12 A 2 ausdrücklich verweist; ähnlich z. B. auch schon Loisy, Évangiles I 487—480. Dieser Analyse haben sich u. a. angeschlossen: Klostermann, Mk 21. 177; Sundwall, Zusammensetzung 12—14; Taylor, Mk 191; Burkill, Revelation 127f.; Haenchen, Weg 104; Thyen, Studien 242 A 2; Maisch, Heilung 21—48 (mit ausführlichem Überblick über die weiteren Lösungsmöglichkeiten).

Auf v. 6-10 beschränken den Einschub u. a. Manson, Bist Du . . . ? 56f.; Hahn, Hoheitstitel 43 A 1; Fuller, Wunder 57f.; Schweizer, Mk 32f.; Kertelge, Wunder 76f. Schwankend über die Zuordnung von v. 5a: Lohmeyer, Mk (s. die Umstellung der Auslegung von v. 5b in ErgH 7f.); Grundmann, Mk 54f.

Gegen eine Herauslösung des Gesprächsgangs wendet sich Dibelius (s. u. S. 48 A 13). Von der Einheitlichkeit geht jetzt wieder Colpe, ThW VIII, 1969, 433 aus; vgl. auch Mead, JBL 80, 1961, 348—354 und (völlig unkritisch) van der Loos, Miracles 440—449.

[8] Begrenzt man den Einschub auf v. 6-10, so verschiebt sich die Analyse grundsätzlich nicht.

[9] Vgl. auch die Analyse der reinen Heilungserzählung bei Bultmann, Geschichte 227 und Maisch, Heilung 49—76.

[10] Vgl. dagegen Mk 3 1-5, wo gleich zu Beginn in v. 2 die für die gesamte Erzählung notwendige Szenerie hergestellt wird.

3. Der Übergang von der Streitgesprächsszene zur Wundererzählung ist im sprachlichen Bruch von v. 10 (ἵνα δὲ εἰδῆτε ὅτι ... — λέγει τῷ παραλυτικῷ) noch direkt faßbar[11].

4. Die unterschiedliche inhaltliche Ausrichtung der beiden Bestandteile von Mk 2 1-12 ist überaus deutlich: v. (1f.) 3-5a. 11f. stellt eine Wundererzählung dar, deren Gegenstand die Wundertat ist und die folgerichtig mit dem ἐξίστασθαι des Publikums und der Akklamation endet. Die Streitgesprächsszene v. 5b-10 dient dagegen der Darstellung (und Lösung) eines Sachproblems, wobei die — als Sündenvergebung interpretierte — Wundertat (v. 5) den Anlaß bildet[12]. Pointe des Einschubs ist die Aussage von v. 10 ὅτι ἐξουσίαν ἔχει ὁ υἱὸς τοῦ ἀνθρώπου ἀφιέναι ἁμαρτίας ἐπὶ τῆς γῆς[13].

Diese Komposition von Mk 2 1-12 ist nur als eine schriftliche Bildung verständlich[14]. Dabei ist festzustellen, daß die eingeschobene Gesprächsszene vorher nicht selbständig existiert hat, sondern von vornherein für die Einfügung in die Wundererzählung konzipiert worden ist[15]. D. h. die Entstehung von Mk 2 5b-10 ist gleichzeitig mit der Einfügung in die vorher selbständige Wundererzählung, und wie

---

[11] Den sprachlichen Bruch in v. 10 versucht Duplacy, Festschr. A. Robert (1957) 420—427 aufzulösen. Zur Kritik vgl. Schweizer (1959) Aufs. I 71 A 47; vgl. auch Burkill, Revelation 128 A 24.

[12] Das gilt unabhängig von der Frage, ob die Verknüpfung von Heilung und Sündenvergebung vorgegeben ist oder erst durch den Einschub hergestellt wurde. Die religionsgeschichtlich weit verbreitete Affinität von Krankheit und Sünde (vgl. Bill I 495; Klostermann, Mk 23) zeigt nur, *daß* die Verknüpfung möglich war, nicht jedoch, *wann* sie erfolgte. Die Einfügung der Gesprächsszene setzt deshalb nicht voraus, daß v. 5b als Teil der Wundererzählung bereits vorgegeben gewesen ist (so jedoch z. B. Hahn, Hoheitstitel 43 A 1). Vielmehr spricht die Wiederholung von λέγει τῷ παραλυτικῷ von v. 5b in v. 10 dafür, hier jeweils die Naht zu sehen; so Klostermann, Mk 22; Sundwall, Zusammensetzung 13; Thyen, Studien 242 A 2; vgl. auch Maisch, Heilung 46—48.

[13] Anders analysiert Dibelius, Formgeschichte 63—65; vgl. ders., ThR NF 1, 1929, 211f.: Da die Merkmale einer ‚Novelle' fehlen, stuft er Mk 2 1ff. als ‚Paradigma' ein, dem er auch den Gesprächsgang (wenn auch nicht unbedingt in der jetzigen Gestalt) zurechnet. Das unter dem Gesichtspunkt der formgeschichtlichen Fragestellung nach der ursprünglichen kleinsten Einheit (die Dibelius selbst stellt! s. o. S. 11 A 14) durchschlagende Argument, daß die Heilungserzählung ohne die Gesprächsszene voll verständlich ist, kann Dibelius nicht entkräften.

[14] S. o. S. 40.

[15] So mit Bultmann, Geschichte 12f.; Klostermann, Mk 22; Minette de Tillesse, Secret 227f.; Maisch, Heilung 44f. — Anders Sundwall, Zusammensetzung 12—15 und Fuller, Wunder 57—59. Doch die Rekonstruktionsversuche eines ursprünglich selbständigen Streitgesprächs zeigen nur zu deutlich, daß v. 5b-10 ohne eine v. 1-5a entsprechende Einleitung und auch ohne die abschließende Heilung (vgl. Mk 3 5!) nicht existiert haben kann.

1. Die Wunder als Darstellung der ἐξουσία der Lehre Jesu

die Komposition von Mk 2 1-12 insgesamt so ist auch Mk 2 5b-10 selbst eine schriftliche Bildung[16]. Damit stellt sich die Frage nach dem Verfasser von Mk 2 (1f.) 3-5a/5b-10/11f. Die Annahme einer vormarkinischen Verfasserschaft für diese nur schriftlich mögliche Komposition ist schwierig[17]. Zwar kann die markinische Herkunft der jetzigen Komposition von Mk 2 1-12 nicht mit eindeutiger Sicherheit nachgewiesen werden[18], aber sie ist näherliegend als das andernfalls notwendige Postulat eines vormarkinischen Redaktors einer Einzelerzählung[19]. Sprachliche[20] und inhaltliche[21] Gründe sprechen nicht gegen Markus als den Verfasser von

---

[16] In der Regel wird nicht nach der Entstehung und Herkunft von Mk 2 5b-10 gefragt. Immerhin bemerkt Hahn, Hoheitstitel 43 A 1 zu Mk 2 1-12, daß »der Mittelteil allzu deutlich den Charakter theologischer Reflexion« hat. Und Maisch, Heilung 126 stellt hinsichtlich der verschiedenen Stufen innerhalb von Mk 2 1-12 fest, »daß es sich . . . nicht um anonyme Tradenten handelt, sondern um bewußt literarisch arbeitende Theologen« — was insbesondere für 2 5b-10 zu gelten hat.

[17] Bei der schriftlichen Fixierung von Einzelerzählungen ist ein vormk Stadium nicht auszuschließen (s. o. S. 41), doch ist für die darauffolgende Stufe der schriftlichen Bearbeitung von bereits aufgezeichneten Erzählungen eine vormk Herkunft kaum wahrscheinlich zu machen (s. o. S. 41 mit A 11). Jedenfalls wäre eine vormk schriftliche Bearbeitung von Mk 2 (1f.) 3-5a. 11f. analogielos.

[18] Zur prinzipiellen Schwierigkeit, die mk Herkunft einzelner Abschnitte nachzuweisen, vgl. Stein, NovTest 13, 1971, 185f. Doch ist das Problem hinsichtlich Mk 2 5b-10 einigermaßen eingrenzbar: Der (gegenüber Mk 2 1-5a. 11f.) sekundäre Charakter ist eindeutig, ebenso die von vornherein schriftliche Konzipierung des fraglichen Stückes, d. h. die Herkunft von einem einzelnen, literarisch arbeitenden Verf.

[19] Die Möglichkeit einer mk Herkunft von Mk 2 5b-10 wird nur selten erwogen. Eine Ausnahme bilden Knigge, EvErz 18, 1966, 377 A 6 (mk Herkunft möglich) und Minette de Tillesse, Secret 117—120 (sicher mk).

[20] Mehrfach begegnet mk Stil, so die Verwendung der coniugatio periphrastica in v. 6; διαλογίζεσθαι — v. 6. 8 (zweimal) — ist mk in 8 16f. 9 33 (nur 11 31 in vormk Zusammenhang). Zu τίς δύναται . . . ; (v. 7) vgl. 10 26 (mk). εὐθύς (v. 8) ist mk Lieblingsvokabel (zur Häufigkeit bei Mk vgl. Taylor, Mk 61f. 160). ἐπιγινώσκειν: mk in 6 33. 54 (5 30 in vormk Zusammenhang). Die Vorstellung, daß Jesus die Gedanken seiner Gesprächspartner durchschaut, begegnet auch in 8 17 (καὶ γνοὺς λέγει αὐτοῖς) als mk. Zum Präs. historicum — bes. von λέγειν — im MkEv vgl. Taylor a. a. O. 46f. (»highly characteristic of Mark's style« 46); Zerwick, Untersuchungen 50—74; Hawkins, Horae 143—149; Bl-Debr § 321. Die Konstruktion: καί — Ptz. im Aor. — (Subj.) — λέγει — Objektsdativ (unmittelbar vor direkter Rede) ist für das MkEv typisch, vgl. H.-W. Kuhn, Sammlungen 149f. Sicher mk ist sie in 8 17 und 10 23. Doch ist auch bei einem Teil der übrigen Stellen mk Bearbeitung nicht ausgeschlossen (so z. B. in 11 22; anders Kuhn a. a. O. 149 A 22). Hapaxlegomena begegnen nicht: zu εἰ μὴ εἷς ὁ θεός (v. 7) vgl. 10 18, zu εὐκοπώτερον und zur Konstruktion von v. 9: 10 25 (jeweils vormk).

[21] Die Verwendung von υἱὸς τοῦ ἀνθρώπου (zur Möglichkeit, daß Mk in v. 10 Überlieferungsgut benutzte, s. gleich) widerspricht nicht dem Plan des MkEv: s. o. S. 33 und u. 182f.

Mk 2 5b-10. Vielmehr entspricht die Komposition von Mk 2 1-12 nahtlos der markinischen Gesamtredaktion von Mk 1 21—3 6, in der das Thema der ἐξουσία der Lehre Jesu dominiert. Und im Erweis dieser ἐξουσία liegt ja auch die Pointe der Gesamtkomposition von Mk 2 1-12, die in v. 10 ihren Höhepunkt hat[22]. Dabei ist die Möglichkeit in Erwägung zu ziehen, daß Markus in v. 10 ein ursprünglich selbständiges Logion von der Vollmacht des Menschensohns zur Sündenvergebung[23] verwenden konnte[24].

γ) Mk 3 1-6

In Mk 3 1-6 liegt formgeschichtlich keine Wundererzählung, sondern ein Streitgespräch vor[1], in dem das Wunder nur den Anlaß für das den Mittelpunkt bildende Logion von v. 4 darstellt[2]. Dennoch ist die Einbeziehung von Mk 3 1ff. in die Untersuchung sinnvoll, da hier auf der Stufe der Tradition eine ähnliche Verhältnisbestimmung von Wunder und Lehre Jesu vorliegt, wie sie in Mk 1 21-28 — und wahrscheinlich auch in Mk 2 1-12 — von Markus selbst hergestellt worden ist. Markinische Redaktionstätigkeit liegt in der Zufügung von v. 6, dem ersten direkten Hinweis auf die Passion, vor[3]: Mit v. 5 ist das Streitgespräch abgeschlossen[4], während v. 6 mit der nachträglichen

---

[22] Zur Analyse von Mk 2 10 vgl. Tödt, Menschensohn 117—120; Vielhauer (1963) Aufs. 120f.

[23] Vgl. Bultmann, Geschichte 139; Schweizer (1959) Aufs. I 71 A 47; Tödt, Menschensohn 119f.; zustimmend: Vielhauer (1963) Aufs. 121. Eine ursprüngliche Selbständigkeit von v. 10 bestreitet Maisch, Heilung 45f. Doch zeigt sie nur, daß v. 10 nicht ein nachträglicher Einschub in v. 1-9. 11f. sein kann.
Auf die Frage nach dem ursprünglichen Verständnis von υἱὸς τοῦ ἀνθρώπου in 2 10 (und 2 28) braucht hier nicht eingegangen zu werden. Mk hat jedenfalls ‚Menschensohn' titular verstanden und verwendet; vgl. Tödt a. a. O. 118; Vielhauer a. a. O. 128: In Mk 2 10 ist »‚Menschensohn' als Titel verwendet, der Hoheit und Vollmacht des irdischen Jesus bezeichnet«.

[24] Damit würde sich für Mk 2 5b-10 dieselbe Kompositionstechnik wie für Mk 8 14-21 und 10 23-27 ergeben. Auch hier hat Mk jeweils mit einem Minimum an vorgegebenem Material selbständige Redegänge gestaltet. Zu Mk 8 14-21 s. u. S. 110f. Zu Mk 10 23-27 vgl. Bultmann, Geschichte 20f.; Braun, Radikalismus II 75 A 1 (anders analysiert Dibelius, Formgeschichte 47f.; weiteres s. Bultmann, Geschichte ErgH 21f.).   [1] Zur Lit. s. o. S. 43 A 3.

[2] Conzelmann, SThU 29, 1959, 58: »Der Erzählzweck ist gar nicht, ein Wunder um seiner selbst willen zu berichten; es dient vielmehr dazu, ein Gespräch auszulösen, also auf ein *Problem* hinzuführen. Die Hauptsache ist hier die Mitteilung einer *Lehre*« (Hervorhebungen im Original).

[3] So Bultmann, Geschichte 9; Sundwall, Zusammensetzung 20; Fuller, Wunder 79; Schweizer, Mk 40.

[4] Gegen Dibelius, Formgeschichte 42, der annimmt, daß Mk mit v. 6 einen ursprünglichen Chorschluß verdrängt habe.

Nennung der Gegner deutlich nachklappt[5]; auch ist eine derartige vorausweisende Bemerkung nicht am Ende einer Einzeltradition[6], sondern nur in einem größeren literarischen Zusammenhang sinnvoll.

Die gegenteilige Sicht vertritt u. a. J. Roloff[7], der Mk 3 1ff. keineswegs für eine ideale Szene hält, sondern zu zeigen versucht, »daß hier eine weitgehend von lebendiger Erinnerung gestaltete Erzählung vorliegt«[8]. Und diesem sich in 3 1-5 dokumentierenden historischen Interesse entspreche auch v. 6. Für historische Interesse und Erinnern und gegen die Idealität der Szene sprechen nach J. Roloff: In v. 5 falle »der Hinweis auf die zornige Trauer Jesu aus dem Rahmen des Streitgespräches«[9], und die Bezeichnung der Gegner in v. 6 sei für die Synoptiker unüblich und historisch auffällig[10]. Bevor hierin jedoch geschichtliche Erinnerung vermutet wird, ist nach möglichen redaktionellen Interessen in der vorliegenden Erzählungsgestalt zu fragen. In v. 5 ist συλλυπούμενος ἐπὶ τῇ πωρώσει τῆς καρδίας αὐτῶν für die Erzählung nicht direkt notwendig. Zur Darstellung des Gegensatzes Jesu zu seinen Gegnern ist innerhalb der Einzelerzählung περιβλεψάμενος αὐτοὺς μετ' ὀργῆς ausreichend. Das grundsätzliche Urteil, das mit συλλυπούμενος ... über die Gegner ausgesprochen wird, bereitet dagegen schon auf v. 6, den Todesbeschluß der Gegner, vor[11], so daß die markinische Herkunft dieser theologische Zuspitzung der Einzelerzählung[12] in Erwägung zu ziehen

---

[5] Dies sieht auch K. L. Schmidt, Rahmen 100; doch erscheint ihm v. 6 als historisch zuverlässig, so daß er mit Tradition rechnet. Umgekehrt will Lohmeyer, Mk 67 allein die Bezeichnung der Gegner auf Mk zurückführen — weil sie historisch unzutreffend sei.

[6] Das Nachstellen der Gegner in v. 2 macht auch keineswegs v. 6 als Abschluß der Erzählung notwendig; gegen Lohmeyer, Mk 67; Kertelge, Wunder 83; Roloff, Kerygma 64. Die Einzelerzählung reflektiert nicht auf die weiteren Folgen des erzählten Konflikts; vgl. Lk 14 1-6.

[7] Roloff, Kerygma 63f. Für die Zugehörigkeit von v. 6 zu Mk 3 1-5 tritt auch Kertelge, Wunder 83f. ein.   [8] Roloff, Kerygma 64.   [9] Roloff, Kerygma 63.

[10] Roloff, Kergyma 64 unter Verweis auf K. L. Schmidt, Rahmen 100. Die weiteren von Roloff genannten Gründe — in v. 2 fehle die einleitende Frage der Gegner (a. a. O. 63) und die Worte Jesu an den Kranken in v. 3 seien stark novellistisch (ebd.) — sprechen nicht gegen die Idealität der Szene.

[11] Die ‚Gemütsbewegungen' Jesu im MkEv — die die Seitenreferenten meist streichen (vgl. Klostermann, Mt 20; Strecker, Weg 120—122; Schürmann, Lk I 278) — dienen nicht biographischem Interesse oder der Zeichnung eines ‚menschlichen' Jesus (das hat Lohmeyer, Mk 69 richtig gesehen), sondern sind ein erzählerisches Mittel zur Beleuchtung und Hervorhebung des dargestellten Sachverhalts.

[12] Daß im Zuge der schriftlichen Fixierung der mündlichen Überlieferungen die »Reflexion über den Sinn ... schärfer heraus(tritt)« (Conzelmann, EvErz 20, 1968, 250 A 3), wurde oben S. 11 betont.

ist[13]. Die — historisch problematische[14] — gemeinsame Nennung der Φαρισαῖοι und Ἡρῳδιανοί als Gegner Jesu ist für das Markusevangelium keineswegs unüblich (vgl. Mk 12 13, s. auch 8 15). Sie bietet keinen ausreichenden Grund, v. 6 gegen die formgeschichtliche Analyse als Teil der vormarkinischen Überlieferung anzusehen. Markus will in 3 6 und 12 13 die gemeinsame Gegnerschaft der religiösen und politischen Parteien darstellen[15].

b) Gemeinsamkeiten der redaktionellen Interpretation bzw. Verwendung

In der redaktionellen Gestaltung der Einleitungen von Mk 1 (21f.) 23ff. und 2 (1f.) 3ff. hat Markus beide Wundertraditionen in den szenischen Rahmen einer Lehrtätigkeit Jesu gestellt[1]. Mk 3 1ff. steht im gleichen Kontext, da hier ‚Lehre' vorangeht (Mk 2 23-28). Damit liegt hier auf dem engen Bezug von Wundertaten und Lehre Jesu ein starkes Interesse des Evangelisten[2]. Wie Markus den Bezug zwischen Lehre und Wundertätigkeit verstanden wissen will, geht aus seinen Eingriffen in die Substanz von Mk 1 (21f.) 23ff. und — wenn man die Einfügung von Mk 2 5b-10 auf Markus zurückführt — von 2 (1f.) 3ff. hervor: In beiden Fällen führt Markus — literarisch hart genug — das Lehren Jesu mitten in die Wundererzählung ein; in Mk 1 21-28 durch die Erweiterung der Akklamation um διδαχὴ καινὴ κατ' ἐξουσίαν (v. 27a)[3] und in 2 1ff. durch die Einfügung einer Streitgesprächsszene, in der Jesu Lehren auch inhaltlich stärker ausgeführt wird.

Damit ergibt sich für Mk 1 21-28 und 2 1-12 das gleiche Bild wie für Mk 3 1-5: In allen drei Fällen wird die Wunderhandlung nicht um ihrer selbst willen dargestellt. Das markinische Interesse beschränkt sich nicht darauf, Jesus als Wundertäter zu schildern. Pointe des

---

[13] πώρωσις (τῆς καρδίας) begegnet im MkEv nur hier (zur Begriffsgeschichte von πώρωσις vgl. K. L. und M. A. Schmidt, ThW V, 1954, 1027—1030). Doch ist die verwandte Wendung von der καρδία πεπωρωμένη in Mk 6 52 und 8 17 jeweils mk (s. u. S. 107. 110—112). Mk Herkunft von ἐπὶ τῇ πωρώσει... erwägt daher auch Snoy, EThL 44, 1968, 474.

[14] Vgl. dazu K. L. Schmidt, Rahmen 100f.; Lohmeyer, Mk 67; Taylor, Mk 224; H. F. Weiß, ThW IX, 1973, 40f.; Roloff, Kerygma 64.

[15] Selbst wenn v. 6 auf historischer Kenntnis beruht, bleibt die formgeschichtliche Analyse die gleiche.

[1] Das gilt auch, wenn man Jesu διδάσκειν in 1 21b zur vormk Überlieferung rechnet (doch s. o. S. 44 A 11). Mk hätte dann ein völlig unbetontes Element der Exposition zu einem selbständigen Interpretationsmoment (1 22) ausgestaltet.

[2] Vgl. Tagawa, Miracles 82f. 87—89.

[3] Die Bedeutung dieser mk Einfügung heben m. R. Tagawa, Miracles 87—89; Knigge, EvErz 18, 1966, 376f.; Pesch, BL 9, 1968, 126f.; Kertelge, Wunder 87f.; Schweizer, Mk 27 hervor.

Markus ist vielmehr jeweils Jesu ἐξουσία[4], die sich in seinem Lehren manifestiert[5] und zu deren nachdrücklicher Hervorhebung die Wundertaten jetzt dienen[6]. Damit werden die erzählten Wundertaten weder versinnbildlicht noch zu einem zufälligen und beliebigen Begleitmoment herabgedrückt; aber Markus hat eine Uminterpretation vollzogen, deren Zielrichtung über die vorgegebenen Wundererzählungen hinausführt.

c) Die Funktion von Mk 1 21-28 2 1-12 und 3 1-6 im Kontext

Nicht nur in der Bearbeitung von Mk 1 21-28 und 2 1-12, sondern auch in der Verwendung von 1 21ff. 2 1ff. und 3 1ff. im Aufbau des Evangeliums liegt bewußte Gestaltung durch Markus vor.

---

[4] Daube, JThS 39, 1938, 45—59; ders., New Testament 205—216 vermutet, ἐξουσία in Mk 1 22. 27 entspreche dem hebräischen רשות/רשותא und meine »the privilege, enjoyed only by a proper Rabbi, of introducing novel doctrines« (New Testament 206). Doch ist רשות als Äquivalent von ἐξουσία nicht auf die rabbinische Lehrvollmacht einzuschränken (zur Bedeutungsbreite von רשות vgl. Foerster, ThW II, 1935, 562). Zudem ist Daube gezwungen anzunehmen, Jesus verkünde hier ‚novel doctrines' und γραμματεῖς meine hier »inferior teachers« (New Testament 207, vgl. 210—212). Zur Kritik vgl. Argyle, ET 80, 1968/69, 343; Stein, ZNW 61, 1970, 88f. — Gegen Daube ist bes. auf Mk 2 10 hinzuweisen, wo ἐξουσία nicht die Legitimation zur Erteilung einzelner neuer Lehren in Analogie zu rabbinischen Lehrentscheidungen meint, sondern eine Vollmacht, die in prinzipiellem Gegensatz zur jüdischen Lehrautorität verstanden wird. Mk 2 10 zeigt, daß in ἐξουσία auch das Moment der Souveränität mitschwingt (vgl. dazu Foerster a. a. O. 560f.). Für Mk ist mit ἐξουσία außerdem das Moment der Macht verbunden, s. Mk 3 15 6 7; vgl. Foerster a. a. O. 560 zum Verhältnis zwischen ἐξουσία und δύναμις.

[5] Mk 3 1-5 ist ebenso Darstellung der ἐξουσία Jesu wie Mk 1 21-28 und 2 1-12, auch wenn der Begriff hier nicht vorkommt; vgl. Lohse (1960) Aufs. 72: »Jesu Worte über den Sabbat sind somit Ausdruck seiner ἐξουσία, in der er verkündete.«

[6] Vgl. Schweizer (1964) Aufs. II 29: In Mk 1 14—3 6 ist festzustellen, »daß die Vollmachtslehre Jesu für Markus noch wichtiger ist als die Wunder. Diese können nur die Dimension bezeichnen, in der jene sich vollzieht.« S. auch Best, Temptation 68f.; Stein, ZNW 61, 1970, 90f. und die in A 3 genannte Lit.
Dagegen konstatiert Tagawa, Miracles 87 (für Mk 1 21-28) lediglich ein Nebeneinander von Wundertat und Lehre: »La juxtaposition de l'enseignement et de la guérison montre que l'évangéliste attache une importance égale à l'un et à l'autre moment de l'activité de Jésus.« — Umgekehrt interpretiert Robinson, Geschichtsverständnis 56—58. 67—73, der die ‚Lehre' in Mk 1 21 f. vom Exorzismus her verstehen will. Doch gelingt das kaum, da auch Robinson den Exorzismus als »Beglaubigungszeichen für die Vollmacht des Wortes Jesu« (68) bezeichnen muß. Und der leichte Versuch, die Bedeutung von 1 21 f. zu mindern (68: die Vollmacht war in der Lehre wohl spürbar, aber nicht sichtbar geworden), verschiebt die Gewichte der mk Interpretation: In 1 22 erfolgt das ἐκπλήσσεσθαι bereits über die διδαχή *vor* dem Exorzismus.

Durch die Anordnung dieser drei Traditionen hat Markus den ersten Abschnitt seiner Darstellung des irdischen Wirkens Jesu (Mk 1 21—3 6) zu einer geschlossenen Einheit verbunden[1]: Mk 1 21ff. eröffnet die öffentliche Wirksamkeit Jesu überhaupt, und obwohl bis Mk 2 1ff. keinerlei Lehrtätigkeit Jesu geschildert wird, stellt Markus gleich zu Beginn den Bezug zur Lehre und deren ἐξουσία her[2]. Mk 2 1-12 — in seiner jetzigen Komposition in sich bereits explizit Darstellung von Wunder *und* Lehre — dient als Übergang zu den Streitgesprächen von Mk 2 15ff. und hat damit die Funktion eines Scharniers zwischen 1 21-45 und 2 (13f.) 15-28[3]. Und Mk 3 1ff., wo der Zusammenhang von Wunder und Lehre bereits in der Tradition vorgegeben ist, beschließt den Abschnitt. In diesem Rahmen hat Markus jeweils Jesu Wundertätigkeit (1 29-45) und Lehrtätigkeit (2 15-28) breiter entfaltet.

Wichtige, den ganzen Abschnitt betreffende Interpretationshinweise gibt Markus auch durch die Voranstellung der Jüngerberufung (Mk 1 16-20) und durch den Abschluß mit Mk 3 6. Wenn Markus die Berufungsszene voranstellt, die ganz auf die Wirkung des berufenden Wortes konzentriert ist und der zudem noch gar keine öffentliche Verkündigung Jesu vorangegangen ist, »dann demonstriert er gerade dadurch ... um so eindrücklicher die Macht seines Wortes«[4]. So fällt der Abschnitt Mk 1 21—3 6 trotz der Aufnahme reiner Wunder- und reiner Lehrtraditionen nicht in diese beiden

---

[1] Eine eindeutige Untergliederung von Mk 1 1 (bzw. 1 14)—8 26 ist schwierig; vgl. die differierenden Vorschläge von Kümmel, Einleitung 55f. und Schweizer (1964) Aufs. II 27—34 (s. auch ders. [1962] Aufs. I 100 A 32). Marxsen, Einleitung 120f. verzichtet überhaupt auf eine genauere Einteilung. Doch sind thematische Schwerpunkte erkennbar und redaktionelle Markierungen vorhanden (mit Schweizer [1964] Aufs. II 27—34). Eine solche Markierung liegt in Mk 3 6 vor, einem deutlichen inhaltlichen Signal an den Leser. Da die Berufung der Zwölf in Mk 3 13-19 offenbar einen Neueinsatz darstellt, hat das Summarium von 3 7-12 eine Art Übergangsfunktion. Der mit 3 6 abgeschlossene Unterabschnitt ist nicht auf 2 1—3 6 zu beschränken, sondern besser auf 1 21—3 6 auszudehnen, weil sich aus der mk Redaktion ein einheitlicher Gesamtgesichtspunkt erheben läßt: die im Wirken Jesu sich darstellende ἐξουσία seiner Lehre.

[2] Pesch, BL 9, 1968, 126: »Markus hat ein Interesse, Jesus *lehrend* beginnen zu lassen« (Hervorhebung im Original); vgl. auch ders., in: J. B. Bauer, Evangelienforschung 270.

[3] Vgl. Kertelge, Wunder 88. Falls man die Annahme der mk Herkunft der jetzigen Komposition von Mk 2 1-12 nicht zur Voraussetzung der Interpretation machen will, dann gilt, daß Mk hier eine Überlieferung verwendete, die seinen redaktionellen Absichten ausgesprochen entgegenkam.

[4] Conzelmann, SThU 29, 1959, 56; vgl. auch ders., Mitte 35 (zum Vergleich zwischen Mk 1 16-20 und Lk 5 1-11): Bei Lk erfolgt die Berufung aufgrund eines Wunders, »während Mc auf die ἐξουσία abhebt, die im berufenden Worte liegt«.

Aspekte auseinander, sondern ist von Anfang an zusammengehalten durch den Gesichtspunkt der ἐξουσία des Wortes Jesu.

Das Ende dieses Abschnittes bildet der Vorverweis auf die Passion in Mk 3 6. Dies ist ein eindeutiger Hinweis für den Leser, in welcher Perspektive er die ἐξουσία Jesu verstehen soll: Wenn die — sehr nachdrücklich dargestellte — ἐξουσία Jesu zum Todesbeschluß seitens der Gegner führt, dann kann man Jesu irdisches Wirken und seine darin sich offenbarende ἐξουσία nicht an der Passion ‚vorbei' verstehen, sondern diese gehört zum Thema der ἐξουσία des Irdischen notwendig hinzu.

2. DÄMONENANREDEN UND SCHWEIGEBEFEHLE
ZUM MARKINISCHEN VERSTÄNDNIS DER EXORZISMUSERZÄHLUNGEN

a) Die Funktion der Dämonenanreden und der Schweigebefehle in den Exorzismuserzählungen

Die Erzählungen von den Dämonenaustreibungen Jesu haben für Markus eine eigene, gegenüber den übrigen Heilungserzählungen selbständige Bedeutung. Schon in der Terminologie unterscheidet Markus deutlich zwischen Heilen (θεραπεύειν) und Exorzisieren (δαιμόνια ἐκβάλλειν), vgl. Mk 1 34 6 12f.[1]. Das entspricht dem Befund in der Tradition, in der die Exorzismuserzählungen aufgrund ihrer speziellen Topik eine gewisse Sonderstellung einnehmen.

Typische Bestandteile einer Exorzismuserzählung sind[2]: die Begegnung zwischen dem Dämon und dem Wundertäter[3], die zu einer Reaktion des Dämons führt (Mk 1 23f. 5 6f. 9 20 — in 1 24 und 5 7 als Anrede Jesu durch den Dämon gestaltet)[4], die Bedrohung des Dämons

---

[1] Vgl. Burkill, Revelation 55f.
[2] Zur Topik vgl. Bultmann, Geschichte 238f. Diese Topik fehlt z. T. in der dritten Exorzismuserzählung des MkEv, Mk 9 14-29, da es sich dort ausdrücklich um ein πνεῦμα ἄλαλον (v. 17. 25) handelt. Vollständig fehlen die charakteristischen Topoi einer Exorzismuserzählung in Mk 7 24-30. Aufgrund der Fernheilung entfällt die Darstellung der eigentlichen Wunderhandlung. Zudem liegt in Mk 7 24-30 — wie in Mt 8 5-13 / Lk 7 1-10 — eine apophthegmatische Bildung vor, bei der die Art der Erkrankung keine selbständige Bedeutung hat (vgl. auch Mt 8 6 und Lk 7 2 miteinander).
[3] Eine besondere Nuance hat die Begegnung zwischen dem Dämon und dem Wundertäter in Philostr Vit Ap IV 20. 25: Hier muß der Exorzist erst aufdecken, daß es sich um Besessenheit handelt — was zugleich sein übernatürliches Wissen demonstriert.
[4] Daß der Exorzist vom Dämon angeredet wird — und zwar mit einer ausdrücklichen Titulatur —, begegnet äußerst selten. Einziges mir bekanntes Beispiel: die

durch den Exorzisten (Mk 1 25 9 25), der Schweigebefehl (Mk 1 25), der Ausfahrbefehl (Mk 1 25 5 8 9 25)[5], das demonstrative Ausfahren des Dämons (Mk 1 26 9 26)[6]; in Mk 5 9-13 begegnet außerdem ein Gespräch zwischen dem Dämon und dem Exorzisten[7].

Von dieser recht breiten Topik nimmt Markus in seinen redaktionellen Bildungen die Dämonenanreden und den Schweigebefehl auf (Mk 1 34 3 11f.)[8]. Die Frage, welchen Sinn diese Topoi für Markus haben, ist nicht unabhängig von ihrer Bedeutung innerhalb der vormarkinischen Überlieferungen zu klären. Die Diskussion hierüber wird besonders von O. Bauernfeind bestimmt[9], der die Dämonenworte als Abwehrzauber interpretiert, so daß im Nebeneinander von Dämonenanrede und Schweigebefehl die Darstellung eines Kampfes zwischen Dämon und Exorzist vorläge[10].

---

bei Greßmann, AOT 77—79 wiedergegebene ägyptische Exorzismuserzählung (Greßmann a. a. O. 77: »aus frühgriechischer oder frühestens persischer Zeit«); vgl. dazu Reitzenstein, Wundererzählungen 124; Thraede, RAC VII, 1969, 48.

[5] Bedrohung, Schweigebefehl und Ausfahrbefehl (ἀποπομπή — z. T. ergänzt durch die ἐπιπομπή, die Bannung des Dämons an einen neuen Ort) sind Teile des Exorzismusrituals, vgl. Thraede, RAC VII, 1969, 51f., und kehren in den Exorzismuserzählungen wieder; zur Bedrohung vgl. Luc Philops 16, s. auch Philostr Vit Ap III 38; der Ausfahrbefehl kann zur Anordnung eines deutlich sichtbaren Ausfahrens werden, vgl. Jos Ant VIII 45—49 (Bill IV 534).

[6] In Jos Ant VIII 45—49 und Philostr Vit Ap IV 20 wird das Ausfahren durch ein sichtbares Zeichen demonstriert; in Mk 1 26 und 9 26 durch σπαράσσειν und κράζειν bzw. φωνεῖν φωνῇ μεγάλῃ. Derartige Reaktionen des Dämons, die zugleich seine Unterlegenheit anzeigen, begegnen auch Philostr Vit Ap IV 20. Der Demonstration des Ausfahrens dient im jetzigen Zusammenhang auch Mk 5 13b, vgl. Dibelius, Formgeschichte 86; Bultmann, Geschichte 224.

[7] Wie in Mk 5 9-13 kann das Gespräch sowohl der Feststellung des Namens bzw. der wahren Natur des Dämons dienen (vgl. Luc Philops 16; Philostr Vit Ap IV 25) als auch der Bitte des Dämons um Schonung (so ebenfalls Philostr Vit Ap IV 25) bzw. um Gewährung eines Rechts (vgl. AOT 77—79; bPes 112b/113a). Auf jeden Fall ist die Tatsache, daß der Dämon auf Bedrohung oder Befragung antwortet, Zeichen seiner Unterlegenheit; vgl. die exorzistische Aufforderung zum Reden in Preis Zaub IV 3037—3039: ὁρκίζω σε, πᾶν πνεῦμα δαιμόνιον, λαλῆσαι, ὁποῖον καὶ ἂν ᾖς und Preis Zaub XIII 243f., wo als Folge der Zauberhandlung genannt wird: εὐθέως λαλήσει, καὶ ἀπελεύσεται (eine Umkehrung stellt Act 19 13-16 dar, wo der Dämon aus überlegener Position antwortet). Dem widerspricht nicht, daß der Dämon, wo er sich von sich aus äußert, zum Schweigen gebracht wird.

[8] In Mk 3 12 erscheint auch die Bedrohung; aber sie ist auf den Schweigebefehl bezogen, zu dessen Verstärkung sie dient.

[9] Bauernfeind, Worte; Übersicht über die dadurch ausgelöste Diskussion: Minette de Tillesse, Secret 75—77.

[10] Und Bauernfeind, Worte 56—57. 73—93 setzt dieses Verständnis auch für das MkEv voraus und bestreitet damit eine positive christologische Bedeutung der Dämonenaussagen im MkEv überhaupt. In der neueren Diskussion hat z. B. die

2. Dämonenanreden und Schweigebefehle

Unumstritten ist die Funktion des Schweigebefehls in den Exorzismuserzählungen: Er stellt ein exorzistisches Mittel zur Überwindung des Dämons dar[11] und erscheint deshalb in Verbindung mit der Bedrohung und dem Ausfahrbefehl (Mk 1 25)[12].

Fraglich ist dagegen die Funktion der Dämonenanreden: Sind sie Zeichen der Gegenwehr des Dämons (so O. Bauernfeind) oder seiner Unterwerfung? Daß ein Dämon sich sträubt oder gar zur Gegenwehr übergeht, ist nicht außergewöhnlich[13], und für eine solche Deutung der Dämonenworte in Mk 1 21-28 und 5 1-20 spricht die Verwendung der exorzistischen Formel ὁρκίζω σε τὸν θεόν (Mk 5 7)[14] durch den Dämon; abwehrend klingt auch τί ἡμῖν (ἐμοί) καὶ σοί; (Mk 1 24 5 7)[15]. Und οἶδά σε τίς εἶ (Mk 1 24)[16] sowie die Namensnennung wären dann Mittel, um den Exorzisten durch einen Gegenzauber abzuwehren.

Doch können diese Einzelelemente nicht die These stützen, daß es das Ziel der Exorzismuserzählungen Mk 1 21-28 und 5 1-20 ist, einen Kampf zwischen Jesus und dem Dämon zu schildern. Denn schon zu Beginn der Exorzismusdarstellung wird jeweils für den Hörer eindeutig klargestellt, daß der Dämon in der Begegnung mit Jesus von vornherein unterlegen ist. In Mk 5 1ff. wird dies durch die Reaktion des Dämons in v. 6 deutlich: καὶ ἰδὼν τὸν Ἰησοῦν ἀπὸ μακρόθεν ἔδραμεν καὶ προσεκύνησεν αὐτόν[17]. In Mk 1 24 spricht es mit ἦλθες ἀπολέσαι

These Robinsons (Geschichtsverständnis) vom kosmischen Kampf als dem dominierenden Thema des MkEv Bauernfeinds Analysen zur Voraussetzung; s. u. S. 172f.

[11] Vgl. Bauernfeind, Worte 31; Thraede, RAC VII, 1969, 51; der Befehl hat die Funktion eines Bindezaubers, vgl. Pfister, RAC II, 1954, 174. Das Ziel des Befehls liegt aber im Verstummen selbst. Das Ausfahren des Dämons unter lautem Schreien (Mk 1 26) steht hierzu nicht im Widerspruch; das Schreien gehört zur Gewaltsamkeit des Ausfahrens, vgl. Mk 9 26: (vom πνεῦμα ἄλαλον!) καὶ κράξας καὶ πολλὰ σπαράξας ἐξῆλθεν.

[12] Ein ebenfalls exorzistisches Mittel ist die Namensbefragung in Mk 5 9; zur Bedeutung der Namenspreisgabe im Exorzismus vgl. Bonner, HThR 36, 1943, 39—49; Thraede, RAC VII, 1969, 51. 56.

[13] Sträuben des Dämons: Luc Philops 16; Gegenwehr: Luc Philops 31; Act 19 13-16.

[14] Zu ὁρκίζειν und ἐξορκίζειν im Exorzismusritual vgl. die Kette der Beschwörungen Preis Zaub IV 3019—3078; s. auch Liddell-Scott, WB 598. 1251; Preisigke, WB I 519f. II 198; Bauer, WB 548. 1152 jeweils s. v. ἐξορκίζω bzw. ὁρκίζω; Schneider, ThW V, 1954, 463—466.

[15] Bauernfeind, Worte 3—10: In Mk 1 24 (und Philo Deus Imm 138) liegt eine feste exorzistische Verwendung von 1 Reg 17 18 zugrunde; dazu s. u. S. 58 A 23.

[16] Belege für die Verwendung in Beschwörungstexten: Bauernfeind, Worte 14f.

[17] Die Versuche von Bauernfeind, Worte 52, προσεκύνησεν αὐτόν entweder als nachträgliche Einfügung zu streichen oder ebenfalls als exorzistische Handlung des Dämons zu erklären, sind Notauskünfte; s. auch u. S. 62 A 2. Zutreffend

ἡμᾶς[18] der Dämon selbst aus, was als Sendung Jesu in dieser Erzählung dargestellt werden soll: die Vernichtung der Dämonen. Und die Tatsache, daß in Mk 5 10. 12 der Dämon um eine Konzession *bittet*, zeigt an, daß auch in dem Gespräch von Mk 5 9-13 Jesus als der Überlegene dargestellt werden soll[19]. Innerhalb dieses Rahmens sind die übrigen Elemente der Dämonenäußerungen zu interpretieren:

1. Die in der Tat dem Beschwörungsritual entnommene Formel ὁρκίζω σε τὸν θεόν erscheint in Mk 5 7 nach der Unterwerfung des Dämons (5 6) — und dient als Einleitung der Bitte um Schonung (μή με βασανίσῃς)[20]. Der Versuch eines Gegenzaubers liegt hier somit nicht vor[21]. Die Annahme eines Gegenzaubers führt außerdem zu der — für die Erzählung widersinnigen — Schlußfolgerung, daß der Dämon dabei in der Rolle des Exorzisten erscheint, »während Jesus die Rolle des Dämons übernommen hat«[22].

2. Gleiches gilt für τί ἡμῖν (ἐμοί) καὶ σοί; (Mk 1 24 und 5 7), das zwar abwehrend klingt, aber keine Exorzismusformel darstellt[23].

Lohmeyer, Mk 95: »Die Macht Jesu steht von vornherein fest«; ebenfalls in diesem Sinne Kertelge, Wunder 106; Pesch, Besessene 26.

[18] Ob die Aussage des Dämons als Frage- oder als Aussagesatz aufzufassen ist (dazu vgl. Klostermann, Mk 17; Lohmeyer, Mk 36 f.; Taylor, Mk 174), ist dabei nicht entscheidend. Auch als Fragesatz ist es ein zutreffender Hinweis für den Hörer über die Rolle Jesu.

[19] Zu den Gesprächen zwischen Exorzist und Dämon s. o. S. 56 A 7. Auch die Namensnennung durch den Dämon (Mk 5 9) zeigt dessen Unterlegenheit an.

[20] Zu Mk 5 7 die erhellende Parallele Philostr Vit Ap IV 25: δακρύοντι ἐῴκει τὸ φάσμα, καὶ ἐδεῖτο μὴ βασανίζειν αὐτό, μηδὲ ἀναγκάζειν ὁμολογεῖν, ὅ τι εἴη.

[21] Zutreffend Pesch, Besessene 26: Der Dämon benutzt eine »gebräuchliche Beschwörungsformel, die hier freilich parodiert erscheint; denn die Beschwörung Jesu, er solle den Dämon nicht quälen, enthält ja schon wieder eine Anerkennung der Macht Jesu: Jesus vermag ihn zu ‚quälen' (vgl. Mk 1 24: zu verderben!).« Im übrigen fehlen Beispiele für eine Gegenwehr des Dämons mit exorzistischen Mitteln völlig; anstelle eines Nachweises hierfür spricht Bauernfeind, Worte 13 allgemein von der »Neigung und Fähigkeit der Dämonen zu magischen Wirkungen«.

[22] Bultmann, Geschichte 223 A 1, der trotz dieser Schwierigkeit an Bauernfeinds Interpretation festhält.

[23] Bauernfeind, Worte 3—10 (modifiziert von Burkill, Revelation 76 f.) nimmt für Mk 1 24 5 7 und Philo Deus Imm 138 eine feststehende magisch-apotropäische Verwendung von 1 Reg 17 18 an. Doch ist die Verwendung des Zitats durch Philo von einer abwehrenden Funktion weit entfernt — Philo läßt gerade τί ἐμοὶ καὶ σοί aus! Bauernfeind a. a. O. 8—10 muß deshalb auch eine völlige Uminterpretation des für die Tradition postulierten Sinns von 1 Reg 17 18 durch Philo annehmen — was die Wahrscheinlichkeit der These nicht erhöht. Auch die leichte Differenz in der Wiedergabe von 3 Βασ 17 18 durch Philo beweist keine selbständige Vorgeschichte des Zitats (so offenbar Bauernfeind a. a. O. 9 A 2); sie entspricht der Verwendung im philonischen Kontext.

3. Namensnennungen — auch in der Form οἶδά σε ... bzw. οἶδα τὸ ὄνομά σου ... — begegnen in Zauberritualen zwar häufig, wo sie fester Bestandteil der Beschwörung sind. Aber es sind dort Mittel des Beschwörenden, um Gewalt über die Gottheit oder den Dämon zu gewinnen, — und nicht Mittel des Dämons. Dagegen ist die Namensnennung durch den Dämon äußerst selten[24] — offenbar deshalb, weil sie gegenüber einem ‚normalen' Exorzisten funktionslos ist[25]. Wo jedoch der Dämon den Namen des Exorzisten nennt, ist er göttlicher Qualität; und dann bedeutet die Nennung dieses Namens zugleich auch die Anerkennung[26]. Gleiches hat auch für die Dämonenanreden ὁ ἅγιος τοῦ θεοῦ (Mk 1 24) und υἱὲ τοῦ θεοῦ τοῦ ὑψίστου (Mk 5 7)[27] in den Exorzismuserzählungen des Markusevangeliums zu gelten[28].

Die sich hier zeigende Differenz ist in den unterschiedlichen Funktionen der beiden Gattungen, dem Beschwörungsritual und der Exorzismuserzählung, begründet. Das Ritual stellt die Anweisung für eine Situation dar, deren Ausgang prinzipiell offen ist, und dient der möglichst wirkungsvollen Machtausstattung des Beschwörenden. Die Exorzismuserzählung handelt dagegen von einem Vorgang, dessen Ausgang bereits feststeht. Sie dient der Darstellung der Macht und Überlegenheit des Thaumaturgen[29]. Der Unterschied zeigt sich

---

[24] S. o. S. 55f. A 4.

[25] Bauernfeind kann auch keine Belege für die Nennung des Exorzistennamens durch den Dämon (als Gegenzauber) nennen und ersetzt die fehlenden Belege durch Vermutungen über die allgemeine magische Qualität von σὺ εἶ-Sätzen, vgl. Bauernfeind, Worte 23. Ebenso verfährt McCasland, By the Finger of God 83—95, der vom allgemeinen Erscheinungsbild der Besessenheit und der magischen Bedeutung des Namens her argumentiert.

[26] Greßmann, AOT 78: »Du kommst in Frieden, du großer Gott, der die Dämonen vertreibt ... Ich bin dein Diener.« Diese Anrede des Dämons bezeichnet Thraede, RAC VII, 1969, 48 m. R. als »Unterwerfungsbekenntnis«. Daß es sich hier »um ein grundsätzlich anderes Verhältnis zwischen Exorzist und Dämon« handelt als in den Exorzismuserzählungen des MkEv (so Bauernfeind, Worte 81f. A 6), ist unrichtig. Bauernfeind zieht auch diesen Text erst heran, nachdem seine These bereits feststeht.

[27] Schweizer, ThW VIII, 1969, 378f. 380 vermutet, daß die Dämonenanrede in Mk 5 7 ursprünglich analog zu Mk 1 24 gelautet habe. ὁ υἱὸς τοῦ θεοῦ stamme erst von Mk. Doch ist die Annahme, daß in Mk 1 24 und 5 7 ursprünglich die gleichen Titel benutzt worden sind, nicht begründbar.

[28] So m. R. Haenchen, Weg 88 A 7. Zutreffend auch Pesch, Besessene 26: »Und was soll eine Beschwörung des Gottessohnes ‚bei Gott' verfangen? Die ‚Abwehr' ist vom christlichen Erzähler (wie in Mk 1 24) also recht bewußt aus der Perspektive der Überlegenheit Jesu erzählt.«

[29] Bauernfeind, Worte 42—48: In Mk 5 1-20 ist die Überlegenheit Jesu nur begrenzt vorhanden. Jesus könne den Dämon nicht aus dem Lande vertreiben, vielmehr

gerade daran, daß in den Exorzismuserzählungen — zumindest solchen, in denen der Thaumaturg dem Typ des θεῖος ἄνθρωπος entspricht — der Kern des Rituals fehlt: die Beschwörung[30]. Nicht der Kampf zwischen Dämon und Exorzist ist in diesen — und den synoptischen — Exorzismusgeschichten Gegenstand der Erzählung[31], sondern die Überlegenheit des Thaumaturgen, auf die hin die Erzählung von Anfang an angelegt ist[32].

Gegenüber der These von der dämonischen Gegenwehr ist also festzustellen, daß die Dämonenanreden nicht exorzistische Abwehr und Gegenzauber darstellen, sondern dem Hörer die Unterwerfung der Dämonen und damit die Überlegenheit Jesu anzeigen. Diese grundsätzliche Überlegenheit kommt positiv in den Titeln, die in den Dämonenanreden verwendet werden, zum Ausdruck. Durch diese Titel werden die Dämonenanreden zu sehr direkten Mitteilungen an den Hörer über die Person Jesu[33]. Sie qualifizieren Jesus als den grund-

---

müsse er selbst aufgrund des ‚dämonischen Streiches' von v. 13b das Land verlassen. Jedoch dient v. 13b — unabhängig von der motivgeschichtlichen Herkunft (Motiv vom betrogenen Teufel? so Wellhausen, Mc 39; Bultmann, Geschichte 224f., doch vgl. Dibelius, Formgeschichte 85; Bannung der Dämonen ins Meer? vgl. die Hinweise von Weinreich, Gebet 10—12) — im jetzigen Zusammenhang der Demonstration (s. o. S. 56 A 6). Und die Aufforderung an Jesus, das Land zu verlassen (v. 17) wird nicht mit dem Verlust der Schweineherde verknüpft; vgl. Dibelius a. a. O. 86.

[30] Die Überlegenheit des Thaumaturgen kann derart gesteigert werden, daß auch ein ausdrücklicher Ausfahrbefehl fehlen kann, so Philostr Vit Ap IV 20, wo auf den Blick des Thaumaturgen hin der Dämon von sich aus (!) erklärt, den Besessenen zu verlassen: ἀφέξεσθαι τε τοῦ μειρακίου ὤμνυ καὶ μηδενὶ ἀνθρώπων ἐμπεσεῖσθαι. — Einen anderen Schwerpunkt haben natürlich Erzählungen, in denen der Akzent auf der (erfolgreichen) Praxis des Exorzisten liegt, so Jos Ant VIII 45—49, vgl. auch die stärker summarische Darstellung Luc Philops 16. Beispiel für eine Beschwörung in einer Exorzismuserzählung: Luc Philops 31.

[31] Zutreffend stellt Eßer, Studien, Diss. Bonn 1969, 74—80 fest, daß die Exorzismuserzählungen in Philostr Vit Ap keinen Kampf des Apollonius mit einem Dämon enthalten. Eßer sieht hierin z. T. Redaktion des Philostrat, so bes. in Vit Ap IV 20. Doch kann die Annahme, in Vit Ap IV 20 sei nach(!) der Unterwerfung des Dämons (s. A 30) noch ein Kampf geschildert worden (so Eßer a. a. O. 77), ausgeschlossen werden.

[32] Die Vernachlässigung der Gattungsunterschiede zwischen dem Exorzismusritual und der Exorzismuserzählung ist auch der eigentliche Grund für Bauernfeinds Fehlinterpretationen der synoptischen Exorzismuserzählungen. Er füllt die einzelnen Elemente der Erzählungen isoliert mit Material aus den Beschwörungstexten auf, ohne nach Kontext und Stellenwert innerhalb der Erzählungen zu fragen, und unterläßt den Vergleich mit anderen Exorzismus*erzählungen*.

[33] Und wenn eine derartige Aussage eines Dämons mit οἶδά σε τίς εἶ (Mk 1 24) eingeleitet wird, dann soll damit kein Gegenzauber angedeutet werden, sondern der Hörer wird auf das übernatürliche Wissen des Dämons hingewiesen.

2. Dämonenanreden und Schweigebefehle

sätzlich jeder dämonischen Macht Überlegenen — und deshalb »darf sich der Gläubige bei ihm geborgen wissen«[34].

> Unbegründet ist die Annahme, die Dämonenanreden dienten der Verteidigung Jesu gegen den Vorwurf des Dämonenbündnisses (vgl. Mk 3 22ff.)[35], wie auch umgekehrt von Mk 3 22ff. her nicht die positive Bedeutung der Titel Jesu in den Exorzismuserzählungen bestritten werden kann[36]. Diese Traditionen sind unabhängig voneinander und nehmen aufeinander nicht Bezug.
> Ebenfalls unbegründet ist es, die Dämonenanreden für markinische Einfügungen zu halten[37]. Natürlich ist gerade im Vergleich zu hellenistischen Exorzismuserzählungen die Verwendung von Titeln für den Wundertäter auffällig, aber sie ist Ausdruck und Folge davon, daß die christlichen Gemeinden die Bedeutung Jesu gerade auch mit Hilfe von Titeln formulierten[38]. Diese für die synoptische Tradition spezifische Gestalt der Exorzismuserzählungen ist deshalb Kennzeichen für die Abwandlung und Aneignung der vorgegebenen Erzählgattung unter dem Einfluß der theologischen Interessen der frühchristlichen Gemeinden, die diese Erzählungen formten und tradierten.

Markus hat also in Mk 1 21-28 und 5 1-20 Exorzismuserzählungen übernommen, deren Gestaltung schon auf vormarkinischer Stufe von einem starken christologischen Interesse geleitet war. Hieran knüpft Markus offenbar bewußt an, wenn er in seinen Summarien das Wissen der Dämonen von der Würde Jesu hervorhebt (Mk 1 34) und selbst titulare Anreden Jesu seitens der Dämonen formuliert (Mk 3 11). Ob Markus auch ein gleich großes Interesse an dem Topos des Schweigebefehls hat, ist nicht derart eindeutig. Zwar enthalten die beiden Exorzismussummarien Mk 1 32-34 und 3 11f. einen derartigen Befehl, doch fehlt er in der Erzählung von Mk 5 1ff., ist dort von Markus also auch nicht ergänzt worden[39].

---

[34] Conzelmann, SThU 29, 1959, 57.
[35] So jedoch Fridrichsen, Problème 78: Die breiten Ausführungen des Dämons in Mk 1 24 seien für den Ablauf der Erzählung überflüssig. »Mais pourquoi ce long et prolixe discours au moment même du danger suprême? ... Le démon, lui-même, défend Jésus contre cette calomnie d'être un magicien.«
[36] So jedoch Bauernfeind, Worte 78—84 für das mk Verständnis. Doch kann dieses Argument genauso gegen eine positive Bedeutung der Dämonenanreden auf vormk Stufe verwendet werden.
[37] So jedoch Minette de Tillessse, Secret 77—86.
[38] Umgekehrt entspricht das Fehlen titularer Anreden in den hellenistischen Exorzismuserzählungen dem Befund, daß der als θεῖος ἄνθρωπος verehrte Thaumaturg zwar mit einer Vielzahl von Bezeichnungen qualifiziert werden konnte, jedoch feste Titel fehlen; vgl. die Zusammenstellung der Bezeichnungen (aus Lukian) bei Betz, Lukian 102f.; Petzke, Traditionen 191—193 (zu Apollonius); s. auch Wülfing von Martitz, ThW VIII, 1969, 339f.
[39] So ist für Bauernfeind, Worte 71. 73. 92 das Fehlen eines Schweigebefehls in Mk 5 7f. Bestätigung dafür, daß Mk mit diesen Befehlen keinen einheitlichen Zweck (im Sinne einer Geheimhaltungstheorie) verknüpft.

b) Die markinische Redaktion von Mk 5 1-20

Die Exorzismuserzählung Mk 5 1-20 unterscheidet sich deutlich von den übrigen synoptischen Wundererzählungen[1]. Schon die Exposition ist sehr umfangreich (v. 2b-5)[2], und in der Darstellung der Wunderhandlung selbst zeigt sich eine unübliche Breite[3] von Topik und Erzählstil[4]. Dabei ist der stark novellistische Charakter der Erzählung nicht auf redaktionelle Bearbeitung durch Markus zurückzuführen[5]. Außer im Erzählungsabschluß v. 18-20[6] liegt eine Unstimmigkeit im Erzählablauf nur in v. 7ff. vor: Nach der Anrede durch den Dämon in v. 7 folgt mit v. 8 bereits der Ausfahrbefehl, der jedoch

---

[1] Lit.: s. o. S. 43 A 3; außerdem: Schmithals, Wunder 31—55; Pesch, Besessene 9—49 (50—56 zu Mt 8 28-34; 57—64 zu Lk 8 26-39).

[2] Mk Redaktion liegt innerhalb von 5 1. 2a (Verknüpfung mit Mk 4 35-41) vor. Zum Problem der Ortsangabe (und deren Textüberlieferung) vgl. Taylor, Mk 278; Klostermann, Mk 47; Lohmeyer, Mk 94. Die Exposition v. 2b-5 ist nicht nur breit und ausmalend erzählt, sondern enthält auch Doppelungen: Die Angabe des Aufenthaltsortes des Dämons wird wiederholt (v. 2/v.3), und die Begegnung Jesu mit dem Dämon ist doppelt erzählt (v. 2b/v. 6). v. 2b wirkt dadurch als eine ungeschickte Vorwegnahme von v. 6. Auf keinen Fall kann v. 6 als sekundär angesehen werden: Die Begegnung zwischen Dämon und Exorzist hat — als Beginn der Exorzismushandlung (vgl. Mk 1 23ff.) — nach der Exposition ihren sachgemäßen Ort (gegen Bauernfeind, Worte 51f., der jedoch aus inhaltlichen Gründen die προσκύνησις des Dämons in v. 6 umgehen will; s. u. S. 63 A 8). Auch Pesch, Besessene 45 will v. 6 einer zweiten Traditionsstufe zuweisen.

[3] Vergleichbar ist höchstens Mk 9 14-29; doch liegt dort eine sekundäre Verschmelzung von ursprünglich selbständigen Einzeltraditionen (durch Mk) vor; s. u. S. 114—119.

[4] Breit ausgebaut ist nicht nur der Exorzismusvorgang (Gespräch zwischen Dämon und Exorzist mit Namensbefragung, Bitte um Konzession und Gewährung) in v. 9-13 und das demonstrative Ausfahren der Dämonen (v. 13), sondern auch die Reaktion der Zuschauer (v. 14ff.). Dies macht es fraglich, mit einer von novellistischen Elementen ‚gereinigten' Urform zu rechnen. Ob dennoch an Einzelpunkten sekundäres Wachstum in der vormk Überlieferung erkennbar ist, kann hier offen bleiben; vgl. dazu Kertelge, Wunder 102f.; Pesch, Besessene 41—49. Abwegig ist es, die novellistischen Elemente als christlichen Midrasch von Jes 65 1-5 bzw. Ex 14f. zu deuten; so Sahlin, StTh 18, 1964, 159—172; Cave, NTS 11, 1964/65, 93—97; Craghan, CBQ 30, 1968, 522—536.

[5] Eher kann man fragen, ob Mk nicht bereits die Erzählung verkürzt hat. Bauernfeind, Worte 34 macht darauf aufmerksam, daß die beiden Dämonenbitten (v. 10. 12) nur durch eine Situationsangabe (v. 11) getrennt sind. Der Übergang von v. 10 zu v. 11 ist in der Tat abrupt, eine (positive?) Antwort Jesu auf die erste Bitte als Voraussetzung für die zweite in v. 12 fehlt. Auch wenn Erwägungen über eine mk Verkürzung nur vermutungsweise möglich sind, so stellt auf jeden Fall die jetzige Fassung von Mk 5 1ff. kein sehr positives Beispiel für die häufig vermutete Erzählfreude des Mk dar.

[6] Dazu s. u. S. 78—84.

erst in v. 13 befolgt wird. Durch das Gespräch von v. 9-12 wird der Ausfahrbefehl um seine eindeutige Wirkung gebracht[7]. Außerdem ist für das Ausfahren der Dämonen die in v. 13a vorliegende Gewährung der Dämonenbitte die ausreichende und sachgemäße Voraussetzung. Der Ausfahrbefehl in v. 8 erweist sich also als sekundäre Zufügung[8], ohne die sich ein glatter Erzählungsablauf ergibt[9]:

v. 6f.: Der Dämon wittert den Wundertäter, unterwirft sich und bittet um Schonung
v. 9: Der Wundertäter erlangt die Kenntnis des Dämonennamens
v. 10-12: Zweimalige Dämonenbitte um Konzedierung eines Rechts[10]
v. 13: Gewährung der Bitte und Ausfahren der Dämonen.

Der Ausfahrbefehl Mk 5 8 stellt somit eine die Erzählung störende, redaktionelle Einfügung dar, die auf Markus zurückzuführen ist[11].

Damit stellt sich die Frage, warum Markus diese Ergänzung vorgenommen hat — und vor allem: warum er kein Schweigegebot eingesetzt hat. Die Antwort liegt in der besonderen Topik der Erzählung selbst. Markus hatte eine Erzählung übernommen, in der auf die Dämonenanrede ein längeres Gespräch zwischen Jesus und dem Dämon folgte. Wollte er dieses nicht vollständig unterdrücken und somit die Erzählung sofort abbrechen, so konnte er keinen Schweige-

---

[7] Deshalb ist auch der Vorschlag von Sundwall, Zusammensetzung 31, v. 8 nach v. 10 einzuordnen, unzureichend. Auch dann ist der Ausfahrbefehl von seiner Befolgung durch eine erneute Bitte der Dämonen (v. 11f.) getrennt.

[8] Gegen Bauernfeind, Worte 48—53, der v. 8 vor v. 7 einordnet und v. 6 dafür streicht (doch s. o. S. 62 A 2). Damit ergibt sich in der Tat die Abfolge eines Kampfes: Angriff Jesu (v. 8), Gegenangriff des Dämons (v. 7 — falls die Anrede ein exorzistisches Mittel ist), verstärkter Angriff Jesu (v. 9), begrenzter Rückzug der Dämonen (v. 10-13). Doch ist dabei vorausgesetzt, was erst zu beweisen wäre, daß nämlich ein exorzistischer Kampf vorliegt. v. 8 kann zwar als vorzeitig aufgefaßt werden (vgl. Bauernfeind a. a. O. 48; Pesch, Besessene 12. 45f.), doch ist das kein ausreichender Grund, v. 6 durch v. 8 zu ersetzen (kritisch dazu auch Bultmann, Geschichte 224 A 3).
Für sachgemäß hält Lohmeyer, Mk 95f. die Stellung von v. 8 (aufgenommen von Burkill, Revelation 89f. A 6) — mit der wenig überzeugenden Begründung: »Weil es sich hier um Höheres handelt als eine bloße Vertreibung, wird ein solcher Befehl nebensächlich und darum nachgetragen.«

[9] Anders Pesch, Besessene 41—46, der v. 9-12 einer späteren Überlieferungsstufe zuweist, so daß v. 13 direkt an v. 8 anschließt.

[10] Zur Abfolge innerhalb von v. 10-12 s. A 5.

[11] Mit redaktioneller Herkunft von v. 8 rechnen: Bultmann, Geschichte 224; Dibelius, Formgeschichte 80; Klostermann, Mk 49; Haenchen, Weg 192. Wenig wahrscheinlich ist die Annahme, in v. 8 eine vormk Zufügung zu sehen (so Schweizer, Mk 63). Die Einfügung ist derart hart und ohne Ausgleich mit dem unterbrochenen Kontext, daß diese kaum vor der vorliegenden schriftlichen Fixierung der Erzählung erfolgt sein kann.

befehl einfügen[12]. Andererseits zeigt v. 8, daß Markus über die Dämonenanrede nicht hinweggehen konnte, ohne dieser eine Entgegnung Jesu gegenüberzustellen. Der Ausfahrbefehl von v. 8, der zwar den Fortgang der Erzählung nicht verhindert, aber noch deutlich genug als störend erkennbar ist, ersetzt also für Markus den Schweigebefehl, für den in dieser Erzählung kein Platz war[13]. Auch Mk 5 8 zeigt somit — wenn auch indirekt — das Interesse des Markus an den Schweigebefehlen. In welchem Sinne Markus sie verwendet, kann sich jedoch erst aus einer Analyse der markinischen Summarien ergeben[14].

3. WUNDER UND ÖFFENTLICHKEIT — VERBREITUNGSVERBOTE UND ÖFFENTLICHE WIRKUNG

Eine besondere Gruppe bilden innerhalb des Markusevangeliums diejenigen Wundererzählungen, in denen eine öffentliche Verbreitung der Wundertat verboten oder die Darstellung einer öffentlichen Wirkung der Wundertat bewußt abgewendet wird[1]. Die Frage, in welchen Wundererzählungen diese Tendenz vorliegt, ist stark umstritten. In Betracht kommen Mk 1 40-45 5 1-20 5 21-24. 35-43 7 31-37 und 8 22-26. Die Interpretation der Verbreitungsverbote wird dadurch erschwert, daß sie z. T. als definitiv dargestellt werden (Mk 5 43 — und 8 26?) und z. T. ausdrücklich durchbrochen werden (Mk 7 36 1 45 — und 5 20?).

Um zu einer möglichst präzisen Erhebung der markinischen Tendenz in diesem Fragenbereich zu gelangen, wird jeweils von

---

[12] So auch Minette de Tillesse, Secret 85 A 1: Vor dem Gespräch zwischen Jesus und dem Dämon war für einen Schweigebefehl kein Platz.
[13] Damit erübrigen sich Versuche, das Fehlen des Schweigebefehls aus dem heidnischen Schauplatz der Erzählung zu begründen. So Vielhauer (1964) Aufs. 202: Das Fehlen eines Schweigegebotes nach Mk 5 7 »frappiert freilich im Blick auf 3 11f. ...; aber es erklärt sich wohl daraus, daß das Schweigegebot nur Juden auferlegt wird« (mit Verweis auf Mk 7 24-30); ähnlich Pesch, BL 9, 1968, 195 A 53: »Im heidnischen Land darf Jesus bekannt werden.« Aber: 1. betont Mk in seiner Redaktion nicht, daß es sich in Mk 5 1-20 um nichtjüdisches Gebiet handelt, s. u. S. 79f. 2. bestimmt die Geheimhaltungstendenz gerade auch Mk 7 24-30, die einzige Wundertradition des MkEv, in der Jesus ausdrücklich mit einer Nichtjüdin Kontakt hat; s. u. S. 91f.
[14] S. u. S. 165f. 168. 189f.

[1] In der folgenden Darstellung wird der Ausdruck ‚Verbreitungsverbot' verwendet, um eine Entscheidung über das Verhältnis dieser Verbote zu den Schweigebefehlen in Exorzismuserzählungen (und -summarien) und zu den Schweigegeboten nach Bekenntnisaussagen wie Mk 8 29 nicht vorwegzunehmen.

3. Verbreitungsverbote und öffentliche Wirkung

einer Erzählung ausgegangen, in der ein eindeutiges Verbreitungsverbot enthalten ist und dies der markinischen Redaktion angehört (Mk 5 21-24. 35-43 und 7 31-37).

a) Die jeweilige markinische Redaktion

α) Mk 5 21-24. 35-43

Die Wundererzählung Mk 5 (21) 22f. (24) 35-43[2] weist eine doppelte markinische Redaktion auf. Zum einen fügt Markus die selbständige Wundererzählung von Mk 5 25-34 ein[3] und verstärkt so das Thema des ‚Glaubens' (5 36, vgl. 5 34)[4] — ein Thema, das Markus mit Mk 6 1-6 a weiterführt[5]. Zum anderen ist der stilgemäße Abschluß der Wundererzählung in seinem Ablauf gestört. Es folgen aufeinander:

v. 42 a: Wundertat und Demonstration (καὶ εὐθὺς ἀνέστη τὸ κοράσιον καὶ περιεπάτει)[6]
v. 42 b: Wirkung auf die Zuschauer
v. 43 a: Verbreitungsverbot
v. 43 b: nochmals Demonstration der erfolgten Heilung (καὶ εἶπεν δοθῆναι αὐτῇ φαγεῖν)[7].

---

[2] Lit.: s. o. S. 43 A 3; außerdem: Schmithals, Wunder 69—82.
v. 21 dient der Verklammerung mit 5 1-20, zugleich führt Mk den für v. 25ff. notwendigen ὄχλος πολύς ein. v. 24 dient dem Übergang zu v. 25ff. Das Vokabular ist jeweils mk: διαπερᾶν (v. 21; mk auch in 6 53, s. u. S. 169f.); συνάγειν; ὄχλος πολύς (v. 21. 24; ὄχλος ist mk in 3 9. 20 4 36 6 45 7 14. 17 u. ö.; ὄχλος πολύς mk auch in 6 34 9 14 — in vormk Zusammenhang: 5 27 8 1); ἀπέρχεσθαι (v. 24) ist ein beliebtes mk Regiewort, vgl. 1 35 3 13 5 17 (? s. u. S. 83). 20 (? s. u. S. 82) 6 32 7 24 8 13 12 12 (καὶ ἀπῆλθεν μετ' αὐτοῦ in 5 24 gehört wohl schon zur Überleitung, da 5 35 besser an 5 23 anschließt); zum ἀκολουθεῖν der Menge vgl. Mk 3 7 (mk); συνθλίβειν ist Vorgriff auf v. 31 (vgl. die mk Verwendung von θλίβειν in Mk 3 9).
[3] Zur mk Herkunft der Verschachtelung s. u. S. 138f. Gegen Kertelge, Wunder 110—113 ist jedoch schon hier festzustellen, daß Mk 5 22f. 35-43 eine selbständige Erzählung darstellt, die ohne Mk 5 25-34 verständlich ist; so u. a. A. Meyer, Festschr. A. Jülicher, 1927, 41f.; Lohmeyer, Mk 101. Eine Einwirkung von 5 25-34 auf die rahmende Erzählung ist nicht festzustellen. Die in v. 37 vorausgesetzte größere Volksmenge wird innerhalb von 5 22f. 35-43 spätestens mit v. 35 eingeführt. Der in der Tat sekundär wirkende v. 37 (Bultmann, Geschichte 228: vormk) setzt also nicht 5 25-34 voraus.   [4] S. u. S. 139.
[5] Zur Interpretation von Mk 6 1-6 a s. u. S. 152f.
[6] καὶ περιεπάτει stellt bereits eine Demonstration der Wundertat dar, vgl. Lohmeyer, Mk 107; Schniewind, Mk 77; Schweizer, Mk 67.
[7] Mit Bultmann, Geschichte 229; Dibelius, Formgeschichte 76; Schniewind, Mk 77, Schweizer, Mk 67 liegt in v. 43 b ebenfalls eine Demonstration vor.

Dabei ist zunächst auffällig, daß die Demonstration der Wundertat nicht im Zusammenhang erzählt wird, sondern getrennt ist[8]. Sodann überrascht, daß der Eindruck der Wunderart auf die Zuschauer nicht das Ende der Erzählung bildet. Beides weist darauf hin, daß hier die Erzählung stilwidrig verändert worden ist. Die entscheidende sekundäre Umgestaltung, die zugleich als Grund für die übrigen Veränderungen anzusehen ist, stellt die Einfügung des Verbreitungsverbotes v. 43a dar[9]. Dieses Verbot fällt nicht nur durch seine völlige Undurchführbarkeit auf[10]. Es widerspricht vor allem dem Ziel einer Wundererzählung, abschließend die Größe der Wundertat hervorzuheben und die Wirkung des Wunders nach außen darzustellen[11].

> Die entgegengesetzte Auffassung wird von H. J. Ebeling vertreten. Er postuliert für die vormarkinische Tradition ein organisches Nebeneinander von Verhüllung und (!) Offenbarung[12]. Das Moment der Offenbarung, für das nach H. J. Ebeling das Verbreitungsverbot nur den wirkungsvollen Hintergrund abgeben soll[13], sieht er in der »Unmöglichkeit, daß die Tat geheim bleibt«[14]. Damit wird jedoch verdeckt, daß eine Durchbrechung des Verbots in dieser Erzählung gerade nicht dargestellt wird. Auch die Annahme, das Verbot von v. 43a reihe sich »ganz sachgemäß an das numinose Außersichsein an«[15], ist unbegründet. H. J. Ebeling interpretiert auch letztlich vom (vorausgesetzten) Ergebnis her, wenn er gegen die Annahme einer markinischen Einfügung von v. 43a einwendet: »Der Evangelist interpoliert nicht so kunstvoll, weil (!) er kein Spezialinteresse an dem Geheimhaltungsmotiv hat«[16].
>
> Anders versucht K. Tagawa die Zugehörigkeit des Verbreitungsverbotes zur vormarkinischen Erzählung zu begründen: Die Geheimhaltungsabsicht von v. 43a entspreche der Heimlichkeit des Wundervollzuges (vgl. v. 40): »Il s'agit purement et simplement du mystère qui entoure tout miracle de Jésus«[17]. Aber die Entfernung des Publikums und das Verbreitungsverbot sind keineswegs zusammengehörige Momente: Die Entfernung des Publikums bezieht sich auf den *Vorgang* der Wunderhandlung[18], das Verbot auf die öffentliche Verbreitung des *Ergebnisses* der Wundertat[19].

---

[8] Lk ordnet die getrennten Momente der Demonstration wieder zusammen (Lk 8 55).   [9] Von Mt wieder gestrichen (Mt 9 25f.)!
[10] Die Undurchführbarkeit des Verbreitungsverbotes Mk 5 43a wird seit Wrede, Messiasgeheimnis 48f. immer wieder hervorgehoben; vgl. Kertelge, Wunder 119.
[11] S. o. S. 17. 19—23.
[12] H. J. Ebeling, Messiasgeheimnis 131—135.
[13] So die Generalthese von H. J. Ebeling, Messiasgeheimnis 144—146 u. ö.
[14] H. J. Ebeling, Messiasgeheimnis 133.
[15] H. J. Ebeling, Messiasgeheimnis 134.
[16] H. J. Ebeling, Messiasgeheimnis 135.   [17] Tagawa, Miracles 167.
[18] Die Heimlichkeit des Wundervollzugs gehört zur Topik der Wundererzählung (vgl. Bultmann, Geschichte 239) und ist auch in Mk 5 35ff. Bestandteil der Tradition (mit Bultmann a. a. O. 229).
[19] So m. R. Dibelius, Formgeschichte 69 und Bultmann, Geschichte 239. Dagegen verwischt Minette de Tillesse, Secret 56 den Unterschied.

Das Verbreitungsverbot von Mk 5 43a stellt also eine sekundäre, die Erzählung störende redaktionelle Einfügung dar. Unabhängig von der inhaltlichen Bewertung dieses Verbots ist nachweisbar, daß dessen Einfügung auf Markus zurückgeht[20]:

1. Die jetzige redaktionelle Gestaltung des Erzählungsabschlusses von Mk 5 22f. 35-43 ist derart unorganisch[21], daß sie mündlich nicht tradierbar war und somit erst im Zuge der Verschriftlichung des Erzählstoffes durch Markus erfolgt sein kann[22].

2. Sprachlich zeigt sich eine deutliche Nähe zu anderen Formulierungen im Markusevangelium, in denen Jesus die Verbreitung einer Wundertat (7 36) oder einer Epiphanie (9 9) verbietet[23]. Da es sich an diesen Stellen — wie in Mk 5 43a — jeweils um deutlich redaktionelle Zufügungen handelt und eine gemeinsame vormarkinische Redaktion für die genannten Stellen auszuschließen ist, ist auch sprachlich die markinische Herkunft von Mk 5 43a gesichert.

Durch die Einfügung des Ausbreitungsverbotes nach der Darstellung der ἔκστασις der Zuschauer bleibt die Reaktion des ‚Publikums' auf den engen Kreis von v. 40 beschränkt[24]; d. h. Markus hat in dieser Wundererzählung eine öffentliche Wirkung der Wundertat völlig unterbunden.

> Als Ausnahme im Rahmen der markinischen Redaktion der Wundererzählungen will U. Luz Mk 5 43 interpretieren; er hält es für wahrscheinlich, »daß eine Totenerweckung in so starkem Maße als besonderes Zeugnis für Jesu Messianität verstanden wurde, daß ... hier eine Verhüllung notwendig wurde«[25]. Doch ist nicht nachweisbar, daß für Markus die (schwerere ?) Totenerweckung gegenüber den anderen (leichteren ?) Heilungstaten ein Wunder besonderer Qualität war. Markus ordnet vielmehr die Totenerweckung mit einem Exorzismus (5 1-20) zusammen und verschachtelt sie mit einer ‚normalen' Heilung (5 25-34). Auch die Fortsetzung von Mk 4 35—5 43 durch Mk 6 1-6a

---

[20] Die mk Herkunft von Mk 5 43a ist auch fast durchweg anerkannt, vgl. Bultmann, Geschichte 228; Dibelius, Formgeschichte 69f.; Sundwall, Zusammensetzung 32; Klostermann, Mk 53f.; Burkill, Revelation 80—82; Schweizer, Mk 65. 67; Kertelge, Wunder 118f. — Anders Lohmeyer, Mk 108, der v. 43a ohne nähere Begründung für einen typischen Zug einer Epiphaniegeschichte hält. Dagegen schon kritisch H. J. Ebeling, Messiasgeheimnis 132 A 3.

[21] Vgl. auch die voneinander unabhängigen Änderungen Mt 9 26 und Lk 8 55f.

[22] Zur Hypothese einer vormk Sammlung in Mk 4 35—5 43 (oder: 6 44. 53 bzw. 6 51) s. o. S. 36—38.

[23] Auch in Mk 7 36 und 9 9 verwendet Mk διεστείλατο αὐτοῖς ἵνα ... und γινώσκειν (διαστέλλεσθαι sonst nur noch in 8 15 — ebenfalls mk); außerdem begegnet nachgestelltes adverbielles πολλά mehrfach in mk Zusammenhängen, so Mk 1 45 4 2 6 34, vgl. Zerwick, Untersuchungen 123; Taylor, Mk 190.

[24] Daß dem heimlichen Vollzug der Wundertat durchaus eine öffentliche Wirkung entsprechen kann, zeigt Mk 7 31-37.

[25] Luz, ZNW 56, 1965, 14 A 18.

(vgl. auch 6 14) zeigt, daß Markus die hier zusammengestellten Wundertaten durchaus einheitlich als δυνάμεις versteht[26].

β) Mk 8 22-26

Eine mit Mk 5 21-24. 35-43 vergleichbare markinische Redaktion liegt im Erzählungsschluß von Mk 8 22-26 vor[1]. Die Vergleichbarkeit wäre direkt gegeben, wenn in Mk 8 26 μηδενὶ εἴπῃς εἰς τὴν κώμην[2] bzw. μηδὲ εἴπῃς τινὶ ἐν τῇ κώμῃ[3] als der ursprüngliche Text zu beurteilen wäre. Doch liegt hier offenbar eine sekundäre Erleichterung[4] gegenüber der Lesart μηδὲ εἰς τὴν κώμην εἰσέλθῃς[5] vor[6], von der als dem ursprünglichen Text auszugehen ist[7]. Kann in dieser Fassung v. 26 b als sachgemäßer Abschluß der vormarkinischen Erzählung gelten — und welche Funktion hat dieser Befehl? Aus dem Ablauf der Wundererzählung selbst ist v. 26 b nicht erklärbar. Denn anders als v. 23 a bezieht sich v. 26 b nicht mehr auf die Verborgenheit des Wundervorgangs, sondern auf die öffentliche Wirkung der Wundertat[8]. Anstelle des stilgemäßen Eindrucks der

---

[26] Auch Kertelge, Wunder 119f. versucht, Mk 5 43 von der besonderen Thematik der Erzählung her zu erklären: Vor Jesu Auferstehung mußte für Mk auch die Auferweckung von Mk 5 21-24. 35-43 unverständlich bleiben (mit Verweis auf Mk 9 10). Doch stellt Mk keinen Bezug zwischen der Auferstehung Jesu und dem Auferweckungswunder (und der allgemeinen Totenauferstehung — vgl. Mk 12 18-27) her.

[1] Lit.: s. o. S. 43 A 3; außerdem Schrage, ThW VIII, 1969, 288f. Zur Auslassung durch Mt und Lk s. o. S. 22f. A 23.

[2] D q (kombiniert mit ὕπαγε εἰς τὸν οἶκόν σου, vgl. Mk 2 11 5 19); vgl. k: *nemini dixeris in castello* und c: *ne cui diceret in castellum*.

[3] C A 𝔐 — kombiniert mit der LA von B etc. Sämtliche Variantenelemente sind in θ φ verbunden.

[4] Und zwar in Anlehnung an andere Verbreitungsverbote im MkEv, etwa Mk 1 44 7 36.

[5] B ℵ^c (ℵ* W μή) L W λ sy^s sa bo.

[6] Vgl. Metzger, Commentary 98f. Zutreffend beobachtet Lohmeyer, Mk 159 A 5: »Wohnt der Blinde nicht im Dorf, so ist er (sc. der Befehl von v. 26 b in der Fassung von B etc.) überflüssig; steht ‚sein Haus' aber im Dorf, so ist er unsinnig« — womit jedoch Lohmeyer seine Entscheidung gegen die LA von B ect. begründet. Schweizer, Mk 92 hält μηδενὶ εἴπῃς εἰς τὴν κώμην für den ursprünglichen Wortlaut. Der Anstoß von μηδενὶ εἴπῃς εἰς ... habe die anderen, sprachlich glatteren Lesarten hervorgerufen. Doch ist der Gebrauch von εἰς im örtlichen Sinne anstelle von ἐν keineswegs derart ungewöhnlich, daß von hier aus die textkritische Frage zu entscheiden wäre; vgl. zum Wechsel von εἰς und ἐν Bl-Debr § 205; Bauer, WB 456f. s. v. εἰς 9a.

[7] So auch Klostermann, Mk 78; Luz, ZNW 56, 1965, 14; Roloff, Kerygma 128; Kertelge, Wunder 161.

[8] Diesen Unterschied verwischt Roloff, Kerygma 128f. A 77.

Wundertat auf die Zuschauer[9] schließt die jetzige Erzählung mit dem Verbot an den Geheilten, in die κώμη zurückzukehren[10]. Damit ist jede Möglichkeit der Reaktion — oder gar Akklamation — eines Publikums abgewendet.

Dabei bedient sich Markus, auf den die Ausblendung der Öffentlichkeit zurückzuführen ist[11], der für ihn typischen Vorstellung vom ‚Haus', um die Distanz von der Öffentlichkeit darzustellen. »Das Haus bedeutet die Isolierung; der Flecken die Öffentlichkeit. Der Blinde soll deshalb ins Haus und nicht in den Flecken gehen«[12]. Diese zutreffende Interpretation der Endgestalt der Erzählung durch W. Wrede wird auch dadurch nicht aufgehoben, daß v. 26a — die Zurücksendung des Geheilten εἰς οἶκον αὐτοῦ — zur vormarkinischen Erzählung gehört[13] und nur v. 26b auf markinische Redaktion zurückgeht. Denn die Entgegensetzung von οἶκος und κώμη im Sinne des Gegensatzes von Isolierung und Öffentlichkeit ist erst durch die Anfügung von v. 26b verursacht, also insgesamt markinisch.

Dasselbe Vorgehen ist in Mk 2 1f. und 3 20 festzustellen: Zur vormarkinischen Überlieferung gehört der οἶκος jeweils als unbetonte Angabe der Exposition. Durch die Entgegensetzung mit dem Zulauf der Menge gibt

---

[9] S. o. S. 19—23. In Mk 8 22-26 legt es auch die Verwandtschaft mit Mk 7 31-37 nahe, zumindest mit einer Reaktion des Publikums am Ende der vormk Tradition zu rechnen (zur Beziehung zwischen Mk 7 31-37 und 8 22-26 vgl. Bultmann, Geschichte 227f.; Lohmeyer, Mk 159; Kertelge, Wunder 163; Gegenüberstellung: Taylor, Mk 368f.). Den Unterschied zu den sonstigen Erzählungsschlüssen sieht auch Roloff, Kerygma 128f. A 77. Hieraus schließt er jedoch auf die Historizität der Erzählung und konstruiert ad hoc einen geschichtlichen Hintergrund: »Die Dorfbewohner haben Jesus offenbar abgelehnt und seiner Predigt (?!) den Glauben verweigert« (128f.; vgl. ders., EvTh 29, 1969, 87 A 56).

[10] v. 23a zeigt, daß in der vormk Erzählung der Blinde als im Dorf wohnhaft gedacht ist. Daß der Geheilte ins ‚Haus' und damit gerade nicht in die κώμη zurückkehren soll, ist nur aus der mk Vorstellung vom ‚Haus' zu erklären (dazu s. gleich). Untauglich ist der Ausgleichsversuch von Wellhausen, Mc 62, der aus v. 26b folgert: »Bethsaida war also nicht seine Heimat, sondern er war nur dorthin gebracht.« Ähnlich nimmt Roloff, Kerygma 128 an, daß der Geheilte das »Dorf . . . meiden und *direkt* nach Hause gehen solle« (Hervorhebung von mir). Dagegen ist an Wrede, Messiasgeheimnis 134 zu erinnern: »Markus denkt bei der Geschichte vom Blinden zu Bethsaida nicht daran, daß seine Wohnung außerhalb der im Text genannten κώμη liege. Aus dem Flecken hat Jesus laut 8 23 ihn herausgeführt; folglich ist er im Flecken heimisch gedacht. Wir haben also keine Daten einzuschwärzen, die Markus nicht verrät.« Gleiches gilt, wenn man die vormk Herkunft von v. 26b in Betracht zu ziehen versucht.

[11] So m. R. Kertelge, Wunder 161; vgl. auch Bultmann, Geschichte 228, der aber offenbar von der LA von D bzw. C etc. ausgeht.

[12] Wrede, Messiasgeheimnis 134.

[13] Vgl. Mk 2 11; zu 5 19 s. u. S. 83f. A 34.

Markus dem οἶκος ein eigenständiges Gewicht. Der οἶκος ist der Ort, der Jesu Verborgenheit vor der Öffentlichkeit herstellen soll[14]. Im gleichen Sinne ist οἰκία in Mk 7 24b verwendet, wo sie von Markus ohne Voraussetzung in der Tradition eingeführt worden ist[15]. In Mk 7 17 9 28. 33 und 10 10, wo das ‚Haus' jeweils deutlich als markinische Zufügung erkennbar ist, dient es als Ort der geheimen Jüngerbelehrung[16]. Die Vorstellung, daß nach der Wundertat der Geheilte in das ‚Haus' als einem betont nicht-öffentlichen Bereich zurückgesandt wird, begegnet neben Mk 8 26 möglicherweise noch in Mk 5 19[17]. Die Gemeinsamkeit aller drei Verwendungsmöglichkeiten von οἶκος bzw. οἰκία liegt im Moment der Verborgenheit: Das ‚Haus' dient jeweils als »der geschlossene Raum, der der Öffentlichkeit entgegengesetzt ist«[18].

Dabei ist unübersehbar, daß Markus bei der Einführung des ‚Hauses' in die Darstellung seines Evangeliums keine Rücksicht auf historische oder geographische Wahrscheinlichkeiten nimmt[19]. Das ‚Haus' ist zur Stelle, wann und wo es die Redaktion erfordert, im heidnischen Gebiet (Mk 7 24) genauso wie auf der Wanderung (Mk 10 10)[20].

Der Abschluß der Wundererzählung Mk 8 22-26 entspricht also in den Darstellungsmitteln und in der inhaltlichen Zielrichtung voll der markinischen Redaktion. Mit Hilfe der Vorstellung vom ‚Haus' als dem spezifisch nicht-öffentlichen Ort schneidet Markus hier — wie in Mk 5 43[21] — jede öffentliche Wirkung der dargestellten Wundertat ab[22].

---

[14] Zu Mk 2 1f. s. o. S. 46f.; zu 3 20 s. u. S. 146.
[15] S. u. S. 91.
[16] Bultmann, Geschichte 358: »Das Haus ist in der Regiekunst des Mk die typische Kulisse, wenn nach einer vor dem ὄχλος spielenden Szene eine geheime Jüngerbelehrung folgen soll«; vgl. auch Reploh, Markus 214f.
[17] S. u. S. 81.
[18] Strecker, Weg 95; zu οἶκος / οἰκία im MkEv vgl. auch Schreiber, Theologie 162—164.
[19] Anders bei Mt (vgl. Strecker, Weg 95f.): Für Mt steht das ‚Haus' in Kapernaum, und er streicht es jeweils, wo es bei Mk in Entgegensetzung zur Öffentlichkeit verwendet ist; vgl. Strecker a. a. O. 96 A 5, der als Auslassungen Mk 2 1 3 20 7 17 9 28. 33 10 10 aufführt; hinzuzufügen wäre noch Mk 5 19 und 7 24. Die Korrektur des Mt beschränkt sich also nicht auf das ‚Haus' Jesu (Mk 5 19!), und in Mt 9 1 (vgl. Mk 2 1f.) wird deutlich, daß neben dem geographisch-historischen ein sachliches Interesse für Mt leitend ist (Mt 9 1-8 spielt ja in der ἰδία πόλις, wo das ‚Haus' für Mt steht!): die Korrektur der mk Aussagen über die Verborgenheit Jesu als schriftstellerischem Darstellungsmittel des Messiasgeheimnisses.
[20] Vgl. die generelle Feststellung von Wellhausen, Mc 14: »Wie die Einöde oder der Berg steht auch das Haus überall zur Verfügung«; ebenso Wrede, Messiasgeheimnis 136.
[21] Die sekundären Varianten von D und C etc. stellen also durchaus eine »richtige Erläuterung« des ursprünglichen Textes dar (Wrede, Messiasgeheimnis 34 A 1; zustimmend auch Kertelge, Wunder 162 A 700).
[22] Die spezifisch mk Gegenüberstellung von οἶκος und κώμη verwischt H. J. Ebeling, Messiasgeheimnis 141: In den »harmlos zu verstehenden Worten Jesu« liege keine

Die Übereinstimmung in der markinischen Redaktion von Mk 5 43 und 8 26 bleibt auch dann bestehen, wenn man für Mk 8 22-26 mit einer (zusätzlichen) symbolischen Bedeutung der Blindenheilung für den Aufriß des Markusevangeliums rechnet.

Häufig wird vermutet, die Blindenheilung von Mk 8 22-26 weise symbolisch auf das Kommende, das ‚Verstehen' der Jünger in Mk 8 27ff., voraus. Markus wolle andeuten: »Nichts Geringeres als ein Gotteswunder kann ihre Augen öffnen«[23]. Daß Mk 8 22-26 symbolisch zu verstehen sei, kann noch durch eine weitere Beobachtung gestützt werden: Der in Mk 8 18 von den Jüngern ausgesagten Blindheit und Taubheit können die Taubstummenheilung Mk 7 31-37 und die Blindenheilung Mk 8 22-26 zugeordnet werden[24]. Doch ist eine solche Annahme mit erheblichen Unwägbarkeiten verbunden. Zum einen ist eine zureichende Interpretation beider Erzählungen — auch hinsichtlich ihrer Stellung im Aufriß des Markusevangeliums — ohne zusätzliche Nebenfunktionen voll erklärbar[25]. Zudem würde es sich um ausgesprochen weit-

Geheimhaltungstendenz. »Das Verbot dient zur Verschärfung des Gebotes.« Für Ebeling stellt sich vielmehr die Frage, warum Mk nicht analog zu Mk 1 45 mit der Ausbreitung der Kunde der Wundertat abschließt (a. a. O. 141f.). Die Funktion des οἶκος in Mk 8 26 übersieht auch Luz, ZNW 56, 1965, 15, der Mk 8 22-26 symbolisch auffassen will (dazu s. gleich) und diese Sicht auch auf v. 26 anzuwenden versucht: »das Verbot Jesu, ins Dorf zu gehen, ist vielleicht für Markus ein Hinweis auf die Bedeutsamkeit von Jesu Heilshandeln, der die Menschen, denen er das Sehen schenkt, aus ihrer Welt hinausführt.«

[23] Schweizer (1964) Aufs. II 34; vgl. ders., Mk 91f. Vor allem Kuby, ZNW 49, 1968, 52—64 hat (im Anschluß an Hauck, Mk 101) energisch die These verfochten, Mk 8 22-26 sei als ‚Präludium' zu Mk 8 27ff. zu verstehen, so daß der zentrale Einschnitt des MkEv schon in 8 22 vorliegen würde. Kuby a. a. O. 53. 61 verweist darauf, daß Mk 10 46-52, die zweite Blindenheilung des MkEv, ebenfalls am Übergang zu einem neuen Abschnitt steht, und Luz, ZNW 56, 1965, 15 folgert aus der für 10 46-52 vorausgesetzten symbolischen Bedeutung gleiches für 8 22-26. Doch ist für 10 46-52 die symbolische Interpretation ebenfalls fraglich, s. u. S. 132. Weitere Lit.: s. die nächste Anm. — Entschieden gegen ein symbolisches Verständnis beider Blindenheilungen im MkEv wendet sich Roloff, Kerygma 121—131.

[24] So Wendling, Entstehung 79 (der Mk 7 32ff. 8 22ff. für redaktionelle Bildungen zur Illustration von 8 18 hält); Sundwall, Zusammensetzung 47f. (für die vormk Überlieferung) und jüngst Kertelge, Wunder 160f. 163—167. Auch Burkill, Revelation 149f.; Luz, ZNW 56, 1965, 15; Taylor, Mk 370; Fuller, Wunder 82; Grundmann, Mk 164 und Schrage, ThW VIII, 1969, 289 interpretieren Mk 8 22-26 von 8 18 her (ohne 7 31-37 heranzuziehen).

[25] Mk 7 31-37 ist zwischen zwei weiteren Wundertraditionen eingeordnet und erfordert von sich aus keine zusätzliche symbolische Interpretation. Der Abschluß von Mk 6 (1-)6b—8 26 durch eine Wundererzählung entspricht dem Aufriß des vorherigen Abschnittes 3 (7-)13—5 43 (s. u. S. 85 A 6). Daß in der Abfolge Mk 8 14-21 / 22-26 / 27ff. auch der speziellen Thematik von 8 22-26 eine eigene Bedeutung zukommen muß (so Kuby, ZNW 49, 1958, 52f.), ist nicht zwingend.

gespannte symbolische Querverbindungen handeln, was recht unwahrscheinlich ist. Skeptisch stimmt jedoch vor allem, daß in der Darstellung des Jüngerunverständnisses eine symbolische Verwendung von τυφλός und βλέπειν fehlt. τυφλός[26] begegnet nur in den beiden Heilungserzählungen Mk 8 22-26 und 10 46-52 selbst. βλέπειν ist übertragen nur in dem Zitat von Jes 6 9f. in Mk 4 12 und 8 18 gebraucht. Die markinischen Leitworte für das Unverständnis sowohl der ‚draußen' als auch der Jünger sind νοεῖν und συνιέναι[27].

γ) Mk 7 31-37

Anders als Mk 5 21-24. 35-43 und 8 22-26 ist die Wundererzählung Mk 7 31-37 in ihrer vorliegenden Gestalt[1] durch das Nebeneinander von Verbreitungsverbot und öffentlicher Wirkung gekennzeichnet. Denn anders als in Mk 5 43 und 8 26 ist der vorgegebene Abschluß der Wundererzählung in Mk 7 37[2] von Markus nicht verändert worden.

> Die ursprüngliche Zugehörigkeit von v. 37 zur Wundererzählung von Mk 7 32ff. hat M. Dibelius bezweifelt: Der typische (unerbauliche) Schluß einer ‚Novelle' liege bereits in v. 35 vor[3], und v. 37 passe höchstens als »Abschluß einer Reihe von Geschichten«[4]. Doch ist die Akklamation des Publikums ein charakteristisches Bestandteil der Wundererzählungen[5]. Und auch die Ausweitung der einen in der Erzählung dargestellten Wundertat ist nicht als Zeichen sekundärer Herkunft zu werten. Die Erzählung will ja nicht eine einmalige Episode berichten, sondern es soll auf die grundsätzliche Bedeutung des erzählten Wunders hingewiesen werden[6].

Die markinische Herkunft des Verbreitungsverbotes in Mk 7 36a ist kaum zu bezweifeln[7]: Das Verbot unterbricht den Erzählablauf

---

[26] Der übertragene Gebrauch von τυφλός ist in der Tat weit verbreitet, vgl. Schrage, ThW VIII, 1969, 275—279. 280f. 284—286. 291—294. Doch kann er im MkEv nicht als selbstverständlich vorausgesetzt werden.

[27] νοεῖν: Mk 7 18 8 17. συνιέναι: 6 52 7 14 8 17. 21 sowie 4 12 (= Jes 6 9). ἀσύνετος: 7 18; außerdem verwendet Mk γινώσκειν (4 13) bzw. ἀγνοεῖν (9 32); οὔπω (oder οὐκ) ἔχειν πίστιν (4 40), vgl. 9 19: ἄπιστος (zur Funktion von 9 19 s. u. S. 121f. 125f.).

[1] Lit.: s. o. S. 43 A 3. Zur Auslassung durch Lk und zum Verhältnis zu Mt 15 29-31 s. o. S. 22f. A 23.

[2] Zum atl. Hintergrund von v. 37 vgl. Lohmeyer, Mk 151.

[3] Dibelius, Formgeschichte 76f.

[4] Dibelius, Formgeschichte 73.

[5] S. o. S. 23—26.

[6] Diese Tendenz liegt auch in Mk 1 27 vor. Vgl. auch die generalisierende Akklamation Ditt Syll ³III 1173, 5f. (Text: s. o. S. 24 A 27).

[7] Hierüber besteht weitgehend Einigkeit, vgl. Bultmann, Geschichte 227; Dibelius, Formgeschichte 70; Klostermann, Mk 74; Lohmeyer, Mk 149; Luz, ZNW 56, 1965, 16; Haenchen, Weg 277; Schweizer, Mk 87; Kertelge, Wunder 157. Unterschiedlich urteilt Roloff: EvTh 29, 1969, 86f. A 5 (vgl. auch A 58): v. 36a ist vormk, mk nur die Durchbrechung; dagegen ders., Kerygma 127 A 71: v. 36 ist insgesamt mk Einfügung.

und läuft der in der Akklamation sichtbar werdenden Tendenz, den Wundertäter in der Erzählung seiner Taten zu preisen, direkt entgegen. Die markinische Herkunft von v. 36b ist damit ebenfalls gegeben; denn die Durchbrechung setzt das Verbot unmittelbar voraus und bezieht sich auf dieses[8].

Ausbreitungsverbot und Durchbrechung sind also nicht auf Tradition und Redaktion zu verteilen[9], sondern gerade die gleichzeitige Betonung beider Momente ist hier für die markinische Redaktion charakteristisch.

δ) Mk 1 40-45

Nicht derart eindeutig ist die markinische Redaktion in Mk 1 40-45 zu erheben[1].

Zunächst ist festzustellen, daß die Erzählung dem allgemeinen Grundmuster einer Heilungserzählung folgt[2]: sie enthält die Begegnung des Kranken mit dem Wundertäter (v. 40), die Bitte um Heilung (v. 40), den Heilungsgestus (v. 41), die Kontastierung der Heilung (v. 42) und die Demonstration (v. 44b)[3]. Von diesem Grundmuster einer Heilungserzählung heben sich ab:

---

[8] Durch die Einfügung von v. 36 entsteht zudem die wenig sinnvolle Erzählabfolge, daß das κηρύσσειν *vor* dem ἐκπλήσσεσθαι erfolgt.

[9] Auch das Vokabular des ganzen v. 36 ist gehäuft mk: διαστέλλεσθαι; ὅσος (zur mk Verwendung vgl. 3 8. 10 5 19f. [? s. u. S. 81—84] 6 30 [s. u. S. 99f.]. 56. κηρύσσειν geht im MkEv ausschließlich auf mk Redaktion zurück (vgl. Schweizer [1962] Aufs. I 93f.), so außer Mk 7 36 noch 1 4. 7 (vgl. Schweizer a. a. O. 93 A 2). 14. 38 (s. u. S. 161—165). 45 (s. u. S. 74f.) 3 14 5 20 (s. u. S. 82) 6 12 13 10 (vgl. Conzelmann, ZNW 50, 1959, 219; Pesch, Naherwartung 130f.) und 14 9 (zu 14 8f. vgl. Bultmann, Geschichte 37. 283 mit ErgH 29f.; Marxsen, Evangelist 81. 83; Schweizer, Mk 166).

[1] Lit.: s. o. S. 43 A 3; außerdem: Burkill, Revelation 37—40. 82—85; Pesch, Taten 52—107; H.-W. Kuhn, Festschr. K. G. Kuhn, 1971, 305—307. Zur Beziehung zwischen Mk 1 40-45 und Mt 9 27-31 vgl. die Hinweise bei Bultmann, Geschichte ErgH 80 und A. Fuchs, Untersuchungen, bes. 163f.

[2] Vgl. Dibelius, Formgeschichte 68 A 1; Kertelge, Wunder 62f.; Pesch, Taten 60.

[3] Zutreffend Pesch, Taten 71: In der Erzählung, die keine Zeugen voraussetzt, dient der Befehl zum Opfer als Demonstration. — Dabei wird die Durchführung des Opfers nur angeordnet, nicht jedoch erzählt, was einen Szenenwechsel innerhalb der Geschichte erfordert hätte.
Ein besonderes Interesse an der Gesetzesobservanz Jesu ist zur Erklärung von v. 44b nicht notwendig; so jedoch Kertelge, Wunder 64f.; K. Weiß, ThW IX, 1973, 68f., vgl. auch Held, WMANT 1, 244. Damit ist nicht ausgeschlossen, daß in der mk Verwendung von 1 40-45 (Einordnung vor den Streitgesprächen von 2 1—3 6) ein derartiges Interesse wirksam gewesen sein mag, so H.-W. Kuhn, Festschr. K. G. Kuhn, 1971, 305—307.

III. Die markinische Gestaltung der Wundererzählungen

v. 43: Das abrupte Anfahren und Hinauswerfen des Geheilten

v. 44a: Der Schweigebefehl, der sich mit dem Befehl zur öffentlichen Bestätigung der Heilung (v. 44b) stößt.

v. 45a: Die Verkündigung der Wundertat durch den Geheilten selbst, die nicht aus dem Befehl von v. 44b folgt.

v. 45b. c: Das Nebeneinander von Zulauf des Volkes und (erfolglosem) Rückzug Jesu[4].

Diese Momente lassen sich durchweg im Gesamtrahmen der Redaktion des Markusevangeliums erklären, während sie nur mühevoll mit dem übrigen, sicher vormarkinischen Bestand der Erzählung ausgeglichen werden können. Doch ist der Grad der Wahrscheinlichkeit für eine markinische Herkunft jeweils verschieden.

1. Am eindeutigsten ist die markinische Herkunft von v. 45. Die vorgegebene Heilungserzählung ist bereits mit v. 44 abgeschlossen[5]. Das Interesse am Geheilten als Verkünder der Wundertat (v. 45a) ist für die synoptischen Wundererzählungen stilfremd[6], dagegen geht das markinische Interesse an der Ausbreitung der Wundertat bereits aus Mk 1 28 hervor[7]. Das Gegeneinander vom Zulauf des Volkes — aufgrund einer Wundertat — und dem (erfolglosen) Rückzug Jesu (v. 45b. c) bestimmt auch die Darstellung in den markinischen

---

[4] Schwierig ist auch εἰς μαρτύριον αὐτοῖς in v. 44b. Handelt es sich noch um einen Teil der (befohlenen) Demonstration? — So Klostermann, Mk 21; Suhl, Funktion 120—123; Pesch, Taten 72f. Oder ist nicht eher der in Mk 6 11 13 9 vorliegende polemisch-belastende Sinn von εἰς μαρτύριον αὐτοῖς auch in 1 44 vorauszusetzen? — So Strathmann, ThW IV, 1942, 508f.; H.-W. Kuhn, Festschr. K. G. Kuhn, 1971, 305—307. Dann ist allerdings mk Herkunft wahrscheinlich (Kuhn a. a. O. 306). Denn Polemik (gegen wen?) ist in der Einzelerzählung, die noch nicht einmal ein Publikum voraussetzt, auszuschließen; dagegen entspricht eine polemische Note durchaus dem mk Kontext (2 1—3 6).

[5] So Bultmann, Geschichte 227; Dibelius, Formgeschichte 70; Klostermann, Mk 19 u. a. Anders K. L. Schmidt, Rahmen 66 (aufgenommen von Pesch, Taten 58f. 75): »v. 44 ist kein rechter Abschluß, kein rechter Höhepunkt der Erzählung«; Schmidt sieht deshalb allenfalls in der Bemerkung über den Rückzug Jesu (ὥστε bis ἦν) eine mk Einfügung. Doch ist das Fehlen einer abschließenden Reaktion des Publikums in der Szenerie der Erzählung begründet, die kein Publikum voraussetzt und auch die Demonstration nur in der Form eines Befehls enthält; s. o. S. 22. 73 A 3. Interessant ist hier der Vergleich mit Mk 5 1-20, wo die Exposition ebenfalls keinen Hinweis auf die Anwesenheit einer Menge enthält. Um dennoch eine Darstellung der Reaktion des Publikums zu ermöglichen (v. 15), wird dieses noch nachträglich in v. 14f. herbeigeholt.

[6] Die einzige Parallele stellt Mk 5 18-20 dar; doch ist hier die vormk Herkunft zumindest fraglich, s. u. S. 81—84.

[7] Hier rechnet Pesch (BL 9, 1968, 118. 122) jedoch ebenfalls mit vormk Herkunft; s. o. S. 46 A 22.

Summarien Mk 1 32-39 und 3 7-10 (vgl. auch 6 30-33)[8]. Auch die Terminologie legt markinische Herkunft von v. 45 insgesamt nahe[9].

2. Für den Schweigebefehl in v. 44a ist — zumindest in der jetzigen Form — die markinische Herkunft wahrscheinlich[10]. Dieser Befehl ist in der vorliegenden Form in der Erzählung nicht begründet und steht in direktem Widerspruch zu dem unmittelbar folgenden Befehl einer öffentlichen Bestätigung der Heilung[11].

> M. Dibelius versucht, zwischen v. 44a und v. 44b auszugleichen: Der Schweigebefehl sei zeitlich begrenzt zu verstehen — der Geheilte solle schweigen, bis die offizielle Reinheitserklärung erfolgt sei[12]. Doch ist eine zeitliche Begrenzung in v. 44a nicht enthalten, sondern um des Ausgleichs mit v. 44b willen eingetragen[13].

---

[8] S. u. S. 165f. 167f. 99—101.

[9] Vgl. Luz, ZNW 56, 1965, 15; Kertelge, Wunder 63f. (gegen Lohmeyer, Mk 48 mit A 1, der nur v. 45b sprachlich für mk hält). Es erscheint gehäuft mk Vokabular: ἐξέρχεσθαι (mk in 1 29. 35. 38 2 13 3 6 6 1. 12. 54 7 31 8 11 9 30; Ptz. Sg.: 6 34 7 1); ἤρξατο mit Inf. (vgl. Taylor, Mk 48; von den 26 Fällen des MkEv sind u. a. sicher mk: 4 1 6 34. 55 8 11. 31. 32 10 28. 32 12 1); κηρύσσειν; nachgestelltes adverbielles πολλά; εἰσέρχεσθαι (mk in 1 21 [? s. o. S. 43f.] 2 1 3 1 7 17. 24 8 26 9 28 11 11. 15); ἔρημος τόπος (mk in 1 35 [s. u. S. 161—164] 6 31. 32 [s. u. S. 100f.]; vormk wohl nur in 6 35 — vgl. Mauser, Wilderness 100). Aus dem Vorkommen eines Hapaxlegomenon (διαφημίζειν) kann nicht die vormk Herkunft von v. 45a erschlossen werden (s. u. S. 161 A 7).

[10] Sie wird vertreten von Bultmann, Geschichte 227; Sundwall, Zusammensetzung 11; Minette de Tillesse, Secret 45—47.

[11] In Pap Egerton 2, wo erneute mündliche Tradierung von Mk 1 40-45 parr vorauszusetzen ist (vgl. Mayeda, Leben-Jesu-Fragment 68; Jeremias, in: Hennecke ⁴I 59), fehlt das Schweigegebot, obwohl dieser Befehl — im Gegensatz zu Mk 1 43 — von allen drei Synoptikern geboten wird. Dieser Befehl war offenbar nicht mündlich tradierbar.
Die Frage der mündlichen Tradierbarkeit wird von Pesch, Taten 71—75 nicht gestellt, der v. 43f. (und einen Grundbestand von v. 45, s. o. S. 74 A 5) als einheitlich vormk verstehen will. Der Schweigebefehl solle nicht den öffentlichen Eindruck der Wundertat verhindern, sondern: »Jesu Tat soll ... für sich sprechen« (Pesch a. a. O. 73). Auch wenn man (gegen Pesch) die Durchbrechung des Befehls in v. 45 nicht für vormk hält, bleibt dies eine für eine mündliche Erzählung ausgesprochen komplizierte und unwahrscheinliche Annahme.

[12] Dibelius, Formgeschichte 70, aufgenommen von Burkill, Revelation 84f.; Kertelge, Wunder 63 und (für Lk 5 14) von Schürmann, Lk I 277. Kertelge will unmk Formulierung nachweisen: die Einleitung durch ὅρα und die doppelte Negation entsprächen nicht den übrigen Verbreitungsverboten und Schweigebefehlen des MkEv. Doch ist die doppelte Negation auch in Mk 2 2 3 20 mk, und die Verwendung bzw. das Fehlen von ὅρα ist nicht überzubewerten: die übrigen Verbote sind nicht in direkter Rede formuliert, so daß für eine direkte Aufforderung kein Platz ist.

[13] Kritik an der Annahme eines befristeten Schweigebefehls übt Lohmeyer, Mk 47. Lohmeyer selbst versucht, die Spannung von v. 44 dadurch zu lösen, daß er mit

Andererseits ist nicht völlig auszuschließen, daß ein ausdrücklich befristeter Schweigebefehl zum vormarkinischen Bestand der Erzählung gehörte, den Markus dann zu einem unbedingten Befehl verschärft hätte[14]. Auch in diesem Falle wäre das markinische Interesse am generellen Verbreitungsverbot deutlich, und im Nebeneinander von Verbreitungsverbot (v. 44a) und Durchbrechung (v. 44b — verstärkt durch die markinische Fortsetzung v. 45) zeigt sich inhaltlich dieselbe Redaktion wie in Mk 7 36f.

3. Für v. 43 ist die Annahme vormarkinischer Herkunft schwierig. Als Hinführung zum Befehl von v. 44b ist v. 43 überflüssig — der Befehl wird nochmals in v. 44 mit ὕπαγε eingeleitet — und auch viel zu stark formuliert[15]. Der Anstoß, den v. 43 darstellt, wäre etwas gemildert, wenn in v. 41 bereits ὀργισθείς — anstelle von σπλαγχνισθείς — zu lesen wäre[16]. Doch auch dann bliebe die Funktion von v. 43 innerhalb des vormarkinischen Überlieferungsbestandes unklar, und es ist nicht verwunderlich, daß zur Erklärung von v. 43 zu zusätzlichen Hypothesen gegriffen worden ist.

Nach A. Meyer könnte in ἐμβριμησάμενος eine Andeutung vorliegen, »daß der früher Aussätzige sich mit der Reinsprechung Jesu begnügen wollte, weshalb ihn Jesus zürnend an seine Pflicht mahnen mußte«[17]. Dann hätte Markus den Sinn von v. 43 bis zur Unkenntlichkeit verdunkelt. — Noch

---

zwei von Mk kontaminierten Fassungen der Erzählung rechnet, auf die er v. 44a und v. 44b verteilt. Doch sind zwei durchlaufende Erzählungsfäden nicht nachweisbar. Zur Kritik an Lohmeyer vgl. auch Minette de Tillesse, Secret 44f.

[14] Mit dieser Möglichkeit rechnet Schweizer, Mk 31.
[15] Schon Lk 5 14 mildert Mk 1 43 zu καὶ αὐτὸς παρήγγειλεν αὐτῷ ab (wodurch Lk zugleich die Affektäußerung Jesu vermeidet; dazu s. o. S. 51 A 11). Auch in den Übersetzungen wird z. T. geglättet: Fridrichsen, Problème 79 übersetzt: »Il le renvoya aussitôt, en lui disant d'un ton sévère . . .«; Klostermann, Mk 177: »und ihm einschärfend schickte er ihn alsbald weg«.
[16] Für die LA ὀργισθείς läßt sich zwar anführen, daß Affektäußerungen Jesu eher gestrichen als verstärkt wurden und daß eine Auslassung von σπλαγχνισθείς durch Mt (8 3) ungewöhnlich wäre (so Kertelge, Wunder 66f.; Pesch, Taten 54—56), aber ὀργισθείς (nur von D a ff² r¹ bezeugt) muß als sekundäre Erleichterung gelten, die in Blick auf v. 43 erfolgt ist (so auch Metzger, Commentary 76f.). Zudem ist ein mechanischer Rückschluß von Mt her problematisch. Mit der Auslassung von σπλαγχνισθείς in Mt 8 3 und der Hinzufügung in Mt 20 34 ist die Auslassung des Wortes vom rettenden Glauben in Mt 20 34 (vgl. Mk 10 52), die Beibehaltung in Mt 9 29 und die Hervorhebung in Mt 15 28 zu vergleichen.
[17] A. Meyer, Festschr. A. Jülicher, 1927, 41; ähnlich Burkill, Revelation 84f.; vgl. auch Stählin, ThW V, 1954, 428 18f.: »Jesus ist . . . empört über die Geheilten, deren Unglauben er voraussieht« — das ist sowohl für Mk 1 43 als auch für Mt 9 30 unzutreffend.

3. Verbreitungsverbote und öffentliche Wirkung

hypothetischer ist die Annahme, in ἐμβριμᾶσθαι und ἐκβάλλειν lägen Spuren einer Exorzismushandlung vor[18].

Die Annahme einer markinischen Herkunft von v. 43[19] ist aber auch nicht ganz ohne Schwierigkeiten. Zwar leitet Markus auch in Mk 8 30 einen Schweigebefehl durch einen Akt des Anfahrens ein. ἐμβριμᾶσθαι hätte für Markus dann die gleiche Bedeutung wie ἐπιτιμᾶν. Aber dann ist unklar, warum Markus nicht auch in Mk 1 43 das ihm geläufige ἐπιτιμᾶν benutzt[20]. Hat Markus also doch unter dem Einfluß der Tradition formuliert? Erkennbar ist nur, daß die jetzige Abfolge v. 40-42/v. 43 nicht der vormarkinischen Überlieferung entsprechen kann. Die jetzige Härte von v. 43 innerhalb der Erzählung ist Ausdruck der markinischen Redaktion, für die mit v. 43 das generelle Verbreitungsverbot v. 44 a wirkungsvoll vorbereitet wird.

Das Verhältnis zwischen vorgegebener Überlieferung und markinischer Redaktion ist somit in Mk 1 40-45 nicht mehr exakt aufzuhellen[21]. Dennoch ist nachweisbar (und zwar aus Anstößen innerhalb der vorliegenden Gestalt der Einzelerzählung), daß das mit der markinischen Redaktion von Mk 7 31-37 übereinstimmende Nebeneinander von (unbedingtem) Verbreitungsverbot und der Durchbrechung dieses Verbots auch in Mk 1 40-45 ein Resultat der markinischen Redaktion ist. Ob es sich dabei in v. 43. 44 a um eine — recht weitgehende — Umgestaltung vorgegebener Überlieferungssubstanz handelt oder ob hier mit markinischer Neuformulierung ohne Voraussetzung in der Tradition zu rechnen ist, kann offen bleiben. Völlig

---

[18] So K. L. Schmidt, Rahmen 64; Robinson, Geschichtsverständnis 51; vgl. auch Kertelge, Wunder 72. Zum technischen Gebrauch von ἐμβριμᾶσθαι vom Wundertäter vgl. Bonner, HThR 20, 1927, 171—181. Bonner erwägt, ἐμβριμησάμενος sei ursprünglich in v. 41 zu lesen, dort von der lateinischen Überlieferung mit *iratus* wiedergegeben worden, was die übrige Textüberlieferung dann in σπλαγχνισθείς geändert habe — eine unwahrscheinliche Annahme, zumal dann das erneute Auftauchen von ἐμβριμησάμενος in v. 43 erklärt werden muß.

[19] v. 43 (+ v. 44 a) sehen als mk Einfügung: Bultmann, Geschichte 227; Sundwall, Zusammensetzung 11; Minette de Tillesse, Secret 45—47.

[20] ἐπιτιμᾶν kommt im MkEv neunmal vor, davon in Mk 3 12 8 30. 32. 33 sicher redaktionell (in vormk Zusammenhang: 1 25 4 39 9 25 10 13. 48). Dagegen begegnet ἐμβριμᾶσθαι sehr selten (auch außerhalb des NT, vgl. Bauer, WB 505; Moulton-Milligan, WB 206; Liddell-Scott, WB 540 jeweils s. v. ἐμβριμάομαι), im MkEv nur noch 14 5 (dort in vormk Zusammenhang, vgl. Bultmann, Geschichte 37); unabhängig vom MkEv im NT nur noch Mt 9 30 (? s. o. S. 73 A 1) Joh 11 33. 38.

[21] Charakteristisch ist, daß Klostermann, Mk 19f. 177 eine ganz andere Erzählung als Grundlage von Mk 1 40-45 vermutet: Das ursprünglich tragende Motiv der Erzählung sei die Glaubensprobe des Aussätzigen gewesen, dessen (lediglich angekündigte) Heilung unterwegs eintritt. Klostermann verweist dabei als Analogie auf 2 Reg 5 sowie Lk 17 14 und Joh 9 7. Doch bleiben auch dann v. 43. 44 a anstößig.

auf markinische Redaktion geht v. 45 mit der dort dargestellten öffentlichen Auswirkung der Wundertat zurück. Diese besteht im Zulauf der Massen, auf den Jesus mit seinem (erfolglosen) Rückzugsversuch reagiert.

ε) Mk 5 1-20

Besonders schwierig gestaltet sich die Analyse des Abschlusses von Mk 5 1-20[1]. Eine überzeugende Unterscheidung zwischen Tradition und Redaktion in v. 18-20 will kaum gelingen[2], und auch die Interpretation der vorliegenden Endfassung ist kontrovers. Als Alternative bietet sich an:

a) V. 18-20 zielt gradlinig auf die Verbreitung der Wundertat durch den Geheilten selbst. Markus will die Verbreitung des Rufes Jesu in der Dekapolis darstellen — so wie er auch die erste Exorzismuserzählung mit der Ausbreitung der Kunde von Jesus in der περίχωρος τῆς Γαλιλαίας enden ließ (Mk 1 28)[3]. Häufig wird auch angenommen, Mk 5 1-20 diene der Begründung der Mission in der heidnischen Dekapolis und damit der Legitimation der Heidenmission überhaupt[4].

b) Durch den Gegensatz zwischen v. 19 und v. 20 (Zurücksendung εἰς τὸν οἶκον — Verkündigung in der Dekapolis), auf den vor allem W. Wrede hingewiesen hat[5], hat Markus auch hier — wenn auch nicht so deutlich wie in Mk 7 31-37 — das Nebeneinander von Geheimhaltungsabsicht und öffentlicher Verbreitung der Wundertat in die Erzählung eingeführt[6].

---

[1] Lit.: s. o. S. 43 A 3; außerdem: H. J. Ebeling, Messiasgeheimnis 124 f.; Schille, ZDPV 73, 1957, 139—141; Burkill, Revelation 90—95; Horstmann, Studien 120 f.; Schmithals, Wunder 35. 50—53; Pesch, Besessene 43 f. 47 f.

[2] Deshalb ist die Neigung in neueren Auslegungen verständlich, v. 18-20 insgesamt als vormk anzusehen, so Schille, ZDPV 73, 1957, 139 f.; ders., Wundertradition 39 f.; Burkill, Revelation 90—95; Kertelge, Wunder 101—107; Pesch, Besessene 47 f. Kertelge und Pesch rechnen dabei mit einem stufenweisen vormk Wachstum.

[3] Die Übereinstimmung zwischen Mk 1 28 und 5 20 betont Luz, ZNW 56, 1965, 18, der jeweils mit mk Herkunft rechnet. H. J. Ebeling, Messiasgeheimnis 124—126 vergleicht mit Mk 2 12.

[4] So Lohmeyer, Mk 99; Schille, ZDPV 73, 1957, 139—141; ders., Anfänge 64 (»Missionslegende«); ders., Wundertradition 39 f.; Kertelge, Wunder 107; Pesch, Besessene 47 f.; Tagawa, Miracles 168—172; Horstmann, Studien 121. Tagawa und Horstmann rechnen bei dieser Ausrichtung der Erzählung mit mk Redaktion.

[5] Wrede, Messiasgeheimnis 140 f.

[6] Der Auffassung Wredes, v. 19 als Ausdruck der mk Geheimhaltungsabsicht zu werten, hat sich Dibelius, Formgeschichte 70 f. (der v. 18-20 für mk hält) angeschlossen, ebenso Boobyer, NTS 6, 1959/60, 230; Bultmann, Geschichte 235 A 1 (der v. 18-20 für vormk hält) läßt diese Möglichkeit für das mk Verständnis offen; vgl. auch Schweizer, Mk 64.

3. Verbreitungsverbote und öffentliche Wirkung

Gegen W. Wredes Interpretation spricht, daß in v. 19 kein explizites Verbot vorliegt, das die Verbreitung der Wundertat verhindern soll[7]; gegen die entgegengesetzte Auffassung, daß v. 20 nicht einfach als Durchführung von v. 19 gelten kann[8]. Dennoch ist der Versuch notwendig, das Gesamtverständnis der vorliegenden Textes — und zwar im Sinne des Markus — zu erheben.

Zunächst ist festzustellen, daß eine Begründung der Mission in einem heidnischen Gebiet in Mk 5 18-20 sicher nicht vorliegt. Daß es sich in Mk 5 1-20 um ein (primär) heidnisches Territorium handelt, ist zwar historisch zutreffend, aber Markus macht durch seine Redaktion den Leser darauf nicht aufmerksam[9]. Markus gestaltet weder einen Block von Erzählungen, die in heidnischem Gebiet spielen[10], noch wird etwa durch Reisenotizen angedeutet, daß Jesus sich von seinem bisherigen Wirkungsraum entfernt hat[11]. Das κηρύσσειν des Geheilten (v. 20) dient also nicht der Mission in einem heidnischen

---

[7] Nicht gravierend ist, daß v. 20 mit καί anschließt (im Unterschied zu Mk 1 45, wo der Gegensatz zum Vorhergehenden mit δέ markiert ist), worauf Sjöberg, Menschensohn 153 hinweist. Adversativer Gebrauch von καί (vgl. Bl-Debr § 442. 1) begegnet im MkEv auch in 12 12 (mk).

[8] Der Unterschied zwischen v. 19 und v. 20 wird häufig nivelliert — auch von Luz, ZNW 56, 1965, 18 (obwohl er v. 20 als ‚leichte Korrektur des Vorangehenden' durch Mk versteht): »Der gerasenische Besessene erhält von Jesus 5 19 den Auftrag, im Lande zu bleiben und seinen Volksgenossen (sic!) weiter zu sagen, was Gott an ihm Großes getan habe.« Auch H. J. Ebeling, Messiasgeheimnis 125 versucht, die Spannung zwischen v. 19 und v. 20 aufzuheben, wenn er interpretiert: Den Befehl von v. 19 »erfüllt der Gesundete ... weit über den Auftrag hinaus«.

[9] So m. R. Wrede, Messiasgeheimnis 140. Anders in Mk 7 24-30, s. u. S. 89—91. Auch der Inhalt der Erzählung nötigt — jedenfalls in der Sicht des Mk — keineswegs zur Annahme eines nichtjüdischen Territoriums. Daß Schweinezucht in rein jüdischen Gebieten verboten war, ist zwar historisch zutreffend (vgl. Bill I 492f.), aber Mk setzt bei seinen Lesern nicht derartige Kenntnisse voraus (vgl. Mk 7 1ff.). Doch auch für die vormk Erzählung ist es sehr fraglich, ob sie von der Voraussetzung »Jesus im heidnischen Lande« (Lohmeyer, Mk 99) her zu interpretieren ist. Auch wenn der Stoff der Erzählung z. T. jüdischer Herkunft sein mag (vgl. Dibelius, Formgeschichte 86f.), so ist doch eine besonders distanzierte Darstellung der (potentiell heidnischen) Menge nicht vorhanden; sie ist Publikum wie in jeder anderen Wundererzählung. Auch die Assoziation der kultischen Unreinheit ist nicht notwendig, um das Ausfahren der Dämonen in die Schweine als organischen Bestandteil der Erzählung zu verstehen; zum Ausfahren von Dämonen in Tiere vgl. Weinreich, Gebet 9—11; Thraede, RAC VII, 1969, 52.

[10] Die Begegnung mit dem ἀρχισυνάγωγος in 5 22 läßt für 5 21-43 nicht unbedingt an ein heidnisches Gebiet denken (übrigens spielt 5 21-43 — trotz K. L. Schmidt, Rahmen 145f. — wieder diesseits des Meeres; 5 21 stellt die 4 35ff. / 5 1 entsprechende Rückfahrt dar), und 6 1ff. befindet sich Jesus in seiner πατρίς.

[11] So jedoch Mk 7 24a. 31. Hier macht Mk ausdrücklich auf den Wechsel des Schauplatzes aufmerksam; s. u. S. 89f.

Gebiet und deren Legitimation durch einen Befehl Jesu[12]. Vielmehr handelt es sich in Mk 5 18-20 — wie in Mk 1 28 und 1 45 — um die Ausbreitung der Kunde von Jesu Wundertat im Umkreis des jeweiligen Schauplatzes der Wundererzählung.

Doch ist es überhaupt fraglich, ob Mk 5 18-20 ausschließlich der Ausbreitung des Rufes Jesu dient und von diesem Zielpunkt her voll verstanden werden kann. Denn bei dieser Interpretation wird die Differenz zwischen dem Auftrag von v. 19 (ὕπαγε εἰς τὸν οἶκόν σου πρὸς τοὺς σούς) und der ‚Durchführung' in v. 20 (ἐν τῇ Δεκαπόλει) verwischt[13]. Außerdem bleibt unerklärt, warum der Geheilte in die Nachfolge treten will und dies abgelehnt wird[14].

Bei der Erhebung der Intention von Mk 5 18-20 ist jedoch die (abgelehnte) Bitte des Geheilten um Aufnahme in die Jüngerschaft (v. 18f.)[15] mit heranzuziehen. Mit der Verweigerung dieser Bitte wird abgelehnt, daß der Geheilte die Aufgabe des Jüngers erhält, d. h. für Markus: die Aufgabe des κηρύσσειν (vgl. Mk 3 14 6 12)[16]; das Verhalten

---

[12] Und in der einzigen Wundertradition des MkEv, die ausdrücklich in heidnischem Gebiet spielt, Mk 7 24-30, wendet Mk bewußt jede Missionstätigkeit Jesu ab; s. u. S. 91. — Für Lk gilt in der Tat, daß der See die Grenze zum heidnischen Gebiet ist (vgl. Conzelmann, Mitte 42 f.), doch ist diese Sicht nicht bei Mk einzutragen.
Auf das Problem ‚Galiläa und Jerusalem' kann hier nicht thematisch eingegangen werden. Es wurde angestoßen von Lohmeyer, Galiläa und weiterverfolgt von Marxsen, Evangelist 33—77; Kritik an Lohmeyer übt Preuß, Galiläa, Diss. Göttingen 1966; jüngst haben sich dazu geäußert: Schreiber, Theologie 170—190 und van Cangh, RB 79, 1972, 59—75 (jeweils mit Lit.). Hier ist nur nach der mk Sicht der Dekapolis zu fragen. Während in Mk 3 7f. »das Gebiet um Tyrus und Sidon ausdrücklich *neben* Galiläa genannt wird« (Preuß a. a. O. 51 A 1, Hervorhebung im Original), also offensichtlich nicht mit Galiläa gleichgesetzt wird, fehlt in Mk 3 7f. die Dekapolis. Ist daraus zu schließen, daß die Dekapolis für Mk keine von Galiläa streng geschiedene Größe darstellt? Jedenfalls geht aus Mk 5 1-20 und 7 31 hervor, daß für Mk die Dekapolis an der θάλασσα τῆς Γαλιλαίας liegt, und das ist offenbar die einzige geographische Vorstellung, die Mk mit der Dekapolis verbindet.

[13] S. o. S. 79 A 8.

[14] Die Erklärungen von v. 18b. 19a sind meist unzureichend. Kertelge, Wunder 107: v. 18b. 19a ist Reflex der Bedenken gegenüber der Heidenmission. Doch ist diese Frage nicht das Thema von Mk 5 1-20. Burkill, Revelation 92: Die Bitte des Geheilten soll den negativen Eindruck von v. 17 ausgleichen. Doch ist es fraglich, ob v. 17 in negativem Sinne aufzufassen ist (s. o. S. 59f. A 29). Schmithals, Wunder 50—53: Es handelt sich um die Einweisung in die Nachfolge »inmitten der Welt«.

[15] Die Parallelität der Formulierung ἵνα μετ' αὐτοῦ ᾖ in v. 18 mit Mk 3 14 (ἵνα ὦσιν μετ' αὐτοῦ) zeigt, daß mit der Bitte die Aufnahme in die Jüngerschaft gemeint ist; vgl. Klostermann Mk 50; Horstmann Studien 121; Kertelge, Wunder 107.

[16] Und des δαιμόνια ἐκβάλλειν (3 15 6 13).

des Geheilten in v. 20 steht für Markus also im Gegensatz zu v. 19[17]. Mit der Verweigerung der Jüngerschaft steht auch v. 19b in Übereinstimmung. Die umständliche Angabe εἰς τὸν οἶκόν σου πρὸς τοὺς σούς markiert keinen allgemeinen Befehl zu öffentlicher Verkündigung, sondern zeigt die Begrenztheit des Auftrages von v. 19c. Dieser ist auch — zumindest im Sinne des Markus — nicht als Verkündigungsauftrag gemeint; der Geheilte soll vielmehr, wie die Wahl von ἀπαγγέλλειν zeigt[18], in dem bereits eingegrenzten Personenkreis lediglich »berichten«. In v. 20 liegt dagegen eine Durchbrechung der in v. 18f. sichtbar werdenden Tendenz vor, die öffentliche Wirkung der Wundertat zu reduzieren: Der Geheilte geht in die Öffentlichkeit — und verkündigt.

Eine Interpretation von Mk 5 18-20 im Sinne des markinischen Nebeneinanders der Abwehr der öffentlichen Wirkung der Wundertat und der Durchbrechung dieser Abwehr wird also dem Gesamttext am ehesten gerecht. Dann stellt sich jedoch die Frage nach dem markinischen Anteil an dem vorliegenden Erzählungsschluß — und vor allem: warum Markus hier nicht genauso eindeutig wie in Mk 7 36f. seine Absicht zum Ausdruck gebracht hat.

Beim Versuch einer Scheidung zwischen Tradition und Redaktion in Mk 5 18-20 ist von den wenigen relativ deutlichen Indizien auszugehen:

1. Die Erwähnung des Bootes in v. 18 ist innerhalb der Einzelerzählung funktionslos, entspricht jedoch dem markinischen Kontext (vgl. Mk 4 36 5 2. 21). Zumindest v. 18a ist also markinische Einfügung[19].

2. Das Nebeneinander von ὅσα ὁ κύριός σοι πεποίηκεν καὶ ἠλέησέν σε (v. 19c) und ὅσα ἐποίησεν αὐτῷ ὁ Ἰησοῦς (v. 20b) weist auf eine Schichtung von Tradition und Redaktion hin[20]. Dabei ist wahrschein-

---

[17] Gegen H. J. Ebeling, Messiasgeheimnis 125, der umgekehrt interpretiert: Die Ablehnung in v. 19 erfolge, *damit* der Geheilte verkündigt.

[18] Terminus technicus für ‚verkündigen' ist im MkEv κηρύσσειν — dieser erscheint jedoch erst v. 20 ἀπαγγέλλειν kommt im MkEv nur dreimal vor: außer 5 19 noch 5 14 und 6 30. Wie 6 30 zeigt, hat ἀπαγγέλλειν für Mk nicht die Bedeutung von κηρύσσειν, sondern meint ‚berichten', vgl. Bauer, WB 157 s. v. ἀπαγγέλλω 1. Den Unterschied zwischen ἀπαγγέλλειν und κηρύσσειν übersieht Pesch, Besessene 47, der von einem »Verkündigungsauftrag« an den Geheilten spricht.

[19] Zutreffend Schweizer, Mk 63: »Sicher geht v. 18a auf denjenigen zurück, der die Geschichte mit 4 36 verbunden hat«; ähnlich Pesch, Besessene 46. Da jedoch keine Anzeichen für eine übergreifende vormk Redaktion in Mk 4 35—5 43 sichtbar sind (s. o. S. 36—38), ist die Annahme mk Herkunft die nächstliegende Möglichkeit. Den redaktionellen Charakter von v. 18a übersehen Lohmeyer, Mk 98; Burkill, Revelation 86—95; Schille, ZDPV 73, 1957, 139f.; Kertelge, Wunder 103.

[20] Dies spricht gegen die Annahme von Dibelius, Formgeschichte 70f.; Minette de Tillesse, Secret 86—88; Tagawa, Miracles 168—172, v. 18-20 als rein mk Bildung anzusehen.

lich v. 20b als verkürzte Wiederaufnahme der markinischen Redaktion zuzurechnen[21].

3. Die Verkündigung der Wundertat durch den Geheilten in v. 20a ist innerhalb der synoptischen Wundererzählungen stilfremd[22], begegnet dagegen auch in Mk 1 45 als markinische Zufügung[23]. Durch die Anfügung von v. 20a (und v. 20b) ist offensichtlich auch die erneute Darstellung der Reaktion des Publikums in v. 20c — καὶ πάντες ἐθαύμαζον — bedingt. Die eigentliche Reaktion auf die Wundertat liegt bereits in v. 15 — καὶ ἐφοβήθησαν — vor»[24].

Schwierig ist die Frage nach dem stilgemäßen Abschluß der vormarkinischen Erzählung. Doch ist es naheliegend, in einer derart breiten Erzählung, in der das Publikum eigens nachträglich eingeführt wird (v. 14f.), nicht nur mit einer Reaktion des Publikums (v. 15), sondern auch mit einer ausdrücklichen Akklamation zu rechnen[25]. Da zugleich in v. 19c vormarkinische Substanz sichtbar wird, ist die Annahme möglich, daß v. 19c den (markinisch umgeformten)

---

[21] Dafür spricht, daß mit v. 20a wieder direkt mk Redaktion einsetzt. Zudem ist v. 19c sprachlich unmk: κύριος geht im MkEv durchweg auf Tradition (meist AT-Zitate) zurück; κύριος im Sinne von ὁ θεός findet sich neben Mk 5 19 (s. A 23) in den AT-Zitaten von Mk 11 9 (Ψ 117 26) 12 11 (Ψ 117 22f.) 12 29f. (Dtn 6 4f.) und 12 36 (Ψ 109 1) sowie 13 20 (zur vormk Herkunft vgl. Marxsen, Evangelist 108f.; Pesch, Naherwartung 153f. und den Überblick bei Bultmann, Geschichte ErgH 48f.). Ein ähnliches Bild ergibt sich für κύριος als christologischer Titulatur; sie ist selten und durchweg vorgegeben: außer in den AT-Zitaten von Mk 1 3 (Jes 40 3) und 12 35f. (Ψ 109 1) nur noch 7 28 (als Anrede) und 11 3. Im Gegensatz zu Lk (vgl. den Nachweis bei Vielhauer [1965] Aufs. 153—156) hat Mk den κύριος-Titel nirgends in das Traditionsgut eingeführt. Auch ἐλεεῖν ist unmk: bei Mk nur noch 10 47f. (traditionell), das Subst. ἔλεος fehlt bei Mk völlig (anders Mt). — Den unmk Charakter von Mk 5 19c kann auch Tagawa, Mircales 169f., der v. 18-20 für rein mk hält, letztlich nicht bestreiten.

[22] Schon Ausbreitungsnotizen (Mk 1 28 Lk 7 17) sind sekundär, s. o. S. 45f.

[23] S. o. S. 74f.; auf die Übereinstimmung mit Mk 1 45 weist m. R. Schweizer, Mk 63 hin. Auch die Terminologie ist durchweg mk: ἀπέρχεσθαι; ἤρξατο mit Inf.; κηρύσσειν. Die Nennung der Dekapolis dürfte aus der Ortsangabe in v. 1 erschlossen sein. In das Bild der mk Redaktion paßt auch der Wechsel von ὁ κύριος zu ὁ Ἰησοῦς (und nicht zu ὁ θεός, was wohl auf vormk Stufe gemeint war, vgl. Mk 2 12; s. auch Klostermann, Mk 50; Taylor, Mk 285; Hahn, Hoheitstitel 73 A 3).

[24] Auf diese Doppelung weist Tagawa, Miracles 169 hin.

[25] Gegen Dibelius, Formgeschichte 70f., der v. 17 für den ursprünglichen Abschluß der Erzählung hält (übernommen von Bultmann, Geschichte ErgH 77) und in v. 18-20 eine rein mk Bildung sieht. Hier wirkt sich Dibelius' Sicht vom unerbaulichen Charakter der Novellen aus. Gegen Dibelius ist auch auf die Sprünge in v. 19f. hinzuweisen.

3. Verbreitungsverbote und öffentliche Wirkung

Niederschlag des ursprünglichen akklamatorischen Abschlusses der Erzählung darstellt[26].

Über den Anschluß der abschließenden Akklamation an die vorangegangene Erzählfolge v. 2b-7. 9ff. sind nur Vermutungen möglich. Doch ist ein solcher Versuch als Gegenprobe zur Abhebung des mk Anteils vielleicht nützlich.

Die einfachste Annahme besteht darin, in Analogie zu dem sonst durchweg zu beobachtenden Erzählmuster der Exorzismus- und Heilungserzählungen mit einer Abfolge von Konstatierung des Wunders (v. 15b) — Reaktion des Publikums (v. 15c) — Akklamation zu rechnen. Dann wird jedoch die Zugehörigkeit von v. 16 und bes. v. 17 zur vorgegebenen Erzählung problematisch.

v. 16 wirkt als ungeschickte Wiederholung von v. 14b[27], die auf mk wie auf vormk Stufe gleichermaßen eine gewisse Störung darstellt, so daß die Zuweisung offen bleiben muß.

Für v. 17 werden die verschiedensten Erklärungen vorgeschlagen:

a) Dibelius: v. 17 ist Ausdruck der Furcht vor dem Wundertäter, also noch Teil der Reaktion des Publikums[28].

b) Schille[29] interpretiert in Analogie zu Act 16 19. 39 19 23-40: Der Missionar, der auch wirtschaftlichen Schaden angerichtet hat, wird des Landes verwiesen. Doch ist v. 17 nicht als Folge des Verlustes der Schweineherde in v. 13 dargestellt[30].

c) Pesch[31]: v. 17 ist Reflex des Wissens, »daß Jesus selbst noch keine Heidenmission getrieben hat«. Doch ist die Frage der Heidenmission nicht Gegenstand der Erzählung[32].

d) Lightfoot[33]: v. (16 +) 17 dient der Überleitung zur folgenden Erzählung. Da eine Akklamation sich glatt an v. 15, jedoch nur schwerlich an v. 17 anfügt, besitzt die zuletzt genannte Erklärung eine gewisse Wahrscheinlichkeit[34].

---

[26] Ein atl. klingender akklamatorischer Abschluß innerhalb der vormk Überlieferung liegt auch in Mk 7 37 vor.
[27] S. m. R. Tagawa, Miracles 168.
[28] Dibelius, Formgeschichte 86; ebenso Lohmeyer, Mk 98; Burkill, Revelation 87; Kertelge, Wunder 103.
[29] ZDPV 73, 1957, 140.
[30] S. o. S. 55 A 6. 59 f. A 29.
[31] Besessene 47.
[32] S. o. S. 79 f.
[33] History 88.
[34] Weitere Hinweise auf vormk Substanz sind nicht erkennbar. Man fragt sich natürlich, ob Mk die Bitte um Aufnahme in die Jüngerschaft und deren Ablehnung (v. 18b. 19a) voraussetzungslos formuliert hat. Aber soweit die Umrisse der vormk Erzählung erkennbar sind, haben v. 18b. 19a hierin keinen sinnvollen Ort; dagegen ist die Funktion für Mk deutlich (s. o. S. 80f.), und die Wendung ἵνα μετ' αὐτοῦ ᾖ ist direkt parallel zu Mk 3 14 (zur mk Herkunft von 3 14b. 15 vgl. Bultmann, Geschichte ErgH 33; Reploh, Markus 45f. 49).
In Analogie zu Mk 2 11 hält Horstmann, Studien 120f. ὕπαγε . . . für traditionell. Doch ist dort die Rücksendung des Geheilten kein selbständiges Erzählungs-

Das hieße dann, daß Markus die ursprüngliche Akklamation auf den οἶκος und dessen Personenkreis eingeschränkt hätte, und die Tatsache, daß die Ausschaltung der Öffentlichkeit nicht vollständig erfolgt ist, wäre auf die reduzierte Übernahme der Akklamation zurückzuführen.

Doch kann eine solche — notgedrungen hypothetische — Analyse des Verhältnisses von Tradition und Redaktion die oben gegebene Interpretation der endgültigen Textgestalt nicht begründen, sondern höchstens nachträglich bestätigen.

b) Ergebnis

1. Die Verbreitungsverbote in Mk 1 43. 44a 5 43a 7 36a, deren Entsprechung in Mk 8 26 sowie die ebenfalls in diesen Sachzusammenhang gehörende Endgestalt von Mk 5 18-20 stellen redaktionelle Bildungen bzw. redaktionelle Umgestaltungen durch Markus dar.
2. Die Durchbrechung der Verbote in Mk 1 45 7 36b und auch in Mk 5 20 ist ebenfalls Bestandteil der markinischen Redaktion.
3. Dabei ist das Nebeneinander von Verbot und Durchbrechung nicht als Schilderung historisch wahrscheinlicher Vorgänge gemeint[1], sondern als Hinweis für den Leser, wie die so bearbeiteten Erzählungen verstanden werden sollen.

Markus eliminiert also in den hier analysierten Wundererzählungen keineswegs den Charakter der Wunder Jesu als messianischer Taten bzw. besser: als Erweise seiner göttlichen Macht[2]. Wie Mk 1 45 5 20 und 7 36b (vgl. 1 28) zeigen, sind es Jesu Wundertaten, aufgrund deren sich sein Ruf — gegen seinen Willen — ausbreitet, so daß man von überall her zu ihm strömt (Mk 1 45)[3].

Gleichzeitig zeigen die Verbreitungsverbote von Mk 5 43a und 8 26, die nicht durchbrochen werden, daß Markus diese Verbote nicht ein-

---

moment, sondern Teil der Demonstration. Diese ist jedoch in Mk 5 1ff. mit v. 15 bereits abgeschlossen. Auch Horstmann sieht die hier vorliegende sekundäre Verwendung, hält diese aber für vormk: Die Exorzismuserzählung sei bereits vor Mk im Stil eines Heilungswunders neu erzählt worden. Dafür liegen jedoch keine weiteren Anhaltspunkte vor.

[1] So zutreffend Wrede, Messiasgeheimnis 133—135.
[2] Mk 6 1-6a und bes. 6 14-16 zeigen, daß für Mk »δυνάμεις« der adäquate zusammenfassende Begriff für die Wundertaten Jesu ist; s. u. S. 152f. 155. Der Gesichtspunkt der Wunder*macht* Jesu bestimmt auch die summarischen Darstellungen 1 32-34 3 7-10 6 53-56.
[3] Das Thema vom Zustrom des Volkes ist von Mk in den summarischen Schilderungen 1 32-34 3 7-10 6 30-33. 53-56 breiter ausgestaltet.

fach als Hintergrund benutzt, vor dem in der Durchbrechung der Glanz des Wundertäters um so heller erstrahlt[4].

Markus betont also einerseits durchaus die Wunderkraft Jesu und deren öffentliche Wirkung, bringt aber andererseits die damit gegebene eindeutige und einlinige Aussage wieder in die Schwebe, indem er Verbreitungsverbote einschiebt und die Darstellung einer öffentlichen Wirkung z. T. völlig unterbindet. Markus verhindert so den direkten Schluß von der Wundertat auf den Wundertäter, d. h. die Wundererzählungen liefern keineswegs »geschichtlich greifbare Gottesbeweise«[5]. Das wird besonders daran deutlich, daß die Redaktion der beiden Wundererzählungen, die am Ende der Abschnitte Mk 3 13—5 43 und 6 6b—8 26 stehen[6], völlig unmißverständlich ist[7]: In beiden Fällen ist das Verbot der Ausbreitung, das durch keine Übertretung durchbrochen wird, die abschließende Aussage. Dadurch schafft Markus an diesen beiden Übergängen für den Leser[8] Blockaden[9], die eine direkte christologische Identifikation Jesu als Wundertäter verhindern.

c) Nachtrag: Die Verborgenheit Jesu in Mk 7 24-30

Anhangsweise ist hier die Erzählung Mk 7 24-30 zu behandeln[1]. Sie gehört zu den apophthegmatischen Wundertraditionen des Markus-

---

[4] So die Hauptthese von H. J. Ebeling, Messiasgeheimnis 144—146; sie wurde in modifizierter Form aufgenommen von Luz, ZNW 56, 1965, 11—17, der Ebelings These auf die Ausbreitungsverbote nach Wunderheilungen beschränkt. Auch Kertelge, Wunder 161 schließt aus der Undurchführbarkeit des Verbotes 7 36a, daß »das Geheimnismotiv ... nur der Hervorhebung der Offenbarung (dient)«. Zur Interpretation von Mk 5 43 und 8 26 durch Ebeling, Luz und Kertelge s. o. S. 66. 67f. 70 A 22. 71 A 24.
[5] So jedoch Schulz, Stunde 65; s. u. S. 192 A 22.
[6] Zum Einschnitt von Mk 8 26/27 s. u. S. 113. Zwischen Mk 1 21—3 6 einerseits (zu dieser Gliederung s. o. S. 54 A 1) und 8 27—10 52 andererseits liegt in Mk 5 43 (+ 6 1-6a) ein deutlicher Einschnitt vor. 6 6b-13 (Lehrtätigkeit Jesu; Aussendung der Jünger) ist ein — Mk 3 13-19 entsprechender — Neueinsatz; vgl. Schweizer (1962) Aufs. I 100 A 32; ders. (1964) Aufs. II 32.
[7] Hierauf hat Schweizer (1965) Aufs. II 20 A 37 hingewiesen.
[8] Auch H. J. Ebeling, Messiasgeheimnis fragt nach der Botschaft des Mk *an den Leser*. Doch sieht er diese darin, in »unbekümmerte(r) und bezeugungsfrohe(r) Harmlosigkeit« (130) ungebrochen »die Epiphanie des Gottessohnes« zu predigen (145).
[9] Auf diese Technik der mk Redaktion weist Conzelmann, in: Conzelmann u. a., Bedeutung 44 hin. Die Blockade von Mk 8 26 ist durch den überaus scharfen Einschnitt zwischen 8 26 und 8 27 deutlich genug. Die Blockade von 5 43 wird mit 6 1-6a nicht aufgehoben, sondern verstärkt, s. u. S. 152f.
[1] Lit.: s. o. S. 43 A 3; außerdem: van Iersel, NovTest 7, 1964/65, 188—190; zu Mt 15 21-28 außerdem: Strecker, Weg 107. Zur Auslassung bei Lk s. o. S. 22 f. A 23.

evangeliums, und in der redaktionellen Interpretation durch Markus zeigt sich eine sachliche Berührung mit den zuvor behandelten Wundererzählungen, besonders mit Mk 1 40-45. Dort wurde Jesu Rückzug vor der Öffentlichkeit als Reaktion auf den Zulauf der Menge dargestellt — hier bestimmt die Absicht des Rückzuges die Erzählung von Anfang an (Mk 7 24b), so daß eine öffentliche Wirkung der Wundertat überhaupt unterbleibt.

Die Erzählung Mk 7 24-30 ist durch das Nebeneinander von Wunderheilung (v. 25f. 29f.) und Dialog (v. 27f.) gekennzeichnet, und man kann fragen, ob diese Verbindung ursprünglich ist. In der Tat sind beide Bestandteile der Erzählung relativ leicht voneinander zu trennen[2]. Doch wird man kaum mit einer ursprünglichen Selbständigkeit von v. 27f. rechnen können. Der Gesprächsgang ist eindeutig auf die durch v. 25f. hergestellte Situation bezogen und hat diese zur Voraussetzung[3]. Höchstens für v. 27b kann man eine selbständige Überlieferung — als isoliert umlaufendes Bildwort — annehmen[4].

Umgekehrt ist es auch keineswegs notwendig, in v. 25f. 29f. eine reine Wundererzählung zu sehen, die ursprünglich selbständig existiert hat. v. 25f. 29f. folgen — in sehr knapper Weise — dem stilgemäßen Schema eines Heilungswunders. Gerade deshalb ist damit zu rechnen, daß der szenische Rahmen — unter Benutzung des vorhandenen Erzählschemas einer Wunderheilung — von vornherein in Blick auf den Gesprächsgang v. 27f. entworfen worden ist, d. h. daß beide Bestandteile der Erzählung, Heilung und Dialog, gleichzeitig anzusetzen sind. Dafür spricht auch, daß — anders als in Mk 2 1-12 — in Mk 7 25-30 keine Spannungen zwischen der Darstellung der Wunderheilung und dem Gesprächsgang erkennbar sind, die auf eine sekundäre Zusammenfügung hinweisen würden[5]. Vielmehr scheint in der Hei-

---

[2] Vgl. Kertelge, Wunder 152. Den Gesprächsgang halten für sekundär: van Iersel, NovTest 7, 1964/65, 188—190; Kertelge a. a. O. 152f. Den szenischen Rahmen halten für sekundär: Lohmeyer, Mk 145; ähnlich Dibelius, Formgeschichte 261 A 3 (s. A 3).

[3] Lohmeyer, Mk 145 muß deshalb mit einer Gesprächsszene rechnen, deren ursprünglicher Anfang und Schluß entfallen ist. Nach Dibelius, Formgeschichte 261 A 3 gehörte zwar die Darstellung der Heilung nicht zur ursprünglichen Überlieferung, sei aber deren selbstverständliche Voraussetzung gewesen.

[4] So Burkill, NovTest 9, 1967, 175f.; ders., TU 102 (StudEv IV), 1968, 168f.; Kertelge, Wunder 152 A 646.

[5] Für die Einheitlichkeit der Konzeption von Mk 7 24-30 tritt auch Bultmann, Geschichte 38 ein.
Abwegig ist der Vorschlag von Burkill, NovTest 9, 1967, 175—177, vgl. ders., TU 102 (StudEv IV), 1968, 168—170, der zwei vormk Entwicklungsstufen rekonstruieren will: 1. v. 25f. 27b; 2. Zufügung von v. 28. 29f. Doch erfordert die Bitte um Heilung in v. 26 ihre Erfüllung in v. 29 (f.). Die Verweigerung der Heilung als Pointe wäre singulär.

lungsszenerie das Problem des Gesprächsganges berücksichtigt zu sein: Die *Fern*heilung entspricht dem distanziert-ablehnenden Ausgangspunkt des Gesprächs (v. 27) und deutet darauf hin, daß diese Begegnung Jesu mit einer Nichtjüdin für den Erzähler eine Ausnahme darstellte[6].

So ist davon auszugehen, daß Markus bereits eine apophthegmatische Wundertradition vorgegeben gewesen ist. Deren Thema war die Stellung der Gemeinde zu den Nichtjuden, das anhand der Gewährung einer Bitte einer heidnischen Frau durch Jesus dargestellt wird[7].

> Denn mit dem Bildwort von v. 27b werden zwei Gruppen gegenübergestellt, und im szenischen Kontext von v. 26a ist nur der Bezug auf Juden und Heiden möglich, zumal mit τὰ τέκνα an die jüdische Selbstbezeichnung als ‚Kinder' bzw. ‚Söhne (Gottes)' angeknüpft wird[8].

Innerhalb der Wundertradition liegen höchstens an zwei Stellen sekundäre Erweiterungen vor.

1. Die Doppelung von Ἑλληνίς und Συροφοινίκισσα τῷ γένει kann eine sekundäre Verstärkung darstellen[9], deren Herkunft jedoch offen bleiben muß[10].

2. Störend wirkt v. 27a. ἄφες χορτασθῆναι τὰ τέκνα wirkt wie eine verkürzte Vorwegnahme des Bildwortes von v. 27b, und mit πρῶτον wird die unbedingte Ablehnung von v. 27b schon im voraus abge-

---

[6] Fernheilungen begegnen in der synoptischen Überlieferung nur hier — und in der verwandten Tradition aus Q: Mt 8 5-13 / Lk 7 1-10; und auch dort handelt es sich um die Heilung eines παῖς bzw. δοῦλος eines Heiden; zur Verwandtschaft von Mk 7 24-30 mit Mt 8 5-13 / Lk 7 1-10 vgl. Bultmann, Geschichte 39; Fuller, Wunder 55; zum Verhältnis von Mt 8 5-13 / Lk 7 1-10 zu Joh 4 46-54 vgl. Haenchen (1959) Aufs. I 82—90; Schnackenburg, Joh I 502—506.

[7] Vgl. z. B. Schweizer, Mk 85. — Roloff, Kerygma 159—161 will der Schlußfolgerung entgehen, daß das tragende Thema dieser Erzählung ein Problem der Gemeinde ist. Die Pointe liege vielmehr in der πίστις der Frau, die bedingungslos Jesu Antwort akzeptiert und gerade darum Hilfe erfährt. Aber es kann nicht bestritten werden, daß es die πίστις einer Ἑλληνίς bzw. Συροφοινίκισσα ist, die hier dargestellt wird, und daß dieser Glaube in der Überwindung der ablehnenden Position von v. 27b zu seinem Ziel kommt.

[8] Vgl. Fohrer, ThW VIII, 1969, 352—354; Schweizer ebd. 355; Lohse ebd. 360f.; s. auch Bill I 219. Die Annahme, κυνάρια sei feste Bezeichnung für die Heiden gewesen (was Tagawa, Miracles 118f. bestreitet; unklar Michel, ThW III, 1938, 1103f.), ist nicht notwendig. Vorausgesetzt ist nur der pejorative Gebrauch, so daß κυνάριον auf die Heiden angewandt werden *konnte* (vgl. Bill I 724f.).

[9] Daß eine der beiden Bezeichnungen zur Substanz der Erzählung gehörte, ist schlecht zu bestreiten.

[10] Daß sie mk sein *kann*, zeigt die Rahmung v. 24. 31; s. u. S. 89—92.

schwächt[11]. v. 27a kann deshalb mit einiger Wahrscheinlichkeit als sekundäre Erweiterung angesehen werden. Für die Annahme markinischer Herkunft bestehen jedoch keine ausreichenden Gründe[12].

Ausgeschlossen werden kann die Annahme, Mk 7 27a sei eine nachmarkinische Glosse, die Matthäus noch nicht gelesen habe[13], bzw. daß Matthäus hier einer Sondertradition folge, in der v. 27a fehlte[14]. Die Streichung von Mk 7 27a — wie die Zufügung von Mt 15 24 — zeigen das Bestreben des Matthäus, die Wirksamkeit des irdischen Jesus auf Israel zu beschränken[15] — eine Tendenz, die auch die szenische Umgestaltung von Mk 7 24 in Mt 15 21f.[16] bestimmt[17].

Ergeben sich somit keine Anzeichen für eine sinnverändernde markinische Umgestaltung innerhalb der vorgegebenen Erzählung, so ist die Rahmung weitgehend (oder: vollständig) markinisch.

---

[11] Vgl. Roloff, Kerygma 160 A 200; Kertelge, Wunder 153.

[12] Gegen Kertelge, Wunder 153. Für die Annahme mk Herkunft führt Kertelge an: 1. Das Stichwort χορτασθῆναι. Doch begegnet es nur in vormk Zusammenhang (6 42 8 4. 8), und ein bes. mk Interesse hieran ist nicht nachweisbar. 2. Das an Röm 1 16 erinnernde πρῶτον sei am ehesten Mk selbst zuzutrauen, der auch sonst (vgl. 12 1-11) einen heilsgeschichtlichen Vorrang der Juden kennt (mit mk Herkunft lediglich von πρῶτον rechnen auch Sundwall, Zusammensetzung 46; Klostermann, Mk 72; Schweizer, Mk 86). Aber gerade Mk 12 1-11 zeigt, daß die Sicht vom heilsgeschichtlichen Vorrang der Juden nicht erst Bestandteil der mk Theologie ist.

[13] Dies hält Bultmann, Geschichte 38 (mit A 3) für wahrscheinlich; ebenso Held, WMANT 1, 187.

[14] Mit einer Sondertradition in Mt 15 21-28 rechnen Hahn, Verständis 24 A 4; Roloff, Kerygma 160 A 198.

[15] So Strecker, Weg 107—109; auch Held, WMANT 1, 187 lehnt eine Sondertradition des Mt ab.

[16] Die Änderung von Ἑλληνίς, Συροφοινίκισσα τῷ γένει in γυνὴ Χαναναία und ihre Schilderung als ἀπὸ τῶν ὁρίων ἐκείνων ἐξελθοῦσα in Mt 15 22 sollen offenbar den Rückzug Jesu in heidnisches Gebiet (Mt 15 21) abschwächen; zugleich ersetzt Mt das ‚Haus' von Mk 7 24b durch eine Wegszenerie (Mt 15 23), s. o. S. 70 A 19.

[17] Dieses historische Motiv sieht Roloff, Kerygma 161 A 201 auch in der Zufügung von Mk 7 27a wirksam. v. 27a enthält in der Tat eine zeitliche Differenzierung, aber daß dies die Differenz von vor und nach Ostern sein soll, ist eingetragen. Das πρῶτον ist — wie in Röm 1 16 — prinzipiell-heilsgeschichtlich orientiert und erscheint — genau wie in Röm 1 16 — dort, wo seine Aufhebung in Blick ist. Es ist also rückblickend vom heidenchristlichen Standpunkt aus formuliert. Das historische Motiv, auf dem Roloff insistiert, liegt nicht in einem bestimmten Einzelmoment der Erzählung, sondern in der Art, wie in dieser Erzählung die Beschränkung der Wirksamkeit Jesu auf jüdisches Gebiet nicht negiert und übersprungen wird, sondern nur vorsichtig korrigiert und ergänzt wird. Die *Absicht* der Erzählung ist jedoch nicht, historische Erinnerung weiterzugeben, sondern die Mission der Gemeinde durch das Beispiel des κύριος zu legitimieren.

3. Verbreitungsverbote und öffentliche Wirkung 89

Die vormarkinische Erzählung ist von Haus aus zeit- und ortlos[18]. Sie bedarf keiner besonderen Lokalisierung — etwa in einem heidnischen Gebiet. Die für v. 27ff. notwendige Szenerie — Jesu Begegnung mit einer heidnischen Frau und deren Bitte — wird in v. 25f. vollständig hergestellt[19]. Die Ortsangabe τὰ ὅρια Τύρου[20] ist ein zusätzlicher Hinweis auf die Thematik der Erzählung und deutlich aus v. 26 (Συροφοινίκισσα τῷ γένει) erschlossen[21]. Diese Lokalisierung kann schon in der mündlichen Überlieferung erfolgt sein, markinische Herkunft ist aber ebenso möglich[22].

Deutlich markinisch ist jedoch der gesamte sonstige Wortlaut von v. 24a. Die nahezu wörtliche Übereinstimmung mit der ebenfalls redaktionellen Einleitung in Mk 10 1[23] zeigt, daß hier derselbe Redaktor formuliert[24]. Keinesfalls zur mündlichen Erzählung gehört die ‚Ausleitung' von v. 31[25]. Denn diese setzt nicht nur v. 24a voraus, sondern ist in ihrer Funktion, Jesus wieder in die bekannte Umgebung zurückzuholen[26], eine eindeutig redaktionelle Übergangsbildung, für

---

[18] So m. R. Sundwall, Zusammensetzung 45; Kertelge, Wunder 151; auch Bultmann, Geschichte 68. 364 und Klostermann, Mk 71 halten Mk 7 24a für redaktionell.

[19] Gegen K. L. Schmidt, Rahmen 199.

[20] τὰ ὅρια Τύρου lesen D L W Δ Θ it sy[s. pal]: Die von B ℵ A ℜ λ φ 33 lat sy[p. h] sa bo vertretene LA τὰ ὅρια Τύρου καὶ Σιδῶνος ist sekundäre Angleichung an Mt 15 21 (vgl. auch Mk 3 8 und 7 31 v. l.). Bei der umgekehrten Annahme wäre eine Auslassung von καὶ Σιδῶνος nicht erklärbar.

[21] So Bultmann, Geschichte 68; Klostermann, Mk 71; Kertelge, Wunder 151.

[22] Für mk Herkunft: Kertelge, Wunder 151; ohne definitive Zuweisung: Bultmann, Geschichte 68.

[23] Zur mk Herkunft von Mk 10 1 vgl. H.-W. Kuhn, Sammlungen 137. 188.

[24] Auf die Übereinstimmung von Mk 7 24a mit 10 1 weisen zutreffend Burkill, ZNW 57, 1966, 24 und Kertelge, Wunder 151 A 637 hin. Jeweils erscheint mk Terminologie: ἐκεῖθεν (mk auch in 6 1, vgl. auch 9 30; vormk: 6 10); ἀναστάς (mk auch in 1 35 2 14; in vormk Zusammenhang: 14 60). ἀπέρχεσθαι; τὰ ὅρια ist im MkEv (fast) durchweg sicher mk: neben 7 24 noch 5 17 (? s. o. S. 83) 7 31 (zweimal) 10 1.

[25] Gegen K. L. Schmidt, Rahmen 201, der v. 31 für eine redaktionelle Umgestaltung der Ausleitung von Mk 7 24ff. und der Einleitung von 7 32ff. ansieht. Vgl. Bultmann, Geschichte 38. 68, der in v. 31 den (möglicherweise vormk) Schluß von 7 24ff. sieht (ähnlich beurteilt er a. a. O. 227 Mk 8 27a als Abschluß von 8 22-26). Doch handelt es sich nicht um Erzählungsschlüsse, sondern um Überleitungen (so 7 31) bzw. Einleitungen der folgenden Einheit (so 8 27a; vgl. Strecker, ZThK 64, 1967, 32 A 41).

[26] So m. R. Bultmann, Geschichte 68. Aber die Notwendigkeit einer solchen Reisenotiz taucht erst auf, wenn man eine wieder in ‚bekannter Umgebung' spielende Erzählung folgen läßt; d. h. die Anfügung von 7 31 ist gleichzeitig mit der Einfügung von 7 25-30 in einen übergreifenden literarischen Zusammenhang.

die die Annahme markinischer Herkunft die nächstliegende Möglichkeit ist[27].

Diese ausführliche Rahmung der Erzählung durch die Reisenotiz v. 24a und durch die umständliche Überleitung v. 31 ist auffällig. Mit beiden Zufügungen unterstreicht Markus die gegenüber den bisherigen Erzählungen neue Lokalisierung von 7 25-30. Die Reisenotiz v. 24a zeigt den Übergang in ein neues Gebiet an[28], und durch die Kette der Stationsangaben in v. 31[29] erweckt Markus bewußt den Eindruck einer Rück*reise*[30] in die bekannte galiläische Umgebung, die mit der θάλασσα τῆς Γαλιλαίας wieder erreicht ist[31].

[27] So auch Burkill, ZNW 57, 1966, 24; ders., NovTest 9, 1967, 177; Kertelge, Wunder 157. — Es sei denn, man postuliert für Mk 7 24-31 eine (umfangreichere) schriftliche Vorlage; doch s. o. S. 36—38.

Die Endgestalt von Mk 7 31 ist auch dann als mk anzusehen, wenn Mk hier mit der Erwähnung der Dekapolis die ursprüngliche Lokalisierung von Mk 7 32ff. verarbeitet hat; so K. L. Schmidt, Rahmen 201; Marxsen, Evangelist 43. Doch ist es keineswegs sicher, daß Mk 7 32ff. bereits vor Mk lokalisiert gewesen ist; vgl. Kertelge, Wunder 157; zum Problem der Ortsangaben allgemein: Bultmann, Geschichte 257f.

[28] Mit der Erwähnung der Dekapolis in Mk 5 20 war — in der Sicht des MkEv — noch kein prinzipiell neuer Wirkungsraum eröffnet, s. o. S. 79f. (mit A 12). Wie Mk 7 24a so markiert auch 10 1 den Übergang in ein neues Gebiet.

[29] Gegenüber der LA ἐξελθών ἐκ τῶν ὁρίων Τύρου ἦλθεν διὰ Σιδῶνος, bezeugt von B ℵ D L Δ Θ lat sy^pal sa^pt bo, ist die LA ἐξελθών ἐκ τῶν ὁρίων Τύρου καὶ Σιδῶνος ἦλθεν — überliefert von P45 A 𝔐 W λ φ it sy^s. p. h sa^pt — deutlich sekundär. Hier wird die ungewöhnliche Abfolge von Tyros — Sidon — galiläisches Meer zu der aus Mk 3 8 Mt 15 21 (und Mk 7 24 v. l.) vertrauten Zusammenordnung ‚Tyros und Sidon' geglättet.

[30] Fragt man nicht nach der geographischen Wahrscheinlichkeit, sondern nach der literarischen Absicht von v. 31, so ist die Antwort nicht zweifelhaft: Es soll der Eindruck vermittelt werden, daß zwischen Mk 7 24ff. und 7 32ff. eine größere Distanz zu überbrücken ist.

Diese Feststellung ist unabhängig davon ob man ἀνὰ μέσον τῶν ὁρίων Δεκαπόλεως wie διὰ Σιδῶνος als Stationsangabe auffaßt (vgl. die Übersetzung von Schweizer, Mk 86: »mitten hindurch durch das Gebiet der Dekapolis«) oder darin eine nähere Präzisierung von εἰς τὴν θάλασσαν τῆς Γαλιλαίας sieht (vgl. die Übersetzung von Lohmeyer, Mk 149: er »kam ... an das galiläische Meer inmitten des Gebietes der Dekapolis«). Zu ἀνὰ μέσον vgl. Bauer, WB 98f. s. v. ἀνά 1; 1003 s. v. μέσος 2; Moulton-Milligan, WB 20 s. v. ἀνά. In jedem Falle ist die geographische Vorstellung des Mk die gleiche wie in 5 20: Die Dekapolis ist dem galiläischen ‚Meer' benachbart; s. o. S. 80 A 12.

[31] Zutreffend Klostermann, Mk 71: Die Mk 7 25-30 umrahmende Nordreise, die in v. 24 begonnen wird, ist in v. 31 bereits beendet.

Die Hypothese einer Mk 7 24—8 26 (oder: 8 27ff.) umfassenden ‚Nordreise' — als redaktioneller Absicht des MkEv (so z. B. Lohmeyer, Mk 144; Hahn, Verständnis 97f.) — ist nicht haltbar. Bei dieser Hypothese werden die Angaben des MkEv mit heutigem Wissen aufgefüllt — so dem, daß Bethsaida nicht zu Galiläa ge-

Neben dieser geographischen Rahmung stellt auch v. 24 b eine redaktionelle Bildung dar, durch die Markus die ihm vorgegebene Tradition interpretiert. Jesu (erfolgloser) Rückzug εἰς οἰκίαν hat in der Einzelerzählung keine erkennbare Funktion, entspricht aber der sonstigen markinischen Verwendung des ‚Hauses' als dem Ort, der die Ausschaltung der Öffentlichkeit herstellen soll[32]. Der Sinn des Rückzuges wird hier auch direkt formuliert: οὐδένα ἤθελεν γνῶναι[33].

Beide Momente der redaktionellen Bearbeitung — die Betonung des heidnischen Schauplatzes[34] und das Rückzugsmotiv — haben für Markus offenbar gleiches Gewicht und sind als Teile einer einheitlichen Interpretation zu verstehen. Die Hervorhebung des Schauplatzes ist auf dem Hintergrund von Mk 7 1-23 zu sehen: Nach der grundsätzlichen Absage an das — nicht nur pharisäische (7 3!) — Judentum kommt die Hinwendung zum Heidentum in den Blick[35]. Zum ersten Male innerhalb des Markusevangeliums betritt Jesus ein eindeutig heidnisches Gebiet. Andererseits zieht sich Jesus sofort ‚εἰς οἰκίαν' zurück, um verborgen zu bleiben. Zwar fügt Markus sofort hinzu, daß Jesus nicht verborgen bleiben konnte, dargestellt wird jedoch nur dieser *eine* Fall der Ἑλληνίς[36]. Denn Markus gestaltet keine öffentliche Wirkung der Wundertat, keine öffentliche Lehrtätigkeit Jesu, keinen Zulauf des Volkes — obwohl Markus schon in Mk 3 7f. einen Zulauf zu Jesus am See darstellte, der auch die Gegend von Tyros und Sidon umfaßte! Markus läßt vielmehr Jesus sofort an das galiläische Meer zurückkehren (7 31). Eine ‚Mission' im heidnischen Gebiet findet also gerade nicht statt[37]. Nach Markus ist also die

---

hörte und daß das Ostufer des Sees heidnisch war. Eine längere Wanderung ist innerhalb von Mk 1 1—8 26 nur in 7 31 dargestellt. Eine mehrere Einzeltraditionen übergreifende ὁδός wird erst ab Mk 8 27 sichtbar (s. u. S. 114) — und sie ist der Weg zur Passion (vgl. 10 32-34).

[32] S. o. S. 69f. Zur mk Herkunft von v. 24 b vgl. Kertelge, Wunder 151; sie wird bestritten von Achtemeier, JBL 89, 1970, 287f.: Das ‚Haus' widerspreche der (mk) Lokalisierung von v. 24 a, und Mk 1 45b zeige, daß Mk das ‚Haus' keineswegs für die Gestaltung des Rückzugsmotivs benötige. Doch kann man mit derselben Methode auch den ἔρημος τόπος von 1 45b für unmk erklären, weil er in 4 10-12. 33f. fehlt. Und über die geographischen Schwierigkeiten der Hausszenerie geht Mk auch in 10 10 hinweg.

[33] Vgl. die verwandte Formulierung Mk 9 30: οὐκ ἤθελεν ἵνα τις γνοῖ.

[34] Dieser mk Tendenz entspricht die Doppelung in v. 26 (Ἑλληνίς / Συροφοινίκισσα τῷ γένει) und die Ortsangabe in v. 24 a. Doch ist die mk Absicht auch dann deutlich, wenn man hier die Zuweisung jeweils offen läßt.

[35] Vgl. Klostermann, Mk 71; Schweizer, Mk 85; s. auch ders. (1964) Aufs. II 33; Kertelge, Wunder 155.

[36] Das Moment der Offenbarung ist also gerade nur angedeutet.

[37] So m. R. Schweizer, Mk 85; s. auch Kertelge, Wunder 155. Anders interpretiert Tagawa, Miracles 119f. 7 24b: Der Rückzug Jesu εἰς οἰκίαν »montre aux missionaires

Mission der Kirche (vgl. Mk 13 10!) durch Jesus selbst legitimiert, ohne daß dieser sie schon selbst in Gang gesetzt hätte. Sie ist für Markus offenbar ohne die Voraussetzung von Ostern nicht möglich.

4. DIE EPIPHANIE JESU IN DEN SOG. ‚NATUR'WUNDERN UND DAS UNVERSTÄNDNIS DER JÜNGER

Eine Unterscheidung zwischen den Erzählungen von Heilungswundern (einschließlich der Exorzismen) und sog. ‚Natur'wundern wird oft als neuzeitliche Eintragung verworfen[1]. In der Tat ist eine prinzipielle Trennung unangebracht, doch sollten auch die Unterschiede nicht verwischt werden. In den ‚Natur'wundern rückt die Macht des schlechthin überlegenen Wundertäters stärker in den Mittelpunkt der Erzählung als in den Heilungswundern[2], und die ‚Natur'wunder haben häufig den Charakter direkter Epiphanieerzählungen[3].

Diese auf der Stufe der Tradition nur implizit vorhandene Differenzierung tritt auf der Ebene der markinischen Redaktion klar zutage. Wie die verschiedenen Interpretamente, die Markus den Heilungserzählungen und den ‚Natur'wundern zuordnet, zeigen, unterscheidet Markus bewußt zwischen diesen beiden Gruppen der Wundererzählungen[4]. Während er die Heilungserzählungen hauptsächlich durch die (mehrfach durchbrochenen) Verbreitungsverbote interpretiert, verknüpft er die ‚Natur'wunder durchweg mit dem Motiv des

---

la nécessité du repos« (119). Die esoterischen Jüngerbelehrungen im ‚Hause' zeigen jedoch, daß für die mk Hausszenerien das Moment der Geheimhaltung leitend ist; s. o. S. 70.

[1] Kritik an einer Unterscheidung zwischen Heilungen (sowie Exorzismen) und ‚Natur'wundern, wie sie z. B. Bultmann, Geschichte 223—260 vornimmt, üben Moule, in: Moule, Miracles 240; Schille, Wundertradition 24; Tagawa, Miracles 14; Roloff, Kerygma 111 (mit A 1); Kertelge, Wunder 43.

[2] Zu den ‚Natur'wundern als Zeichen der übernatürlichen Fähigkeiten des θεῖος ἄνθρωπος vgl. Bieler, ΘΕΙΟΣ ANHP I 94—97; Petzke, Traditionen 176f.

[3] Das Epiphaniemoment kann dabei ein solches Eigengewicht erhalten, daß das Moment der Hilfe in den Hintergrund tritt bzw. erst sekundär hervorgehoben werden muß; so in Mk 6 34-44 6 45-51 8 1-9, s. u. S. 102f. 104—106. Natürlich ist das Moment der Epiphanie — wenn auch nicht so stark — auch in den übrigen Wundererzählungen vorhanden, s. o. S. 28—30.

[4] Zur Differenzierung zwischen Heilungswundern und Exorzismen durch Mk s. o. S. 55.

Jüngerunverständnisses[5]. Und Mk 9 10 zeigt, daß dies Motiv für die markinische Interpretation der Epiphanie Jesu konstitutiv ist[6].

a) Mk 4 35-41

Die von Markus in Mk 4 35-41 wiedergegebene Erzählung von der Stillung des Seesturms[7] ist m. R. als Epiphanieerzählung bezeichnet worden[8]. Wie die chorische Schlußfrage, die wie eine kurze Zusammenfassung der erzählten Wundertat wirkt, anzeigt, steht Jesu schlechthin überlegene Macht — und damit seine Person — im Mittelpunkt der Erzählung[9]. Er erscheint hier als der, der tödlichen Naturgewalten mühelos gebietet und ‚Ruhe' bewirkt.

Gleichzeitig wird diese Epiphanie als Rettung derer, die vom Sturm bedroht sind, erzählt. Jesu Machttat ist nicht Selbstzweck, sondern die tradierende Gemeinde schildert ihn zugleich als den, der

---

[5] Außerhalb der ‚Natur'wunder hat Mk das Jüngerunverständnis nur noch in Mk 9 14-29 zur Interpretation einer Wunderüberlieferung verwendet. Doch bestätigt gerade Mk 9 14-29 die mk Korrespondenz von Epiphanie und Jüngerunverständnis; denn in 9 14-29 hat Mk nicht nur das Unverständnis der Jünger betont, sondern auch das Moment der Epiphanie in die Gesamtkomposition eingebracht; s. u. S. 123—125.

[6] Natürlich fehlt auch auf der Ebene der mk Redaktion nicht das alle drei Gruppen verbindende Moment. Dies liegt im Begriff der δυνάμεις, mit dem Mk Exorzismen, Heilungen und ‚Natur'wunder zusammenfassen kann; vgl. die Abfolge Mk 4 35-5 43 / 6 1-6 a (bes. 6 2).

[7] Lit.: s. o. S. 43 A 3; außerdem: Léon-Dufour, Études 153—163; Schille, ZNW 56, 1965, 30—40; ders., Wundertradition 32—35; Conzelmann, EvErz 20, 1968, 249—253; Roloff, Kerygma 164—166; Schmithals, Wunder 56—68. Zur Motivgeschichte, die hier nicht behandelt zu werden braucht, vgl. bes. Bultmann, Geschichte 249 f. 252 f.; Kertelge, Wunder 95—97; zur verbreiteten Deutung des Sturms als Dämon (aufgrund von v. 39) vgl. die Kritik von Klostermann, Mk 46; Conzelmann a. a. O. 251. Zu Mt 8 23-27 vgl. auch Bornkamm, WMANT 1, 48—53; zu Lk 8 22-25: Conzelmann, Mitte 42.

[8] Dibelius, Formgeschichte 91 f.

[9] Die Schlußfrage, die den Blick auf die Person Jesu lenkt, ist auf dem Hintergrund der Erzählung zu interpretieren, die hier gebündelt wird. Die Absicht der Erzählung ist verkannt, wenn man erwägt, wie die Jünger nach einem solchen Wunder noch fragen können; vgl. dazu die Verlegenheitsauskünfte von Lohmeyer, Mk 91 f. (Jesus ist den Jüngern weiterhin ein Fremdling) und Schille, ZNW 56, 1965, 31—33 (v. 41 b sei sekundär und τίς ἄρα οὗτός ἐστιν; »die typische Frage des vorgläubigen Menschen« a. a. O. 31); Schmithals, Wunder 56—58 sieht in der Abschlußfrage einen Ausdruck des mk Jüngerunverständnisses. Doch sollen hier nicht die Jünger charakterisiert werden, sondern die Erzählung wird zu einer Anfrage an den Hörer zugespitzt, wobei diese Anfrage auf dem Hintergrund der erzählten Wundertat zugleich implizit eine positive Mitteilung enthält.

in der Gefahr des Untergangs angerufen werden kann und von dem in dieser Gefahr Hilfe erhofft werden darf[10]. Die dies tradierende Gemeinde versteht sich damit als eine, die auf ihren Herrn als Retter und Bewahrer angewiesen ist. D. h. die Wundergeschichte hat nicht eine einmalige Episode der Vergangenheit zum Gegenstand, sondern die Erzählung von dem damaligen Wunder wird als Darstellung der Lage der Gemeinde transparent[11].

Wie hat Markus die so skizzierte Überlieferung[12] übernommen und in welchem Sinne hat er sie interpretiert?

1. Die Exposition v. 35f.

v. 35f. stellt in der vorliegenden Form eine weitgehend markinische Gestaltung dar[13], durch die Markus die Wundererzählung mit Mk 4 1-34 zu verbinden sucht[14]. Diesem Ziel dient

a) die Zeitbestimmung ἐν ἐκείνῃ τῇ ἡμέρᾳ (v. 35)[15]

---

[10] Den für die Erzählung konstitutiven Zusammenhang von Epiphanie und Rettung betont Conzelmann, EvErz 20, 1968, 252.

[11] Vgl. Conzelmann, EvErz 20, 1968, 252: Schon auf der ältesten zugänglichen Stufe der Erzählung »symbolisiert die Rettung aus dem Sturm die Rettung aus dem ‚Verderben'«.
Anders dagegen Roloff, Kerygma, 65: Mk 4 35-41 sei eine Darstellung des (vorösterlichen) Gemeinschaftsverhältnisses zwischen Jesus und seinen Jüngern. Aber es ist doch zu fragen, warum die Gemeinde dies ‚Gemeinschaftsverhältnis' so darstellt. Im übrigen muß Roloff, um seine Deutung plausibel zu machen, Eintragungen vornehmen: So rechnet er auch für die vormk Erzählung damit, daß Jesus nur von den Jüngern »des engsten Kreises« begleitet ist, die »an dem zwischen Jesus und ihnen bereits bestehenden (!) Gemeinschaftsverhältnis« Zweifel äußern.

[12] Natürlich setzt diese ‚Skizze' bereits eine bestimmte Sicht vom Verhältnis zwischen Tradition und Redaktion voraus. Sie ist im folgenden darzustellen und zu begründen. — Unausweisbar sind die Versuche von Lohmeyer, Mk 89; Grundmann, Mk 102f. und Schille, ZNW 56, 1965, 30—40, v. 37-41 rhythmisch zu gliedern und in der Erzählung eine Art ‚Ballade' zu sehen (zur Kritik an Schille vgl. Kertelge, Wunder 93—95).

[13] Vgl. Wellhausen, Mc 36; Bultmann, Geschichte 230; Sundwall, Zusammensetzung 30; Lohmeyer, Mk 90; vgl. auch die Analyse von K. L. Schmidt, Rahmen 135—138.

[14] Die Annahme, Mk 4 35-41 sei schon vor Mk mit Mk 4 1ff. verbunden gewesen (so Kertelge, Wunder 91; Schweizer, Mk 60), ist nicht begründbar. Zur mk Absicht, die in der engen Verknüpfung von Mk 4 1-34 / 35ff. sichtbar wird und diese vollständig erklärt, s. u. S. 153.

[15] Vgl. Bultmann, Geschichte 230; Klostermann, Mk 46. ἐν ἐκείνῃ τῇ ἡμέρᾳ begegnet im MkEv nur hier. Anders als das unbestimmte ἐν ἐκείναις ταῖς ἡμέραις (sicher mk in Mk 1 9 8 1) soll hier ein bestimmter ‚Tag' — der von Mk 4 1ff. — bezeichnet werden.

4. Die Epiphanie Jesu in den sog. „Natur'wundern

b) die Entlassung des Volkes (v. 36)[16], durch die Markus zugleich deutlich macht, daß Jesus nur von seinem engen Jüngerkreis (vgl. v. 34: οἱ ἴδιοι μαθηταί) begleitet wird, während für die vormarkinische Erzählung eine solche Begrenzung nicht vorausgesetzt werden kann;

c) der Rückbezug ὡς ἦν ἐν τῷ πλοίῳ (v. 36), der anzeigen soll, daß sich Jesus bereits im Boot befindet (vgl. Mk 4 1)[17].

Außerdem ist die markinische Herkunft von ὀψίας γενομένης (v. 35) möglich[18].

Zugleich bedarf v. 37-41 als selbständige Erzählung aber auch einer Exposition[19], so daß angenommen werden kann, daß die Aufforderung Jesu in v. 35 — als Begründung der Überfahrt — und wohl auch παραλαμβάνουσιν αὐτὸν ἐν τῷ πλοίῳ (v. 36) zur vormarkinischen Tradition gehörten[20]. Rätselhaft ist die Bemerkung καὶ ἄλλα

---

[16] ἀφιέναι hier in der Bedeutung von ‚wegschicken', vgl. Bauer, WB 249 s. v. ἀφίημι 1aα).

[17] Zutreffend Wellhausen, Mc 36: ὡς ἦν soll verdecken, daß die Situation von Mk 4 1ff. und 4 35ff. nicht die gleiche ist. Zwar ist es auch möglich, ἐν τῷ πλοίῳ auf παραλαμβάνουσιν αὐτόν (und nicht auf ὡς ἦν) zu beziehen und zu interpretieren: »So wie Jesus gerade war, ... wird er von seinen Jüngern ins Schiff genommen« (Wohlenberg, Mk 145; vgl. auch K. L. Schmidt, Rahmen 135 f.; zu ἐν statt εἰς vgl. Bl-Debr § 218). Doch liegt in ὡς ἦν in jedem Fall ein redaktioneller Rückbezug auf eine vorangegangene Situation vor (vgl. Klostermann, Mk 46). Und gemäß der in 4 1f. eröffneten (und 4 33 wieder vorausgesetzten) Szenerie der Gleichnisse von Mk 4 befindet sich Jesus lehrend im Boot. ὡς ἦν als mk Einfügung ist somit im Sinne des Mk auf ἐν τῷ πλοίῳ zu beziehen; so auch Grundmann, Mk 104; vgl. die Übersetzungen von Klostermann, Mk 46; Schweizer, Mk 59.

[18] Die Zeitangabe ὀψίας γενομένης ist aus v. 38 (... καθεύδων) erschlossen (gegen Bultmann, Geschichte 230. 258; Klostermann, Mk 46, die diese Angabe als notwendige Voraussetzung von v. 38 ansehen; Kritik: Schreiber, Theologie 12 f.). Fraglich ist nur, ob dies vor Mk oder erst in der mk Redaktion (so Conzelmann, EvErz 20, 1968, 250) erfolgte. Für mk Herkunft spricht, daß derartige schematische Zeitangaben in mk Rahmungen häufiger begegnen; ὀψίας γενομένης: 1 35 14 17 15 42 (in 6 47 dagegen zur Tradition gehörend), vgl. 11 11. Entsprechend verwendet Mk πρωΐ: 1 35 11 20 (s. u. S. 133 A 2) 15 1 (?) 16 2 (?).

[19] Gegen Schille, ZNW 56, 1965, 32. 34; ders., Wundertradition 32 f., der v. 35 f. insgesamt als sekundär ausklammert, um eine glatte rhythmische Gliederung zu erreichen.

[20] Ohne die störende Einfügung von ὡς ἦν (s. A 17) kann παραλαμβάνουσιν αὐτὸν ἐν τῷ πλοίῳ durchaus zur vormk Überlieferung gehört haben — um nach dem Befehl Jesu die Abfahrt zu markieren. Damit erledigt sich auch die phantastische Interpretation von Schreiber, Theologie 95 f.: In v. 36 liege eine »Beschlagnahme Jesu (sc.: durch die Jünger) für sich« vor (95), und bei der Überfahrt zeige sich das Scheitern dieser Eigenmächtigkeit. Auch die Deutung von καὶ ἀφέντες τὸν ὄχλον in v. 36 als »selbstherrliche (sic!) Entlassung des Volkes« (95) ist reine Eintragung.

πλοῖα ἦν μετ' αὐτοῦ[21]. Sie ist als markinische Einfügung nicht erklärbar[22]. Die Annahme vormarkinischer Herkunft ist jedoch ebenfalls problematisch[23], so daß eine sichere Zuordnung nicht möglich ist[24].

2. v. 38 c und v. 40

Auffällig ist die Härte der Jüngerfrage οὐ μέλει σοι ὅτι ἀπολλύμεθα; in v. 38 c. Sie ist ja nicht als Hilferuf an den Wundertäter formuliert, sondern als Vorwurf und Anklage, die das Moment der Bitte — und der Hoffnung — gar nicht mehr enthält[25]. Dagegen ist eine echte Bitte um Hilfe stilgemäßer Bestandteil in Wundererzählungen (vgl. Mk 1 40 5 23 7 26 9 22 10 47f. 51 Lk 17 13 Mt 8 6/Lk 7 3-5, s. auch Mt 9 27). Deshalb ist anzunehmen, daß in der Formulierung von v. 38 c eine sekundäre Umformung und Zuspitzung[26] eines vorgegebenen Erzählungsmomentes[27] vorliegt[28].

[21] Vgl. Wellhausen, Mc 37; Bultmann, Geschichte 230; Klostermann, Mk 46.
[22] Lohmeyer, Mk 90 meint zwar, Mk brauche die ‚ἄλλα πλοῖα', »um ‚die Gefährten Jesu samt den Zwölfen' (4 10) unterzubringen«. Doch ist aufgrund des engen Anschlusses von 4 35ff. an 4 34 der dort genannte enge Jüngerkreis auch für 4 35ff. vorauszusetzen.
[23] Auch für die vormk Stufe fehlt eine erkennbare Funktion. Zwar wird manchmal vermutet, die Insassen der ‚anderen Boote' hätten ursprünglich die Funktion der Zeugen bzw. der Zuschauer gehabt (so Schweizer, Mk 60). Aber weitere Anzeichen, daß ursprünglich an ein breiteres Publikum gedacht war, sind nicht vorhanden. Auf keinen Fall kann die Annahme einer Akklamation durch eine breitere Zuschauerschaft durch Mt 8 27 gestützt werden (so jedoch Schille, ZNW 56, 1965, 31; ders., Wundertradition 32 A 100). Mt folgt keiner Sonderüberlieferung, sondern Mt 8 23-27 ist mt Bearbeitung von Mk 4 35-41, vgl. Bornkamm, WMANT 1, 48—53 (zu Mt 8 27: 52).
[24] »Es ist ebenso schwierig, anzunehmen, Markus habe die Notiz vorgefunden, wie er habe sie geschaffen« (Conzelmann, EvErz 20, 1968, 250 A 7).
[25] Vgl. Lohmeyer, Mk 91; Grundmann, Mk 102 schwächt rücksichtsvoll ab: »Ach, Meister, du fragst nicht, ob wir versinken?« Schmithals, Wunder 63 harmonisiert mit Mt 8 25.
[26] Daß der Jüngervorwurf von v. 38 sich nicht als organischer Bestandteil der Wundererzählung verstehen läßt, sollte nicht durch psychologische Erwägungen über die Situation der Jünger verdeckt werden; so jedoch Lohmeyer, Mk 91: »Die Frage, wie sie dasteht, ist unsinnig, aber sie drückt so scharf das sinnlos machende Gefühl der Furcht aus« — aufgenommen von Kertelge, Wunder 95 (mit A 338).
[27] Schille, ZNW 56, 1965, 32—35; ders., Wundertradition 33f. scheidet dagegen die Jüngeräußerung überhaupt aus der Grundform der Erzählung aus. Neben rhythmischen Gründen (s. o. S. 94 A 12) führt er die Anrede διδάσκαλε für die sekundäre Herkunft von v. 38 c an. Sie ist zwar in einer Wundererzählung auffällig, begegnet aber auch in Mk 9 17, vgl. auch 5 35, und ist kein ausreichender Grund, eine Urform ohne jede Anrede und auch ohne Hilferuf zu postulieren.
[28] Mt und Lk lassen das Moment des Vorwurfs aus und nähern sich wieder dem Hilferuf; so ausdrücklich Mt 8 25: κύριε, σῶσον, ἀπολλύμεθα, vgl. Lk 8 24. Beide

Anders als v. 38 c ist v. 40 nicht als sekundäre Umformung vorgegebener Tradition verständlich. v. 40 unterbricht den Ablauf der Wundererzählung, die nach der Wundertat (v. 39) auf den Eindruck des Wunders und die Akklamation (v. 41) zielt. Auch inhaltlich fällt v. 40 völlig aus der ursprünglichen Erzählung heraus. Denn der Vorwurf Jesu τί δειλοί ἐστε; οὔπω ἔχετε πίστιν[29]; ist nur als Entsprechung zu der sekundären Fassung von v. 38 c verständlich, nicht aber auf dem Hintergrund eines — als ursprünglich vorauszusetzenden — echten Hilferufes in v. 38. Ein Hilferuf ist ja gerade kein Zeichen von Unglauben, sondern des Vertrauens in die Macht des Wundertäters[30].

v. 40 stellt somit eine sekundäre Einfügung dar, die v. 38 c voraussetzt, und aufgrund der Übereinstimmung mit dem markinischen Bild vom Unverständnis der Jünger (vgl. Mk 4 13 6 52 8 14-21) kann die markinische Herkunft als gesichert gelten[31]. Da v. 38 c und v. 40 deutlich aufeinander bezogen sind[32], dürfte v. 38 c von der gleichen Hand wie v. 40 stammen; d. h. die gesamte, der Einzelerzählung fremde Konfrontation zwischen Jesus und den Jüngern kann als Resultat der markinischen Redaktion gelten.

In dieser Bearbeitung drückt sich die markinische Sicht der Jünger aus, denen vor Ostern jedes Verstehen prinzipiell unmöglich

---

Änderungen sind unabhängig voneinander vorgenommen und setzen den Mk-Text voraus. Sie beweisen also nichts für die ursprüngliche Erzählfassung von Mk 4 35-41. Aber auch Mk 4 40 parr zeigt, daß redaktionelle Änderungen der Seitenreferenten bes. dort ansetzen, wo die Mk-Fassung bereits stilwidrig verändert ist.

[29] Der Text von v. 40 ist unsicher. Der oben vorausgesetzte Text ist besser bezeugt (B ℵ L Δ D Θ latt sa bo), während τί δειλοί ἐστε οὕτως; πῶς οὐκ ἔχετε πίστιν; nur von C A 𝔐 sy^p überliefert wird. Zudem stimmt die LA von B etc. mit Mk 8 17 (οὔπω νοεῖτε...;). 21 (οὔπω συνίετε; — die v. l. πῶς ου [B 𝔐 sa bo] ist sicher sekundär, vgl. Mt 16 11) überein, was bes. dann von Gewicht ist, wenn man Mk 4 40 wie 8 17. 21 jeweils für mk hält (s. u. S. 110f.). Die LA von B etc. (akzeptiert im Greek NT, hg. K. Aland u. a.) wird daher häufig bevorzugt, so von Klostermann, Mk 46; Lohmeyer, Mk 91 (mit A 3); Taylor, Mk 276; Roloff, Kerygma 165 A 214; Kertelge, Wunder 93 A 317; vgl. auch Metzger, Commentary 84. Die LA von C etc. (akzeptiert im NT Graece, hg. E. Nestle/K. Aland) setzt Schweizer, Mk 60 voraus.

[30] Daß die Anwesenheit Jesu automatisch Schutz verleiht, ist nicht die Intention der Erzählung. So jedoch Schreiber, Theologie 122, nach dessen Interpretation die Jünger hätten schlafen sollen: (in gesuchter Konfrontation mit der Gethsemaneszene) »Die Jünger ‚schlafen' und ‚wachen' zur falschen Zeit.«

[31] Der sekundäre Charakter von v. 38 c und bes. von v. 40 wird in der neueren Lit. z. T. schärfer gesehen, so von Kertelge, Wunder 93. 95. Die mk Herkunft von v. 40 zieht ausdrücklich Conzelmann, EvErz 20, 1968, 252 (mit A 18) in Betracht.

[32] Den Zusammenhang von v. 38 c und v. 40 heben Lohmeyer, Mk 91 und Kertelge, Wunder 93. 95 hervor.

war. Doch ist damit die Situation der nachösterlichen Gemeinde nicht eliminiert worden. Der Sinn erschließt sich, wenn man beachtet, daß der Vorwurf des Unglaubens sich auf οὐ μέλει σοι ὅτι ἀπολλύμεθα (v. 38c) bezieht und erst *nach* der Wundertat erhoben wird. Nicht daß die Gemeinde auf ihren Herrn als Retter hofft, wird kritisiert[33]. Vielmehr wird diejenige Haltung als Unglaube qualifiziert, die — nach Ostern! — die Abwesenheit des Herrn nur als Verlassensein der Gemeinde von ihrem Herrn[34] zu verstehen vermag[35].

3. v. 41

Der Abschluß der Wundererzählung durch die Darstellung des Eindrucks der Wundertat und die Akklamation ist stilgemäß[36]. Man

---

[33] Versteht man v. 40 nicht als mk Einschub, der sich auf v. 38c — und zwar als Ausdruck der Auswegslosigkeit — bezieht, besteht die Gefahr, die Kritik von v. 40 auf die Bitte und Gewährung des Wunders zu beziehen. So Roloff, Kerygma 165: Die wunderbare Tat Jesu zeigt den Jüngern, »was sie eigentlich schon hätten wissen müssen: Jesus läßt sie, wenn er bei ihnen ist, nicht untergehen! ... Aus der tadelnden Frage Jesu (V. 40) geht nämlich hervor, daß das Zeichen letztlich überflüssig gewesen wäre, wenn die Jünger Glauben gehabt hätten«.

[34] Der Vorwurf τί δειλοί ἐστε (οὕτως); sollte deshalb nicht als Vowurf der ‚Feigheit' interpretiert werden (so betont Schreiber, Theologie 122: Die Jünger sind »feige Egoisten ohne jedes Gottvertrauen«), weil er dann dem Mißverständnis der moralischen Schwäche offensteht. Davor sollte schon der dann folgende Vorwurf des Unglaubens warnen. Vielmehr ist hier der theologische Sachverhalt der desparatio anvisiert.

[35] Anders Schille, ZNW 56, 1965, 37f., der nach einer bestimmten historischen Situation für v. 40 fragt und diese ad hoc konstruiert. Er setzt voraus, daß die Erzählung ohne den Jüngervorwurf von v. 38c und die Reaktion Jesu in v. 40 das vorösterliche ‚Credo zum Wundermann' ausdrückte. Der in diesem ‚Credo' sich aussprechende ‚Glaube' sei nur einmal grundsätzlich bedroht gewesen: »Als Jesus gestorben, die Jünger zerstreut und die Sache Jesu im Erlöschen waren, unter dem Kreuz« (38). In dieser Situation hätte »die aktualisierende Gemeinde« (welche? fragt Kertelge, Wunder 94 zu Recht) der zerstreuten vormaligen Jüngerschaft ... deren einstiges Credo« entgegengehalten (38). Abgesehen von der Tatsache, daß hier eine Hypothese auf die nächste getürmt wird: Wieso wäre der Rückgriff auf das alte ‚Credo' eine Antwort auf die neue Lage gewesen? Wieso handelt es sich um eine ‚Aktualisierung', wenn die Aussage der Erzählung in ihrer erweiterten, aktualisierten Form sein soll: »Gefordert (!) wird der Glaube, der nach wie vor (sic!) Jesus die Macht über alle Gewalten zugesteht (!)« (38)? Zur Kritik vgl. auch Kertelge a. a. O. 94f.

[36] Für sekundäre Veränderungen liegen in v. 41 keine Anzeichen vor. Anders Schille, ZNW 56, 1965, 31f. und Roloff, Kerygma 165, die in τίς ἄρα οὗτός ἐστιν; den ursprünglichen Abschluß der Erzählung sehen. Schmithals, Wunder 56—58 hält sogar diese Frage bereits für sekundär — als Ausdruck des mk Jüngerunverständnisses (doch s. o. S. 93 A 9). Schille macht wieder rhythmische Gründe geltend (s. o. S. 94 A 12) und sieht in der positiven Aussage ὅτι καὶ ὁ ἄνεμος ... eine sekundäre katechetische Tendenz. Roloff erklärt v. 41b für sekundär, weil

kann höchstens fragen, ob durch den Einschub von v. 40 in v. 41 καὶ ἐφοβήθησαν φόβον μέγαν eine die Jünger negativ qualifizierende Bedeutung erhalten hat[37]. Doch ist zu beachten, daß es sich hier um einen vorgegebenen Topos handelt, der auch in der bearbeiteten Erzählung ein Eigengewicht behält. Zudem leitet die Reaktion der Jünger zur (positiven) Akklamation des Wundertäters über[38].

b) Mk 6 30-44

Für die markinische Gestaltung der Wundererzählung von der Speisung der Fünftausend[1] ist einerseits eine weitgehend unveränderte Übernahme der Tradition — Mk 6 (34) 35-44 — und andererseits eine breite redaktionelle Einleitung — Mk 6 30-33 (34) — kennzeichnend.

1. Die Rahmung[2]

v. 30: Mit dem Beginn der Rahmung verknüpft Markus die Speisungserzählung mit der Jüngeraussendung Mk 6 7-13 — und zwar über Mk 6 14-29 hinweg[3]. Umstritten ist hierbei lediglich, ob Markus

---

dieser Abschluß nicht mit dem von ihm postulierten Thema der Erzählung — der Darstellung des (bedrohten) Gemeinschaftsverhältnisses zwischen Jesus und den Jüngern — übereinstimmt.

[37] Vgl. Schreiber, Theologie 96: »Der eigenmächtige Unglaube vermag selbst die Hilfe des Erlösers nur als neue ‚große Furcht' zu erfahren«. Vgl. auch Grundmann, Mk 105: Die Jünger wissen sich das Geschehen nicht zu deuten.

[38] Auch in Mk 2 12 und 7 37 bilden Reaktion und Akklamation einen einheitlichen Abschluß der Wundererzählung, den Mk in positivem Sinne übernimmt. Ohne negativen Akzent ist auch die — jeweils mk — Reaktion auf die Lehre Jesu in 1 22 10 24. 26. Doch fehlen auch die Gegenbeispiele nicht. Ambivalent ist u. U. die Reaktion auf die Wundertat in 1 27 dargestellt (s. o. S. 45), und die Reaktion der Jünger von 6 51 auf die Wundertat wird durch die mk Anfügung v. 52 deutlich negativ interpretiert: Hier leitet das ἐξίστασθαι zur Feststellung über deren Unverständnis über (s. u. S. 108 A 20). Zeichen des Unverständnisses sind auch θαμβεῖσθαι und φοβεῖσθαι in 10 32 (zum textkritischen Problem vgl. die Kommentare) — vgl. den analogen Hinweis auf das Unverständnis im Zusammenhang der zweiten Leidensankündigung 9 32; anders Tagawa, Miracles 108—110.

[1] Lit.: s. o. S. 43 A 3; außerdem: Farrer, JThS NS 4, 1953, 1—14; Denis, TU 102 StudEv IV), 1968, 171—179; Thiering, NovTest 12, 1970, 1—12; zu Joh 6 1-15 vgl. jetzt Schnackenburg, Joh II 15—33 (mit Lit.).

[2] Zu Mk 6 30-34 K. L. Schmidt, Rahmen 178—180. 186—189; Bultmann, Geschichte 259. 365; Tagawa, Miracles 140—148; Kertelge, Wunder 129f. und die Kommentare.

[3] Der Rückbezug auf Mk 6 7-13 ist eindeutig. Die von A 𝔐 W Γ Π φ vertretene LA ἀπήγγειλαν αὐτῷ πάντα καὶ ὅσα ἐποίησαν..., die einen Bezug auch zu 6 17-29 herstellen will, ist sekundär (vgl. Taylor, Mk 319; gegen Wohlenberg, Mk 186) und offenbar unter Einfluß von Mt 14 12f. entstanden: Da Mt die

den vormarkinischen Abschluß von Mk 6 7-13 aufgreift oder ob er ohne Voraussetzungen in der Tradition formuliert[4].

v. 31-33: Die breite szenische Schilderung v. 31-33 ist für die Erzählung des Speisungswunders selbst nicht erforderlich. In der Tradition ist nur der Aufenthalt Jesu mit seinen Jüngern an einem ἔρημος τόπος und die Anwesenheit der Menge (vgl. v. 35f.) notwendig[5]. Der Rückzugsversuch Jesu mit den Jüngern vor der bereits herbeiströmenden Menge und das Nachströmen der Menge zu dem ἔρημος τόπος gehen jedoch über die notwendigen Bestandteile einer Exposition erheblich hinaus[6]. Gleichzeitig entspricht v. 31-33 analogen markinischen Bildungen (Mk 1 45 3 7-10, vgl. 1 32-39)[7], in denen Markus ebenfalls ein Gegeneinander von Jesu (erfolglosem) Rückzug (in Mk 6 31-33: zusammen mit den Jüngern) und dem Zulauf der Menge gestaltet. Mk 6 31-33 kann somit als markinische Bildung angesehen werden, in der Markus einige knappe Angaben der vorgegebenen

---

Aussendung der Jünger bereits in Mt 10 1ff. bietet, schließt er die Exposition der Speisungserzählung direkt an die Legende vom Tod des Täufers an und motiviert so zugleich den Rückzug Jesu in Mt 14 13.

[4] Da bereits der Vollzug der Mission in Mk 6 12f. mk ist (vgl. Hahn, Verständnis 33; Reploh, Markus 54f.) liegt die mk Herkunft auch für die Rückkehr von der Mission in 6 30 nahe (so auch Schweizer, Mk 76; Kertelge, Wunder 129). Fraglich ist, ob man für die gegenteilige Ansicht auf Lk 10 17, die Rückkehr der (Zweiund-)Siebzig, verweisen kann, denn die vorlk Herkunft ist zumindest unsicher. Die vorlk Herkunft wird vertreten von Conzelmann, Mitte 59; Schürmann Lk I 504f., für lk Bildung treten Hoffmann, Studien 249 und Schulz, Q 404 ein (Begrenzung der Aussendungsrede auf Lk 10 2-12).

[5] Vgl. Sundwall, Zusammensetzung 39; Klostermann, Mk 61; Schweizer, Mk 76; Kertelge, Wunder 130.

[6] Die Künstlichkeit der in v. 31-33 entworfenen Szene kann letztlich auch K. L. Schmidt, Rahmen 187f. nicht bestreiten, vgl. Klostermann, Mk 62. Diese Künstlichkeit ist in Mt 14 13 und Lk 9 10. 11a durch Verkürzung gemildert; zur lk Lokalisierung der Speisungserzählung in Bethsaida vgl. Conzelmann, Mitte 45; Schürmann, Lk I 512. Schramm, Markus-Stoff 129f. führt die lk Änderungen, soweit sie mit denen des Mt übereinstimmen, auf das Einwirken einer Sondertradition zurück.

Zwischen v. 31 und v. 32 sieht Tagawa, Miracles 145f. eine Naht (vgl. auch K. L. Schmidt, Rahmen 187) und rechnet nur v. 31 zur mk Redaktion. Doch liegt kein tatsächlicher Gegensatz vor, sondern die Blickrichtung wechselt: In v. 31 werden — im Anschluß an v. 30 — die Jünger selbständig behandelt, während sie in v. 32f. — in Blick auf v. 35ff. — zusammen mit Jesus gesehen werden.

[7] Auch sprachlich ist Mk 6 31-33 deutlich mk geprägt: κατ' ἰδίαν; ἔρημος τόπος; πολλοί (vgl. 2 2 3 10 6 2 [s. u. S. 152]); ἀπέρχεσθαι. Auch wenn καὶ λέγει αὐτοῖς meist in vormk Überlieferungen erscheint (vgl. H.-W. Kuhn, Sammlungen 130f.), weist diese Wendung nicht automatisch auf Tradition hin, wie die mk Verwendung in Mk 1 38 zeigt (vgl. Kuhn a. a. O. 167).

Exposition zu einer eigenen Einleitungsszene verarbeitet hat[8]. Eine analoge Massenszene hat Markus in Mk 6 53-56 gestaltet, so daß die im Markusevangelium eng verbundenen Erzählungen Mk 6 34-44 und 6 45-52 durch einander entsprechende Szenen gerahmt sind[9].

v. 34: Hier ist ein schrittweises Wachstum der Erzählung bereits auf vorredaktioneller Stufe zu beobachten. Wie Mk 8 2 zeigt, gehört die Bemerkung über Jesu Erbarmen zur vormarkinischen Überlieferung der Speisungserzählungen, in denen es Jesu Wundertat motivieren soll[10]. Der Vergleich der Menge mit πρόβατα μὴ ἔχοντα ποιμένα[11] begründet und illustriert Jesu Erbarmen und ist gegenüber καὶ ἐσπλαγχνίσθη ἐπ' αὐτούς sekundär. Indizien dafür, daß erst Markus ὅτι ἦσαν ὡς πρόβατα ... eingefügt hat, liegen nicht vor[12]. Die Hand des Markus wird vielmehr in καὶ ἤρξατο διδάσκειν αὐτοὺς πολλά sichtbar. Hiermit wird der Zusammenhang zwischen Erbarmen und Wundertat zerrissen[13]. Jesu Erbarmen äußert sich jetzt nicht allein in der Wundertat, sondern zuerst in seinem Lehren. Dabei ist die Übereinstimmung mit der markinischen Redaktion von Mk 1 (21f.) 23ff. und 2 (1f.) 3ff. ein klarer Hinweis auf die Herkunft[14].

---

[8] Die Annahme der mk Herkunft von Mk 6 31-33 hat sich weitgehend durchgesetzt, vgl. Wellhausen, Mc 47f.; K. L. Schmidt, Rahmen 188; Bultmann, Geschichte 259. 365; Klostermann, Mk 61f.; Schweizer, Mk 76f.   [9] S. u. S. 170.

[10] Vgl. Bultmann, Geschichte 231. 342; Kertelge, Wunder 129f. 130. Zu der Möglichkeit, daß bereits diese Motivierung ein (erster) sekundärer Zuwachs in der Tradition ist, s. u. S. 102f. A 18.

[11] Zum atl. und jüdischen Hintergrund vgl. Lohmeyer, Mk 124 A 4; Taylor, Mk 320; Jeremias, ThW VI, 1959, 486—489; Preisker/Schulz, ThW VI, 1959, 689f.; Suhl, Funktion 145 A 266.

[12] Mit vormk Herkunft rechnet auch Kertelge, Wunder 130. Anders Bultmann, Geschichte 231: »das Lehren Jesu wird ein sekundäres Motiv sein, mittels dessen Mk das überlieferte Wort von den hirtenlosen Schafen untergebracht hat.« Ähnlich Suhl, Funktion 144f.: Die atl. Anspielung in Mk 6 34 ist mk.

[13] Mt und Lk versuchen unabhängig voneinander zu glätten. In Mt 14 14 ist das Wort von den hirtenlosen Schafen ausgelassen (Mt bringt es bereits in Mt 9 36 — im Anschluß an eine summarische Lehr- und Heilungsszene); außerdem ersetzt Mt die Lehrtätigkeit Jesu durch eine Heilungsnotiz. In Lk 9 11 fehlt nicht nur das Wort von den Schafen, sondern auch der Hinweis auf Jesu Erbarmen. Dafür behält Lk die Bemerkung über Jesu Lehrtätigkeit bei (jedoch in charakteristisch lk Formulierung, vgl. Conzelmann, Mitte 33 A 3. 105 A 3) und ergänzt sie um die Heilungstätigkeit Jesu; Lk gestaltet damit das Bild des ‚helfenden Heilands' (Schürmann, Lk I 513). Zutreffend dazu Bultmann, Geschichte 231f.: »Charakteristisch ist, daß in der Wiedergabe des Mt und Lk stilwidrige Änderungen da ansetzen, wo sich die redaktionelle Stelle des Mk befindet.« Anders analysiert Schramm, Markus-Stoff 129, der in der Heilungsnotiz von Mt 14 14 und Lk 9 11 Einwirkung einer Parallelüberlieferung sieht.

[14] Mit mk Herkunft rechnen Bultmann, Geschichte 231; Schweizer, Mk 77f.; Kertelge, Wunder 130. Wieder gibt das Vokabular (ἤρξατο mit Inf.; διδάσκειν;

Markus eröffnet also die Speisungserzählung Mk 6 (34) 35-44 durch eine Eingangsszene, in der er Motive verwendet, die bereits aus der Redaktion vorangegangener Wundererzählungen bekannt sind (Zulauf und — erfolgloser — Rückzug Jesu; Betonung des διδάσκειν Jesu). Andererseits verknüpft Markus im weiteren Verlauf der Darstellung die Speisungswunder mit dem Motiv des Jüngerunverständnisses (Mk 6 52 8 14-21), das bisher im Zusammenhang mit einer Wundererzählung nur in Mk 4 35-41 begegnete. Und man kann fragen, ob bereits die vorgegebenen Speisungserzählungen für Markus Momente enthielten, die diese Redaktion ermöglichten.

2. Die Tradition

a) In den Heilungswundern, den Exorzismen und auch dem Seewunder von Mk 4 35-41 handelt es sich um Wundertaten Jesu angesichts einer vorgegebenen Notsituation, die Jesu helfendes Eingreifen erforderlich macht, wobei die Hilfe auch oft ausdrücklich erbeten wird. Anders in Mk 6 35f. Hier bitten die Jünger keineswegs um eine helfende Wundertat, sondern um die rechtzeitige Entlassung des Volkes; d. h. in der Exposition der Erzählung wird keine Notsituation hergestellt, auf die nur die Wundertat Jesu antworten kann[15]. Dies zeigt, daß das primäre Motiv der Erzählung der Erweis der Wundermacht als solcher ist. An der gegenüber Mk 6 34-44 insgesamt sekundären Erzählfassung Mk 8 1-9[16] ist erkennbar, daß im Zuge der Überlieferung das Moment der Not (Mk 8 3)[17] verstärkt wurde[18]. Doch bleibt für beide Speisungserzählungen das Moment des

---

nachgestelltes adverbielles πολλά) zusätzliche Hinweise auf die mk Herkunft.

[15] Zutreffend Lohmeyer, Mk 125: »Das Wunder der Speisung ... ist nicht einer Not erwachsen, sondern dem freien Entschluß Jesu entsprungen«; vgl. ders. a. a. O. 128. Das Fehlen der Notsituation in Mk 6 34ff. berechtigt jedoch nicht zu dem Schluß, Thema von 6 34-44 sei nicht die Wundertat, sondern die von Jesus gewährte Tischgemeinschaft (so Roloff, Kerygma 242f., der auch v. 34 und v. 39f. in diesem Sinne interpretiert). M. R. stellt dagegen Schweizer, Mk 77 fest: Die Erzählung Mk 6 34-44 hat »so eindeutig den Charakter einer Wundergeschichte, daß sie zweifellos von Anfang an als solche erzählt wurde«.

[16] Zum gegenseitigen Verhältnis von Mk 6 34-44 und 8 1-9 vgl. Bultmann, Geschichte 232, den Überblick ErgH 82 und die Kommentare; jüngst auch Kertelge, Wunder 139—142 und Roloff, Kerygma 241—246.

[17] Die ‚Not'situation von Mk 8 2f. bleibt dennoch künstlich, so m. R. Kertelge, Wunder 141. K. L. Schmidt, Rahmen 192 vermutet deshalb, daß Mk 8 1-9 ursprünglich in einem anderen Erzählzusammenhang gestanden habe, in dem die Erwähnung der ἡμέραι τρεῖς begründet gewesen wäre.

[18] Von hier aus liegt die Annahme nahe, daß es sich bei dem Motiv des Erbarmens Jesu in der Exposition beider Erzählungen (Mk 6 34 8 2) bereits um eine sekundäre Erweiterung handelt (es fehlt in Joh 6 1-15). Das Erbarmen als Motiv des

Machterweises vorherrschend. Jesus ist jeweils der Initiator der Wundertat, und seine beherrschende Rolle wird durch den Kontrast mit den Jüngern unterstrichen (Mk 6 37f. 8 4).

b) In beiden Speisungserzählungen fehlt eine Reaktion des Publikums — und erst recht eine Akklamation — völlig[19]. D. h. der Machterweis Jesu wird jeweils so erzählt, daß er dem ὄχλος, der von der Wundertat betroffen ist, verborgen bleibt[20].

c) In beiden Speisungserzählungen wird ein deutlicher Kontrast zwischen Jesus und den Jüngern hergestellt. Die Ratlosigkeit der Jünger in Mk 6 37 und 8 4[21] unterstreicht die Größe der dann folgenden Wundertat[22].

> Die Frage nach der eucharistischen Interpretation der Speisungserzählungen[23] braucht hier nur in bezug auf die markinische Redaktion gestellt zu werden. Auch wenn nicht auszuschließen ist, daß das Abendmahl ein möglicher Verstehenshorizont des (christlichen) Hörers dieser Erzählung war, ist festzustellen, daß die markinische Interpretation keine Hinweise auf ein eucharistisches Verständnis enthält[24].

Wunderhandelns Jesu ist in der synoptischen Tradition selten (nur noch Mk 1 41 [s. o. S. 76 A 16] und Lk 7 13) und soll in Mk 6 34ff. 8 1ff. offenbar erklären, warum Jesus von sich aus die Initiative ergreift; vgl. auch Bultmann, Geschichte 234 (mit A 1).

[19] Darauf wird mehrfach hingewiesen, vgl. Hahn, Hoheitstitel 391f.; van Iersel, NovTest 7, 1964/65, 183; Schille, Wundertradition 35 A 115; Kertelge, Wunder 133; s. o. S. 22.

[20] Vgl. Lohmeyer, Mk 128f.; Held, WMANT 1, 172.

[21] Für die mk Herkunft der Jüngerfrage in Mk 6 37 (als Ausdruck des mk Jüngerunverständnisses) tritt Kertelge, Wunder 130f. ein, vgl. auch Tagawa, Miracles 150—153 und Held, WMANT 1, 172f. Doch ist die Gegenfrage der Jünger nach der Aufforderung δότε αὐτοῖς ὑμεῖς φαγεῖν (v. 37 a) innerhalb der vormk Erzählung voll verständlich, und der in Mk 6 37 und 8 4 vorliegende Kontrast zwischen Jesus und den Jüngern ist auch in Joh 6 1-15 fester Bestandteil der Tradition (v. 5. 7-9); d. h. in Mk 6 37 und 8 4 liegt jeweils ein Element der Tradition vor, an das Mk in seiner redaktionellen Interpretation anknüpfen konnte.

[22] Zutreffend stellt Fuller, Wunder 64 fest: »Der einleitende Dialog zwischen Jesus und seinen Jüngern unterstreicht die Ratlosigkeit der Jünger, während der Wundertäter die Situation beherrscht«; als doppeldeutig will dagegen Lohmeyer, Mk 126 den Dialog verstehen.

[23] Vgl. dazu u. a. J. Weiß, Mk 130; van Iersel, NovTest 7, 1964/65, 167—194; Tagawa, Miracles 133—140; Heising, Brotvermehrung 61—65; Kertelge, Wunder 134—137. Kritik: Boobyer, JThS NS 3, 1952, 161—171; vgl. auch Roloff, Kerygma 237—241. Gegenkritik: van Iersel und Burkill, Revelation 107f. A 7.

[24] Vgl. Roloff, Kerygma 246, der auf die Unterschiede zwischen Mk 6 41 / 8 6f. und 14 22 hinweist (dazu s. auch van Iersel, NovTest 7, 1964/65, 178; Boobyer, JThS NS 3, 1952, 169). Die Unterschiede zeigen, daß Mk auf eine engere Übereinstimmung zwischen Speisungserzählungen und Abendmahlstradition keinen besonderen Wert legt; so auch Achtemeier, JBL 91, 1972, 207f. Die Annahme, daß

3. Das markinische Verständnis der Tradition

An diese drei Momente der Tradition knüpft Markus in seiner Verwendung von Mk 6 (34) 35-44 an. Mit Mk 6 52 betont Markus die Verborgenheit der Wundertat und verstärkt die deutliche Unterscheidung zwischen Jesus und den Jüngern: Die Wundertat ist nicht nur der Menge entzogen, sondern auch dem Verständnis der Jünger verschlossen[25]. Und das Moment des Machterweises ermöglicht es Markus überhaupt, das Speisungswunder zusammen mit dem Epiphaniewunder von Mk 6 45-51 zu interpretieren[26].

Die Interpretation des Machterweises Jesu von Mk 6 34-44 (und 6 45-51) unter dem Gesichtspunkt des Jüngerunverständnisses wird ergänzt durch den in der Rahmung Mk 6 30-33. 53-56 dargestellten Zulauf der Menge. Jesus ist zwar der von den Massen gesuchte Wundertäter — aber selbst seinen Jüngern verborgen.

c) Mk 6 45-52

Die Erzählung vom Seewandel Jesu ist sowohl für die vorredaktionelle Überlieferung der neutestamentlichen Wundererzählungen als auch für deren markinische Redaktion recht aufschlußreich[1].

Mk 6 45-51 ist gekennzeichnet durch das Nebeneinander zweier Momente: des wunderbaren Wandelns Jesu über das Wasser und der Stillung eines ‚widrigen Windes‘[2]. Beide Momente lassen sich relativ

---

Mk eine eucharistische Bedeutung der Speisungserzählungen als selbstverständlich voraussetzt (so van Iersel a. a. O. 173—177. 189), ist eine unkontrollierbare Vermutung. Mk 6 52 und 8 14-21 weisen jedenfalls in eine andere Richtung, s. u. S. 107 f. 111 f.

Abwegig ist der Versuch von Schreiber, Theologie 117—119, auf dem Wege über die zeitliche Rahmung von Mk 8 1 ff. (v. 2: ἡμέραι τρεῖς) und 14 22 (am dritten Tag der mit 14 1 einsetzenden Woche) einen Bezug zwischen den Speisungswundern und dem Abendmahl herzustellen.

[25] Schon für die vormk Überlieferung gilt, daß die Speisungswunder nicht Epiphanien vor den Jüngern sind (gegen Held, WMANT 1, 172; richtig dagegen Dibelius, Formgeschichte 92: die Epiphanie gilt dem Leser bzw. Hörer der Erzählung). Im Unterschied zur vormk Erzählung ist für Mk jedoch die Haltung der Jünger von selbständigem Interesse.

[26] Auch wenn die Abfolge Mk 6 (34) 35-44 / 45-51 vorgegeben ist (s. o. S. 36), ist zu fragen, worin für Mk der gemeinsame Ansatzpunkt liegt, der die einheitliche Interpretation beider Überlieferungen durch Mk 6 52 ermöglichte.

[1] Lit. s. o. S. 43 A 3; außerdem: Denis, in: de la Potterie, Jésus, BEThL 25, 233—247; zu v. 52: Quesnell, Mind (bes. 58—66. 257—268. 275—277). Zur Auslassung bei Lk s. o. S. 22 f. A 23; zu Joh 6 16-21 vgl. Haenchen (1959) Aufs. I 92 f.; Schnackenburg, Joh II 33—40 (mit Lit.).

[2] Vgl. Bultmann, Geschichte 231; Klostermann, Mk 64 f.; Lohmeyer, Mk 130—132; Kertelge, Wunder 146 f.

leicht voneinander trennen: v. 48b-50 stellt den Seewandel dar, ohne auf den ‚Wind' und die Bedrängnis der Jünger Bezug zu nehmen. Der ‚widrige Wind', der in v. 48a eingeführt worden ist, wird erst in v. 51 wieder aufgegriffen. Das Nebeneinander dieser Momente ist eindeutig sekundär, was sich insbesondere daran zeigt, daß die Erzählung einen doppelten Abschluß aufweist. Die Darstellung des Seewandels ist mit dem Erschrecken der Jünger und der Selbstvorstellung Jesu, die auf diesen Schrecken antwortet und ihn überwindet, abgeschlossen[3]. v. 51 greift dagegen auf v. 48a zurück, bringt die Stillung des Windes und endet ebenfalls stilgemäß mit dem Eindruck der Wundertat, so daß sich eine Doppelung von καὶ ἐταράχθησαν (v. 50) und καὶ λίαν ἐν ἑαυτοῖς ἐξίσταντο (v. 51) ergibt[4].

Im Gegensatz zum Rettungswunder (v. 48a. 51) stellt die reine Seewandelerzählung (v. 47. 48b-50) ein Epiphaniewunder dar, in der sich Jesus den Jüngern durch sein ἐγώ εἰμι zu erkennen gibt. Die Pointe dieser Epiphanieerzählung[5] liegt darin, daß Jesus hier nicht

---

[3] Gegen Lohmeyer, Mk 134 A 4.

[4] In ἐκ περισσοῦ scheint der Versuch vorzuliegen, die Doppelung etwas erträglicher zu gestalten; vgl. die Steigerung in der Darstellung der Reaktion der Jünger von Mk 10 24 zu 10 26. Die überladen wirkende Formulierung der Jüngerreaktion von 6 51 hat zu Kürzungen Anlaß gegeben; D W lassen λίαν, B ℵ C ἐκ περισσοῦ aus; umgekehrt erweitern A D 𝔐 W Θ und lesen ἐξίσταντο καὶ ἐθαύμαζον.

[5] Neben der Selbstvorstellung ἐγώ εἰμι kennzeichnet auch das dem Erschrecken der Jünger korrespondierende θαρσεῖτε ... μὴ φοβεῖσθε die Erzählung als Epiphaniedarstellung.
Zur Verwendung solcher ‚Beruhigungsformeln' angesichts des durch die Epiphanie hervorgerufenen Schreckens vgl. Hom Il 24, 170f.; Luc Dial Deor XX 7; Ikaromenipp XIII, vgl. Betz, Lukian 55.
Verbreitet ist im AT die Wendung אַל־תִּירָא; zur Kontroverse, ob diese Formel im priesterlichen Heilsorakel oder in der Theophaniedarstellung verankert ist (so Köhler, SThZ 36, 1919, 33—39), vgl. Jo. Becker, Gottesfurcht 50—55 (53f. A 227: Lit.) und Wanke, ThW IX, 1973, 199. Neben der Verwendung im Heilsorakel (Dtjes!) ist jedoch das Vorkommen in Theophaniedarstellungen nicht zu bestreiten und die Funktion von אַל־תִּירָא als Antwort auf das Erschrecken vor der Theophanie mehrfach in eindeutiger Weise gegeben, so Jdc 6 23 Ex 20 20 (zwar ist hier Mose der Sprecher des אַל־תִּירָאוּ, dieses bezieht sich jedoch deutlich auf den Schrecken der Theophanie v. 18) Dan 10 12. 19; auch Gen 15 1 ist sicher nicht allein aus der Tradition des Heilsorakels erklärbar.
Auch im außerkanonischen Bereich begegnen Äquivalente zu אַל־תִּירָא als Antwort auf den Epiphanieschrecken mehrfach: Tob 12 16 äth Hen 15 1 slav Hen 1 8 20 2 21 3 22 5 (Bonwetsch) Apk Abr 10 6. 15, vgl. auch 4 Esr 10 55; vgl. Balz, ThW IX, 1973, 202.
Im NT findet sich μὴ φοβοῦ / μὴ φοβεῖσθε als Zuspruch an den durch die Epiphanie in Schrecken versetzten Menschen recht häufig; so in Angelophanien: Lk 1 29f. 2 9f. Mk 16 6 (hier: μὴ ἐκθαμβεῖσθε, vgl. v. 5; Mt 28 5); im Berufungswunder Lk 5 1-11 (v. 10); in der Verklärung Mt 17 7 (anders Mk 9 2-8); in Christophanien: Mt 28 10

aufgrund einer himmlischen Proklamation offenbar wird (so Mk 9 2-8), sondern daß seine Epiphanie in der Form einer Machtdemonstration erfolgt[6]. Dabei ist deutlich, daß die Epiphanieerzählung die Grundlage der jetzigen Erzählungsform dargestellt und sekundär um das Motiv der Hilfe für die Jünger ergänzt worden ist. Denn diejenigen Bestandteile von Mk 6 45-51, die die wunderbare Hilfe für die Jünger zum Gegenstand haben (v. 48a. 51), ergeben keine in sich selbständige Handlung, sondern setzen die durch die Seewandel gegebene Szenerie[7] voraus[8].

Eine reine Epiphanieerzählung ist also um das Moment der Hilfe erweitert worden[9]; d. h. eine Wundererzählung, die nicht auch das Moment der *rettenden* Macht Jesu enthielt, wurde als unvollständig angesehen und in diesem Sinne ergänzt[10]. Dabei bleibt jedoch die dominierende Rolle des Epiphaniemotivs in Mk 6 45-51 bestehen[11]. Zentrum der Erzählung ist weiterhin Jesu Erscheinung auf dem Wasser[12]. Anzeichen, daß die Erweiterung der reinen Epiphanie-

---

(eine entsprechende Funktion hat der Friedensgruß in Joh 20 19. 21. 26, vgl. auch Mt 28 9; s. Pax, ΕΠΙΦΑΝΕΙΑ 189); in der Gottesoffenbarung: Apk 1 17; vgl. auch Act 18 9 27 24 (dort ist allerdings μὴ φοβοῦ eng mit der Fortsetzung verknüpft). Vgl. zum ntl. Befund insgesamt Balz a. a. O. 207f.

[6] Kertelge, Wunder 147: Es handelt sich um ein »Legitimationswunder, durch das die außerordentliche Macht Jesu von den Jüngern erkannt werden soll«. Zum Vergleichsmaterial aus der Umwelt s. Reitzenstein, Wundererzählungen 125; Bultmann, Geschichte 251f.; Betz, Lukian 166; Grant, Miracle 178.

[7] v. 48a. 51 nimmt die in der Exposition geschaffene Situation auf, daß Jesus von den Jüngern getrennt ist, so daß er erst ins Boot kommen muß (v. 51), um ihnen die Hilfe zu bringen.

[8] Hieran scheitert der Versuch von Lohmeyer, Mk 130—132, zwei selbständige Erzählungen — eine Epiphaniegeschichte und ein Rettungswunder — zu rekonstruieren. Lohmeyer muß ἔρχεται πρὸς αὐτοὺς περιπατῶν ἐπὶ τῆς θαλάσσης (v. 48b) beiden Erzählungsfäden zurechnen (vgl. die Übersetzung 130).

[9] So m. R. Bultmann, Geschichte 231; Kertelge, Wunder 147; Schweizer, Mk 79, Dibelius, Formgeschichte 97. 277f. rechnet dagegen mit der Überfremdung eines ursprünglich reinen Hilfewunders durch das ('unevangelisch') Epiphaniemotiv. Ähnlich hält Fuller, Wunder 45. 66f. Mk 6 45-51 für eine Weiterbildung von Mk 4 35-41; gegen eine solche Auffassung wendet sich m. R. Lohmeyer, Mk 135.

[10] Eine (fast) reine Epiphanieerzählung liegt in Joh 6 16-21 vor. Doch fehlt das Motiv des ‚Windes' nicht völlig, vgl. v. 18: ἥ τε θάλασσα ἀνέμου μεγάλου πνέοντος διηγείρετο. Allerdings ist die Verankerung von v. 18 in der joh Erzählung unklar. Eine Stillung des Windes wird nicht erzählt.

[11] Vgl. Kertelge, Wunder 147; auch Dibelius, Formgeschichte 92 hebt die dominierende Rolle des Epiphaniemotivs hervor (auch wenn seine traditionsgeschichtliche Sicht vom Verhältnis zwischen Epiphanie und Rettung zu revidieren ist).

[12] Eine mythische Bedeutung des Wassers — als Wasser des Todes — braucht zum Verständnis von Mk 6 45-51 nicht herangezogen zu werden (so jedoch Dibelius, Formgeschichte 277f. und Lohmeyer, Mk 135f.).

erzählung auf Markus zurückgeht, bestehen nicht[13]. Damit konzentriert sich die Frage nach der markinischen Redaktion auf den Anfang und den Schluß der Erzählung.

Die Exposition v. 45f. enthält eine doppelte Begründung für die — in Blick auf v. 47ff. notwendige — Trennung Jesu von seinen Jüngern[14]: 1. Die Entlassung des Volkes durch Jesus (v. 45); 2. Jesu Gebet auf dem ‚Berg‘ (v. 46). Zum Verständnis der Erzählung ist die zweite Begründung ausreichend, die erste stellt eine recht künstliche Verbindung mit der vorangegangenen Speisungserzählung dar[15]. Obwohl die Abfolge von Mk 6 34-44/45-51 schon vorgegeben ist[16], kann die Verklammerung beider Traditionen in v. 45 als markinisch gelten[17]. Diese enge Verbindung entspricht der Rahmung von Mk 6 34-52 durch zwei summarische Schilderungen (Mk 6 30-33. 53-56) und der gemeinsamen Interpretation beider Erzählungen durch v. 52.

Unumstritten ist die markinische Herkunft von v. 52[18]. Die vormarkinische Erzählung — auch in ihrer um das Moment der Rettung erweiterten Form — hat ihren Abschluß bereits in v. 51 erreicht. v. 52 greift zudem auf Mk 6 34-44 zurück und bringt den charakteristisch markinischen Gedanken des Jüngerunverständnisses zum Ausdruck. Dabei fällt das Urteil über die Jünger noch härter aus als in Mk 4 40, denn der Feststellung οὐ γὰρ συνῆκαν ἐπὶ τοῖς ἄρτοις folgt als Begründung: ἀλλ' ἦν αὐτῶν ἡ καρδία πεπωρωμένη[19]. Die Härte, mit der

---

[13] Natürlich ist zu fragen, ob die erweiterte Fassung der Seewandelerzählung überhaupt mündlich tradierbar war. Doch sofern bereits in der mündlichen Tradition die Absicht einer ‚Vervollständigung‘ der Epiphanieerzählung bestand, war der in Mk 6 45-51 eingeschlagene Weg — Einfügung eines ‚widrigen Windes‘ zu Beginn der Erzählung und Ergänzung durch die Stillung dieses Windes — eine naheliegende Möglichkeit. Falls man nicht mit der Kontamination zweier selbständiger Erzählungen rechnet, liegt kein Grund für die Annahme vor, beide Erzählungselemente seien erst auf schriftlicher Stufe kombiniert worden.

[14] Zu v. 45f. vgl. K. L. Schmidt, Rahmen 193; Bultmann, Geschichte 231; Sundwall, Zusammensetzung 41; Lohmeyer, Mk 131f.; Kertelge, Wunder 145.

[15] Bultmann, Geschichte 231: Es ist nicht einsichtig, »warum bei der ‚Entlassung‘ des Volkes die Jünger hinderlich sind und vorausfahren müssen«.

[16] S. o. S. 36.

[17] Anders Lohmeyer, Mk ErgH 12 (zu S. 130), der die doppelte Motivierung auf die beiden von ihm rekonstruierten Erzählungen verteilt.

[18] Vgl. Bultmann, Geschichte 231; Dibelius, Formgeschichte 77; Sundwall, Zusammensetzung 41; Lohmeyer, Mk 134; Taylor, Mk 330f.; Schweizer, Mk 79f.; Quesnell, Mind 65f.; Kertelge, Wunder 145f. (146 A 602: Kritik an H. J. Ebeling, Messiasgeheimnis 151, der v. 52 als vormk verstehen will); Snoy, EThL 44, 1968, 447—456.

[19] Der Text von v. 52b ist unsicher. ἦν γὰρ αὐτῶν ἡ καρδία (ἡ καρδία αὐτῶν D Φ λ) πεπωρωμένη lesen D A 𝔐 N W Φ λ φ, während ἀλλ' ἦν αὐτῶν ἡ καρδία (ἡ καρδία αὐτῶν L Δ) πεπωρωμένη von B ℵ L Δ Θ bezeugt ist. Die äußere Bezeugung

III. Die markinische Gestaltung der Wundererzählungen

Markus in v. 52 das Unverständnis der Jünger formuliert[20], weist auf das Gewicht hin, das er dieser Aussage beimißt: Gerade dort, wo die Epiphanie Jesu in der Wundererzählung besonders deutlich hervortritt, ist auch das Unverständnis besonders nachdrücklich betont[21]. Damit wird die in der Tradition vorgegebene Epiphanie nicht zurückgenommen, aber sie wird für den Leser um ihre Eindeutigkeit gebracht, indem Markus klarstellt, daß auch das direkte Epiphaniewunder nicht ins ‚Verstehen' führt[22]. Und aus dem Rückbezug von Mk 6 52 auf Mk 6 30-44 geht hervor, daß Markus die Speisungserzählung, in der ebenfalls die Machtdemonstration ein wesentliches Moment ist[23], im gleichen Sinne verstanden wissen will; mit v. 52 bezieht Markus das Speisungswunder in die Korrespondenz von Epiphaniemanifestation und Unverständnis mit ein[24].

    ist nahezu gleichwertig. Innere Gründe sprechen eher für die LA von B etc.: eine sekundäre Verdeutlichung von ἀλλ' ἦν zu ἦν γάρ im Sinne einer — auch sprachlich eindeutigen — begründenden Funktion von v. 52b ist eher denkbar als eine umgekehrte Änderung (gegen Wohlenberg, Mk 197). Die inhaltliche Funktion von v. 52b ist von dieser Differenz kaum betroffen (so m. R. Quesnell, Mind 58).

[20] Das Unverständnis der Jünger ist in der Tradition nicht angelegt, sondern von Mk voraussetzungslos eingeführt worden. Der Epiphanieschrecken von v. 50 ist stilgemäß, ebenso die Reaktion der Jünger in v. 51b, die die Größe der Wundertat beleuchtet (s. o. S. 19f.). Erst durch die mk Anfügung von v. 52 bekommt v. 51b den Charakter eines ‚verständnislosen Staunens' (Klostermann, Mk 66; anders Tagawa, Miracles 115f.; zur Kritik vgl. Snoy, ETHL 44, 1968, 448 A 218; s. auch o. S. 99 A 38). Furcht und Unverständnis der Jünger sind auch in Mk 9 6 miteinander verbunden (vgl. Schweizer, Mk 102f.; Horstmann, Studien 81).

[21] Die mk Korrespondenz von Epiphanie und Unverständnis übersieht Schreiber, Theologie 96f. Er interpretiert das Unverständnis der Jünger als Versagen, da sie nicht das in v. 45 befohlene Ziel (im ‚Galiläa der Heiden') erreichen und sich nicht von Jesus helfen lassen (was Schreiber a. a. O. 97 aus v. 49 folgert!).

[22] Genau entgegengesetzt ist die Zielrichtung von Mt 14 22-33: Das Jüngerunverständnis fehlt, und die Epiphanie, das Wunder an Petrus und die Stillung des ‚Windes' führen zur Proskynese der Jünger und zum Bekenntnis: ἀληθῶς θεοῦ υἱὸς εἶ (14 33); vgl. auch Held, WMANT 1, 193—195.

[23] S. o. S. 102f.

[24] Zu einem ganz andersartigen Ergebnis gelangt Quesnell, Mind (vgl. ‚Summary, 275—277). Er geht davon aus, daß Mk 6 52 für sich genommen unverständlich ist, nimmt mehrere ‚Horizonterweiterungen' vor (zur Problematik vgl. Luz, ThLZ 96, 1971, 349—351) und gelangt zu einer weitgefaßten eucharistischen Bedeutung von ἐπὶ τοῖς ἄρτοις (257—261): »The full meaning of Eucharist is the full meaning of Christianity. It means death and resurrection with Christ. It means the union of all men in one Body. It means His abiding presence. It means His satisfaction of all wants in faith« (276).

Dies Ergebnis ist nur möglich, weil Quesnell 1. von der Annahme ausgeht, mit ἐπὶ τοῖς ἄρτοις sei das selbständige Thema des ‚Brotes' angeschnitten (z. B. 66),

d) Mk 8 1-9

Die zweite Speisungserzählung stellt insgesamt eine sekundäre Variante zu Mk 6 (34) 35-44 dar[1], aber die Annahme einer literarischen Bildung durch Markus[2] ist unbegründet. Abgesehen von v. 1 und der redaktionellen Übergangsnotiz v. 10 weist diese Erzählung keine sekundären Elemente auf, die der markinischen Redaktion zuzurechnen wären[3]. Natürlich illustriert Mk 8 4 — im Sinne des Markus — das Unverständnis der Jünger[4], aber mit markinischer Bearbeitung ist nicht zu rechnen. Wie Mk 6 37 so ist auch Mk 8 4 als Teil der vormarkinischen Erzählung voll verständlich[5].

> Mehrfach wird vermutet, Markus interpretiere durch seine geographische Rahmung Mk 8 1-9 als Speisungswunder für die Heiden, während bei der Erzählung von Mk 6 30-44 — im Sinne des Markus — an Juden zu denken sei[6]. Zwischen beiden Erzählungen liegt in der Tat Jesu Reise in das heidnische Gebiet von Tyros (Mk 7 24). Aber diese ist bereits mit Mk 7 31 wieder beendet[7].
> Als weitere Gründe für eine Deutung von Mk 8 1-9 als Wunder an den Heiden werden genannt:
> 1. ἀπὸ μακρόθεν (Mk 8 3) sei ein Hinweis auf das Herzukommen der ‚Fernen' (= Heiden)[8]. Doch ist damit diese in der Exposition der Erzählung voll verständliche Aussage eindeutig überfrachtet[9]

---

und daher 2. den konkreten Kontext außer acht lassen muß, der in der Tat dies Thema nicht enthält. Quesnell stellt zwar die notwendige Frage nach den Verstehensvoraussetzungen der Hörer, aber er erhebt diese nicht aus den von Mk übernommenen Traditionen. So stellt er a. a. O. 60—62 lediglich verschiedene Analysen von Mk 6 45-51 dar, aber eine eigene Interpretation dieser Überlieferung, auf die sich ja v. 52 bezieht, wird — als offenbar nicht notwendig — unterlassen.

[1] Lit.: s. o. S. 43 A 3. 99 A 1; zum Verhältnis zu Mk 6 34-44: S. 102 A 16.
[2] So Wendling, Entstehung 68—75 (zustimmend: Dibelius, Formgeschichte 75 A 1); Trocmé, Formation 41. 141f.
[3] Vgl. Kertelge, Wunder 139; zum readktionellen Charakter von v. 10 s. o. S. 35.
[4] S. m. R. Kertelge, Wunder 142.
[5] S. o. S. 103.
[6] So u. a. Taylor, Mk 357; Danker, JBL 82, 1963, 215f.; van Iersel, NovTest 7, 1964/65, 183—190. Boobyer, SJTh 6, 1953, 77—87 nimmt auch für Mk 6 30-44 einen heidnischen ὄχλος an. Zur Kritik vgl. Friedrich, ThZ, 20, 1964, 11f.
[7] S. o. S. 90f.
[8] So Danker, JBL 82, 1963, 215f.; van Iersel, NovTest 7, 1964/65, 184f.
[9] Ganz phantastisch interpretiert Thiering, NovTest 12, 1970, 4f.: Er kombiniert die 4000 mit den »4 corners of the world« (a. a. O. 4) und bezieht sie auf das Diasporajudentum bzw. das hellenistische Judenchristentum, während unter den 5000 das palästinische Judenchristentum zu verstehen sei. Die bis zur (postulierten) Vollzahl von 12 000 noch bestehende Lücke signalisiere das — noch nicht abgeschlossene — Herzukommen der Heidenchristen; ähnlich schon Farrer, Study 290—304 (vgl. auch ders., JThS NS 4, 1953, 1—14).

2. Die Zahlenangaben von Mk 6 43 (12 κόφινοι) und Mk 8 8 (7 σπυρίδες) seien als Hinweise auf den (palästinischen) Zwölferkreis und die sieben (hellenistischen) Diakone von Act 6 1-6 zu interpretieren[10] — eine völlig willkürliche Kombination nicht zusammengehöriger Traditionen, für die die Speisungserzählungen keinerlei Anlaß geben[11].

Für das markinische Verständnis wichtig dagegen ist, daß das zweite Speisungswunder im Markusevangelium im direkten Kontext der Ablehnung der Zeichenforderung (Mk 8 11-13) steht. Markus konfrontiert damit die auch in Mk 8 1-9 recht deutlich vorliegende Darstellung eines Machterweises Jesu[12] mit einer Tradition, in der das Legitimationswunder strikt abgelehnt wird[13].

e) Die Interpretation von Mk 6 30-44 und 8 1-9 in Mk 8 14-21

Die beiden Speisungserzählungen werden nicht nur durch die Rahmung Mk 6 30-33 (34). 53-56, die ebenfalls redaktionelle Bemerkung Mk 6 52 und die Abfolge Mk 8 1-9/11-13 interpretiert; Markus kommt mit Mk 8 14-21 nochmals auf beide Erzählungen zurück. Und wie in Mk 6 52 ist es das Unverständnis der Jünger, das hier den leitenden Gesichtspunkt seiner Interpretation dieser Überlieferungen darstellt.

Für diese Gesprächsszene über die beiden Speisungswunder[1] ist kennzeichnend, daß sie keine Formung aufweist, die die Möglichkeit einer mündlichen, vormarkinischen Überlieferung wahrscheinlich macht. Der Rückbezug auf beide Speisungserzählungen legt vielmehr die Annahme einer redaktionellen Bildung[2] — und zwar durch Mar-

---

[10] So Sundwall, Zusammensetzung 50; Farrer, JThS NS 4, 1953, 1—14; Heising, Brotvermehrung 54f.; Thiering, NovTest 12, 1970, 4; vgl. auch van Iersel, Nov Test 7, 1964/65, 177. 185f.

[11] Zur Kritik vgl. auch Lohmeyer, Mk 153 A 6; Friedrich, ThZ 20, 1964, 11f.; Hahn, Verständnis 97 A 6.

[12] S. o. S. 102f.

[13] Zu Mk 8 11-13 s. u. S. 155—159.

[1] Lit.: s. o. S. 43 A 3; außerdem: Burkill, Revelation 106f.; ders., ZNW 57, 1966, 30—32; Mánek, NovTest 7, 1964/65, 10—14; Denis, TU 102 (StudEv IV), 1968, 176f.; Snoy, EThL 44, 1968, 469—480; Reploh, Markus 76f. 82—86; Quesnell, Mind 103—124. 230—257; Roloff, Kerygma 246—251. — Zu v. 15: Windisch, ThW II, 1935, 908; Ziener, TThZ 67, 1958, 247f. und die Hinweise bei Bultmann, Geschichte ErgH 53 (zu S. 139). — Zu v. 18: Gnilka, Verstockung 32f.; Suhl, Funktion 151f.

[2] Man kann erwägen, ob der Bezug auf *beide* Speisungserzählungen eine sekundäre Verdoppelung darstellt (so Schweizer, Mk 90f.). Aber auch wenn man v. 20 (sowie das mk Motiv des Jüngerunverständnisses in v. 17f. 21 und den eingeschoben wirkenden v. 15) ausklammert, ergibt sich keine geschlossene, mündlich tradierbare Einheit (gegen Schweizer ebd., der v. 14. 16. 17a. 18c. 19 als vormk Tradition

4. Die Epiphanie Jesu in den sog. ‚Natur'wundern

kus — nahe[3], zumal Mk 8 14-21 restlos als Analogiebildung im Anschluß an vormarkinisches Traditionsgut erklärt werden kann[4], deren Mittelpunkt das markinische Thema des Jüngerunverständnisses ist[5]. Lediglich in v. 15 liegt eine eigenständige Überlieferung vor[6], die Markus recht unvermittelt in seine Darstellung einbezieht[7].

Die inhaltliche Interpretation der beiden Speisungserzählungen, die Markus mit Mk 8 14-21 offenbar beabsichtigt, scheint etwas undurchsichtig zu sein. Z. T. wird gerade aufgrund dieses Abschnittes vermutet, Markus verstehe die ‚Brot'wunder symbolisch und in Mk 8 14b sei mit εἷς ἄρτος Jesus als das wahre (Lebens-) Brot gemeint[8]. Doch ist in den markinischen Speisungserzählungen selbst kein Hinweis auf eine weiterreichende, tiefere oder symbolische Bedeutung enthalten. Sie sind als Machttaten verstanden[9], und als Machttaten werden sie in Mk 8 19f. rekapituliert: Jeweils wird das wunderbare Ergebnis beider Begebenheiten genannt. Und die Jünger, die das Resultat

---

ansieht). Zwar ist eine weiterführende Interpretation vorgegebener Überlieferungen bereits auf mündlicher Stufe nicht auszuschließen, aber ohne das Moment des Jüngerunverständnisses liegt in Mk 8 14ff. gar keine Interpretation vor. Mit dem Verhältnis von Mk 4 14-20 zu 4 3-8 z. B. ist Mk 8 14ff. nicht vergleichbar.

[3] Zur readaktionellen Herkunft vgl. Wellhausen, Mc 60; Dibelius, Formgeschichte 230 (Bultmann, Geschichte 139 bespricht nur v. 15 als Tradition); Snoy, EThL 44, 1968, 469—480; Reploh, Markus 76—78 (der sich eindeutig jedoch nur zu v. 17-21 äußert); Quesnell, Mind 105—112; Roloff, Kerygma 246f.

[4] Vgl. Roloff, Kerygma 246f. Die Szenerie — das ‚Gespräch' Jesu mit den Jüngern im Boot — erinnert an Mk 4 35-41. Das Zitat in v. 18 stellt einen Rückgriff auf 4 12 dar, und in v. 19f. liegt wörtliche Aufnahme von 6 43 und 8 8 vor.

[5] Zur Formulierung des Jüngerunverständnisses in v. 17. 21 vgl. Mk 4 40 und 6 52.

[6] Lk 12 1 zeigt, daß die in Mk 8 15 verarbeitete Tradition isoliert verwendbar war.

[7] Vgl. Wellhausen, Mc 61; K. L. Schmidt, Rahmen 204; Dibelius, Formgeschichte 230; Sundwall, Zusammensetzung 52; Snoy, EThL 44, 1968, 469 A 292; Roloff, Kerygma 246f. Tagawa, Miracles 77 A 1: Wenn v. 15 von Mk eingefügt worden ist, muß v. 14. 16ff. vormk sein. Doch ist dieser Schluß nicht zwingend.

[8] Vgl. J. Weiß, Mk 144; Grundmann, Mk 162; Boobyer, JThS NS 3, 1952, 170f.; Mánek, NovTest 7, 1964/65, 10—14; Burkill, ZNW 57, 1966, 30—32 (vgl. bereits ders., Revelation 106f.); Reploh, Markus 85; Kertelge, Wunder 172. Skeptisch Klostermann, Mk 77: »Jedenfalls meint die Erzählung selbst in v. 14a. 16. 19f. *wirkliche* Brote« (Hervorhebung im Original).
Ähnlich, jedoch ohne sich auf v. 14 zu stützen, Dibelius, Formgeschichte 230: »Die Jünger, d. h. aber die Leser, sollten nach dem wiederholt erlebten Speisungswunder wissen, daß Jesus ihnen allezeit wahres Brot gibt. Der johanneische Gedanke vom Lebensbrot kündigt sich in Umrissen an.« Vgl. außerdem Quesnell, Mind 231, der von seinem extrem ausgeweiteten Begriff des ‚Brotes' her interpretiert (s. dazu o. S. 108f. A 24). Gegen eine symbolische Interpretation wenden sich ausdrücklich Snoy, EThL 44, 1968, 470f. A 297. 476f. und Roloff, Kerygma 248.

[9] S. o. S. 102—104.

III. Die markinische Gestaltung der Wundererzählungen

der Machttaten wiederholen können, haben Augen und ‚sehen' dennoch nicht; d. h. auch Mk 8 14-21 betont — wie Mk 6 52 —, daß die Machttaten Jesu nicht ins ‚Verstehen' führen. Dabei nähert Markus das Bild der Jünger an das der ‚draußen' in Mk 4 11f. (vgl. Mk 8 18)[10] und das der Pharisäer und Herodianer an; von den Jüngern wie von den Gegnern gilt, daß ihr Herz ‚verhärtet' ist (vgl. Mk 8 17 und 6 52 mit 3 5), d. h. daß ihnen das Verstehen verschlossen ist. Deshalb kann Markus innerhalb von Mk 8 14-21 die Warnung vor dem »Sauerteig der Pharisäer und dem Sauerteig des Herodes« (v. 15) einfügen. Der Rückbezug auf Mk 8 11-13, den Markus mit v. 15 zugleich herstellt[11], zeigt, daß Markus durch Mk 8 11-21 einen einheitlichen Gesichtspunkt bei der Interpretation der Speisungswunder zur Geltung bringen will: Markus will durch die Abfolge Mk 8 1-10/11-13/14-21 die Möglichkeit ausschließen, die ‚Natur'wunder als unzweideutige Epiphanien Jesu in seinen Wundertaten zu verstehen. Die Machttaten als solche ermöglichen nicht νοεῖν und συνιέναι Jesu[12].

---

[10] Vgl. Suhl, Funktion 151f.; Snoy, EThL 44, 1968, 474f.

[11] Häufig wird die Abfolge v. 15/16ff. in Analogie zur joh Technik des Mißverständnisses interpretiert, so Dibelius, Formgeschichte 230; Lohmeyer, Mk 157; Reploh, Markus 84. Doch ist fraglich, ob Mk neben der Verklammerung von Mk 8 11-13 und 8 14ff. auch noch einen bewußten Kontrast zwischen v. 15 und v. 16 schaffen wollte.
Eine »psychologisch einleuchtende Verbindung zwischen v. 15 und v. 16« will Ziener, TThZ 67, 1958, 248 herstellen: Das Sauerteigwort erinnerte die Jünger an das Problem der vergessenen Brote, von dem sie nun in Beschlag genommen werden. Richtig dagegen Snoy, EThL 44, 1968, 471 A 298: »La discussion des disciples ne provient pas de ce qu'ils interpréteraient de travers le logion de v. 15.«

[12] Von hier aus ist zu überprüfen, ob die häufig gestellte Frage nach dem, was die Jünger in Mk 8 14-21 eigentlich positiv hätten verstehen sollen, überhaupt der mk Intention entspricht. Auffällig ist ja, daß Mk keinen irgendwie deutlichen Hinweis für eine mögliche Beantwortung dieser Frage liefert (daher resultieren auch die Versuche einer symbolischen Aufschlüsselung der Speisungswunder und des Gesprächs Mk 8 14-21). Dies deutet darauf hin, daß Mk das Jüngerunverständnis nicht primär als biographische Idee versteht, die sich auf einzelne Aspekte der vorösterlichen Situation bezieht, sondern daß er mit dieser Zeichnung der Jünger offenbar auf eine umfassende Aussage über die Unmöglichkeit zielt, Jesu Person und Werk vor Ostern und ohne die Passion zu verstehen (dazu s. u. S. 186). Dies wird in Mk 8 14-21 speziell auf die ‚Natur'wunder angewendet.
Als Teil einer biographisch auch nur einigermaßen plausiblen Jüngerdarstellung bleibt Mk 8 14-21 unbefriedigend, verständlich wird die mk Intention jedoch, wenn man hierin den Versuch sieht, eine auf Passion und Ostern bezogene positive Konzeption über den Glauben und den Zugang zu ihm in einem vorösterlichen Erzählrahmen zur Darstellung zu bringen. Vgl. Snoy, EThL 44, 1968, 477: »De nouveau, l'incompréhension des disciples ne provient pas de la complexité excessive des faits auxquels ils ont assisté; pas plus que la sentence Mc., VII, 15, les deux multiplications des pains sont des rébus dont la solution exigerait une ingéniosité

5. WUNDERERZÄHLUNGEN NACH MK 8 27

Unzweifelhaft liegt in Mk 8 27 der zentrale Einschnitt des Markusevangeliums vor[1]. Mit der Abfolge von Petrusbekenntnis, Leidens- und Auferstehungsankündigung und Nachfolgelogien eröffnet Markus die Perspektive der Passion[2]. In dem Abschnitt Mk 8 27—10 52 wird außerdem eine sorgfältige Komposition sichtbar: Die drei Leidens- und Auferstehungsankündigungen — jeweils gefolgt von einer Darstellung ihrer Konsequenz für die Existenz der Gemeinde (Mk 8 34ff. 9 33ff. 10 35ff.) — stellen das darstellerische und inhaltliche Gerüst des Abschnitts dar, mit dem Markus im Vorblick die Passionsdarstellung

---

particulière. En fait, pour Mc., c'est Jésus lui-même qu'ils ‚ne comprennent pas encore', qu'ils ne peuvent comprendre.«

[1] Zur Gliederung des MkEv vgl. Kümmel, Einleitung 59—62; Pesch, Naherwartung 48—53. Die Auffassung, daß Mk 8 26/27 den zentralen Einschnitt des MkEv darstellt, hat sich immer mehr durchgesetzt (zu Kuby, der den Einschnitt in 8 22 sieht, s. o. S. 71 A 23. A 25). Diese Gliederung »systematischer oder christologischer Art« (Riesenfeld, Festschr. R. Bultmann, BZNW 21, 1954, 160) wird ergänzt durch die geographische Gliederung Galiläa—Jerusalem. Der Übergang zwischen beiden Schauplätzen wird in Mk 8 27—10 52 durch die ὁδός nach Jerusalem hergestellt (dazu s. gleich).

[2] Die Abfolge von Mk 8 27-33/34ff. kann als sicher mk gelten; sie entspricht sachlich der ebenfalls mk Abfolge Mk 9 30-32/33ff. und 10 32-34/35ff. (so Conzelmann, EvErz 20, 1968, 255f. [mit A 31f.] gegen Schweizer, Mk 99).
Äußerst umstritten ist dagegen die Herkunft der theologisch ebenfalls aufschlußreichen Verknüpfung von Petrusbekenntnis und Leidensankündigung. Strecker, ZThK 64, 1967, 23. 32—34 möchte den Zusammenhang als ursprünglich ansehen, weil »nach der provozierenden Frage in v. 29 a auf das Petrusbekenntnis eine Stellungnahme Jesu folgen mußte« (33 A 43). Doch ist die von Bultmann, Geschichte 276 angestoßene Suche nach der ‚Antwort' auf das Bekenntnis von v. 29 fragwürdig (vgl. Haenchen, NovTest 6, 1963, 83 und [1968] Aufs. II 109). Sie steht allzu deutlich unter dem Eindruck von Mt 16 13-20 (vgl. Bultmann a. a. O. 277). Und: das (in v. 27-29 szenisch veranschaulichte) Bekenntnis ist eine vollgültige Aussage, die keine ‚Stellungnahme' erfordert. In der Abfolge Petrusbekenntnis—Leidensankündigung liegt also eine sekundäre Verbindung vor. Fraglich ist nur, ob diese auf vormk oder erst mk Stufe erfolgte. Da für v. 31 selbst die Annahme einer vormk Formung fraglich ist (zum Nachweis eines vormk Kerns bei Strecker a. a. O. 24—30 vgl. die Skepsis von Conzelmann a. a. O. 255 A 28), ist es doch näherliegend, in der Fortsetzung von Mk 8 27-29 durch v. (30 +) 31 eine mk Komposition zu sehen. So jetzt auch Müller, ZNW 64, 1973, 164—170. — Zu den Versuchen, die ‚Antwort' auf v. 29 in v. 33b zu finden (Hahn, Hoheitstitel 226—230; Dinkler [1964] Aufs. 283—312), vgl. die Kritik von Strecker a. a. O. 22f.; Conzelmann a. a. O. 254f. und Horstmann, Studien 14—16. — Zur Frage, ob von v. 33b aus überhaupt ein größerer vormk Zusammenhang zu rekonstruieren ist, vgl. Conzelmann ebd. 254.

interpretiert³. Ein weiteres Gestaltungsmittel ist die mit Mk 8 27 einsetzende und den ganzen Abschnitt umgreifende ‚Reise'⁴ (Mk 8 27 9 30. 33 10 1. 17. 32. 46. 52), von der Mk 10 32 deutlich wird, daß sie die ὁδός nach Jerusalem, d. h. zur Passion, ist.

Inhaltlich sind in diesem Abschnitt christologische und katechetische Stoffe dominierend. Wundererzählungen treten ganz deutlich zurück; dabei ist nicht dies Zurücktreten auffällig, vielmehr ist zu erklären, warum überhaupt noch zwei Wunderüberlieferungen (Mk 9 14-29 und 10 46-52) in diesen Abschnitt aufgenommen worden sind⁵. In dieser Stoffanordnung zeigt sich offenbar das Bestreben des Markus, die Wiedergabe der passionslosen Wundertraditionen und die Passionsdarstellung miteinander zu verschränken. Und es ist daher zu fragen, ob auch in der markinischen Interpretation der beiden Wundertraditionen selbst eine Sachbeziehung zwischen den hier miteinander verzahnten Traditionsbereichen sichtbar wird.

a) Mk 9 14-29

Die Wundererzählung von Mk 9 14-29 bietet hinsichtlich der Frage nach ihrer markinischen Interpretation beträchtliche Schwierigkeiten¹, da Umfang und Struktur der vormarkinischen Überlieferung umstritten sind.

---

[3] Zur Interpretation von Mk 8 27—10 52 vgl. Schweizer (1964) Aufs. II 34—37 und Conzelmann, in: Conzelmann u. a., Bedeutung 41—44.

[4] Es häufen sich breit formulierte Reisenotizen (Mk 9 30 10 1. 32. 46). Diese haben eine weitergreifende Funktion als nur die der Verbindung zweier verschieden lokalisierte Einzeltraditionen (vgl. die Angabe von *Gebieten*, die auf der ‚Reise' durchquert werden: Galiläa 9 30; Judäa und Peräa 10 1 [zur Textkritik vgl. Klostermann, Mk 98]; einige Parallele vor Mk 8 27: 7 31): sie führen den Leser nach Jerusalem, dem Schauplatz der Passion (vgl. K. L. Schmidt, Rahmen 238). Hinzu kommt die Verwendung von ὁδός, die fast durchweg mk ist; so in 8 27 (vgl. hierzu Strecker, ZThK 64, 1967, 32 A 41; Conzelmann, EvErz 20, 1968, 254 A 27) 9 33. 34 10 17 (? vgl. Schmidt a. a. O. 241f.). 32. 46 (? s. u. S. 131 A 25). 52 (s. u. S. 131f.). Die ‚Reise' ist also ein Werk der mk Redaktion; vgl. Luz, ZNW 56, 1965, 24f.; Schreiber, Theologie 190f.; Reploh, Markus 90. 178f.; H.-W. Kuhn, Sammlungen 224 A 38 (unzureichend dagegen Preuß, Galiläa, Diss. Göttingen 1966, 27—30). Aus der redaktionellen Verwendung von ὁδός in Mk 8 27 geht auch hervor, daß die ‚Reise' bereits in Mk 8 27 beginnt, obwohl ihr Ziel erst in Mk 10 32 direkt genannt wird (gegen Kümmel, Einleitung 56. 59f, der erst Mk 10 1 für den Beginn ansieht).

[5] Wellhausen, Mc 62: »die zwei Heilungswunder, die hier noch eingestreut werden, stören förmlich.«

[1] Lit.: s. o. S. 43 A 3; außerdem: Perels, Wunderüberlieferung 43—45; Karnetzki, Festschr. K. Kupisch, 1963, 164—171; Léon-Dufour, Études 183—227;

Klammert man neben der eindeutig redaktionellen Überleitung v. 14a auch die breite Einleitung v. 14b-16 und den nicht stilgemäßen Abschluß v. 28f. als möglicherweise ebenfalls redaktionell aus[2], so ergibt sich ein traditioneller Kern, der auch in dieser Eingrenzung Spannungen und Doppelungen aufweist[3]:

1. Die Herbeibringung des Kranken ist doppelt dargestellt: in v. 17 in der Rede des Vaters (ἤνεγκα τὸν υἱόν μου πρὸς σέ) und in v. 20 (καὶ ἤνεγκαν αὐτὸν πρὸς αὐτόν — nach der Aufforderung v. 19: φέρετε αὐτὸν πρός με).

2. Die Krankheit wird in v. 18a und v. 22a — in inhaltlich übereinstimmender Weise — zweimal beschrieben[4].

3. Doppelt erscheint auch die Bitte des Vaters in v. 22b gegenüber v. 17f., denn die Worte des Vaters enthalten hier indirekt auch schon die Bitte um die helfende Wundertat[5].

4. Deutlich liegt ein Wechsel von Szenerie und Personen vor: »Die Jünger spielen nur in V. 14-19 eine Rolle und sind dann verschwunden, während mit V. 21ff. der Vater zur Hauptperson wird, der in V. 17—19 nur eine Nebenrolle spielte«[6].

Diese Doppelungen und Spannungen sind befriedigend nur durch die Annahme erklärbar, daß hier zwei ursprünglich selbständige

---

Reploh, Markus 211—221; E. Fuchs, Jesus 47—57; Bornkamm (1970) Aufs. IV 21—36; Schenk, ZNW 63, 1972, 76—94.

[2] Zur mk Gestaltung des Erzählungsbeginns und -endes s. u. S. 119—121.

[3] Vgl. Bultmann, Geschichte 226; Kertelge, Wunder 174f.; Bornkamm (1970) Aufs. IV 24; E. Fuchs, Jesus 50f.

[4] Nach Schniewind, Mk 119; Held, WMANT 1, 178 und Bornkamm (1970) Aufs. IV 24 liegen sogar drei Darstellungen der Krankheit vor, nämlich in v. 18. 20. 26 (so Schniewind), bzw. v. 18. 20. 22 (so Held), bzw. v. 17f. 20-22. 26 (so Bornkamm). Natürlich demonstrieren v. 20 und v. 26 nochmals die Art der Krankheit, aber ihre Funktion ist doch eine andere als die von v. 18a und v. 22a. v. 20 schildert die Begegnung des Dämons mit dem Wundertäter, und v. 26 ist Demonstration des gewaltsamen Ausfahrens des Dämons.

[5] Anders Kertelge, Wunder 176. Doch ist die Zielrichtung von v. 17f. eindeutig: Der Vater wendet sich nach dem Versagen der Jünger an den Meister.

[6] Bultmann, Geschichte 226. Bultmann ebd. weist auch auf den Widerspruch zwischen dem Herbeiströmen des Volkes in v. 25 und der Anwesenheit der Menge schon in v. 14f. hin. Da v. 14f. jedoch wahrscheinlich mk ist (s. u. S. 119f.), liegt hier kein sicheres Indiz für eine Spannung *innerhalb* der Tradition vor. Bornkamm (1970) Aufs. IV 24. 28 sieht auch in den deutlich auf Epilepsie weisenden Schilderungen der Krankheit und der Bezeichnung des Dämons in v. 17. 25 als πνεῦμα ἄλαλον (καὶ κωφόν), die Taubstummheit anzeigt, eine Spannung. Doch ist diese Differenz wohl nur für den modernen Betrachter vorhanden; s. auch u. S. 117 A 16.

8*

116 III. Die markinische Gestaltung der Wundererzählungen

Wundertraditionen miteinander verbunden worden sind[7]. Dabei ist der Krankheitsfall und die Ausgangssituation (der Vater bittet den Wundertäter um Heilung seines besessenen Sohnes) in beiden Traditionen gleich (vgl. v. 17f. mit v. 21f.), was die Verbindung beider Überlieferungen ermöglichte[8]. Andererseits ist der je verschiedene Schwerpunkt noch erkennbar: Mit v. 17 setzt eine Wunderüberlieferung ein, die — auf dem Hintergrund der versagenden Jünger (v. 18b)[9] — die Wundermacht Jesu betont herausstellt, während der Mittelpunkt der zweiten Tradition im Gespräch mit dem Vater über den Glauben (v. 22b-24) liegt. Dieser apophthegmatischen Wundertradition[10] kann die breite Darstellung der Wunderhandlung in v. 25-27[11] kaum zugerechnet werden[12]: Eine derartige Betonung der

---

[7] So die Analyse von Bultmann, Geschichte 225f.; ähnlich Bauernfeind, Worte 74 A 1. Dieser Analyse schließen sich an: Taylor, Mk 396; Fuller, Wunder 41; Schweizer, Mk 106; E. Fuchs, Jesus 50f.; Bornkamm (1970) Aufs. IV 24.
Für die Einheitlichkeit treten dagegen ein: Schniewind, Mk 119; Lohmeyer, Mk 184—191; Roloff, Kerygma 143—152. Schniewind will die Doppelungen aus dem »Stil des Epos und der Volkserzählung« erklären. Bei Lohmeyer, Mk 187 wird die Doppelung von v. 17f. und v. 21f. höchstens konstatiert, wenn er zu v. 21f. bemerkt: »So hebt die Erzählung *wie* von neuem an« (Hervorhebung von mir). Zu Roloff s. u. S. 118f. A 18. A 24; weitere Möglichkeiten der Analyse s. u. S. 117f. A 14. A 17. A 21.

[8] Beschränkt man die zweite Überlieferung auf v. 21-24, so ist in dieser die Anwesenheit des besessenen Sohnes nicht unbedingt vorausgesetzt. Nicht notwendig ist dann auch die Annahme von Bultmann, Geschichte 225, in beiden Traditionen sei der Heilungsvollzug ähnlich gewesen.

[9] Das Versagen der Jünger ist stilgemäßer Topos, vgl. Bultmann, Geschichte 236. Aus dem mk Interesse an diesem Jüngerbild (vgl. v. 28f.) kann nicht auf die redaktionelle Herkunft von v. 18b geschlossen werden (so jedoch Kertelge, Wunder 176f.). Vielmehr ist v. 18b für Mk die Voraussetzung in der Tradition für die Anfügung von v. 28f. gewesen. Abwegig ist die Annahme von Schenk, ZNW 63, 1972, 79, in v. 18b habe Mk die Pharisäer (vgl. v. 14) durch die Jünger ersetzt. Dann hätte es sich in v. 18 ursprünglich nicht um die Gegenüberstellung Meister—Schüler, sondern um die von Jesus und seinen Gegnern gehandelt. Aber die Gegner haben nicht in der Wundererzählung, sondern im Streitgespräch ihren Ort.

[10] Auch wenn zu dieser zweiten Tradition nur v. 21-24 zu rechnen ist (s. u. S. 118), so ist deren apophthegmatischer Charakter (Bultmann, Geschichte 226) aus dem noch erhaltenen Gespräch klar ersichtlich.

[11] Verfehlt Schreiber, Theologie 196: »Die Heilung als solche wird durch 9,25 zur Nebensache (Jesus will keinen Menschenauflauf und heilt deshalb).« Der Vollzug der Heilung im Geheimen (vgl. Mk 7 33 8 23 Act 9 40; s. Bultmann, Geschichte 239) reduziert keineswegs die Größe der Wundertat.

[12] So jedoch Bultmann, Geschichte 226 und Bornkamm (1970) Aufs. IV 24. Bultmann erwägt als Alternative, daß allenfalls in v. 25 der Abschluß der ersten

5. Wundererzählungen nach Mk 8 27

Wundertat als Fortsetzung des Gesprächs würde dieses um seine Bedeutung bringen[13]. Wenn somit v. 25-27 als Teil der mit v. 17 einsetzenden Tradition gelten kann, wird eine relativ geschlossene Wundererzählung als Grundlage der vorliegenden Endgestalt von Mk 9 14-29 sichtbar:

> v. 17f.: Exposition[14] — Schilderung der Krankheit und Versagen der Jünger (indirekt: Bitte um Heilung)
> v. 20 b. c: Beginn der Handlung — Begegnung des Dämons mit dem Wundertäter[15] und Reaktion des Dämons[16]
> v. 25-27: Exorzismushandlung[17]
> > v. 25 a: Einführung des Publikums
> > v. 25 b: Ausfahrbefehl

(reinen) Wundergeschichte (Bultmann: »etwa V. 14-20«) verarbeitet sei. Doch sind innerhalb von v. 25-27 keinerlei Anzeichen eines Bruchs zu erkennen.

[13] Für apophthegmatische Wundertraditionen ist eine möglichst knappe Darstellung der Wunderheilung selbst typisch, vgl. Mk 3 1-5 Lk 14 1-6 Mk 7 24-30 Mt 8 5-13.

[14] Mit v. 17 setzt sicher Tradition ein, wie der abrupte Übergang v. 16/17 zeigt. Zutreffend Klostermann, Mk 90: Der Vater antwortet mit v. 17 »eigentlich gar nicht auf die Frage v. 16, sondern bittet um Hilfe«. Diese Spannung übersehen Sundwall, Zusammensetzung 58—60 und Kertelge, Wunder 175, die v. 14-19 insgesamt für mk halten — und damit die Annahme einer Kombination von zwei Traditionen umgehen. Falls v. 14-16 rein mk ist, so ist von der mit v. 17 einsetzenden Tradition höchstens eine kurze Einleitungswendung entfallen.

[15] Die Begegnung zwischen Wundertäter und Dämon paßt kaum zu v. 21ff., denn die Schilderung der Krankheit (v. 22) hat *vor* der Begegnung von Dämon und Wundertäter ihren Ort (vgl. Mk 5 1ff.); gegen Kertelge, Wunder 175 und E. Fuchs, Jesus 51, die v. 20 (bzw. v. 20b) zu v. 21ff. rechnen. Dagegen schließt sich v. 20 glatt an v. 17f. an — allerdings ohne die mit v. 17 konkurrierende Szenenangabe von v. (19 c) 20 a. Diese Regiebemerkung ist offenbar Folge der sekundären Einfügung von v. 19 a.b; s. u. S. 118 f.

[16] Die Reaktion des Dämons, der den Wundertäter erblickt hat (καὶ ἰδὼν αὐτὸν τὸ πνεῦμα, vgl. Mk 5 6), entspricht dem v. 18 geschilderten Krankheitsfall. Die in Mk 1 24 5 7 begegnende Anrede muß hier fehlen, da es sich um ein πνεῦμα ἄλαλον handelt (eine Spannung zwischen Besessenheit und Taubstummheit ist also für die Erzählung nicht vorhanden).
Falls man v. 20b. c nicht zur Tradition von v. 17f. . . . 25-27 rechnet, muß man genau an dieser Stelle eine entsprechende Lücke postulieren, denn die Begegnung zwischen Dämon und Wundertäter gehört zum festen Erzählschema einer Exorzismusgeschichte (s. o. S. 55).

[17] Nur die Abfolge v. 20b. c/25-27 kann als stilgemäß gelten. Auch in Mk 1 23ff. 5 1ff. wird mit der Begegnung zwischen Jesus und dem Dämon die Exorzismushandlung selbst eröffnet. Das spricht gegen den Vorschlag von Schenk, ZNW 63, 1972, 76—94, v. 21b. 22 der Tradition von v. 17f. 20 zuzuweisen. Damit wird zwar die Annahme einer Kontamination zweier Einzeltraditionen vermieden, aber das Ergebnis ist eine uneinsichtige Erzählfolge.

> v. 26: demonstratives Ausfahren des Dämons mit zerstörerischer Folge (die durch das Publikum kommentiert wird)
> v. 27: erneutes Eingreifen des Wundertäters und endgültige Heilung[18].

Es fehlt als stilgemäßer Abschluß die Reaktion des Publikums, obwohl der ὄχλος — die Szene kommentierend — bereits in v. 25f. anwesend ist. Die Reaktion des Publikums, die als ursprünglicher Erzählungsabschluß vorauszusetzen ist[19], ist von Markus durch v. 28f. ersetzt worden[20].

Der zweiten Wundertradition kann somit nur v. 21-24 zugerechnet werden[21]; d. h. bei der Kontamination beider Erzählungen wurde aus der apophthegmatischen Tradition das Gespräch, das auch im ursprünglichen Zusammenhang sicher den Kern gebildet hat, übernommen und in den Rahmen der reinen Wundererzählung eingefügt[22]. Keiner der beiden Traditionen kann der Ausspruch Jesu in v. 19 ὦ γενεὰ ἄπιστος, ἕως πότε πρὸς ὑμᾶς ἔσομαι; ἕως πότε ἀνέξομαι ὑμῶν; zugeordnet werden. Er fällt aus Duktus und Stil beider Traditionen völlig heraus[23].

Die Verbindung beider Traditionen zur Darstellung einer einzigen Wundertat ist deutlich ein schriftlicher Vorgang. Denn eine in

---

[18] Ähnlich bestimmt Roloff, Kerygma 147f. den ältesten Kern von Mk 9 14-29 (v. 17b-19 a. c. 20. 25-27). Unklar bleibt jedoch, wieso Roloff a. a. O. 145 A 135 gleichzeitig damit rechnen kann, »daß v. 21-27 (sic!) erst sekundär mit einzelnen Rudimenten exorzistischer Topik aufgefüllt worden ist«.

[19] Zu den Erzählungsschlüssen s. o. S. 19—23.

[20] So Bultmann, Geschichte 226; Kertelge, Wunder 175f.; Reploh, Markus 212f.; s. auch u. S. 120f. Lk. (9 43a) stellt den stilgemäßen Abschluß wieder her (mit deutlich lk Tendenz, s. o. S. 24).

[21] Schenk, ZNW 63, 1972, 89f. sieht in v. 23f. eine mk Bildung unter Verwendung einzelner vormk Elemente. Die Argumentation ist weitgehend sprachstatistisch. Da diese jedoch isoliert nicht beweiskräftig ist (s. o. S. 10f.), hängt die Analyse Schenks von der Beurteilung von v. 21f. ab. Denn wenn man (gegen Schenk — s. A 17) v. 21f. nicht der Tradition von v. 17f. 20b. c ... zurechnen kann, liegt in v. 21-24 ein Abschnitt vor, der einen Ausschnitt aus einer selbständigen Überlieferung darstellt.

[22] Daß es sich bei v. 21-24 um einen Fremdkörper handelt, zeigen auch Mt 17 14-21 und Lk 9 37-43 a, wo jeweils v. 21 (Mt: v. 20)-24 fehlt. Beide Synoptiker haben v. 21-24 gelesen und bewußt ausgelassen. Ob dies jeweils selbständig erfolgte (so Schürmann, Lk I 571) oder ob hier Einfluß einer Parallelüberlieferung (so Roloff, Kerygma 147, vgl. auch Schramm, Markus-Stoff 139f.) — analog der von Mk 9 17f. ... — vorliegt, kann dabei offen bleiben.

[23] In der Zugehörigkeit von v. 19 zur vormk Tradition wird in der Regel kein Problem gesehen. Zutreffend dagegen Schenk, ZNW 63, 1972, 88f.: Es handelt sich um eine vorgeprägte Überlieferung, die Mk eingefügt hat. Lediglich in den beiden ἕως-πότε-Sätzen eine sekundäre Zufügung zu sehen (so Roloff, Kerygma 147f.), ist wenig überzeugend.

der Abfolge der Erzählungselemente derart heterogene Bildung ist nicht mündlich tradierbar[24]. Will man nicht ad hoc einen vormarkinischen Redaktor speziell für Mk 9 14-29 postulieren — für dessen Vorgehen außerdem ein Grund angegeben werden müßte —, bleibt nur die Annahme der markinischen Herkunft für die Verbindung[25] der beiden Traditionen[26]. Ebenso ist die Einfügung von v. 19 a.b auf der Stufe der mündlichen Überlieferung (das hieße dann: in die Einzelerzählung v. 17f. 20 b. c. 25-27 ...) kaum wahrscheinlich zu machen[27].

Die einleitende Rahmung (v. 14-16) der beiden so miteinander verbundenen Erzählungen ist als markinische Bildung zu beurteilen[28]: Die Rückkehr Jesu mit den Jüngern in v. 14[29] dient dem Anschluß

---

[24] Die Frage nach der Tradierbarkeit wird meist nicht gestellt. Sie betrifft aber nicht nur das Postualt einer vormk Verbindung zweier selbständiger Traditionen, sondern auch die Annahme, in Mk 9 14-29 läge eine einzige Tradition vor, die in verschiedener Richtung gewachsen sei (so Roloff, Kerygma 143—152, vgl. Schürmann, Lk I 571). Denn auch das Endresultat mündlicher Entwicklung muß ja tradierbar sein. Das Problem der Tradierbarkeit besteht dagegen nicht, wenn man lediglich v. 20-27 für vormk hält (s. o. S. 117 A 14).

[25] Das Verfahren — Einschub einer zweiten Tradition in den dabei unverändert bleibenden Rahmen einer anderen Erzählung — erinnert an die auch sonst von Mk angewandte Methode der Verschachtelung (so m. R. E. Fuchs, Jesus 51), s. u. S. 138 f.; anders als in den sonstigen Fällen handelt es sich hier aber um die Verschmelzung zweier Traditionen zu einem einzigen Vorgang.

[26] Natürlich ist auch in diesem Fall nach dem Grund für die Verbindung der beiden Traditionen zu fragen; s. u. S. 121 f.

[27] Umgekehrt sind hinreichende Gründe vorhanden, die eine Einfügung von v. 19 durch Mk verständlich machen; s. u. S. 121 f. 124 f. Auch die Übereinstimmung von Mt 17 17 und Lk 9 41 gegen Mk 9 19 (gemeinsame Zufügung von καὶ διεστραμμένη) beweist nicht eine vormk Verknüpfung des Logions mit der Wundertradition. Denn selbst unter der Voraussetzung, daß in der gemeinsamen Auslassung von Mk 9 21-24 durch Mt und Lk das Einwirken einer Paralleltradition sichtbar wird (s. A 23), ist für die Übereinstimmung Mt 17 17/Lk 9 41 die Annahme einer jeweils selbständigen Ergänzung möglich. Angesichts der breiten Streuung der Wendung ‚dieses Geschlecht' bzw. der Verwendung von γενεά mit negativ qualifizierendem Attribut (vgl. Büchsel, ThW I, 1933, 661; Meinertz, BZ NF 1, 1957, 283—289) und angesichts des atl. Hintergrundes (Dtn 32 5: γενεὰ σκολιὰ καὶ διεστραμμένη) ist die Annahme einer gemeinsamen Vorstufe für die Änderung von Mk 9 19 in Mt 17 17/Lk 9 41 nicht notwendig.

[28] Zu v. 14-16 vgl. K. L. Schmidt, Rahmen 227—229; Bultmann, Geschichte 225; Roloff, Kerygma 147 f.; Kertelge, Wunder 176; Bornkamm (1970) Aufs. IV 25 f.

[29] Der von B* ℵ L W k sa arm bezeugte Plural ἐλθόντες ... εἶδον wird zumeist als »nachträgliche, pedantische Anpassung an den Kontext« (Bornkamm [1970] Aufs. IV 26 A 15) verworfen, vgl. Bultmann, Geschichte 225; Klostermann, Mk 90; Lohmeyer, Mk 184 f.; Reploh, Markus 220. Doch kann der Plural — im Rahmen des MkEv — durchaus ursprünglich sein (so E. Fuchs, Jesus 49), vgl. die Übergänge Mk 1 21 5 1 8 22 10 46 11 1. 12. 15. 27 (vgl. dazu Bultmann a. a. O.

III. Die markinische Gestaltung der Wundererzählungen

an Mk 9 2-13. Redaktionell ist auch die Anwesenheit der Menge bereits in v. 14f. Denn in der Erzählung v. 17f. 20b. c. 25-27 . . . läuft die Menge erst mit v. 25 herzu, und in der Tradition von v. 21-24 hat sie überhaupt keinen Platz[30]. Damit ist zugleich deutlich, daß der auffällige v. 15 — die Reaktion des Volkes auf das bloße Auftreten Jesu mit ἐκθαμβεῖσθαι und ἀσπάζεσθαι — ebenfalls markinisch ist. Ebensowenig kann das συζητεῖν[31] der Jünger mit den γραμματεῖς v. 14. 16)[32] als Teil der vormarkinischen Überlieferung(en) gelten[33].

Eindeutig markinisch ist auch der jetzige Abschluß von Mk 9 14-29 durch v. 28f. Das Fehlen des stilgemäßen Erzählungsschlusses bei gleichzeitigem ‚Abschluß' durch eine charakteristisch markinische Szenerie[34] und die typisch markinische Sprache[35] machen diese Folge-

---

369); und jeweils zeigt sich in der Textüberlieferung die Tendenz, die verklammernden Übergänge im Plural in reine Einleitungen im Singular zurückzuverwandeln; vgl. dazu K. L. Schmidt, Rahmen 276.

[30] Zu ὄχλος (πολύς) in mk Formulierungen s. o. S. 65 A 2.

[31] Zudem ein charakteristisch mk Stichwort, s. o. S. 45 A 15.

[32] Bultmann, Geschichte 225 hält (neben v. 15) nur die Erwähnung der γραμματεῖς für redaktionell. Das ist angesichts des Bruchs zwischen v. 16 und v. 17 (s. o. S. 117 A 14) kaum möglich.

[33] Auch die Kürzungen von Mk 9 14-16 durch Mt und Lk zeigen, daß diese Einleitungsszene für den Ablauf der Erzählung selbst nicht notwendig ist. Der abrupte Übergang von v. 16 zu v. 17, die im Erzählungsablauf unmotivierte Reaktion des Volkes in v. 15 und das nebelhaft bleibende συζητεῖν der Jünger mit den γραμματεῖς (worüber?) sprechen klar gegen die angebliche ‚Anschaulichkeit' von v. 14ff., die K. L. Schmidt, Rahmen 227 konstatieren will (»Dieses Bild . . . kann nur auf wirkliche Überlieferung und — man wird weiter sagen dürfen — auf wirkliche Erinnerung und Geschichte zurückgehen«).

[34] Schon der Ortswechsel weist auf den Bruch in der Erzählung hin. Als ‚Haus'-szenen gestaltete esoterische Jüngerbelehrungen im Anschluß an vorgegebene Traditionen liegen auch in Mk 7 17ff. 10 10ff. vor. Ganz als esoterische Hausszene ist Mk 9 33ff. gestaltet.

[35] Das Vokabular ist gehäuft mk: εἰσέρχεσθαι; οἶκος; οἱ μαθηταὶ αὐτοῦ (mk in Mk 3 7. 9 6 1 7 17 8 10. 33. 34 9 31 10 23. 46); κατ' ἰδίαν; ἐπερωτᾶν (»ein Lieblingswort des Mk« Greeven, ThW II, 1935, 684 40) — mk in Mk 7 17 9 16. 28. 32f. 10 10 13 3 (anders H.-W. Kuhn, Sammlungen 167. 189, der die mk Verwendung fast völlig auf 13 3 reduzieren möchte); ἐκβάλλειν (traditioneller und von Mk verwendeter Ausdruck des Exorzismus; traditionell: Mk 3 22f. 7 26 9 18. 38, vgl. »Mk« 16 9. 17; mk in 1 34. 39 3 15 6 13); δύνασθαι — mk in Mk 1 45 2 7 (? s. o. S. 49f.) 3 20 (s. u. S. 146) 7 24 10 26. Zur »volkstümliche(n) Selbständigkeit des Gen. abs.« (Bl-Debr § 423) in v. 28 (εἰσελθόντος αὐτοῦ . . . ἐπηρώτων αὐτόν — A 𝔎 Γ Π Φ lesen εἰσελθόντα αὐτόν, P 45 liest εἰσελθόντι αὐτῷ προσῆλθον [αὐτῷ]) bei Mk vgl. Mk 5 2. 18 11 27 13 1. 3; s. Lagrange, Mc 242; Taylor, Mk 401; Zerwick, Untersuchungen 27f. 91.

rung unausweichlich[36]. Höchstens für v. 29 kann man erwägen, ob Markus hier für seine Komposition ein freies oder in anderen Zusammenhang gehöriges Logion verwendet hat[37].

In der jetzigen Form von Mk 9 14-29 ist also die markinische Redaktion besonders intensiv; sie betrifft die Zusammenfügung zweier selbständiger Traditionen in v. 17-27, die Einleitung v. 14-16, den Abschluß v. 28f. und wahrscheinlich auch die Einfügung von v. 19. Lassen sich nun in diesem Vorgehen sachliche Schwerpunkte erkennen, die das intensive Redaktionsverfahren verständlich machen?

Zunächst ist zu fragen, ob sich für die Verschmelzung beider Traditionen durch Markus, genauer: für die Einfügung des Gesprächs v. 21-24 in die Wundererzählung v. 17f. 20b. c. 25-27 . . ., ein Grund angeben läßt. In der redaktionellen Ein- und Ausleitung ist ein solcher Grund nicht direkt erkennbar, denn v. 28f. scheint zunächst nur auf v. 17f. . . ., nicht aber auf v. 21-24 Bezug zu nehmen[38]. Dennoch liegt in der Einfügung von v. 21-24 kein Zufall vor. Denn das Thema der πίστις begegnet auch in Mk 10 46-52, der zweiten Wundertradition, die Markus nach Mk 8 27 einfügt[39]. Für Markus waren also Wunderüberlieferungen, die das Thema des Glaubens enthielten, zur Einordnung nach Mk 8 27 durchaus geeignet. Innerhalb von Mk 9 14-29 ist aber ebenfalls eine Funktion für den eingeschobenen Abschnitt v. 21-24 erkennbar: Der in Mk 9 24 paradigmatisch dargestellte Glaube des Vaters[40] kontrastiert aufs schärfste zur Haltung der Jünger, die in

---

[36] Den szenischen Einschnitt von v. 28 können auch Schniewind, Mk 120 (v. 29 ist »mit neuem Ansatz zugefügt«); Lohmeyer, Mk 189; Taylor, Mk 396; Schille, Wundertradition 29 nicht bestreiten. Mit sekundärer (jedoch vormk) Herkunft rechnet Roloff, Kerygma 148; vgl. auch noch H.-W. Kuhn, Sammlungen 182f. 189. 229.

[37] Schniewind, Mk 120: v. 29 besitzt »eine gewisse Selbständigkeit«; vgl. Bornkamm (1970) Aufs. IV 25: eine »sentenzhaft formulierte Antwort und Weisung Jesu«; mit einer ursprünglichen Selbständigkeit von v. 29 rechnet auch Reploh, Markus 216. Für vormk Herkunft kann man darauf verweisen, daß γένος in der Bedeutung ‚Art, Gattung' bei Mk sonst nicht begegnet; vgl. Bauer, WB 310 s. v. γένος 4. Zur Verwendung von ἐξέρχεσθαι für den Vorgang des Exorzismus vgl. Schneider, ThW II, 1935, 677; MkEv (vormk): 1 25f. 5 13 9 25f.

[38] So spricht für Roloff, Kerygma 144 A 131 das Fehlen der Jüngerthematik dagegen, daß Mk hier eine selbständige Tradition eingefügt habe. Eine vormk Verschmelzung lehnt Roloff a. a. O. 144 m. R. ab.

[39] Auf diese Gemeinsamkeit zwischen Mk 9 14-29 und 10 46-52 weist Bornkamm (1970) Aufs. IV 22 hin. Gleiches gilt auch für Mk 11 12-14. 20-25.

[40] Die Frage, ob dagegen mit πάντα δυνατά τῷ πιστεύοντι (v. 23) Jesu eigener Glaube gemeint ist, ist oft verhandelt worden, vgl. Fridrichsen, Problème 54; Held, WMANT 1, 179f.; Roloff, Kerygma 150f.; Kertlege, Wunder 178 und die Kommentare; vgl. auch G. Ebeling (1958) Aufs. I 240 (zu dem — auch textkritisch schwierigen — τὸ εἰ δύνῃ vgl. Klostermann, Mk 91; Taylor, Mk 399; Metzger, Commentary 100). Von v. 22 her ist diese Möglichkeit durchaus gegeben,

III. Die markinische Gestaltung der Wundererzählungen

v. 19 als γενεά ἄπιστος bezeichnet werden[41]. Zugleich ist damit deutlich, warum Markus v. 19 in seine Darstellung eingefügt hat. Mit seinem zeitlichen Ausblick (ἕως πότε) entspricht v. 19 zudem der ab Mk 8 27 eröffneten Perspektive der Passion[42].

Mit dem Abschluß durch eine esoterische Jüngerbelehrung (v. 28f.) ordnet Markus diese Erzählung in die ab Mk 8 27 hervortretende Jüngerthematik ein[43]. Zugleich nimmt Markus mit Mk 9 28f. offenbar zu einem aktuellen Problem der Gemeinde Stellung[44]. Doch in welcher Weise? Wollte Markus der Gemeinde (angesichts von Mißerfolgserlebnissen?) neue Zuversicht auf dem Gebiet der Exorzismuspraxis vermitteln[45]? Ein solches Interesse wäre für Markus singulär[46], und

doch ist der Zielpunkt des Gesprächs zu beachten: v. 24 zeigt, daß sich πάντα δυνατὰ τῷ πιστεύοντι auf den hilfesuchenden Vater bezieht, vgl. Klostermann a. a. O. 91; Roloff a. a. O. 150f. Die Ambivalenz von v. 23 erklärt sich aus der Umkehrung der Gesprächsrichtung von v. 22 zu v. 24: Aus dem Zweifel an der Hilfe Jesu (v. 22: εἴ τι δύνῃ) wird eine Frage nach dem Glauben des Hilfesuchenden (v. 24); vgl. Roloff a. a. O. 150f. Dabei sollte nicht bestritten werden, daß hier nicht das individuelle Zum-Glauben-Kommen des Vaters, sondern das Sachproblem des Zusammenhangs von Glaube und Rettung dargestellt wird. Mit πιστεύω· βοήθει μου τῇ ἀπιστίᾳ kulminiert diese Darstellung in einer Aussage über die Struktur des Glaubens, die weit über den Anlaß des Gesprächs hinausgreift.

[41] ὦ γενεὰ ἄπιστος bezieht sich im jetzigen Kontext zunächst auf die Jünger (v. 18b!); vgl. Kertelge, Wunder 176; Roloff, Kerygma 148. γενεά paßt zwar schlecht zu den Jüngern (vgl. Klostermann, Mk 91). Doch ist dies kein Gegenargument, sondern vielmehr ein Hinweis, daß v. 19 im jetzigen Kontext nicht ursprünglich ist.

[42] Der zeitliche Ausblick von v. 19 besagt nur, daß Jesu irdische Wirksamkeit zeitlich begrenzt ist — nicht jedoch, daß Zeitpunkt und Art des Endes seiner irdischen Existenz ihm selbst unbekannt sind, wie Lohmeyer, Mk 187 aus der Frage: ‚Wie lange noch?' entnehmen will.

[43] Vgl. Riesenfeld, Festschr. R. Bultmann, BZNW 21, 1954, 163; Luz, ZNW 56, 1965, 25; Reploh, Markus 220f.

[44] Mit einer Exorzismus- und Heilungspraxis ist in den frühen hellenistischen Gemeinden durchaus zu rechnen, vgl. 1 Kor 12 9f. Jak 5 14 (vgl. dazu Dibelius, Jak 299—303); »Mk« 16 17. Auch wenn die Wunder der Act im Rückblick erzählt werden, so kennzeichnen sie — und insbesondere die Steigerung der Wunderkraft in Act 5 12-16 und 19 11f. — doch deutlich das Milieu, das derartiges tradiert. In den Act zeigt sich zugleich (wie in Mk 9 38f.) das Phänomen der Konkurrenz auf diesem Gebiet: Act 8 7-12b 13 6-12 19 13-16; diese Stellen zeigen außerdem das Bemühen, das Wunder von der Magie abzugrenzen; vgl. dazu Haenchen, Apg und Conzelmann, Apg jeweils z. St. sowie ders., Mitte 180 A 3. Zur weiteren Entwicklung vgl. Weinel, Wirkung 109—127. 224; Thraede, RAC VII, 1969, 65—114.

[45] So Reploh, Markus 219, der eine »unter Druck und Verfolgung« stehende Gemeinde voraussetzt und hieraus folgert: Die »Kraft des Aufbruchs und die Fülle der ersten

Krisen in der Exorzismuspraxis der Gemeinden sind reines Postulat. Zudem ist die Aussage, daß der Exorzismus ἐν οὐδενὶ ... εἰ μὴ ἐν προσευχῇ erfolgen kann, deutlich restriktiv gemeint. Wenn die Gemeinde auf das Gebet als dem einzigen (!) Mittel für ihre Heilpraxis verwiesen wird, so ist damit sichergestellt, daß sie Erfolge in dieser Praxis nicht sich selber verdankt, sondern nur je neu als Geschenk verliehen bekommen kann[47]. Mit v. 28f. hat Markus also zu einem Problem Stellung genommen, mit dessen Aktualität in den Gemeinden durchaus zu rechnen ist, und zwar so, daß er gerade keine bestimmte Praxis empfiehlt, sondern auf das Gebet verweist, das das Ende aller eigenen ‚Praxis' ist[48].

Ein weiterer und mindestens ebenso wichtiger Schwerpunkt der markinischen Redaktion liegt in der Exposition v. 14-16, d. h. in der Zusammenordnung von Mk 9 14-29 mit der vorangegangenen Erzählung von der Verklärung Jesu[49].

Eine Übereinstimmung zwischen beiden Erzählungen ergibt sich — auf der Ebene des Markusevangeliums — bereits in der jeweiligen Darstellung der Jünger. Denn ihrem verständnislosen συζητεῖν in Mk 9 10 entspricht das ebenfalls kritisch gemeinte συζητεῖν in Mk 9 14. 16.

Besonders jedoch durch Mk 9 15 stellt Makrus — für den Leser! — eine Verbindung zwischen der Epiphanie Jesu in Mk 9 2ff. und der Wundertat von Mk 9 17ff. her:

Anfänge der jungen Kirche sind gewichen; sie besitzt nicht mehr strahlende, überwältigende Machterweise als Bestätigung ihrer Existenz ... Dieser neuen Situation, die zur Resignation führen konnte, will Markus begegnen«.

[46] Für ein aktuell-positives Interesse des Mk an der Fähigkeit des Exorzisierens könnte die Übertragung der Aufgabe des δαιμόνια ἐκβάλλειν (nach der des κηρύσσειν) an die Jünger in Mk 3 15 (vgl. 6 7. 13) sprechen. Doch ist diese nicht primär aktuell-praktisch gemeint (auch wenn sie mit der Gemeindewirklichkeit des Mk zusammenstimmen mag), sondern ist vom Bild der Wirksamkeit Jesu her (vgl. 1 39) entworfen; diesem Bild wird die Funktion der Jünger angeglichen.

[47] Vgl. Schweizer, Mk 107; ähnlich Schille, Wundertradition 18: Die Gemeinde wird auf die Grenzen ihrer Vollmacht hingewiesen. Dieser Sinn von v. 29 ist dort nicht mehr verstanden, wo zu ἐν προσευχῇ noch καὶ νηστείᾳ hinzugefügt wird — so die gesamte Textüberlieferung außer B ℵ* k georg^pt Cl.

[48] Damit entsprechen sich v. 28f. und v. 21-24 (ebenfalls von Mk zur Traditon v. 17 ... hinzugefügt): Im alleinigen Angewiesensein auf das Gebet konkretisiert sich die Darstellung des Glaubens als dem alleinigen Grund der Rettung (vgl. Schweizer, Mk 107).

[49] Dieser Zusammenhang ist — aufgrund der formgeschichtlichen Frage nach der Pointe der Einzeltradition — meist übersehen worden; vgl. Klostermann, Mk 89: »Die Pointe scheint aber doch allein in der Geschichte selbst zu liegen.« Programmatisch nach dem Sinn der Zusammenordnung von Verklärung und Wundererzählung fragt jüngst Bornkamm (1970) Aufs. IV 21—36.

III. Die markinische Gestaltung der Wundererzählungen

Die Reaktion des Volkes auf das Hinzukommen Jesu (ἐκθαμβεῖσθαι) und seine Begrüßung sind nur auf dem Hintergrund der Verklärung verständlich[50] und schildern Jesu Auftreten als Epiphanie[51]. Markus will damit deutlich machen, daß in Mk 9 14-29 der himmlisch legitimierte Gottessohn (Mk 9 7) handelt[52]. D. h. die Epiphanie von 9 2-8 ist für Markus das Vorzeichen der Wundertat von Mk 9 14-29. Umgekehrt wird auch die Verklärung durch die Wundererzählung interpretiert: Die Epiphanie Jesu manifestiert sich in seiner schlechthin überlegenen Wundermacht[53]. Von hier aus fällt nochmals Licht

[50] Das zeigen die Versuche, Mk 9 15 ohne Bezug auf die Verklärung zu interpretieren. Klostermann, Mk 90: »Die Menge erstaunt . . . über das Erscheinen des Meisters in dem Augenblick, wo seine Wundermacht am nötigsten ist.« Doch wird diese Begründung für den Leser nicht hergestellt, denn vom Versagen der Jünger ist erst in v. 18b die Rede. Roloff, Kerygma 146: ἐκθαμβεῖσθαι »soll die starke Erregung des Volkes bei seinem (sc. Jesu) unerwarteten Erscheinen ausdrücken.« Das ist lediglich eine Darstellung des Textbefundes, aber keine Erklärung. Denn es ist doch zu fragen, warum Jesu Hinzukommen gerade diese Reaktion auslöst. Beide Verfasser wenden sich jedoch m. R. gegen den Hilfsgedanken von einem Abglanz der Verklärung auf Jesu Gesicht (in Analogie zur Rückkehr des Mose von der Gottesbegegnung Ex 34 29ff.).
Tagawa, Miracles 105—107 vermutet zutreffend, daß mit v. 15 Jesus qualifiziert werden soll. Aber wie? Tagawa a. a. O. 107 A 3: »V. 15 est, pour ainsi dire, une note marginale de l'évangéliste et n'a pas de relation organique avec le recit de la guérison de l'enfant épileptique.« Und als Sinn von v. 15 ergibt sich für Tagawa »C'est tout simplement parceque Jésus est là qu'il faut s'étonner« (107). Doch stellt sich dann die Frage, warum ein Erstaunen über die Person Jesu ohne Bezug auf eine Wundertat oder die Lehre Jesu im gesamten MkEv nur hier begegnet. Mk 10 32 a ist als szenische Rahmung der dritten Leidensankündigung keinesfalls eine Parallele — gegen Tagawa a. a. O. 108—110.
[51] So m. R. Bornkamm (1970) Aufs. IV 26 — unter Hinweis auf Bertram, ThW III, 1938, 6 5-7: »So ist auch in Mk 9, 15 das Staunen des Volkes das Mittel des Erzählers, um das Auftreten Jesu für den Glaubenden als Epiphanie des Herrn zu charakterisieren.«
[52] Mk 9 15 zeigt eine bemerkenswerte Nähe zur Darstellung des θεῖος ἄνθρωπος, für den typisch ist, daß sich das Erstaunen der Menge nicht so sehr auf seine einzelnen Taten, sondern direkt auf seine Person bezieht, vgl. Betz, Lukian 159.
[53] Dabei scheint die Wahl einer Exorzismuserzählung kein Zufall zu sein. Offenbar ist es die Absicht des Mk, den himmlisch legitimierten Gottessohn nochmals in seiner Überlegenheit über die Dämonen zu zeigen. Und nach der nicht mehr zu überbietenden himmlischen Proklamation Jesu in Mk 9 7 konnte dies nur die Austreibung eines πνεῦμα ἄλαλον sein. Bornkamm (1970) Aufs. IV 24. 28—31 sieht außerdem in πνεῦμα ἄλαλον von v. 17 einen bewußten Kontrast zwischen der dämonischen Sprachlosigkeit auf seiten der Menschen (und ihrem hilflosen Disputieren) einerseits und Jesu Epiphanierede (v. 19) und Befehlswort (v. 25) andererseits. Doch ist die mk Herkunft von πνεῦμα ἄλαλον in v. 17, von der Bornkamm offenbar ausgeht, fraglich. v. 20 zeigt, daß πνεῦμα ἄλαλον als Teil der vormk Überlieferung voll verständlich ist (s. o. S. 117 A 16).

auf die Einfügung von v. 19. Dieser Ausspruch bezieht sich zwar im direkten Kontext auf die Jünger; aber er hat darüber hinaus auch sein Eigengewicht. Mit seinem »mythischen Klang«[54] ordnet es sich dem Thema der Epiphanie ein und zeichnet einen Jesus, der sich — wie in Mk 9 2-8 — in kaum noch zu steigernder Distanz zu den Menschen befindet[55].

Zwischen Verklärung und Wundererzählung hat Markus jedoch Mk 9 9-13, das Gespräch beim Abstieg vom Berg der Verklärung[56], eingefügt und so einen weiteren, beide Erzählungen betreffenden Interpretationsakzent gesetzt. Verklärung und Wundertat sind zwar im Sinne des Markus eng aufeinander bezogen. Aber in diesen von ihm selbst hergestellten Bezug bringt Markus sofort ein retardierendes Moment ein[57]: den Hinweis auf die Passion (vgl. v. 12b)[58]. Von der Epiphanie des Gottessohnes und der Manifestation seiner Wundermacht ist somit für Markus nur dann sachgemäß geredet, wenn dies in der Perspektive der Passion geschieht[59].

Die markinische Redaktion von Mk 9 14-29 ist also formal und inhaltlich außergewöhnlich intensiv. Durch die Stellung im Kontext (Mk 9 2-8!), die redaktionelle Rahmung (v. 14-16, bes. v. 15) und die

---

[54] Bornkamm (1970) Aufs. IV 26. Vgl. Dibelius, Formgeschichte 278: »So spricht der Gott, der nur vorübergehend in Menschengestalt erschien, um alsbald in den Himmel zurückzukehren.« Vergleichsmaterial bietet Windisch, ThT 52, 1918, 214—218.

[55] Vgl. Bornkamm (1970) Aufs. IV 26f.

[56] Zur Analyse von Mk 9 9-13 vgl. als jüngste Darstellungen Horstmann, Studien 57f. (zu 9 1). 106—136; Reploh, Markus 113—122; zu v. 11-13 vgl. auch Bultmann, Geschichte 131f. und die Übersicht ErgH 51.

[57] Anders Lk, der Mk 9 11-13 ausläßt. Lk streicht durchweg das Vorläufermotiv (vgl. Conzelmann, Mitte 19f. 51. 156 A 1), so daß sich in Lk 9 28-36 / 37-43a die direkte Abfolge Verklärung — Wundertat ergibt.

[58] Nach der Interpretation von Mk 9 2-8 durch das Geheimhaltungsgebot und das Jüngerunverständnis (v. 9f.) fügt Mk die Tradition über den Vorläufer an, die er von ihrem vormk Beginn Mk 9 1 gelöst hat (vgl. Bultmann, Geschichte 131f.; Horstmann, Studien 57f.). Die mk Pointe von v. 11-13 liegt in dem redaktionell eingefügten v. 12b: Das Leiden des Vorläufers wird auf die Leiden des Menschensohns bezogen. Die Unstimmigkeit im Gesprächsablauf, die Mk bei dieser Einfügung in Kauf nimmt, zeigt das Interesse, das er mit v. 12b verbindet. Die Annahme, v. 12b sei eine nachmk Glosse (Bultmann a. a. O. 132 — doch vgl. ErgH 51; Lohmeyer, Mk 183 A 1; Strecker, ZThK 64, 1967, 29 A 32; genau umgekehrt Tödt, Menschensohn 179—183, der v. 12b für einen notwendigen Bestandteil der Tradition hält) ist nicht notwendig, da sich v. 12b im Rahmen von Mk 8 27—10 52 ohne Schwierigkeiten als mk erklären läßt. Mit mk Herkunft von Mk 9 12b rechnen auch Reploh, Markus 116f.; Horstmann a. a. O. 135.

[59] Vgl. Schweizer, Mk 105: Mk 9 9-13 beschreiben »für Markus wieder die Bewegung von einer Herrlichkeitstheologie zur Kreuzestheologie hin; ohne sie könnte man den Bericht von der Verklärung nur mißverstehen.«

Einfügung einer vorgegebenen Überlieferung (v. 19) hat Markus eine reine Exorzismuserzählung primär unter dem Gesichtspunkt der Epiphanie Jesu in seiner Wundertat interpretiert — wobei er das Mk 9 2-29 umgreifende Thema der Epiphanie sofort durch den nachdrücklichen Hinweis auf die Passion ergänzt (Mk 9 9-13). Diesem zentralen Thema der markinischen Endfassung wird einerseits als Kontrast das Versagen der Jünger (v. 18 b) dienstbar gemacht, das Markus zu dem für ihn typischen Bild vom Unglauben und Unverständnis der Jünger ausweitet (v. 19. 28f.)[60]. Andererseits korrespondiert (durch Aufnahme und Einfügung von v. 21-24) der Epiphanie positiv die Darstellung des Glaubens, der alle Hilfe — und sich selbst — dem Gottessohn verdankt; d. h. unter dem Urteil, das der himmlisch legitimierte Gottessohn über die γενεά ἄπιστος (v. 19) spricht, wird der Weg des Glaubens sichtbar (v. 24). Zugleich ordnet Markus die vorgegebene Exorzismuserzählung der Struktur des neuen, mit Mk 8 27 einsetzenden Abschnitts ein, in dem sich christologische Belehrung und Gemeindeunterweisung (in der Form von esoterischen Jüngerbelehrungen) in gedrängter Folge abwechseln: Die ganz unter dem Gesichtspunkt der Epiphanie interpretierte Wunderdarstellung mündet in eine Unterweisung der Gemeinde über ihre eigene Möglichkeit des Wunder‚tuns' (v. 28f.).

b) Mk 10 46-52

Die form- und traditionsgeschichtliche Beurteilung der Erzählung von der Heilung des blinden Βαρτιμαῖος ist kontrovers[1], und die unterschiedlichen Analysen betreffen z. T. auch den Anteil der markinischen Redaktion.

In dieser Geschichte soll unzweifelhaft eine wunderbare Heilung erzählt werden. Doch entspricht die vorliegende Erzählungsgestalt in wesentlichen Punkten nicht den Merkmalen einer Wundererzählung. Charakteristische Bestandteile einer Wundererzählung treten zurück oder fehlen: Auf die Bitte um Heilung in v. 51 folgt sofort die Entlassung des Geheilten (v. 52a) — ein das Wunder bewirkender Gestus oder ein wirksames Wort fehlen[2]. Auch der für Wundererzählungen kennzeichnende Abschluß durch eine Reaktion des

---

[60] Auch hier stellt Mk also die schon bei den sog. ‚Natur'wundern festgestellte Korrespondenz von Epiphanie und Unverständnis her, s. o. S. 97f. 104. 107f. 111f.

[1] Lit.: s. o. S. 43 A 3; außerdem: Trilling, Christusverkündigung 146—164; Reploh, Markus 222—226; Jeremias, Theologie I 93—95; Robbins, JBL 92, 1973, 224—243. Zu Mt 20 29-34 (und 9 27-31) vgl. außerdem: Strecker, Weg 199f. A 4; Roloff, Kerygma 131—135.

[2] Zur Häufigkeit dieser Topoi vgl. Bultmann, Geschichte 237f.

Publikums ist nicht vorhanden, obwohl das Publikum anwesend ist (v. 46. 48f.)[3]. Statt dessen schließt die Erzählung mit der Nachfolge des Geheilten (v. 52b)[4]. Hierin wird ein für die Wundererzählung untypisches Interesse an der Person des Geheilten sichtbar, das sich auch in der Namensnennung ausdrückt[5]. Ebenfalls auffällig ist der Umfang der christologischen Titulatur in v. 47b. 48. 51[6].

Dieser Sachverhalt hat zu zwei verschiedenen Lösungsversuchen geführt.

Zum einen wird aus der Differenz zu den typischen Wundererzählungen geschlossen, daß hier eine Erzählung auf sehr früher Stufe vorliege, auf der die Angleichung an das konstante Formschema noch nicht erfolgt sei[7].

Auf der anderen Seite wird versucht, hinter die vorliegende Erzählfassung zurückzufragen und eine — möglichst reine — Wundererzählung als Vorstufe zu rekonstruieren. Als Anhaltspunkte für die Abhebung sekundärer Zufügungen werden geltend gemacht:

1. Die Mittelszene v. 48f. (Der Blinde und die Menge) hebe sich deutlich von der Schlußszene v. 51f. (Der Blinde und Jesus) ab[8].

---

[3] Lk redigiert im Sinne einer stilechten Wundererzählung: er fügt das wunderwirkende Wort (Lk 18 42; Mt 20 34: den wunderwirkenden Gestus) und den Lobpreis des Volkes (Lk 18 43b) hinzu.   [4] Zum mk Anteil in v. 52b s. u. S. 131f.

[5] Namensnennung begegnet in synoptischen Wundertraditionen neben Mk 10 46 nur noch Mk 5 22 und ist in der Regel Zeichen eines sekundären novellistischen Interesses (vgl. Bultmann, Geschichte 256f.). In Mk 10 46-52 entspricht sie jedoch dem Gesamtduktus der Erzählung, die einen deutlichen biographischen Akzent trägt, s. u. S. 128f. Das Fehlen des Namens in Lk 18 35 spricht übrigens nicht gegen dessen Ursprünglichkeit im Mk-Text (gegen Bultmann, Geschichte 228, der eine spätere Zufügung für möglich hält). Lk lenkt insgesamt zur Form der Wundererzählung hinüber. In Mt 20 30 muß der Name infolge der Verdoppelung der Blinden fehlen.

[6] Ναζαρηνός in v. 47a (bezeugt von B L W Δ Θ λ lat sa bo, während ℵ C A 𝔎 φ it in Angleichung an Lk 18 37 Ναζωραῖος lesen) ist zwar nicht Titel im eigentlichen Sinne. Im Gegensatz zu Ναζωραῖος ist für Ναζαρηνός die Ableitung von Ναζαρά/Ναζαρέτ unumstritten (vgl. Schaeder, ThW IV, 1942, 879—884). Dennoch ist die Verwendung der Herkunftsbezeichnung in einer Wunderüberlieferung bemerkenswert. Die Häufung der verschiedenen Bezeichnungen für Jesus gibt der Erzählung einen sicher beabsichtigten erbaulichen Klang.

[7] So ist Taylor, Mk 447 der Ansicht, »that the report of an eyewitness has not yet attained the rounded form of a Miracle-story proper«. Jeremias, Theologie I 93—95 weist auf die semitische Sprachfärbung und den orientalischen Erzählcharakter hin und führt Mk 10 46-52 als Beispiel für die ältere Stufe der (palästinischen) Wunderüberlieferung an, auf der die Topik der hellenistischen Wundererzählungen noch nicht eingedrungen sei. Ähnlich Trilling, Christusverkündigung 159: Mk 10 46-52 »kann als charakteristisch für die palästinensische Wundertradition erkannt werden«.

[8] So Roloff, Kerygma 122f.; Burger, Davidssohn 44; Robbins, JBL 92, 1973, 232.

III. Die markinische Gestaltung der Wundererzählungen

2. Die (zweimalige) Anrede υἱὲ Δαυίδ (v. 47. 48) stehe in Spannung zur Anrede ῥαββουνί (v. 51)[9].

Doch reichen diese Beobachtungen nicht aus, um innerhalb von v. 47-50 eine sekundäre Schicht abzuheben[10].

1. Ein szenischer Bruch zwischen Exposition/Mittelszene/Heilungsszene liegt nicht vor. V. 48f. stellt keine selbständige Szene ‚Der Blinde und die Menge' dar, sondern stellt nachdrücklich den Hilferuf des Blinden an Jesus heraus, wobei die Menge nur Hilfsfunktion hat. Sie bietet die Folie für die Beharrlichkeit des Hilferufs (v. 48) und leitet zur Begegnung zwischen Jesus und dem Blinden über (v. 49).

2. Der Wechsel in der christologischen Titulatur ist nicht überzubewerten. Nach der zweimaligen Verwendung von υἱὸς Δαυίδ ist die neue Anrede in v. 51 wohl am ehesten als erzählerischer Wechsel verständlich. Verschiedene inhaltliche Konzeptionen werden in diesem Wechsel jedenfalls nicht sichtbar[11].

3. Die Versuche, eine Urform zu rekonstruieren, ergeben zudem keineswegs eine annähernd stilreine Wundererzählung, es sei denn, man ergänzt zumindest den Heilungsgestus (bzw. das wunderwirkende Wort) und einen stilgemäßen Erzählungsschluß.

Eine stilreine Wundererzählung ist also nicht zu rekonstruieren[12] — und auch nicht zu postulieren. Denn das Zurücktreten der Stilelemente einer Wundererzählung fällt zusammen mit dem Hervortreten biographisch-legendarischer Momente. Dieses biographisch-legendarische Interesse bestimmt die gesamte Erzählung, nicht nur einzelne ablösbare Bestandteile; es zeigt sich in der Ortsangabe[13], der namentlichen Nennung des Geheilten und vor allem in der Darstellung seines Glaubens. Dieser Glaube, der in v. 52 ausdrücklich

---

[9] So Hahn, Hoheitstitel 262—264; Kertelge, Wunder 180f.; Burger, Davidssohn 43—45; Robbins, JBL 92, 1973, 231. Sundwall, Zusammensetzung 69f. streicht υἱὲ Δαυίδ und will es jeweils durch Ἰησοῦ Ναζαρηνέ ersetzen.

[10] Burger, Davidssohn 43—45. 59—63: v. 47b-49a ist mk Einschub. Robbins, JBL 92, 1973, 230—236: eine reine Heilungserzählung ist schon vor Mk umgeformt und von Mk um v. 47-49 erweitert worden. Roloff, Kerygma 123 rechnet in v. 48-50 mit vormk Wachstum und hält nur die Verdoppelung von υἱὲ Δαυίδ für mk.

[11] Beide Anreden weisen auf judenchristliches Milieu, ῥαββουνί auf palästinischchristliches. Daß in einer Erzählung nur *ein* Titel verwendet werden kann, ist Postulat. Nicht der Wechsel der Titulatur ist auffällig, sondern die Tatsache, daß in einer Wunderüberlieferung in dieser Breite Titel verwendet werden.
Zu υἱὸς Δαυίδ vgl. Hahn, Hoheitstitel 242—279 (kritisch: Vielhauer [1965] Aufs. 185—187); Lohse, ThW VIII, 1969, 482—491; Burger, Davidssohn. Zu ῥαββουνί vgl. Hahn a. a. O. 74—76. 94f.; Lohse, ThW VI, 1959, 962—966.

[12] So schon Bultmann, Geschichte 228.

[13] Die Ortsangabe ist traditionell, auch wenn v. 46a *und* v. 46b in der vorliegenden Form weitgehend mk gestaltet sind; s. u. S. 130.

konstatiert wird, kommt in v. 48-50 ausführlich zur Darstellung[14]: Die Wiederholung der Bitte um Erbarmen — trotz des Einschreitens der Menge — und der Gebrauch des christologischen Titels υἱὸς Δαυίδ qualifizieren die Haltung des Βαρτιμαῖος als πίστις. Dem entspricht seine Reaktion auf die Heilung: die Nachfolge[15].

In Mk 10 46-52 liegt also eine Wundertradition vor, die deutlich die Züge einer Personallegende trägt[16]. Sie handelt weniger von der Wundermacht Jesu als von dem Glauben des blinden Βαρτιμαῖος[17].

---

[14] v. 48-50 wird auch von Roloff, Kerygma 123 als (wenn auch sekundäre) Veranschaulichung des Glaubens von v. 52 aufgefaßt.

[15] Anders als ἐν τῇ ὁδῷ (s. u. S. 131f.) ist καὶ ἠκολούθει αὐτῷ als Teil der vormk Erzählung voll verständlich. Das mk Interesse an der Nachfolge des Geheilten spricht nicht gegen vormk Herkunft, sondern zeigt, warum Mk diese Wunderüberlieferung nach Mk 8 27 einordnen konnte.
Die leichte erzählerische Unstimmigkeit zwischen v. 52a — ὕπαγε — und v. 52b — καὶ ἠκολούθει αὐτῷ — (vgl. Lohmeyer, Mk 226; Hahn, Hoheitstitel 76 A 3; Roloff, Kerygma 126 A 67) ist nicht überzubewerten. Die Entlassung des Geheilten ist offenbar ein konventioneller Zug geworden (vgl. Mk 2 11 5 34 Lk 14 4, vgl. auch Mk 7 29 Mt 8 13, s. auch Bultmann, Geschichte 240), der nicht als Störung gegenüber v. 52b empfunden wird.

[16] Zur Gattung der Personallegende vgl. Dibelius, Formgeschichte 101f. Bei der Verwendung dieser Gattungsbezeichnung ist zu berücksichtigen, daß die Grenze zur Wundererzählung und zum (biographischen) Apophthegma fließend ist (vgl. dazu Bultmann, Geschichte 260). Zur Definition der Personallegende vgl. Dibelius a. a. O. 102: »Im Mittelpunkt der Personallegende stehen Taten und Erfahrungen eines Menschen, der ob seiner Frömmigkeit und Heiligkeit von Gott eines besonderen Schicksals gewürdigt wird.«
Als Legende ist Mk 10 46-52 auch von Dibelius, Formgeschichte 1. Aufl. 25 (vgl. 2. Aufl. 49) analysiert worden. In der 2. Aufl. 40. 49f. 115 rechnet er dagegen Mk 10 46-52 zu den ‚Paradigmen' (wenn auch »minder reinen Typs«). Dabei bleibt jedoch zumindest die Namensnennung störend (vgl. 2. Aufl. 49f.), und auch die Differenzierung gegenüber Lk 19 1-10 (als zutreffendem Beispiel einer Personallegende) ist nicht überzeugend: »Was dort (sc. in Mk 10 46-52) geschieht, kann jedem blinden Bettler widerfahren. Das Erlebnis des Oberzöllners Zakchäus dagegen . . . hängt mit den individuellen Eigenschaften des Mannes zusammen . . . Das Interesse gilt in jener Geschichte dem, was der Blinde von Jesus *erhält*, hier aber dem, was der Mann aus dem verrufenen Stande an frommem Eifer *leistet*« (2. Aufl. 115; Hervorhebungen von mir). Doch wird diese Gegenüberstellung der Erzählung Mk 10 46-52 nicht gerecht. Auch hier geht es um die alle Hindernisse überwindende Frömmigkeit eines namentlich genannten einzelnen (vgl. auch die nächste Anm.).

[17] Vgl. Lohmeyer, Mk 227; Kertelge, Wunder 179: Der Ablauf der Erzählung zeigt, »daß eigentlich nicht Jesus, sondern der Blinde im Mittelpunkt des Geschehens steht«. Das sieht auch Dibelius, obwohl er versucht, Mk 10 46-52 als Paradigma zu interpretieren (s. die vorige Anm.). Dibelius, Formgeschichte 2. Aufl. 49 A 1 (in Kritik an Bultmanns Einreihung von Mk 10 46-52 unter die Wundergeschichten): »Der Ton liegt eben nicht . . . auf dem Wunder, sondern auf etwas anderem,

Gegenstand der Erzählung ist jedoch nicht die Entstehung oder Entwicklung des Glaubens; davon ist nichts angedeutet. Mk 10 46-52 ist keine Bekehrungsgeschichte, eher eine Nachfolgeerzählung[18].

Liegt in Mk 10 46-52 insgesamt eine in sich homogene vormarkinische Überlieferung vor, so besteht lediglich für den Anfang und den Schluß der Erzählung die Möglichkeit direkter markinischer Gestaltung.

Redaktionell gestaltet ist der Eingang der Erzählung (v. 46)[19]. Anzeichen hierfür sind die doppelte Nennung des Ortsnamens und die damit verbundene Doppelung der Reisenotiz (ἔρχονται εἰς — ἐκπορευομένου αὐτοῦ)[20]; redaktionell ist in v. 46b zudem die Erwähnung der Jünger. Sie haben in der Erzählung selbst keine Funktion[21], ihre Nennung entspricht jedoch dem markinischen Bild von Jesus, der sich ab Mk 8 27 mit seinen Jüngern auf dem Weg nach Jerusalem befindet[22]. Damit ist auch der Grund für die Doppelung der Orts- und Bewegungsnotizen in v. 46 sichtbar: Mit ihnen betont Markus, daß Jesus sich *unterwegs* befindet.

Innerhalb der als Einheit verständlichen Überlieferung ist keine spezifisch markinische Redaktion erkennbar. Das ἐπιτιμᾶν der Menge

---

dem Vertrauen des Blinden.« Zutreffend auch die Charakteristik der Erzählung durch Dibelius, Formgeschichte 1. Aufl. 25: »So liegt in der Geschichte von Bartimäus Mk 10 46ff. aller Nachdruck auf dem, was der Blinde sagt und tut.«

[18] Ist erkannt, daß es sich in Mk 10 46-52 um eine Wundertradition handelt, die zum Typ der Personallegende hinüberleitet, entfällt die Möglichkeit, diese Erzählung als eine noch ‚ungeformte' Überlieferung anzusehen und ihr deshalb die Qualität historischer Erinnerung beizulegen (s. o. S. 127 A 7). Auch Lokalkolorit und semitische Sprachfärbung beweisen noch nicht das hohe Alter der Erzählung. Sie sind auch in späteren Bildungen nicht auszuschließen.

Skepsis gegenüber der These von hohen Alter dieser Tradition ist auch aufgrund der Verwendung des Titels υἱὸς Δαυίδ in der Bitte um ein *Wunder* angebracht. Hier liegt offenbar bereits christliche Adaption der jüdischen Messiaserwartung vor (vgl. Hahn, Hoheitstitel 263). Zwar gehört zur jüdischen Endzeithoffnung das Aufhören von Leid, Krankheit und Tod (vgl. Bill I 593f.), und Jes 35 5f. spielte dabei eine wesentliche Rolle (vgl. Bill I 594f.), aber der erwartete ‚Sohn Davids' gilt keineswegs als Wundertäter (vgl. Hahn a. a. O. 218f. 262 mit Lit.). Dies hängt sicher damit zusammen, daß die Person des erwarteten Davididen gegenüber der erwarteten messianischen Heilszeit deutlich im Hintergrund bleibt und nicht von selbständiger Bedeutung ist; vgl. Lohse, Festschr. O. Michel, AGSU 5, 1963, 343f.; ders., ThW VIII, 1969, 485f.; 485 15f.: »für Glauben u(nd) Hoffen des Jud(en)t(ums) ist das messianische Reich ungleich wichtiger als der messianische König.«

[19] Vgl. Dibelius, Formgeschichte 49f.; Sundwall, Zusammensetzung 69; Lohmeyer, Mk 224; Reploh, Markus 222—224; Burger, Davidssohn 43.

[20] καὶ ἔρχονται (Plural!) dient der Verklammerung mit dem Kontext.

[21] Die Erwähnung der Jünger ist auch sprachlich ungelenk, vgl. Lohmeyer, Mk 224.

[22] S. o. S. 114.

und die Aufforderung zum Schweigen (v. 48) stehen nicht auf der gleichen Ebene wie die markinischen Schweigegebote[23]; die Haltung der Menge ist vielmehr die Folie für die unbeirrbare Haltung des Βαρτιμαῖος[24].

In v. 52 ist ἐν τῇ ὁδῷ eine markinische Zufügung[25], mit der Markus die Erzählung nochmals auf Jesu Weg nach Jerusalem bezieht — und das heißt für den Leser: auf den Weg zur Passion.

Damit wird auch die Einfügung dieser zweiten Wundertradition in den mit Mk 8 27 einsetzenden Abschnitt des Markusevangeliums verständlich. Diese Einordnung bot sich schon aufgrund der Ortsangabe und des Titels υἱὸς Δαυίδ (vgl. Mk 11 10) an[26]. Markus integrierte diese Überlieferung, die primär den *Glauben* des υἱὸς Τιμαίου darstellte[27], aber auch inhaltlich in den zur Passion überleitenden Abschnitt Mk 8 27ff.: Durch die Zufügung von ἐν τῇ ὁδῷ wird diese Erzählung zur Darstellung der *Nachfolge in die Passion* als Konsequenz der πίστις[28]. Es zeigt sich somit derselbe theologische

---

[23] Als Analogien kommen nur Schweigegebote im Anschluß an christologische Bekenntnisse oder Proklamationen in Betracht (Mk 3 12 8 30 9 9), nicht jedoch Ausbreitungsverbote *nach* einer Wundertat (Mk 5 43 7 36).
Die Frage, ob in Mk 10 48 ein Schweigegebot im Sinne des Mk vorliegt, diskutiert bereits Wrede, Messiasgeheimnis 278f. — mit negativem Ergebnis. Anders jetzt Burger, Davidssohn 59—63, der von der mk Herkunft von v. 48 ausgeht (s. o. S. 128 A 10) und v. 48 als mk Schweigegebot interpretiert. Doch ist v. 48 ohne Schwierigkeiten als Bestandteil der vormk Überlieferung verständlich (s. o. S. 128), und es bleibt als entscheidende Differenz zu allen übrigen Schweigegeboten des Mk, daß der Befehl in Mk 10 48 nicht von Jesus ausgeht.

[24] Vgl. Wrede, Messiasgeheimnis 279 und Roloff, Kerygma 122f. Wrede verweist dabei auf Mk 10 13. Zur Überwindung des Widerstandes als Erweis des Glaubens in den synoptischen Wundertraditionen vgl. Mk 7 28f. Mt 8 7ff. (? — vgl. Bultmann, Geschichte 39) und auch Mk 2 4f. Außerhalb der Wundertraditionen: Lk 19 1-10.

[25] Vgl. Schweizer (1964) Aufs. II 37; Reploh, Markus 224—226; Roloff, Kerygma 125f.; Trilling, Christusverkündigung 161 (der καὶ ἠκολούθει αὐτῷ ἐν τῇ ὁδῷ insgesamt für mk hält). Das Stichwort ὁδός ist in Mk 8 27—10 52 fast durchweg mk (s. o. S. 114 A 4). Entscheidend ist, daß in Mk 10 52 die Verdeutlichung der Nachfolge durch ἐν τῇ ὁδῷ nur innerhalb des größeren redaktionellen Zusammenhangs Mk 8 27—11 1 sinnvoll ist. Zum mk Bild von der ὁδός Jesu paßt auch die scheinbar beiläufige Erwähnung der ὁδός in v. 46. Doch ist hier Sicherheit über die Herkunft nicht möglich.

[26] Einen (mk) Bezug von Mk 10 46-52 auf 11 10 bestreitet Roloff, Kerygma 125 zu Unrecht; vgl. jüngst Burger, Davidsson 64. Die Annahme mk Herkunft von υἱὸς Δαυίδ in Mk 10 47f. (so Burger — s. o. S. 128 A 10) ist dabei nicht nötig.

[27] Καὶ ἠκολούθει αὐτῷ hat als Bestandteil der vormk Erzählung keine selbständige Bedeutung, sondern unterstreicht die πίστις des Geheilten.

[28] Vgl. Michaelis, ThW V, 1954, 67; Reploh, Markus 225; Schweizer, Mk 127f.; Kertelge, Wunder 181. — Anders Roloff, Kerygma 126: »Wenn der Geheilte nach

Duktus wie in zu Beginn des Abschnitts Mk 8 27—10 52 in der Abfolge von Bekenntnisszene und Nachfolgelogien (Mk 8 27-33. 34ff.)[29].

Ähnlich wie in Mk 8 22-26[30] wird auch in Mk 10 46-52 z. T. ein besonderer inhaltlicher Akzent darin gesehen, daß es sich hier um die Heilung eines *Blinden* handelt[31]. So interpretiert etwa E. Schweizer Mk 10 46-52 als durchsichtige Sinndarstellung von Glauben und Nachfolge: »Direkt vor der Passionserzählung demonstriert Markus also seinen Lesern nochmals, was Glaube und Nachfolge Jesu ist. Es folgen sich: beharrliches Bitten, Anrufen durch allen Widerstand hindurch, Getrostwerden, Aufbrechen Jesu entgegen, sich von ihm fragen Lassen, sich die Augen öffnen Lassen und ihm Nachfolgen auf dem Wege«[32]. Doch ist es fraglich, ob ein metaphorisches Verständnis von τυφλός und ἀναβλέπειν der Erzählung gerecht wird[33]. Dagegen spricht, daß hier keineswegs eine Bekehrungsgeschichte vorliegt, in der der Blinde ‚sehend‘, d. h.: glaubend, *wird*[34].

c) *Mk 11* 12-14. 20-25

Bei der Analyse der Wundertraditionen, die Markus noch nach Mk 8 27 einfügt, ist anhangsweise auf Mk 11 12-14. 20-25, die Verfluchung des Feigenbaums, einzugehen[1].

Im vorliegenden Text sind zwei vormarkinische Stufen erkennbar:

---

10 52 Jesus ‚auf dem Wege‘ nachfolgt, so ist damit nur gesagt, daß er sich in die für die Jünger Jesu typische *äußere* Situation begibt« (126 A 66; Hervorhebung von mir). Doch ist die Nachfolgethematik für die mk Komposition von Mk 8 27—10 52 charakteristisch (vgl. 8 34ff.). Und die Interpretation von ὀπίσω μου ἔρχεσθαι bzw. ἀκολουθεῖν (8 34) durch das Logion 8 35, das Mk (!) um καὶ (ἕνεκεν) τοῦ εὐαγγελίου (vgl. Marxsen, Evangelist 77—92; Strecker, Festschr. O. Cullmann 1972, 91—104) ergänzt, sowie die Abfolge Mk 10 17-22 / 23-27 / 28-31 zeigen, daß ἀκολουθεῖν im Sinne des Mk mehr meint, als lediglich die damalige — und d. h.: vergangene — äußere Situation des Jüngerseins.

[29] S. o. S. 113 A 2.
[30] S. o. S. 71f.
[31] So u. a. Grundmann, Mk 220f.; Luz, ZNW 56, 1965, 15; Fuller, Wunder 83; Schweizer, Mk 128; Trilling, Christusverkündigung 159; Kertelge, Wunder 181f.
[32] Schweizer, Mk 128.
[33] Gegen eine symbolische Interpretation der ntl. Blindenheilungen wendet sich energisch Roloff, Kerygma 119—141 (zu Mk 10 46-52: 125f.).
[34] Eher könnte man eine erzählerische Nuance darin sehen, daß gerade ein Blinder — anders als die Menge — Jesus als υἱὸς Δαυίδ erkennt und anruft. Doch ist auch damit bereits die Aussageabsicht der Erzählung überschritten.
[1] Lit.: s. o. S. 43 A 3; außerdem: Hunzinger, ThW VII, 1964, 756f.; Luyten, Tempelreinigung, Diss. Würzburg 1969, 99—104; Kahn, NovTest 13, 1971, 38—45.

1. v. (12) 13f. 20f.; eine Erzählung, deren Gegenstand ein wirksames Fluchwort Jesu ist[2]. Es handelt sich um das einzige Strafwunder in den Evangelien, und es ist nicht auszuschließen — aber wohl auch kaum zu sichern —, daß die Erzählung bereits auf dieser Stufe eine zeichenhafte Bedeutung hatte[3].

2. Die Ergänzung um v. 22-25[4]; durch v. 22f. wird die Erzählung zu einem Beispiel für die Wirksamkeit des Glaubens, v. 24 setzt diese Linie durch ein Logion über die Gewißheit der Gebetserhörung fort, und v. 25 ist ad vocem προσεύχεσθαι angefügt[5].

Die markinische Herkunft dieser Ergänzungen ist zwar nicht auszuschließen; doch ist die Annahme einer schrittweisen vormarkinischen Anreihung der einzelnen Logien näherliegend, da die sich aus der Stellung im Kontext ergebende Interpretation durch Markus in eine andere Richtung weist[6].

Der einzig sichere Hinweis für das markinische Verständnis der Tradition liegt in der Verschachtelung mit der Erzählung von der

---

[2] In v. 12 ist redaktionelle Überleitung enthalten (vgl. Bultmann, Geschichte 233); nach Lohmeyer, Mk 238 ist die Fortsetzung der Erzählung am folgenden Tage (v. 20) künstlich, so daß hinsichtlich der gesamten Zeiteinteilung mit der Möglichkeit mk Redaktion zu rechnen ist.
Die Frage nach der Entstehung und etwaigen Vorstufen *vor* Mk 11 12-14. 20f. kann hier offen bleiben; vgl. dazu die Übersicht bei Bultmann a. a. O. ErgH 83; Münderlein, NTS 10, 1963/64, 92—96.
Kaum aufzuhellen ist wohl die Herkunft (und Bedeutung) der verwirrenden Bemerkung ὁ γὰρ καιρὸς οὐκ ἦν σύκων (v. 13c) — handelt es sich um einen ursprünglichen Bestandteil der Tradition (so z. B. Bartsch, ZNW 53, 1962, 257f.; Hiers, JBL 87, 1968, 394—400), eine vormk Erweiterung (so Münderlein a. a. O. 99), eine mk (Hunzinger, ThW VII, 1964, 756 A 49; vgl. auch Lohmeyer, Mk 234) oder gar eine nachmk Glosse (erwogen von Lohmeyer a. a. O. 234; vgl. auch Ch. W. F. Smith, JBL 79, 1960, 327) ?

[3] Münderlein, NTS 10, 1963/64, 96—99: Ein die Symbolhandlung deutendes Wort ist entfallen bzw. zu v. 13c umgeformt worden.

[4] Nach Bultmann, Geschichte 233 ist u. U. bereits v. 21 gegenüber v. 20 sekundär. Kaum gerechtfertigt ist es jedoch, bereits v. 20f. insgesamt als sekundäre Erweiterung von v. (12) 13f. anzusehen, so Münderlein, NTS 10, 1963/64, 90 und Haenchen, Weg 391, für die schon mit v. 20 mk Redaktion einsetzt; vgl. auch Luyten, Tempelreinigung, Diss. Würzburg 1969, 99. 102 und Bartsch, ZNW 53, 1962, 257. Eine tatsächliche Differenz zwischen v. 14 und v. 20f. ist jedoch nicht vorhanden. Das Verdorren ist die einzig mögliche Form, die Verfluchung zur Unfruchtbarkeit sinnfällig zu demonstrieren (gegen Münderlein a. a. O. 90), und sprachliche Gestaltung durch Mk spricht nicht automatisch gegen vormk Herkunft. Zudem ist nicht nur die vormk Herkunft von v. 20f., sondern von v. 20-25 insgesamt wahrscheinlich.

[5] Die Logienanreihung setzt sich in der Textgeschichte fort, vgl. die Anfügung von C A ℵ D Θ (par Mt 6 15).

[6] So m. R. Schweizer, Mk 132. 134.

Tempelreinigung (Mk 11 15-19) vor[7]. Markus verschränkt das Urteil von Mk 11 17 über den jüdischen Tempelkult mit der Verfluchung des Feigenbaums zur dauernden und endgültigen Unfruchtbarkeit, so daß Mk 11 12-14. 20ff. zum Zeichen für das endgültige Urteil über Israel wird (vgl. Mk 12 1-12, bes. v. 9)[8]. Die Verfluchung des Feigenbaums ist also für Markus keine eigenständige Wundertat, sondern faktisch zu einem ‚Begleitwunder' der Tempelreinigung geworden. Damit ordnet sich diese Erzählung in die mit Mk 11 1 einsetzende Darstellung der Passion ein, die zwar auch wunderhafte Züge aufweist — besonders deutlich: das wunderbare Vorherwissen Jesu in Mk 11 1ff. 14 12ff. 17ff. 29ff. —, aber keine selbständigen Wundererzählungen mehr enthält.

6. WUNDERERZÄHLUNGEN, DIE LEDIGLICH DURCH DEN MARKINISCHEN KONTEXT INTERPRETIERT WERDEN

Nicht besprochen wurden bisher lediglich zwei Wundererzählungen des Markusevangeliums, Mk 1 29-31 und 5 25-34, die — außer kurzen redaktionellen Verknüpfungen — keine weitergehende markinische Bearbeitung aufweisen und deren markinisches Verständnis daher lediglich aus ihrem jetzigen Kontext zu erheben ist.

a) Mk 1 29-31

Die Erzählung von der Heilung der Schwiegermutter des Petrus[1] fällt durch ihre Kürze gegenüber den übrigen Wundererzählungen auf[2]. Doch entspricht der Aufbau von Mk 1 29-31 — wenn auch in

---

[7] Die schriftlich-literarische Herkunft der Aufspaltung von Mk 11 12-14. 20ff. ist offenkundig. Sie entspricht der mehrfach zu beobachtenden Redaktionstechnik des Mk (s. u. S. 138f.). Die mk Herkunft der Verschachtelung ist daher unumstritten; vgl. Bultmann, Geschichte 233; Hunzinger, ThW VII, 1964, 756 A 49; Schweizer, Mk 131; Stein, NovTest 13, 1971, 193f.

[8] Vgl. Schweizer, Mk 132—134; Luyten, Tempelreinigung, Diss. Würzburg 1969, 99—104; H.-W. Kuhn, Festschr. K. G. Kuhn 1971, 300 (mit A 6); Stein, NovTest 13, 1971, 194 A 1. Diese Interpretation ist nicht von der Frage abhängig, ob für συκῆ (wie etwa für ἀμπελών) eine metaphorische Verwendung nachweisbar ist (dazu vgl. H.-W. Kuhn a. a. O. 300 A 5). Entscheidend ist, daß der gesamte Vorgang von Mk 11 12-14. 20f. in seiner Pointe — dem völligen Verdorren des verfluchten Baums — als Zeichen verwendet werden konnte. Zum Gebrauch von ξηραίνεσθαι vgl. Münderlein, NTS 10, 1963/64, 100f.

[1] Lit.: s. o. S. 43 A 3; außerdem: Léon-Dufour, Études 123—148; Pesch, BL 9, 1968, 177—186; ders., Exegese 143—175.

[2] Vergleichbar ist höchstens Lk 11 14 / Mt 12 22f. (9 32f.). Doch hat diese Wundererzählung bereits in der Logienquelle die Funktion der Einleitung zum folgenden

sehr knapper Form — dem gängigen Schema einer Wundererzählung[3]. Markinische Redaktion ist nur in v. 29 erkennbar. Mit καὶ εὐθὺς ἐκ τῆς συναγωγῆς ἐξελθόντες stellt Markus die Verbindung zu Mk 1 21-28 her[4]. Ebenfalls redaktionell ist die Erwähnung der drei weiteren Jünger, die Markus in Anlehnung an Mk 1 16-20 ergänzt[5]. Sie haben in der Erzählung selbst keine Funktion[6].

Markus fügt diese äußerst knappe Wundererzählung an die wesentlich breitere — und auch redaktionell viel intensiver bearbeitete — Exorzismuserzählung Mk 1 21-28 an. Damit vervollständigt er sofort das Bild von der Wundertätigkeit Jesu und schafft die Voraussetzung für das Summarium von Mk 1 32ff., das beide Momente von Mk 1 21-31, die Exorzismus- und die Heilungstätigkeit, aufgreift[7]. Die Knappheit der Erzählung entspricht also ihrer Funktion im markinischen

---

Streitgespräch Lk 11 15ff. / Mt 12 24ff. gehabt (s. u. S. 144), so daß von hier aus die Kürze verständlich ist.

[3] Vgl. Pesch, BL 9, 1968, 181—185; ders., Exegese 153—157; Schürmann, Lk I 252. Das Fehlen einer Reaktion des Publikums als Abschluß der Erzählung ist kein Gegenargument, da die Voraussetzung hierfür — die Anwesenheit der Menge — fehlt; die Erwähnung der weiteren Jünger in v. 29 geht auf Mk zurück.

[4] Vgl. Bultmann, Geschichte 226; Pesch, BL 9, 1968, 178f.; ders., Exegese 146f. Die Fassung ἐξελθόντες ἦλθον (ℵ A 𝔐 C) ist gegenüber ἐξελθὼν ἦλθεν — bezeugt von B (D W Θ it) — ursprünglich; gegen Klostermann, Mk 18, der jedoch die Erwähnung der weiteren Jünger für eine nachmk Glosse hält (s. A 5). Pesch und Kertelge (s. o. S. 44 A 10) halten Mk 1 21 a — καὶ εἰσπορεύονται εἰς Καφαρναούμ — für die ursprüngliche Einleitung von Mk 1 29-31. Doch ist die vormk Herkunft von Mk 1 21a nicht nachweisbar, und von Mk 1 29-31 aus besteht gar keine Notwendigkeit, nach einem versprengten Expositionssplitter zu suchen.

[5] Das Fehlen der drei weiteren Jünger in Mt 8 14 und Lk 4 38 beweist nicht, daß deren Erwähnung in Mk 1 29 eine spätere Glosse darstellt (so jedoch Klostermann, Mk 18). Die Auslassung ist durch die jeweilige Stellung im Kontext bedingt: Mt trennt Mk 1 29-31 von Mk 1 16-20 und reiht die Erzählung in die Darstellung der Wundertaten Jesu Mt 8f. ein, deren Wiedergabe auf Jesus konzentriert ist (auch die Jüngernamen aus Mk 5 37 werden von Mt gestrichen); vgl. Held, WMANT 1, 158—168. 234—236. 241f. Lk läßt Mk 1 16-20 völlig aus und bietet die erste Berufungsszene erst mit Lk 5 1-11, so daß er die weiteren Jünger in Lk 4 38 streichen muß (vgl. Conzelmann, Mitte 33; Pesch, Exegese 171).

[6] Vgl. zur mk Herkunft auch Pesch, BL 9, 1968, 179f.; ders., Exegese 147—149. Der klar erkennbare redaktionelle Rückbezug auf Mk 1 16-20 erklärt die Anstöße in v. 29f. restlos. Die Annahme, Mk 1 29-31 sei »in der vorliegenden Fassung das Ergebnis der Umsetzung eines Petrusberichtes in der ersten Person Pluralis in die dritte Person Pluralis« (K. L. Schmidt, Rahmen 56; ebenso u. a. Wohlenberg, Mk 63; Lohmeyer, Mk 39f.; Taylor, Mk 178; Fuller, Wunder 41f. 56), ist zur Erklärung von v. 29 nicht notwendig; vgl. auch Pesch, BL 9, 1968, 179 A 7.

[7] Zur mk Herkunft der Abfolge Mk 1 29-31 / 32ff., die mit der mk Herkunft von Mk 1 32ff. selbst gegeben ist, s. u. S. 161—165.

Kontext[8]. Und die Verwendung von Mk 1 29-31 als Hinführung zu Mk 1 32ff.[9] erklärt zugleich das Fehlen jeder weiteren markinischen Bearbeitung.

b) Mk 5 25-34

Ein ähnlicher Fall, daß eine Wundererzählung so eng mit dem Kontext verbunden ist, daß sie keine direkte redaktionelle Bearbeitung durch Markus erfährt, liegt in Mk 5 25-34 vor[1].
Die Erzählung von der γυνὴ οὖσα ἐν ῥύσει αἵματος weist zwei Bestandteile auf, die noch hinreichend klar voneinander unterschieden werden können: Die Heilungserzählung selbst (v. 25-29), die mit der Konstatierung der erfolgten Heilung schließt (v. 29), und das Gespräch zwischen Jesus und der Geheilten (v. 30-34), das im Ausspruch Jesu θυγάτηρ, ἡ πίστις σου σέσωκέν σε (v. 34) gipfelt[2]. Die Annahme sekundärer Erweiterung liegt hier nahe, zumal die Bestätigung der Heilung in v. 34 (καὶ ἴσθι ὑγιὴς ἀπὸ τῆς μάστιγός σου) gegenüber v. 29 (ὅτι ἴαται ἀπὸ τῆς μάστιγος) nachgetragen wirkt[3]. Das inhaltliche

---

[8] Deshalb ist es grundsätzlich nicht ausgeschlossen, daß die Knappheit der Erzählung auf mk Verkürzung zurückgeht. Doch ist es mindestens ebenso wahrscheinlich, daß Mk diese Erzählung aufgrund ihrer bereits vorgegebenen Kürze als Überleitung zwischen Mk 1 21-28 und 1 32ff. verwendete.

[9] Den Übergangscharakter von Mk 1 29-31 betont Dibelius, Formgeschichte 41 so stark, daß er nicht mit einer selbständigen Erzählung rechnet: »Die Heilung der Schwiegermutter des Petrus wird von Markus im Zusammenhang einer Tagesschilderung erzählt, weder nach rückwärts noch nach vorwärts abgeschlossen: die Jüngerberufung bildet den Auftakt und die Pointe liegt erst in der Massenheilung Mk 1 32ff.« Doch ist die Selbständigkeit von Mk 1 29-31 nicht zu bestreiten. Die Sicht von Dibelius ist wohl auch dadurch bedingt, daß sich Mk 1 29-31 weder als (erbauliches) Paradigma noch als (erzählerisch breite) Novelle bezeichnen läßt.

[1] Lit.: s. o. S. 43 A 3; außerdem: Marxsen (1968) Aufs. 171—182; Roloff, Kerygma 153f.; Schmithals, Wunder 83—91.

[2] Lohmeyer, Mk 101 faßt Mk 5 25-34 als einheitlich auf und gliedert in drei Teile, die er als »das allgemeine Schema einer Krankenheilung« ansehen möchte: »a) die Begegnung mit dem Kranken und seine Krankheit (25—28); b) die Heilung (29); c) Bestätigung der Heilung (30—34)«. Doch gehört zum charakteristischen Aufbau einer Wundererzählung nicht die Bestätigung der Wundertat durch den Wundertäter, sondern die Reaktion (und u. U. auch die Akklamation) des Publikums. Zudem ist die Intention von v. 30-34 mit ‚Bestätigung der Heilung' kaum zureichend beschrieben.

[3] Vgl. Kertelge, Wunder 115: »Etwas nachgetragen wirkt der abschließende Satz: ‚Sei gesund von deinem Leiden', da ja schon in v. 29 die eingetretene Gesundung festgestellt wurde.« Vgl. auch Held, WMANT 1, 205 A 1. Nachgetragen wirkt aber auch schon der Ausspruch ἡ πίστις σου σέσωκέν σε. Anders in Mk 10 52 — dort ist die Stellung *vor* der Konstatierung der Heilung erzählerisch sinnvoll (vgl. auch E. Fuchs, Jesus 54).

6. Interpretation ausschließlich durch den Kontext

Interesse, das zu dieser Ergänzung geführt hat, wird bei einem Vergleich mit den übrigen synoptischen Wundertraditionen deutlich. Mk 5 25ff. stellt Jesus als δύναμις-Träger dar, dessen physisch-substanzhaft verstandene Wunderkraft automatische Wirksamkeit besitzt[4], so daß es hier keiner von Jesus ausgehenden Heilungs*tätigkeit* bedarf; die Wunderwirkung erfolgt vielmehr ohne sein Zutun[5]. Dieses Bild wird durch v. 34 korrigiert: Nicht mehr Jesu automatisch wirkende δύναμις, sondern die πίστις ist der Grund der Rettung[6]. Natürlich hebt diese Korrektur die vorangehende δύναμις-Vorstellung nicht einfach auf — sie knüpft ja daran an. Aber die Auffassung von der substanzhaft gedachten δύναμις als Grund der Rettung wird als unzureichend und ergänzungsbedürftig angesehen[7].

Fuller, Wunder 63: Als volkstümliche Erzählung konnte Mk 5 25ff. mit v. 32 schließen. Doch dient v. 30-32 bereits der szenischen Vorbereitung von v. 34.

[4] Daß in Mk 5 25ff. eine physisch-substanzhafte δύναμις-Vorstellung vorliegt, ist schlecht zu bestreiten (Grundmann, Begriff 62f.; ders., ThW II, 1935, 302 ebnet diesen Sachverhalt ein, indem er δύναμις sofort mit ἐξουσία verbindet); vgl. Preisigke, Gotteskraft 1—6; Bieler, ΘΕΙΟΣ ΑΝΗΡ I 80—82; Parallelen: Klostermann, Mk 51; NT: Act 5 15 19 12.

[5] Für Mk 5 25ff. gilt in der Tat: »Die Wunder (sc. Jesu) sind gleichsam etwas von seinem individuellen Wollen Losgelöstes, automatisch Funktionierendes« (Bultmann, Geschichte 234).

[6] Für die Zuordnung von Wunderhandlung und Gespräch in Mk 5 25-34 ist formal Lk 17 11-19 vergleichbar. Doch liegt dort eine einheitliche Konzeption vor; s. auch o. S. 21 A 15.

[7] Wird diese Schichtung innerhalb von Mk 5 25-34 übersehen, muß man die Erzählung trotz des Zielpunktes von v. 34 für ungenügend halten: »Trotzdem befriedigt die Geschichte nicht ganz: Die persönliche Begegnung mit Jesus geschieht erst nach der Heilung« (Fuller, Wunder 63f.).
Zudem scheint die Kategorie der ‚persönlichen Begegnung' bzw. der ‚personalen Zuwendung', die häufig zur Interpretation von v. 30-34 benutzt wird (vgl. Schweizer, Mk 66; Roloff, Kerygma 154), problematisch zu sein. Worin soll die ‚Begegnung' oder ‚Zuwendung' überhaupt bestehen? In der Reaktion der Frau in v. 33? oder im Ausspruch Jesu v. 34? v. 33 ist Folge der ungewöhnlichen (nämlich: erschlichenen) Heilung von v. 25-29, und v. 34 will die πίστις als Grund der Rettung betonen. Verlagert man die Pointe von der Darstellung eines Sachproblems auf die Person der Geheilten — bzw. die persönliche Begegnung zwischen der Geheilten und Jesus —, dann wird plötzlich der religiöse Bewußtseinsstand der Geheilten von Interesse: So liegt für Roloff a. a. O. 154 das Ziel der Erzählung darin, daß die Geheilte »in der Begegnung mit dem Wort Jesu aus ihrem Vorstellungsbereich herausgeholt wird und den erkennt, der selbst Träger und Bringer dieser Hilfe ist«. Doch ist von einem Erkenntnisfortschritt o. dgl. (aufgrund des Gesprächs v. 33f.) nirgends die Rede. Nicht die Vorstellungen der Geheilten werden korrigiert, sondern höchstens die der Leser — *mithilfe* dieser Erzählung.

Diese Interpretation und Korrektur ist bereits in der vormarkinischen Überlieferung erfolgt. Anzeichen, daß v. 30-34 auf Markus zurückgeht, fehlen jedenfalls vollständig[8]. Ergebnis der markinischen Redaktion ist dagegen die jetzige Stellung von Mk 5 25-34.

1. Die im Markusevangelium ineinander geschobenen Erzählungen Mk 5 (21) 22f. (24). 35-43[9] und 5 25-34 stellen selbständige, voneinander unabhängige Traditionen dar. Eine gegenseitige Beeinflussung der Erzählungen, die auf eine vormarkinische Verbindung hinweisen könnte, liegt nicht vor[10].

2. Die sprachliche Differenz zwischen beiden Erzählungen[11] spricht gegen eine gemeinsame mündliche Tradierung beider Überlieferungen[12].

3. Daraus ergibt sich, daß die jetzige Verbindung beider Erzählungen nur als Ergebnis einer schriftlichen Redaktion erklärbar ist. Will man nicht einen schriftlich arbeitenden vormarkinischen Redaktor postulieren[13], bleibt nur die Annahme markinischer Herkunft[14].

4. Die Verschachtelung von Einzeltraditionen ist als Redaktionsmittel für das Markusevangelium typisch und begegnet in allen Ab-

---

[8] So besteht stilistisch keine erkennbare Differenz zwischen v. 25-29 und v. 30-34, vgl. den Partizipialstil in v. 25-27 und v. 33.

[9] Zur Eingrenzung der Tradition in Mk 5 21-24 s. o. S. 65 A 2.

[10] Gegen Kertelge, Wunder 110—113, der mit der vormk Herkunft der jetzigen Textabfolge rechnet; s. o. S. 65 A 3. Auch die verspätete Ankunft Jesu im Haus des Synagogenvorstehers (5 35. 38f.) ist in 5 23 durch die örtliche Distanz von diesem Haus ausreichend motiviert.

[11] Kennzeichnend für Mk 5 25-34 ist die Anreihung der Partizipien in v. 25-27. 33; zur (scheinbar) asyndetischen Aufreihung von Partizipien in der Koine-Prosa vgl. Rudberg, CN 12, 1948, 1—38 (zu Mk 5 25f. 33: a. a. O. 4); Bl-Debr § 421. In v. 26 begegnet Paronomasie (vgl. Bl-Debr § 488. 1a), in v. 30 die Trennung des Partizips von seiner Nebenbestimmung (vgl. Bl-Debr § 474. 5b).

[12] So m. R. Best, Temptation 118 A 2. Diese Beobachtung spricht auch gegen die Annahme einer gemeinsamen, jedoch nicht verschachtelten Überlieferung beider Erzählungen, mit der A. Meyer, Festschr. A. Jülicher, 1927, 40; Sundwall, Zusammensetzung 34; H.-W. Kuhn, Sammlungen 201f. rechnen.

[13] Die Annahme einer vormk Verschachtelung von Mk 5 21-24 / 25-34 / 35-43 kann man mit der Hypothese einer vormk Sammlung Mk 4 35—5 43 kombinieren (so Kertelge, Wunder 112f.). Doch ist diese These erst dann überzeugend, wenn man eine vormk redaktionelle Verknüpfung nachweisen kann (dazu s. o. S. 39). Dabei ist die redaktionelle Herkunft der Abfolge Mk 5 21-24 / 25-34 / 35-43 kein selbständiges Argument für den Nachweis einer vormk Sammlung, da diese Abfolge der weiteren (mk!) Stoffanordnung entspricht (zum Verhältnis von Mk 5 21-43 zu 6 1-6a s .u. S. 152f.).

[14] Mit mk Herkunft rechnen v. Dobschütz, ZNW 27, 1928, 195; A. Meyer, Festschr. A. Jülicher, 1927, 40; Sundwall, Zusammensetzung 35; Lohmeyer, Mk 100f.; Schweizer, Mk 65; Roloff, EvTh 29, 1969, 79 (anders ders., Kerygma 153); H.-W. Kuhn, Sammlungen 200.

6. Interpretation ausschließlich durch den Kontext

schnitten des Evangeliums, so neben Mk 5 21-24 / 25-34 / 35-43 auch 3 20f. / 22-30 / 31-35 11 12-14 / 15-19 / 20-25 14 1f. / 3-9 / 10f., vgl. auch 6 7-13 / 14-29 / 30[15]; d. h. diese Redaktionstechnik ist der Endredaktion des Evangeliums zuzurechnen[16].

Ist die markinische Herkunft der Einschaltung von Mk 5 25-34 gesichert, so ist nach dem Zweck dieses redaktionellen Vorgehens zu fragen.

In der Einschaltung von Mk 5 25-34 ist zunächst ein Darstellungsmittel zu sehen, um innerhalb der Erzählung Mk 5 22f. 35-43 die Zeitspanne zwischen v. 23 und v. 35 zu überbrücken[17]. Die Einfügung von Mk 5 25-34 bedeutet aber auch eine inhaltliche Akzentuierung der Erzählung Mk 5 22f. 35-43. Innerhalb dieser Einzelüberlieferung ist das Motiv der πίστις (v. 36) nicht besonders hervorgehoben. Durch die Einfügung von v. 25-34, einer Erzählung, die ihre Spitze in der Aussage vom rettenden Glauben hat (v. 34), werden diese Aussage und die Aufforderung an den Vater zum Glauben (v. 36) nahe aneinander gerückt[18]. Auf dem Hintergrund von v. 25-34 erhält v. 36 ein wesentlich stärkeres Gewicht. Daß die Hervorhebung der πίστις in der Intention des Markus liegt, zeigt die auf Mk 5 21-43 folgende Nazarethszene Mk 6 1-6a, die in deutlicher Entgegensetzung zu Mk 5 21-43 die ἀπιστία in Jesu πατρίς darstellt. Eine weitere Verbindung zwischen Mk 5 25-34 und 6 1-6a wird durch das Stichwort δύναμις (Mk 5 30) angezeigt. Mit der in Mk 5 25ff. sehr direkt dargestellten δύναμις Jesu ist die Erwähnung der δυνάμεις in Mk 6 2 wirksam vorbereitet[19].

---

[15] Mk 6 14-29 ist in keinen vorgegebenen, sondern einen erst von Mk selbst geschaffenen Zusammenhang eingeschoben; zur mk Herkunft von Mk 6 30 s. o. S. 100 A 4.

[16] Vgl. v. Dobschütz, ZNW 27, 1928, 193—198; Bultmann, Geschichte 365 (der jedoch a. a. O. 228 die Einschaltung von Mk 5 25-34 für vormk hält); Schweizer, Mk 65; H.-W. Kuhn, Sammlungen 200f.; Stein, NovTest 13, 1971, 193f. — Mk 11 12-25 zeigt übrigens, daß diese Technik nicht nur der Überbrückung von Zeiträumen, sondern auch zur inhaltlichen Interpretation der so verschachtelten Traditionen dienen kann (s. o. S. 133f.; gleiches gilt auch für Mk 3 20-35; s. u. S. 146f.).

[17] So u. a. Bultmann, Geschichte 229. v. Dobschütz, ZNW 27, 1928, 195f. und Marxsen (1968) Aufs. 175f. betonen, daß die Einschaltung zugleich eine Steigerung der erzählerischen Spannung zur Folge hat.

[18] Schniewind, Mk 77 hebt m. R. »Jesu Worte vom Glauben, an die Frau V. 34 und an den Vater V. 36« als das zentrale Moment für die Verbindung beider Erzählungen hervor.

[19] Hinzuweisen ist auch darauf, daß Mk ein deutliches Interesse an der Darstellung gerade der substanzhaft wirkenden Wunderkraft Jesu hat. In den redaktionellen Bildungen Mk 3 9f. und 6 53-56 greift er — z. T. in wörtlicher Anlehnung an Mk 5 25ff. — diese Vorstellung auf; s. u. S. 168 A 7. 171.

IV. Die Reflexion über Jesu Wundertaten in der vormarkinischen Tradition und deren Interpretation durch Markus — Wunder und öffentliche Ablehnung Jesu

Neben den Wunderüberlieferungen enthalten die synoptischen Evangelien Traditionen, die die Erzählung von Jesu Wundertaten voraussetzen und hierauf interpretierend Bezug nehmen. Aus dem Markusevangelium sind hier Mk 3 20-35 6 1-6a und 8 11-13 zu nennen[1]. Aus der markinischen Redaktion und Verwendung dieser Traditionen können sich weitere Hinweise ergeben, wie Markus die von ihm aufgenommenen und redigierten Wunderüberlieferungen verstanden wissen wollte[2].

1. MK 3 20-35

Die markinische Fassung des sog. Bee(l)zebul[3]-Streitgesprächs Mk 3 22-30[4] ist durch die Verbindung mit der biographisch-apophthegmatischen Szene vom Verhältnis Jesu zu seinen Verwandten (Mk 3 20f. 31-35) gekennzeichnet. Hierbei handelt es sich offenkundig um eine sekundäre Verbindung zweier selbständiger Traditionen. Beide sind zunächst getrennt zu analysieren.

---

[1] Hinzu kommt die Szene Mk 6 14-16, für die jedoch redaktionelle Herkunft wahrscheinlich ist; s. u. S. 154 f.

[2] Der Frage nach der Bedeutung der Wundertaten (bes. der Exorzismen) für das Selbstbewußtsein Jesu und nach dem Zusammenhang der Wundertaten mit seiner eschatologischen Verkündigung kann hier nicht nachgegangen werden; vgl. dazu Delling, in: Ristow-Matthiae, Jesus 389—402 (vgl. ders. [1955] Aufs. 146—159); Conzelmann, RGG III, 1959, 628; ders., Grundriß 157; s. außerdem Fuller, Wunder 25—52 (bes. 46ff.); Pesch, Taten 147—158.

[3] Zu Schreibung und Herkunft vgl. Bill I 631—634; Foerster, ThW I, 1933, 605f.; Bauer, WB 275 s. v. Βεεζεβούλ. Die Masse der Textzeugen liest in Mk 3 22 Mt 12 24. 27 Lk 11 15. 18. 19 sowie Mt 10 25 Βεελζεβούλ (so auch Greek NT, hg. K. Aland u. a.); lat sy lesen zumeist ‚Beelzebub‘, während Βεεζεβούλ lediglich von B ℵ (ℵ: außer Mk 3 22) bezeugt ist (akzeptiert im NT Graece, hg. E. Nestle/K. Aland). Schreibung und Herkunft können hier offen bleiben, da sie bereits für das Verständnis der Tradition nicht ausschlaggebend sind.

[4] Im Sinne des Mk umfaßt das Streitgespräch v. 22-30 (vgl. den Rückbezug von v. 30 auf v. 22). Lit. zu Mk 3 22-30 parr: vgl. Bultmann, Geschichte 10—12 und die Hinweise ErgH 17; außerdem Fridrichsen, Problème 70—75; Sundwall, Zusammensetzung 23f.; Burkill, Revelation 136f.; Best, Temptation 10—18; Fuller, Wunder 33f. 47f. und die Kommentare.

1. Mk 3 20-35

Wie der Vergleich mit Mt 12 22-30 / Lk 11 14-23 zeigt, greift Markus in Mk 3 22-30 eine Tradition auf, die auch in der Logienquelle enthalten war[5]. Aus den Übereinstimmungen und Differenzen zwischen Mk 3 22-30 und der aus Mt 12 22-30 / Lk 11 14-23 erhebbaren Q-Fassung des Streitgesprächs kann geschlossen werden, daß diese Überlieferung schon vor der Aufnahme in das Markusevangelium und die Logienquelle je eine selbständige Entwicklung durchlaufen hat[6].

Sicher festzustellen ist, daß die vormarkinische Tradition nicht mit der Q-Fassung identisch gewesen ist. Dies zeigt sich an den Differenzen des zwischen dem Markusevangelium und Q gemeinsamen Stoffes: Die auf den Vorwurf des Dämonenbündnisses in Q folgende szenische Bemerkung εἰδὼς δὲ τὰς ἐνθυμήσεις αὐτῶν (Mt 12 25) bzw. αὐτὸς δὲ εἰδὼς αὐτῶν τὰ διανοήματα (Lk 11 17) hat in Mk 3 23 keine Entsprechung[7]. Und in Mk 3 26b und Mt 12 26b / Lk 11 18a liegt eine jeweils selbständige Fassung des gemeinsamen Traditionsgutes vor[8].

Auch die jeweils verschiedene Fortsetzung von Mk 3 22-26 und Mt 12 24-26 / Lk 11 15. 17. 18a ist nicht auf die markinische Redaktion einer mit Q identischen Tradition zurückzuführen. Die Annahme einer Auslassung von Mt 12 27f. / Lk 11 19f. durch Markus ist z. B. nicht begründbar[9].

Die vormarkinische Tradition ist also nicht im unmittelbaren Vergleich mit Q zu gewinnen, und umgekehrt wird man wohl auch die Q vorausliegende Tradition kaum mit der des Markusevangeliums gleichsetzen können[10].

---

[5] Schon der Beginn des Streitgesprächs in Mt 12 22f./Lk 11 14 zeigt, daß Mt und Lk neben Mk gemeinsam eine weitere Quelle benutzen. Dies geht ebenso aus den über Mk hinausgehenden Übereinstimmungen innerhalb von Mt 12 27-30 / Lk 11 19-23 hervor. Ob dabei der in Q sichtbare Beginn durch einen (sehr knapp dargestellten) Exorzismus Jesu auch für die vormk Tradition vorauszusetzen ist, s. u. S. 144f.

[6] Zum Verhältnis zwischen der vormk Tradition und der Überlieferung der Logienquelle vgl. Bultmann, Geschichte 10—12; Lohmeyer, Mk 78f.; Lührmann, Redaktion 32—34; Schulz, Q 203.

[7] Daß Mk hier gestrichen hat, ist angesichts von Mk 2 8 8 17 auszuschließen.

[8] Mk 3 26a: οὐ δύναται στῆναι ἀλλὰ τέλος ἔχει. Mt 12 26b / Lk 11 18a: πῶς (οὖν) σταθήσεται ἡ βασιλεία αὐτοῦ; Anzeichen dafür, daß eine der beiden Formulierungen eine erst redaktionelle Abänderung der anderen Fassung ist, liegen nicht vor.

[9] Ein inhaltlicher Grund für die Auslassung von Mt 12 27 / Lk 11 19 ist nicht sichtbar. Gleiches hat auch für Mt 12 28 / Lk 11 20 zu gelten — gegen Minette de Tillesse, Secret 101: Dies Logion sei die notwendige Voraussetzung für die Anfügung von Mk 3 28f. gewesen, und Mk habe es ausgelassen, um das Messiasgeheimnis zu wahren. Doch ist der Anschluß von Mk 3 28f. auch ohne Mt 12 28 / Lk 11 20 verständlich (s. u. S. 143), und daß Mt 12 28 / Lk 11 20 ein stärkerer ‚Widerspruch' zur Geheimnistheorie gewesen wäre als Mk 2 10. 28, läßt sich nicht zeigen. — Mit mk Verkürzung der (mit Q übereinstimmenden) Tradition rechnet auch Schulz, Q 182. 203.

[10] Vgl. Schulz, Q 206: Ausgangspunkt der Q vorausliegenden Tradition ist »eine äußerst knapp erzählte Wundergeschichte, daran schließt sich ein Streitgespräch

Als ursprünglicher Kern hebt sich in Mk 3 22ff. heraus: Der Vorwurf des Dämonenbündnisses (v. 22b), die Antwort mit dem »doppelgliedrige(n) Bildwort vom gespaltenen Reich und Haus«[11] (v. 24f.) und dessen Anwendung auf den Vorwurf von v. 22b (v. 26).

> Eine sekundäre Veränderung dieses — mit Q gemeinsamen — Grundbestandes, für die markinische Herkunft zu erwägen ist, liegt in Mk 3 22b vor: Die Doppelung des Vorwurfs ist nicht ursprünglich, wobei Βεε(λ)ζεβούλ ἔχει als sekundär zu beurteilen ist[12]. Falls diese Änderung erst eingeführt worden ist, um zwischen dem Vorwurf der Besessenheit (v. 21: ἔλεγον γὰρ ὅτι ἐξέστη) und dem des Dämonenbündnisses (v. 22b: ἐν τῷ ἄρχοντι τῶν δαιμονίων ἐκβάλλει τὰ δαιμόνια)[13] zu verbinden[14], ist sie wie die Abfolge Mk 3 20f. / 22-30 / 31-35[15] markinisch. Doch ist nicht völlig zu sichern, daß v. 22b erst im Zusammenhang mit der Verbindung von Mk 3 20f. / 22-30 / 31-35 verändert worden ist[16].

Diese Überlieferung ist bereits auf vormarkinischer Stufe mehrfach erweitert worden:

1. Ein sekundärer Einschub ist möglicherweise bereits v. 23b, da hier die Anwendung des Bildwortes v. 24f. auf den Satan in v. 26 schon vorweggenommen wird[17].

2. v. 27 stellt ein verwandtes, jedoch selbständiges Bildwort dar[18]; durch diese Anfügung endet die Überlieferung, in der der

---

an. Sehr wahrscheinlich schon vorredaktionell — also nicht erst durch die Q-Redaktion — wurden weitere Logien angefügt.« D. h. aber: für beide Traditionen ist mit einem selbständigen vorredaktionellen Traditionsprozeß zu rechnen. Zutreffend Lohmeyer, Mk 79: Mk steht »selbständig neben Q; es sind zwei verschiedene Überlieferungsstränge des gleichen Spruchgutes«.

[11] Bultmann, Geschichte 10f.

[12] In Q (Mt 12 24b / Lk 11 15b) ist hier sicher die ursprüngliche Form erhalten, denn die Replik Mk 3 24ff. bzw. Mt 12 25f. / Lk 11 17. 18a ist auf den Vorwurf des Dämonenbündnisses bezogen, nicht auf den der Besessenheit (vgl. Klostermann, Mk 37). Die Q-Fassung zeigt aber auch, daß die Nennung von Βεε(λ)ζεβούλ zur ältesten Traditionsschicht gehört.

[13] Zum Motiv des Vorwurfs des Dämonenbündnisses bzw. der Zauberei gegenüber dem Wundertäter vgl. Bieler, ΘΕΙΟΣ ΑΝΗΡ I 83f.; Betz, Lukian 112f. Auch im Judentum wurde der Wundertäter als Problem empfunden, vgl. MTaan III 8 (Bill IV 109f.). Zur (späteren) jüdischen Beurteilung Jesu als ‚Magier' und ‚Volksverführer' vgl. das Material bei Hengel, Nachfolge 44f. A 14.

[14] So Bultmann, Geschichte 11. [15] S. u. S. 145—147.

[16] Mit der mk Herkunft von Βεε(λ)ζεβούλ ἔχει rechnet ausdrücklich Schweizer, Mk 45; vgl. auch Bultmann, Geschichte 11.

[17] Vgl. Klostermann, Mk 37; s. auch Lohmeyer, Mk 79. Die Reminiszenz an Mk 3 23b in Mt 12 26a (anders Lk 11 18a) geht auf literarischen Einfluß des Mk-Textes zurück.

[18] Mk 3 27 hat keine Entsprechung in Q (gegen Bultmann, Geschichte 11; Dibelius, Formgeschichte 221 A 2). Mt 12 29 und Lk 11 21f. weisen keine über Mk hinaus-

Vorwurf von v. 22b zunächst nur zurückgewiesen wurde, mit einer positiven Aussage[19]: dem Sieg Jesu über den ‚Starken'[20].

3. Ebenfalls sekundär ist die Anfügung des zweiteiligen Logions Mk 3 28f. Durch diese Anfügung wird der Angriff von v. 22b als unvergebbare Lästerung des heiligen Geistes interpretiert[21].

4. v. 30 stellt abschließend den Bezug von v. 28f. auf den Ausgangspunkt v. 22b wieder her.

Für das stufenweise Wachstum von v. 22b. 24-26 um v. 27 und v. 28f. und für die Einfügung von v. 23b ist markinische Herkunft nicht wahrscheinlich zu machen[22]. Ebenso fehlen Anzeichen für markinische Veränderungen in v. 27. 28f.[23]. Dagegen ist für v. 30 mit marki-

---

gehenden Übereinstimmungen auf (Lührmann, Redaktion 33; Schulz, Q 203 A 200).

[19] Eine Hinwendung zur positiven Aussage kann man u. U. bereits im Abschluß von Mk 3 26 durch ἀλλὰ τέλος ἔχει sehen. Doch bleibt v. 26 insgesamt auf der Argumentationslinie von v. 24f., den Angriff von v. 22b als widersprüchlich darzustellen (was zudem nicht zwingend ist, so m. R. Schweizer, Mk 47).

[20] Die Tendenz, die reine Zurückweisung des gegnerischen Vorwurfs durch eine positive Aussage zu ergänzen, zeigt sich auch in Q. Während Mt 12 27 / Lk 11 19 noch die Kette der Zurückweisungen fortsetzt, kommt in Mt 12 28 / Lk 11 20 ein positives Verständnis der Exorzismen Jesu zum Ausdruck. Nicht begründbar ist die Sicht von Schweizer, Mk 46, Mt 12 27f. / Lk 11 19f. sei die ursprüngliche Antwort auf den gegnerischen Vorwurf gewesen. Die Übereinstimmung in der Nennung von Βεε(λ)ζεβούλ reicht für diese Annahme nicht aus. Denn sie setzt nicht nur voraus, daß Mt 12 25f. / Lk 11 17. 18a bzw. Mk 3 24-26 sekundär zwischen Vorwurf und Antwort eingeschoben wurde, sondern ist auch mit dem Postulat verbunden, daß in der vormk Tradition nur dieser sekundäre Einschub erhalten geblieben und die ursprüngliche Antwort entfallen ist.

[21] Vgl. Bornkamm, WMANT 1, 31 zu Mk 3 28f.: »alle Sünden und Lästerungen können vergeben werden, die Lästerung aber gegen den in Jesu Sieg über die Dämonen sich manifestierenden heiligen Geist nicht.« Dies gilt — als Interpretation der Anfügung von Mk 3 28f. an 3 22-27 — unabhängig von der Frage nach der Priorität der Mk- oder der Q-Fassung des Logions. — Weitergehend Berger, Amen-Worte 38f.: Mit der Anfügung von Mk 3 28f. ist Jesus in Mk 3 22-30 als Geistträger verstanden. Doch wird über das Verhältnis zwischen Jesus und dem Geist keine präzise Aussage gemacht.

[22] Für die mk Herkunft der Abfolge v. 24-26 / 27 tritt Sundwall, Zusammensetzung 23f. ein; mit der Anfügung von v. 28f. durch Mk rechnen auch Bultmann, Geschichte 11 und Hoffmann, Studien 150. Doch spricht der Rückbezug auf v. 22b, den Mk mit v. 30 herstellt dafür, daß v. 22b. 23b-29 bereits vorgegeben war.

[23] Die Priorität von Mk 3 28f. oder Mt 12 31f. / Lk 12 10 ist umstritten, vgl. die Übersicht bei Bultmann, Geschichte ErgH 52, und kann hier offen bleiben. Denn auch die Annahme der Q-Priorität erbringt keine sicheren Hinweise auf erst durch Mk vollzogene Veränderungen, mit denen z. B. Schulz, Q 247 rechnet. Schulz: Die Q-Fassung (die »im wesentlichen« Lk 12 10 entspricht) passe schlecht zur mk Verwendung von ‚Menschensohn'. Es ist aber zu beachten, daß nicht die

nischer Herkunft zu rechnen[24]. Als Schlußaussage einer Einzelüberlieferung kann nur v. 28f., nicht jedoch v. 30 gelten. Zudem ruft Markus durch v. 30 — ὅτι ἔλεγον· πνεῦμα ἀκάθαρτον ἔχει — dem Leser nicht nur den Vorwurf von v. 22b — ἔλεγον ὅτι Βεε(λ)ζεβούλ ἔχει —, sondern auch den von v. 21 — ἔλεγον γὰρ ὅτι ἐξέστη — ins Gedächtnis zurück[25]; d. h. er knüpft auch an die in v. 21 unterbrochene Tradition an, die in v. 31 wieder aufgenommen wird[26].

Anders als der Abschluß ist der Beginn der innerhalb von Mk 3 22-30 vorliegenden Überlieferung nicht sicher zu bestimmen. In der Q-Fassung wird das Streitgespräch durch eine sehr knapp gehaltene Exorzismusdarstellung eingeleitet (Mt 12 22f. / Lk 11 14). Die Ausgangsfrage des Gesprächs ist in Q also ausgesprochen gut motiviert. Und es ist möglich, daß erst durch die Verbindung mit Mk 3 20f. 31-35 eine analoge Einleitung der vormarkinischen Tradition entfallen ist[27]. Andererseits ist es nicht auszuschließen, daß auch die vormarkinische Tradition von Mk 3 22b ... — ähnlich wie die von Mk 3 20f. 31ff. — direkt mit dem gegnerischen Vorwurf einsetzte, ohne zuvor eine konkrete Veranlassung des Vorwurfs darzustellen[28]. Die Frage nach dem Beginn der Tradition und damit nach dessen

---

in Q vorliegende Differenzierung zwischen den Lästerungen gegen den Menschensohn und gegen den Geist, sondern nur die Fassung des MkEv als Fortsetzung von Mk 3 22b (23b). 24-27 geeignet ist. D. h. die (unter der Voraussetzung der Q-Priorität anzunehmende) Umgestaltung des Logions zu der in Mk 3 28f. vorliegenden Form ist spätestens bei dessen Anfügung an das Bee(l)zebul-Streitgespräch erfolgt. — Hasler, Amen 29 will ὅσα ἐὰν βλασφημήσωσιν (v. 28) und εἰς τὸν αἰῶνα (v. 29a) der mk Redaktion zuweisen. Doch können solche (in der Tat leicht herauslösbaren) Elemente auch der vormk Überlieferung angehören.

[24] Geht man von der mk Herkunft von Βεε(λ)ζεβούλ ἔχει (v. 22b) aus, ist für die mk Herkunft von v. 30 kein weiterer Nachweis notwendig (doch s. o. S. 142) — ebensowenig, wenn man bereits v. 28f. für mk Anfügung hält.

[25] Dem entspricht die mk Absicht, beide Angriffe nahe aneinander zu rücken (s. u. S. 146). Der Rückbezug auf beide Angriffe ist auch dadurch möglich, daß Mk — sicher nicht zufällig — jede Präzisierung des Subjekts von ὅτι ἔλεγον ... vermeidet.

[26] Zur mk Herkunft der Abfolge Mk 3 20f./22-30/31-35 s. u. S. 145—147. Mit mk Herkunft von v. 30 rechnen auch Lohmeyer, Mk 79 und Taylor, Mk 244 (»explanatory Markan comment«).

[27] So Bultmann, Geschichte 10; Schweizer (1962) Aufs. I 98; ders., Mk 45; vgl. auch Burkill, Revelation 136 A 42.

[28] Dibelius, Formgeschichte 221 rechnet mit einem »situationslos überlieferten Anlaß«; diese Möglichkeit bestreitet Blutmann, Geschichte 10: »kaum hat man ursprünglich je eine Geschichte überliefert, die mit Bezugnahme auf eine Tätigkeit Jesu im allgemeinen begann«. Doch zeigt die Tradition von Mk 3 20f. 31ff. gerade diese Möglichkeit.

möglicher markinischer Veränderung ist also nicht sicher entscheidbar[29].

Dagegen ist sicher feststellbar, daß Markus die Überlieferung in v. 22a und v. 23a erweitert hat[30].

Die Näherbestimmung der Gegner als ἀπὸ ʽΙεροσολύμων καταβάντες (v. 22a) ist innerhalb der Einzeltradition funktionslos; verständlich ist sie jedoch als ein Hinweis des Markus: Nach dem ersten direkten Vorverweis auf die Passion in Mk 3 6 fällt jetzt der Name Jerusalem — und der (christliche!) Leser weiß Bescheid: Die Gegner kommen von dort, wo sich die Passion ereignen wird[31]. Durch diesen Vorgriff bezieht die Auseinandersetzung Mk 3 22-30 — wie die von Mk 7 1-23 (vgl. 7 1!) — in die grundsätzliche Auseinandersetzung Jesu mit den jüdischen Gegnern ein, die auf die Passion zuläuft.

Die szenisch unmögliche[32] Regiebemerkung v. 23a dient Markus dazu, die ab v. 23b folgende Antwort Jesu als ‚Parabelrede‘ zu kennzeichnen — und das heißt im Sinne des Markus: als verhüllende Redeweise (vgl. Mk 4 10-12. 33f.)[33]. Damit wird die Abweisung des Vorwurfs von v. 22b in v. 23ff. nicht zurückgenommen, aber es wird deutlich, daß der Konflikt Jesu mit den offiziellen Autoritäten seines Volkes trotz der Widerlegung fortdauern wird.

Markinisch ist auch die Herkunft der Rahmung von Mk 3 22-30 durch 3 20f. / 31-35[34]. Dies Ineinanderschieben von selbständigen Traditionen ist ein charakteristisches Mittel der markinischen Redaktion[35], und auch in Mk 3 20-35 kann die Verklammerung der beiden

---

[29] Die direkte Abfolge der beiden Angriffe in v. 21 und v. 22 entspricht zwar der mk Absicht, die Konfliktsituation zu verschärfen (s. u. S. 147), doch ist es nicht auszuschließen, daß Mk die Abfolge v. 21/v. 22 herstellen konnte, ohne den Erzählungsbeginn von Mk 3 22b . . . zu streichen.
[30] Zu v. 22a vgl. Bultmann, Geschichte 11; Taylor, Mk 238; zu v. 23a vgl. Schweizer (1962) Aufs. I 97f.; ders., Mk 46; Taylor a. a. O. 239.   [31] Vgl. Lohmeyer, Mk 77.
[32] Zutreffend Schweizer (1962) Aufs. I 97 A 19: »καὶ προσκαλεσάμενος αὐτούς ist sachlich unmöglich, aber typisch markinische Floskel: 7, 14; 8, 34; 10, 42 usw.«
[33] Natürlich hat ‚ἐν παραβολαῖς‘ zur Voraussetzung, daß ab v. 24 Bildrede folgt (zur Bedeutungsbreite von παραβολή vgl. Jeremias, Gleichnisse 16; Hauck, ThW V, 1954, 744—748). Aber spätestens mit Mk 4 34 (zur mk Herkunft s. u. S. 192f. A 17) wird deutlich, daß Jesu Reden ἐν παραβολαῖς für Mk auch das Moment der Verhüllung enthält (der das ‚Auflösen‘ κατ' ἰδίαν entspricht); vgl. dazu Schweizer (1964) Aufs. II 31f. Zur Verwendung von παραβολή in der Bedeutung von »Rätselwort« vgl. Jeremias a. a. O. 12 A 4.
[34] Zur Lit. vgl. Bultmann 28f. (und ErgH 25). Die Frage nach dem Verhältnis von v. 31-34 zu v. 35 kann hier offen bleiben; vgl. die unterschiedlichen Analysen von Dibelius, Formgeschichte 60f. und Bultmann a. a. O. 29. Auch wenn man v. 35 für eine sekundäre Anfügung hält, ist die Annahme einer erst mk Zusammenordnung (mit der Schweizer [1962] Aufs. I 98 A 23 rechnet) nicht zu sichern.
[35] S. o. S. 138f.

selbständigen Überlieferungen nicht vor deren Aufnahme in das Markusevangelium erfolgt sein[36]. Dabei fügt Markus beide Traditionen so zusammen, daß die zur jeweiligen Tradition gehörenden Angriffe direkt aufeinander folgen und sich so gegenseitig ergänzen und verstärken.

Diese Absicht der markinischen Redaktion ist erst recht gegeben, wenn Mk 3 20f. als rein markinische Bildung anzusehen ist oder eine selbständige Überlieferung darstellt, die Markus hier vorgeschaltet hat[37]. Doch ist es angebrachter, in Mk 3 20f. mit einem Ineinander der in v. 31 fortgesetzten Tradition und markinischer Redaktion zu rechnen. v. 31-35 setzt eine Hausszenerie (vgl. v. 20) voraus[38], und v. 21 nennt den Grund für das Kommen der Verwandten in v. 31[39]. Als markinisch kann die Erwähnung des ὄχλος (und damit die Verwendung des οἶκος als Ort des Rückzugs) gelten[40].

---

[36] Mit der mk Herkunft der Abfolge Mk 3 20f./22-30/31-35 rechnen auch Bultmann, Geschichte 10; A. Meyer, Festschr. A. Jülicher, 1927, 41f.; Burkill, Revelation 136f.; Best, Temptation 74; Schweizer (1962) Aufs. I 97f.; ders., Mk 45; H.-W. Kuhn, Sammlungen 201; anders Taylor, Mk 92f.

[37] Mit einer selbständigen Überlieferung rechnet K. L. Schmidt, Rahmen 122f.; mit mk Bildung Dibelius, Formgeschichte 43f. und Bornkamm, Gn 12, 1936, 656; vgl. auch Schweizer (1962) Aufs. I 98 und H.-W. Kuhn, Sammlungen 201. Verfehlt ist der Versuch von Wansbrough, NTS 18, 1971/72, 233—235, den Zusammenhang von Mk 3 20f. mit 3 31ff. (auch auf der Ebene des MkEv!) zu bestreiten. Die Differenz zwischen οἱ παρ' αὐτοῦ (v. 21) und ἡ μήτηρ αὐτοῦ ... (v. 31ff.) reicht dafür nicht aus. οἱ παρ' αὐτοῦ als Bezeichnung für ‚Verwandtschaft' ist keineswegs ungewöhnlich, vgl. Moulton-Milligan, WB 478f. s. v. παρά; Bauer, WB 1210 s. v. παρά I 4bβ; Riesenfeld, ThW V, 1954, 727.

[38] Sundwall, Zusammensetzung 21f. (übernommen von Bultmann, Geschichte ErgH 25): ἔξω στήκοντες (v. 31) setzt den οἶκος von v. 20 voraus (vgl. die erneute Nennung von ἔξω v. 32). Hält man v. 31 für den Beginn der Tradition, muß man ἔξω jeweils für sekundär erklären oder uminterpretieren; vgl. die Wiedergabe bei Dibelius, Botschaft 25: sie »blieben abseits (!) stehen« (v. 31), und: sie »stehen dort (!) und wollen dich holen« (v. 32). Sundwall a. a. O. 21f. nimmt weiter an, daß — gegenüber dem vorgegegenen Beginn καὶ ἔρχεται εἰς οἶκον· καὶ οἱ παρ' αὐτοῦ ἐξῆλθον ... (v. 20f.) — in v. 31 ἔρχονται eine durch die Unterbrechung v. 22-30 verursachte redaktionelle Anknüpfung an v. 20f. sei.

[39] Gegen einen Zusammenhang von v. 20f. mit v. 31ff. wenden Bornkamm, Gn 12, 1936, 656 und H.-W. Kuhn, Sammlungen 201 ein, daß v. 31ff. nicht auf den Vorwurf von v. 21 antworte; nach Schweizer (1962) Aufs. I 98 A 21 schwächet außerdem v. 21 die Aussage von v. 34 ab. Doch läßt sich v. (20) 21. 31ff. durchaus als Einheit verstehen: Erst durch v. 21 werden die Verwandten zur sinnfälligen Folie für die ‚wahren' Verwandten von v. 34(f.). Einen weiteren Grund, der gegen die Annahme eines vormk Zusammenhangs von Mk 3 20f./31ff. spricht, sehen K. L. Schmidt, Rahmen 122f. und Dibelius, Formgeschichte 44 im Wechsel von οἱ παρ' αὐτοῦ (v. 21) zu ἡ μήτηρ αὐτοῦ ... (v. 31ff.). Dieser Wechsel ist in der Tat auffällig, doch kann man sich fragen, ob er überhaupt vormk ist. Jedenfalls entspricht die zunächst allgemeine Benennung der Verwandten in v. 21 und das

2. Mk 6 1-6a

Mit der doppelten Rahmung der Tradition Mk 3 22b. 23b-29 durch v. 22a. 30 und v. 20f. 31-35[41] hat Markus — in deutlichem Kontrast zu Mk 3 7-12 — eine grundsätzliche Konfliktszene geschaffen. Dem Zulauf der hilfesuchenden Menge steht die Feindschaft der Verwandten und der jüdischen Autoritäten gegenüber, dem Bekenntnis zum υἱὸς τοῦ θεοῦ der Vorwurf des Dämonenbündnisses und der Besessenheit. Zum Bild des Wundertäters Jesu gehört für Markus also nicht nur Zustrom und Zustimmung, sondern auch prinzipielle öffentliche Ablehnung, die für Markus auf die Passion hindeutet (Mk 3 22a).

2. MK 6 1-6a

Die öffentliche Ablehnung Jesu im Zusammenhang mit seinen Wundertaten ist für Markus auch das leitende Thema von Mk 6 1-6a, der apophthegmatischen Überlieferung von der Verwerfung Jesu in seiner Heimatstadt[1]. Die Analyse des Verhältnisses von Tradition und Redaktion in Mk 6 1-6a wird dadurch erschwert, daß Umfang, Schichtung und Zielrichtung der vorgegebenen Überlieferung umstritten sind. Zudem liegen offenbar die Intention der Überlieferung und die markinische Verwendung nahe beieinander.

Die Einheitlichkeit der Erzählung in ihrer vorliegenden Gestalt wird vor allem durch zwei Unstimmigkeiten in Frage gestellt:

1. Die erste Spannung zeigt sich bei der Frage nach der Pointe der Szene: liegt diese in dem Logion von v. 4 über den in seiner Vaterstadt verachteten Propheten oder in dem in v. 5f. entfalteten Zusammenhang zwischen δυνάμεις und πίστις (bzw. ἀπιστία)[2]?

Aufschieben der präzisen Aufzählung bis v. 31 sehr gut dem Gesamtablauf von Mk 3 20-35.

[40] Zur mk Verwendung von οἶκος/οἰκία s. o. S. 69f. Das Vorgehen entspricht der Redaktion von Mk 2 1f., wo Mk ebenfalls den in der Exposition vorgegebenen οἶκος als Entgegensetzung zur Öffentlichkeit verwendet (s. o. S. 46f.). Die Größe des Andrangs wird — ähnlich wie in Mk 6 31 — durch ὥστε μὴ δύνασθαι αὐτοὺς μηδὲ ἄρτον φαγεῖν illustriert.   [41] Vgl. Schweizer, Mk 45.

[1] Zur Analsye und Interpretation von Mk 6 1-6a vgl. Wendling, Entstehung 52—56; Preuschen, ZNW 17, 1916, 33—48; K. L. Schmidt, Rahmen 152—162; Bultmann, Geschichte 30f.; Dibelius, Formgeschichte 106f.; Sundwall, Zusammensetzung 35f.; Burkill, Revelation 58f. 137—140; Haenchen (1968) Aufs. II 158—161; Schmithals, Wunder 92—95; Gräßer, BZNW 40, 1—37, die Übersicht bei Bultmann a. a. O. ErgH 25f. (auch zu Lk 4 16-30) und die Kommentare. — Zu Mt 13 54-58 vgl. außerdem van Segbroeck, Bibl 49, 1968, 167—198.

[2] Auf diese Spannung hat K. L. Schmidt, Rahmen 155 aufmerksam gemacht. Schmidt geht allerdings von den Doppelungen in v. 2f. — Lehre und Wunder sowie ἐκπλήσσεσθαι und σκανδαλίζεσθαι (dazu vgl. bereits Wellhausen, Mc 42

Daß mit v. 5a 6a³ ein gegenüber v. 4 neuer Gesichtspunkt dargestellt wird, zeigt der lockere Anschluß von v. 5a. 6a an v. 4: Das Logion v. 4 ist ohne Rücksicht auf diese Fortsetzung formuliert, und umgekehrt ist v. 5a. 6a nicht als dessen organische Fortführung oder erzählerische Illustration verständlich.

Die Einsicht, daß mit v. 5a ein neues Thema *eingeführt* wird, spricht auch dagegen, in v. 5a den ursprünglichen Abschluß der vormarkinischen Tradition zu sehen⁴. Geht man nicht von historischen Vermutungen⁵, sondern von der Frage nach der Aussageabsicht der Erzählung (und ihrer Bestandteile) aus, ergibt sich kein Grund, v. 5a und v. 6a zwei verschiedenen Schichten zuzuweisen.

2. Das Logion v. 4 ist unorganisch gestaltet⁶. Die Fortsetzung von εἰ μὴ ἐν τῇ πατρίδι αὐτοῦ durch καὶ ἐν τοῖς συγγενεῦσιν αὐτοῦ καὶ ἐν τῇ οἰκίᾳ αὐτοῦ ist eine nachträgliche Ergänzung, die durch v. 1-3, wo nur die Haltung der πατρίς dargestellt wird, nicht vorbereitet ist.

Um beide Spannungen zu lösen, ist versucht worden, die Bildung der Tradition aufgrund von P Oxy 1,6 zu erklären. Das dort begegnende Logion οὐκ ἔστιν δεκτὸς προφήτης ἐν τῇ π(ατ)ρίδι αὐτ[ο]ῦ οὐδὲ ἰατρὸς ποιεῖ θεραπείας εἰς τοὺς γεινώσκοντας αὐτό(ν)⁷ sei die

---

und jüngst Gräßer, BZNW 40, 8—10. 19f. 24f.) — aus. Doch ist die Frage nach der Einheitlichkeit von der Pointe her zu stellen, auf die hin v. 2f. als Exposition ausgerichtet ist.

³ Zu v. 5b, der offensichtlich sekundär zwischen v. 5a und v. 6a eingeschlossen worden ist, s. u. S. 152.

⁴ So Gräßer, BZNW 40, 25—27: v. 5a sei Tradition, v. 6a mk Abschluß und v. 5b nachmk Glosse.

⁵ v. 5a für ‚unerfindbar‘ zu halten, ist sehr beliebt, vgl. K. L. Schmidt, Rahmen 156 (»Mk 6, 5 hat etwas Unerfindliches an sich«); Taylor, Mk 301 (»one of the boldest statements in the Gospels«); Fuller, Wunder 49 (eine »freimütige Angabe des Markusevangeliums«); Haenchen (1968) Aufs. II 159 (Jesus konnte in seiner Heimatstadt keine Wunder tun — »wie Markus mit dürren Worten zugibt«); Schweizer, Mk 69 (»v. 5a ist kaum ohne historischen Anlaß erfunden worden«); auch für Gräßer, BZNW 40, 25 ist v. 5a »sicher alte Tradition«.
Bei diesen Urteilen ist durchweg vorausgesetzt, daß v. 5a ein negatives Licht auf Jesus wirft. Doch kommt man zu dieser Voraussetzung erst, wenn man v. 5a von v. 6a isoliert und als historische Aussage wertet. Vgl. dagegen zutreffend Lohmeyer, Mk 112: v. 5a »bedeutet im Sinne des Erzählers keine Ohnmacht Jesu, sondern einen Vorwurf an die Nazarener; weil sie ungläubig sind, deshalb tut und kann Er nicht Wunder tun.« Vgl. auch Fridrichsen, Problème 52f. und Burkill, Revelation 59: »it is hard to think that it (sc. the report of Mark 6: 5—6) was preserved in the gospel traditions as an expression of the relative impotence of Jesus. Rather, it would serve to emphasize the unbelief in Jesus' compatriots, which preclude them from receiving the blessings enjoyed by believers.«

⁶ Vgl. Wendling, Entstehung 55; Lohmeyer, Mk 110; Gräßer, BZNW 40, 10. 25.

⁷ P Oxy 1 (Logion 6) Z. 31—35; vgl. ThEv 31; Varianten im NT: Lk 4 24 Joh 4 44; weitere Parallelen: Wettstein, Novum Testamentum I 409 (zu Mt 13 57);

2. Mk 6 1-6a

Voraussetzung für die Bildung von Mk 6 1-6a gewesen, wobei die zweite Hälfte des Logions in Erzählung umgesetzt worden wäre (Mk 6 5f.)[8]. Doch ist für die zweizeilige Fassung des Logions in P Oxy 1,6 eine sekundäre Formung wahrscheinlich[9].

Damit ist jedoch nicht widerlegt, daß es sich in Mk 6 1ff. um eine ideale Szene — aufgrund des Logions von v. 4 — handelt (R. Bultmann[10]). Die Idealität der Szene bestreitet E. Haenchen: Gegen sie spreche, »daß die christliche Gemeinde aus einem Sprichwort kaum die Geschichte eines Mißerfolgs Jesu herausgeholt hätte«[11].

Nur: die christliche Gemeinde erzählt mit der Tradition von Mk 6 1ff. überhaupt nicht von einem Mißerfolg Jesu, sondern von seiner Ablehnung in seiner Heimatstadt, wobei die Schuld völlig auf seiten der Einwohner liegt[12].

Klostermann, Mk 56. Zum Verhältnis zwischen P Oxy 1, 6 und ThEv 31 vgl. Schneemelcher, in: Hennecke [4]I 61; Haenchen, ThR NF 27, 1961, 157—162; Fitzmyer (1959) Aufs. 401f.

[8] Vgl. Wendling, Entstehung 54f.; Preuschen, ZNW 17, 1916, 33—48; Bultmann, Geschichte 30f.; Dibelius, Formgeschichte 106f.; Burkill, Revelation 138f. A 48. Dabei schreibt Wendling die Bildung der gesamten Szene aufgrund von P Oxy 1, 6 dem Mk zu. Dibelius hält nur die Umformung der zweiten Hälfte des Logions zu Mk 6 5f. für mk Redaktion (»vielleicht um den Übergang zu der nun folgenden Aussendung der Jünger anzubahnen« 107), während Bultmann auch hierin vormk Bildung sieht.

[9] So Haenchen (1968) Aufs. II 160 (mit A 10), der auf weitere sekundäre Bildungen von Doppellogien im ThEv hinweist, und Gräßer, BZNW 40, 13; vgl. auch Schrage, Verhältnis 75—77; Schürmann (1963) Aufs. 230f. (mit weiterer Lit.).

[10] Geschichte 30f.

[11] Aufs. II (1968) 160; positiv aufgenommen von Gräßer, BZNW 40, 13.

[12] Haenchens Bestreitung der Idealität der Szene von Mk 6 1ff. ist vor allem deshalb nicht stichhaltig, weil er nicht von der Analyse des Textes ausgeht, sondern mit einem historischen Postulat einsetzt (das erst zu beweisen wäre!): »Dieser Besuch in seiner Heimatstadt stand — darin sind sich die Synoptiker einig — unter keinem günstigen Stern. Jesus hat ... gesprochen, ohne zu überzeugen, und ... konnte dort ... keine Wunder tun« (Aufs. II [1968] 159). v. 4 sei Abschwächung der Gemeinde (159), v. 2 Korrektur des Mk (159. 160). Da (gegen Haenchen ebd.) auch v. 5f. nicht zur ursprünglichen Tradition zu rechnen ist, bleibt als historische ‚Grundlage' nur noch v. 3 — und v. 3 ist als Rahmung von v. 4 voll verständlich. Die im Text vorhandenen Differenzen (bes. die positive Reaktion der Hörer in v. 2 und die Ablehnung in v. 3) können übrigens auch genau umgekehrt ausgewertet werden; vgl. Bultmann, Geschichte 31; Burkill, Revelation 138f. A 48: eine frühere Erfolgsszene (v. 2) sei sekundär — aufgrund negativer Missionserfahrungen — uminterpretiert worden. Doch ist auch in diesem Fall vor unvermittelten Rückschlüssen auf den historischen ‚Kern' nach der Absicht der Erzählung zu fragen. Auch Dibelius, Formgeschichte 107 (2. Aufl.; anders 1. Aufl. 78) möchte Mk 6 1ff. nicht restlos für eine ideale Bildung halten; »es steckt in der knappen Geschichte doch viel besonderes Material«; er kann dafür jedoch nur v. 3 anführen.

Der Ausgangspunkt der Traditionsbildung von Mk 6 1ff. ist also das Logion von v. 4 (ohne die nachträgliche Erweiterung um die συγγενεῖς und die οἰκία), das in eine entsprechende Szene gefaßt wurde. Diese ist mindestens in v. 3 noch erkennbar[13]. Diese Tradition ist um das Thema vom Zusammenhang zwischen Glauben und Wunder (v. 5a. 6a) erweitert worden[14]. Denn es ist deutlich, daß v. 5a. 6a zumindest v. 3f. zur Voraussetzung hat, während v. 3f. nicht auf v. 5a. 6a als Fortsetzung angelegt ist[15]. Wenn diese Weiterbildung der Tradition von v. 3f. bereits vormarkinisch ist (und für eine gegenteilige Annahme fehlen alle Anzeichen), dann stellt sich die Frage, in welchem Umfang die Exposition v. 2 ebenfalls vorgegeben ist[16]. Liegt in v. 2b, den Fragen des Publikums[17], eine für die vormarkinische

---

so daß Bultmann, Geschichte ErgH 26 m. R. zurückfragt: »Aber stand nicht dieses Material der Phantasie beliebig zur Verfügung?«

[13] Die Tradition von v. 3f. setzt als Exposition einen Auftritt Jesu in seiner Heimatstadt voraus. Doch ist die jetzige Exposition v. 2 im Blick auf v. 3-6 gestaltet und wohl auch von Mk redigiert (dazu s. gleich). — Gräßer, BZNW 40, 24f. hält den Schluß von v. 3 — καὶ ἐσκανδαλίζοντο ἐν αὐτῷ — für mk, da der Vorwurf des σκανδαλίζεσθαι viel härter und grundsätzlicher sei als das »vergleichsweise harmlose Verschulden der Bewohner Nazareths (Verachtung eines Propheten)« (25). v. 3c sei deshalb »nur als Arbeit der christlichen Regie verständlich« (ebd.). Ist das ein ausreichender Nachweis für redaktionelle Herkunft? Das Logion v. 4a wird ja — in der doch wohl ebenfalls christlichen Gemeindeüberlieferung — von Jesus erzählt — ist also keineswegs ‚harmlos' gemeint.

[14] Zutreffend ist die Beobachtung von Schmithals, Wunder 92f.: Eigentlich müßte die Erzählung Mk 6 1ff., die »ja die Gestalt eines Apophthegmas besitzt, ... mit V. 4 schließen; denn ein stilreines Apophthegma umfaßt eine einleitende Szene mit einem auf die geschilderte Situation bezogenen *abschließenden* Wort. Vers 5 und 6a schießen über diese ‚reine' Form hinaus« (Hervorhebung im Original).

[15] Einen umgekehrten Entstehungsprozeß erwägt van Segbroeck, Bibl 49, 1968, 186—189. 196: Möglicherweise sei v. 4 erst sekundär zwischen v. 3 und v. 5a eingeschoben worden. Doch ist es näherliegend, in Analogie zur Entstehung sonstiger Apophthegmata im zentralen Logion (d. h. v. 4a) den Ansatz der Traditionsbildung zu sehen.

[16] Mit rein mk Herkunft von v. 2 rechnen Gräßer, BZNW 40, 8f. 17—22 und Schmithals, Wunder 94—96.

[17] Die Zuordnung von v. 2a kann zunächst offen bleiben. Die schematische Szeneneinleitung wirkt sprachlich stark mk; vgl. Gräßer, BZNW 40, 17—20, der dies jedoch auch für v. 2 insgesamt nachweisen will. Zwar entspricht die bloße Erwähnung der Lehre und das Nebeneinander von Lehre und Wundertaten der mk Redaktion (vgl. Mk 1 21-28; schon Wendling, Entstehung 52f. vergleicht Mk 6 2 mit 1 21f.), und die Frageform erinnert an Mk 1 27 4 41 (vgl. Wendling a. a. O. 53; Gräßer a. a. O. 20); doch ist die sprachliche Gestaltung der Fragen in Mk 6 2b eigenständig — und unmk. Denn in einer rein mk Bildung wäre — gerade aufgrund von Mk 1 21f. 27 — διδαχή und nicht σοφία zu erwarten. Endgültig ist die Frage der Zugehörigkeit von v. 2b jedoch nur formgeschichtlich zu entscheiden.

2. Mk 6 1-6a

Überlieferung v. 3. 4a. 5a. 6a sinnvolle Exposition vor, oder fällt v. 2b aus dieser Tradition heraus?

Das Nebeneinander von σοφία und δυνάμεις in v. 2b ist im Blick auf v. 3. 4a. 5a. 6a sachgemäß; es entspricht dem Nebeneinander von v. 4a und v. 5a. 6a. Daß dabei beide Momente lediglich erwähnt, jedoch nicht illustriert werden, ist in einer Exposition nicht auffällig[18]. Es widerspricht auch nicht der Fortsetzung der Erzählung (v. 3f.), daß in v. 2 Jesu Wirken durch das Publikum zunächst ausgesprochen positiv summiert wird. Auch die vormarkinischen Traditionen legen kein besonderes Gewicht auf die Darstellung eines lückenlosen Geschehensablaufs[19] oder auf eine einheitliche und psychologisch glaubhafte Zeichnung der Haltung der Menge[20], sondern sind von einem auf den Hörer gerichteten Erzähl- und Verkündigungsinteresse geleitet[21]. Worauf es der Erzählung Mk 6 2ff. ankommt, ist, daß die Bewohner von Jesu πατρίς seine σοφία und δυνάμεις kennen — und ihn ablehnen[22].

Aufgrund dieser Analyse kommen als Elemente der markinischen Redaktion in Mk 6 1-6a in Betracht:

1. Die redaktionelle Rahmung v. 1[23].

---

[18] Für die bloße Erwähnung der δυνάμεις besteht noch ein zusätzlicher Grund; vgl. Schmithals, Wunder 93 (der v. 2 für mk hält): v. 5f. erlaubte es Mk nicht, von Wundertaten Jesu in der Synagoge zu reden. Gleiches gilt aber auch für eine vormk Exposition von v. 3-6.

[19] Vgl. Mk 7 33 (καὶ ἀπολαβόμενος αὐτὸν ἀπὸ τοῦ ὄχλου) mit 7 37, wo die erneute Anwesenheit des Volkes als selbstverständlich vorausgesetzt wird.

[20] Vgl. den Wechsel in der Haltung der Menge von Mk 10 48 zu 10 49.

[21] Gräßer, BZNW 40, 17—22 kann v. 2 nur deshalb für eine rein mk Bildung halten, weil er die Rückfrage nach Umfang und Aufbau der vormk Tradition durchweg unterläßt. Schmithals, Wunder 94 muß, um v. 2 für mk zu erklären, v. 1 insgesamt für vorgegeben halten — und dramatisieren: »Die Vorlage des Markus ... berichtete, daß Jesus mit dem Gefolge (!) seiner Jünger in seine Heimatstadt kommt ... und daß man sich dort über dieses Auftreten des unter ihnen groß gewordenen Handwerkers ärgert. Daß er, weder durch Stand noch durch Ausbildung legitimiert, nun wie ein Rabbi oder Prophet mit Schülern durchs Land zieht, erscheint den Leuten großspurig und anmaßend.«

[22] Da sich auch die vormk Erzählung nicht darum kümmert, ob die positive Summierung des Wirkens Jesu durch die ablehnende Menge historisch glaubhaft ist, kann aus v. 2 auch nicht auf eine ursprüngliche Tradition von einem erfolgreichen Besuch Jesu in seiner Heimatstadt (s. o. S. 149 A 12) geschlossen werden.

[23] Vgl. K. L. Schmidt, Rahmen 153; Sundwall, Zusammensetzung 35f.; Klostermann, Mk 55; Bultmann, Geschichte 364; Gräßer, BZNW 40, 14—17. v. 1 enthält natürlich auch für die Erzählung notwendige Elemente, so die Erwähnung der πατρίς (mit Bultmann ebd. gegen Gräßer a. a. O. 15). Die Nennung der Jünger ist dagegen für die Tradition nicht notwendig; ihre Erwähnung durch Mk entspricht dem mk Kontext — Mk 5 21-43 (vgl. v. 31) und bes. 6 7ff.

2. v. 2a ist zumindest sprachlich stark überarbeitet[24]. Auch für ἐκπλήσσεσθαι ist markinische Herkunft möglich[25].

3. v. 4b (καὶ ἐν τοῖς συγγενεῦσιν κτλ.) ist deutlich sekundärer Herkunft[26]. Diese Ergänzung setzt Kenntnis von Traditionen über die Ablehnung Jesu durch seine Familie (vgl. Mk 3 20f. 31-35) voraus. Solche Kenntnis ist auch für die vormarkinische Überlieferung von Mk 6 2ff. möglich; verständlicher ist diese Ergänzung jedoch als Erweiterung durch Markus, der auf Mk 3 20f. 31-35 zurückgreift[27] und hier — wie in der Redaktion von Mk 3 22-30 — die Konfliktsituation verstärkt.

4. Sekundärer Herkunft ist ebenfalls v. 5b. Diese Bemerkung ist nachträglich zwischen v. 5a und v. 6a eingeschoben[28]. Für die Annahme markinischer Herkunft fehlen jedoch positive Anzeichen. Eine Tendenz zur Korrektur von v. 5a ist auch auf vormarkinischer Stufe denkbar[29].

Der mögliche Anteil der markinischen Redaktion in Mk 6 1-6a ist somit recht begrenzt. Zugleich zeigt sich, daß Markus keine Neuinterpretation, sondern höchstens eine Akzentuierung der Tradition vorgenommen hat. Markus konnte die vorgegebene Erzählung weitgehend unverändert übernehmen, weil sie seiner Absicht bereits weitgehend entgegenkam; denn in dieser Überlieferung führt Jesu durchaus öffentliche Lehre und Wundertätigkeit gerade nicht zum Glauben, sondern in die Ablehnung und die ἀπιστία.

Das Interesse des Markus an der Überlieferung von Jesu Ablehnung in seiner πατρίς zeigt sich an deren Einordnung im Aufbau

---

[24] Gräßer, BZNW 40, 17—21. Doch formuliert Mk nicht voraussetzungslos. Eine knappe Lehrszene als Exposition erfordert bereits die vormk Tradition.

[25] S. o. S. 43 A 7. Vgl. Gräßer, BZNW 40, 19f. Für die mk Herkunft von ἐκπλήσσεσθαι in v. 2 kann jedoch nicht auf die Differenz zu σκανδαλίζεσθαι in v. 3 (s. o. S. 147f. A 2) verwiesen werden. Diese Differenz entspricht der (vorgegebenen) ‚Spannung' von v. 2 zu v. 3 insgesamt.

[26] S. o. S. 148.

[27] Gräßer, BZNW 40, 25: »Markus erinnert den Leser an jenen Vorgang.«

[28] Die sekundäre Herkunft von v. 5b ist weithin anerkannt, vgl. Bultmann, Geschichte 31; Klostermann, Mk 56; Burkill, Revelation 139f.; Haenchen (1968) Aufs. II 160 und Gräßer, BZNW 40, 25—27. Daß mit v. 5b die Aussage von v. 5a korrigiert werden soll, um den Anschein eines Mißerfoges Jesu zu vermeiden, bedeutet nicht, daß dies der ursprüngliche Sinn von v. 5a war (s. o. S. 149). Z. T. wird v. 5b sogar als nachmk Glosse angesehen; so Gräßer a. a. O. 27. Doch ist Mk 6 5a und 6 5b in Mt 13 58 vorausgesetzt.

[29] Das Vokabular ist nicht spezifisch und erlaubt keine sicheren Rückschlüsse: ἄρρωστος ist im MkEv selten (nur noch 6 13 — dort mk); θεραπεύειν begegnet in Mk 3 2 in vormk Zusammenhang, mk in 1 34 3 10 und 6 13. ἐπιθεὶς τὰς χεῖρας ist im Anschluß an v. 2b formuliert; und sofern v. 2b vormk ist, kann dies auch für v. 5b gelten.

des Markusevangeliums[30]. Mk 6 1-6a dient zunächst als Abschluß der Kette der Wundererzählungen von Mk 4 35—5 43. Schon die einzelnen hier aneinandergereihten Wundererzählungen waren von Markus durch das Unverständnis der Jünger (Mk 4 40) und das Ausbreitungsverbot (Mk 5 19 [?] 5 43) kritisch interpretiert worden. Und die Redaktion von Mk 5 21-43, die Verschachtelung eines öffentlichen Wunders mit einem ‚geheimen‘, entspricht mit dieser Doppelheit dem markinischen Verständnis von Mk 6 1-6a: Die Hörer kennen durchaus αἱ δυνάμεις τοιαῦται διὰ τῶν χειρῶν αὐτοῦ γινόμεναι (v. 2), und sie sind ihnen dennoch verborgen, so daß es zum ‚Ärgernis‘ und zur ἀπιστία kommt (v. 3. 6a).

Mit der Erwähnung des Lehrens Jesu in Mk 6 2 reicht die Funktion von Mk 6 1-6a jedoch weiter zurück und ist Abschluß des gesamten Abschnitts Mk 3 13—5 43[31]. Und mit dem Nebeneinander von Lehre und Wunder entspricht Mk 6 1-6a diesem vorangegangenen Teil des Markusevangeliums[32]. Dabei werden διδαχή und δυνάμεις mit Mk 4 35f. nicht nur formal eng aneinander angeschlossen[33], sondern durch Mk 6 1-6a auch inhaltlich analog interpretiert: διδαχή *und* δυνάμεις sind öffentliches Wirken, das verborgen bleibt[34]. Wie Jesu διδαχή ‚denen draußen‘ unverständlich bleibt und nur der Gemeinde erschlossen ist (Mk 4 10-12)[35], so sind auch die δυνάμεις nicht unzweideutige Selbstweise Jesu, sondern bleiben an den Glauben gebunden[36].

---

[30] Zur Stellung im Kontext vgl. Kertelge, Wunder 120—126.
[31] Zur Gliederung s. o. S. 85 A 6.
[32] Schweizer, Mk 60. 63 und Kertelge, Wunder 125f. sehen in Mk 4—5 einen vormk Komplex. Das ist unausweisbar, denn eine vormk Verknüpfung von Mk 4 1-34/35ff. ist nicht sichtbar.
[33] Zur mk Gestaltung von Mk 4 35f. s. o. S. 94f. Die betont enge Verknüpfung ist um so auffälliger, da im folgenden die Verknüpfungen wieder recht locker werden; hier liegt also ein inhaltliches Interesse vor.
[34] Vgl. Boobyer, NTS 6, 1959/60, 233: »all δυνάμεις openly performed and all διδαχή publicly spoken remained but παραβολαί.« Vgl. auch Kertelge, Wunder 126.
[35] Zu Mk 4 10-12. 33f. s. u. S. 192f. A 17.
[36] Dem entspricht die Hervorhebung der πίστις in der mk Redaktion von Mk 5 21-43 (s. o. S. 139). Vgl. die Interpretation von Mk 6 1-6a durch Glasswell, in: Moule, Miracles 157f.: »The effect on Jesus' fellow-countrymen of news of his mighty works is one of offence (6. 2f.). . . . Mighty works depend on faith and can have no meaning apart from faith . . . Mark is not concerned with Jesus' historical identification as the Christ, nor with the miracles as evidence for this, but with Jesus' identification as the Christ for faith, as he is proclaimed in the Gospel, and with the miracle-stories as illustrations of this.«

3. MK 6 14-16[1]

Auch bei den in Mk 6 14-16 dargestellten öffentlichen Stellungnahmen zur Person Jesu spielen seine Wundertaten eine wesentliche Rolle[2].

Mk 6 14-16 dient im jetzigen Zusammenhang als Überleitung zur Erzählung vom Tode des Täufers (Mk 6 17-29) und soll diese im Ablauf des Markusevangeliums einigermaßen motivieren. Mk 6 17-29 ist eine in sich selbständige Überlieferung, und die Verknüpfung von Mk 6 14-16 mit 6 17ff. ist als Resultat der markinischen Redaktion anzusehen[3]. Im Unterschied zu Mk 6 17-29 ist für Mk 6 14-16 die Annahme einer selbständigen Tradition fraglich[4]. Es ist weder selbständige erzählerische Substanz noch eine Pointe erkennbar. Die Abfolge der Urteile in v. 14f. — Johannes, Elia, ein Prophet[5] — entspricht der verwandten Szene Mk 8 27-29, und das Ziel dieses Zwischenstücks ist v. 16, die Überleitung zur Erzählung v. 17-29[6]. D. h. Mk 6 14-16 ist restlos als Übergangsbildung zu 6 17-29 — unter Verwendung der Tradition von Mk 8 27-29 — erklärbar[7], für die die Annahme markinischer Herkunft die nächstliegende Möglichkeit ist.

---

[1] Anders als in Mk 6 1-6 a führt die Analyse von Mk 6 14-16 zum Ergebnis, daß hier mit einer rein mk Bildung zu rechnen ist. Doch ist die Besprechung im Anschluß an Mk 6 1-6 a aus inhaltlichen Gründen sinnvoll.

[2] Zur Analyse von Mk 6 14-16 vgl. K. L. Schmidt, Rahmen 172—175; Bultmann, Geschichte 329 (und die Hinweise ErgH 111); Sundwall, Zusammensetzung 37 f.; Kertelge, Wunder 121 und die Kommentare.

[3] Bultmann, Geschichte 329; Sundwall, Zusammensetzung 37; Schweizer, Mk 74.

[4] Bultmann, Geschichte 329 hält v. 14, Sundwall, Zusammensetzung 37 f. v. 14f. und Schweizer, Mk 74 v. 16 für Tradition.

[5] Aus Gründen der Analogie zu v. 15 (ἄλλοι ... ἄλλοι) ist in v. 14 mit B W it ἔλεγον (D: ἐλέγοσαν) zu lesen (gegen ℵ A C ℜ Δ Θ λ φ lat sy: ἔλεγεν), vgl. K. L. Schmidt, Rahmen 172; Klostermann, Mk 59; Lohmeyer, Mk 115 A 4; Taylor, Mk 308. Für die LA ἔλεγεν tritt Bultmann, Geschichte 329 ein. In καὶ ἤκουσεν ... καὶ ἔλεγον liegt dann Koordination anstelle der (korrekten) Subordination vor; vgl. Bl-Debr § 471. 4 A; Ljungvik, ZNW 33, 1934, 90—92 verweist dafür auf BGU III 846, 13ff.: ἤκουσα ... καὶ ... πάντα σοι διήγηται, F. Rehkopf (im Manuskript der Neubearbeitung von Bl-Debr, das der Verf. mir freundlicherweise zur Verfügung stellte; dort § 442. 4c, vgl. auch A 22) auf Apk 6 12: καὶ εἶδον ... καὶ σεισμὸς μέγας ἐγένετο.

[6] Hieran zeigt sich deutlich die gegenüber Mk 8 27-29 sekundäre Konstruktion von Mk 6 14-16. In Mk 8 27-29 dient die Zusammenstellung der (unzutreffenden) christologischen Urteile in v. 28 als Folie für die positive Bekenntnisaussage von v. 29. In Mk 6 14-16 fehlt dagegen die abschließende Pointe.

[7] Mit einer fehlenden Pointe oder einer nicht mehr rekonstruierbaren Fortsetzung zu rechnen (so Sundwall, Zusammensetzung 37 f. bzw. Bultmann, Geschichte 329), ist daher eine unnötige Hypothese.

Auch inhaltlich ist Mk 6 14-16 von Gesichtspunkten bestimmt, die schon zuvor in der markinischen Interpretation der Wunderüberlieferungen begegnet sind. Wie in Mk 1 45 sind es die δυνάμεις[8], die Jesus ‚bekannt' machen und die dadurch hier die Voraussetzung für die verschiedenen (unzutreffenden) Stellungnahmen bilden. Und auch die öffentliche Reaktion auf die durchaus bekannten δυνάμεις ist nicht neu, sondern entspricht Mk 6 1-6a: sie führen nicht ins ‚Verstehen', sondern in die ἀπιστία (Mk 6 1-6 a) bzw. das Mißverständnis (Mk 6 14-16).

4. MK 8 11-13

Die Analyse von Mk 8 11-13, der Zurückweisung der Zeichenforderung, steht weitgehend im Schatten der Diskussion über die verwandte Q-Überlieferung vom ‚Jonazeichen', Mt 12 38-42 (16 1. 2a. 4) / Lk 11 29-32[1]. Für die Frage nach der Funktion von Mk 8 11-13 im Rahmen des Markusevangeliums sind folgende Faktoren von Bedeutung:

a) der Anteil der vormarkinischen Tradition innerhalb von Mk 8 11-13
b) das Verhältnis der Tradition zur Q-Überlieferung
c) die Aussagerichtung der vormarkinischen Überlieferung.

zu a) Als sicher vormarkinisch kann das Logion von v. 12b. c, als sicher markinisch der Beginn der szenischen Rahmung (v. 11a)[2], die Interpretation der Zeichenforderung als ein πειράζειν Jesu (v. 11c)[3]

---

[8] In Mk 6 14 ist δύναμις im Sinne von ‚Wunderkraft' verwendet, in Mk 6 2. 5 als ‚Wundertat'. Doch handelt es sich dabei nur um zwei verschiedene Aspekte derselben Vorstellung. Anzunehmen, daß hier eine bewußt abergläubisch klingende Formulierung verwendet wird (so Grundmann, Begriff 72; ders., ThW II, 1935, 304), ist zu scharfsinnig.

[1] Zur Analyse von Mk 8 11-13 und Mt 12 38-42 (16 1. 2a. 4)/Lk 11 29-32 vgl. Bultmann, Geschichte 54. 124. 357 und die Hinweise ErgH 45; zu Mk vgl. außerdem: Delling, in: H. Ristow-K. Matthiae, Jesus 389f.; Hahn, Hoheitstitel 390f.; Rengstorf, ThW VII, 1964, 232—234; Best, Temptation 30-32; Hasler, Amen 30f.; Berger, Amen-Worte 59-62; Kertelge, Wunder 23-27; Edwards, Sign 71—80 und die Kommentare.
Zu Mt/Lk vgl. außerdem: Jeremias, ThW III, 1938, 411—413; Rengstorf a. a. O. 231; Tödt, Menschensohn 194—197; Strecker, Weg 102—105; Edwards a. a. O. 80—107; Schulz, Q 250—257 und die Kommentare.

[2] Vgl. Bultmann, Geschichte 54. 357; Kertelge, Wunder 23; Edwards, Sign 76. Das Vokabular ist deutlich mk: ἐξέρχεσθαι; ἄρχεσθαι mit Inf.; συζητεῖν. Die Nennung der Φαρισαῖοι ist auch mk in 3 6 und 12 13.

[3] Vgl. Kertelge, Wunder 23; Edwards, Sign 76. Das πειράζειν entspricht der ebenfalls polemischen Darstellung der Φαρισαῖοι in v. 11a (durch συζητεῖν). πειράζειν

und die Überleitung v. 13 gelten[4]. Mehrfach wird außerdem angenommen, daß auch die übrigen Bestandteile der Rahmung (die Forderung eines σημεῖον ἀπὸ τοῦ οὐρανοῦ in v. 11 b und die Reaktion Jesu in v. 12 a) der markinischen Redaktion zuzurechnen seien[5]. Zwar ist diese szenische Einkleidung des Logions durch v. 11 b und v. 12 a gegenüber dem Logion sekundär; doch ist damit noch nicht die markinische Herkunft erwiesen[6]. Von der rein markinischen Herkunft der gesamten Rahmung kann also bei der Frage nach der Verwendung dieser Überlieferung durch Markus nicht ausgegangen werden.

zu b) Das Verhältnis zu der in Mt 12 38-42 (16 1. 2 a. 4) / Lk 11 29-32 vorliegenden Q-Überlieferung ist nicht eindeutig zu bestimmen. Als Alternative bietet sich an, die Fassung des Markusevangeliums als sekundäre Kürzung[7] oder die Q-Überlieferung als spätere Erweiterung anzusehen[8]. Hält man die Q-Fassung für sekundär, so beschränkt sich der Anteil der markinischen Redaktion in Mk 8 11-13 auf die Bearbeitung der Rahmung. Hält man dagegen gegenüber Mk 8 12b. c die Q-Überlieferung von Mt 12 39 (16 4) / Lk 11 29[9] für primär[10], so ist die

---

(vorgegeben in Mk 1 13 12 15) ist wohl auch in 10 2 mk. Dabei schließt es die scharfe Gegenüberstellung von Jesus und den Φαρισαῖοι aus, πειράζειν hier allgemein mit ‚prüfen' wiederzugeben (dazu neigt Seesemann, ThW VI, 1959, 28, doch vgl. Best, Temptation 31).

[4] v. 13 dient der Überleitung zu 8 14ff.; die Terminologie ist mk (vgl. Schulz, Q 254 A 537); neben dem typisch mk πάλιν begegnen auch ἐμβαίνειν (mk in 4 1 5 18 8 10) und ἀπέρχεσθαι häufig in mk Formulierungen. εἰς τὸ πέραν ist zumindest in 5 21 nicht in der Tradition verankert, sondern Element der mk Überleitung (vgl. auch 3 8 10 1; ob εἰς τὸ πέραν in 4 35 5 1 und 6 45 durchweg vorgegeben ist, ist nicht sicher). Zu καὶ ἀφεὶς αὐτούς vgl. Mk 12 12.

[5] So Linton, StTh 19, 1965, 116f.; Kertelge, Wunder 23; Schulz, Q 254 A 537.

[6] Eine knappe szenische Rahmung des Logions ist auch durchaus schon für die vormk Überlieferung vorauszusetzen. Denn es ist nicht nachweisbar, daß z. B. die Ergänzung ἀπὸ τοῦ οὐρανοῦ auf Mk zurückgeht. Das Fehlen von Mk 8 11b. 12 a in Q beweist noch nicht mk Herkunft. Selbst wenn man die vormk Fassung von Mk 8 12b. c mit der Q-Überlieferung gleichsetzt, ist von einer jeweils selbständigen Vorgeschichte vor der Aufnahme in das MkEv und Q auszugehen (s. A 9), so daß mit der Möglichkeit einer keineswegs identischen Rahmung bereits auf vorredaktioneller Stufe zu rechnen ist.

[7] Dies erwägt bereits Bultmann, Geschichte 124 A 1; mit mk (oder: vormk) Verkürzung rechnen Vögtle, Festschr. A. Wikenhauser, 1953, 273f.; Schweizer, Mk 89; Schulz, Q 254.

[8] Diese Sicht vertreten Lührmann, Redaktion 37 und Edwards, Sign 71f. 80. 87.

[9] Die mögliche Priorität von Q kann sich nur auf das Logion Mt 12 39 (16 4)/Lk 11 29 beziehen. Mt 12 40ff./Lk 11 30ff. sind sekundäre Anfügungen (vgl. Schulz, Q 252f.), deren Kenntnis für Mk nicht vorausgesetzt werden kann. Denn es ist nicht zu zeigen, daß die Gerichtsankündigung von Mt 12 41f./Lk 11 31f. der mk Intention widersprach und deshalb von ihm ausgelassen wurde (vgl. Mk 12 9!). Und wenn man mit Schulz ebd. — davon ausgeht, daß Mt 12 40ff./Lk 11 30ff. bereits vor der

4. Mk 8 11-13

Möglichkeit einer vormarkinischen Veränderung mindestens ebenso wahrscheinlich wie die einer erst markinischen Verkürzung.

Für eine markinische Verkürzung kann man — immer unter der Voraussetzung der Q-Priorität — anführen, daß die Auslassung der in Q vorliegenden ‚Ausnahme' der markinischen Intention entspricht, das Verständnis der Wundertaten als Legitimationen Jesu prinzipiell auszuschließen[11]. Für die Möglichkeit einer vormarkinischen Verkürzung spricht, daß die Zweideutigkeit der Q-Fassung schon vor Markus dazu geführt haben kann, durch Verkürzung (anders als in Q durch Ergänzungen) zu einem eindeutigen Sinn zu gelangen[12].

Von markinischen Eingriffen in die Substanz der Überlieferung kann somit nicht als gesichert ausgegangen werden[13].

zu c) Angesichts der Unsicherheit über die Gestalt der dem Markus vorgegebenen Überlieferung ist deren Intention nur mit Einschränkungen zu erheben. Für den Sinn der (abgelehnten) Zeichenforderung bestehen zwei Deutungsmöglichkeiten:

Aufnahme in die Logienquelle angefügt worden ist, dann zeigt sich hier wie in Mk 3 22-30 parr (s. o. S. 141) der Befund, daß die für das MkEv und Q gemeinsame Tradition bereits auf vorredaktioneller Stufe einen jeweils selbständigen Überlieferungsprozeß durchlaufen hat.

[10] Die sprachliche Form beider Fassungen ermöglicht kein sicheres Urteil über die Priorität. Die Beteuerung εἰ δοθήσεται in Mk 8 12 wirkt recht altertümlich (vgl. dazu Bl-Debr § 372. 4: »starker Hebraismus« und § 454. 5; Zerwick, Graecitas 126 Nr. 400; Bauer, WB 435 s. v. εἰ IV; Klostermann, Mk 76; Taylor, Mk 362f.; den Hebraismus versucht Björck, ASNU 2, 1936, 6f. zu bestreiten), und die glattere Form οὐ δοθήσεται ... εἰ μή von Mt 12 39/Lk 11 29 kann man als sekundäre Erleichterung ansehen (so Lührmann, Redaktion 37; Vögtle, Festschr. A. Wikenhauser, 1953, 239). Doch ist damit noch nicht über die Priorität von Mk 8 12b. c insgesamt entschieden. So hält Vögtle a. a. O. 239f. 273f. die Mk-Fassung zwar für verkürzt, aber (soweit erhalten) sprachlich für ursprünglich.

[11] S. u. S. 159.

[12] So Schweizer, Mk 89: »So ist das Wort dem Markus wohl schon abgeschliffen und verkürzt zugekommen, als man den Hinweis auf Jona nicht mehr verstand.« Dagegen versucht Schulz, Q 254 A 537 zu zeigen, daß die Verkürzung mk ist und auf theologiegeschichtlichen Differenzen zwischen Q und Mk beruht: »Die entscheidende Differenz zwischen der Q- und der Mk-Fassung besteht darin, daß letztere ein Beglaubigungswunder ablehnt.« Und wenn Mk die Q-Fassung in diesem Sinne kürzt, dann dürfte das »damit zusammenhängen, daß Mk als Heidenchrist die typisch atl-spätjüdische Forderung eines Beglaubigungswunders für den eschatologischen Propheten überhaupt ablehnt«. Aber wenn dies der Grund für die Verkürzung gewesen sein sollte, dann kann sie auch bereits in dem (wohl ebenfalls heidenchristlichen) Milieu des Mk erfolgt sein.

[13] Völlig unkritisch verfährt Hasler, Amen 30f., der auch die positiven Abweichungen von Mk 8 12b. c von der Q-Parallele — bes. ἀμὴν λέγω ὑμῖν — unmittelbar der mk Redaktion zurechnet.

a) gefordert ist ein apokalyptisches Zeichen (vgl. Mk 13 4)[14]
b) gefordert ist ein Zeichen als Selbstausweis Jesu[15].

Eine Entscheidung, welches Moment dominierend ist, ist von der in Mk 8 11f. vorliegenden Tradition aus nicht möglich; sowohl der allgemeine Begriff σημεῖον[16] als auch die Näherbestimmung ἀπὸ τοῦ οὐρανοῦ[17] lassen beide Verstehensmöglichkeiten zu[18]. Und angesichts

---

[14] So Lohmeyer, Mk 155; Schweizer, Mk 89; Hasler, Amen 30f.; Berger, Amen-Worte 59—62.

[15] Vgl. Klostermann, Mk 76: Verlangt wird »eine Beglaubigung seiner Messianität durch ein außerordentliches Zeichen«. Linton, StTh 19, 1965, 118—129 und Delling, in: H. Ristow-K. Matthiae, Jesus 389f. versuchen zu präzisieren. Linton a. a. O. 127: »we have to assume that Jesus actually had said or done something that people — Pharisees or someone else — found too strange to be accepted; and therefore they asked for a sign, that would verify the truth of the utterance or legitimate the action.« Delling: Gefordert wird ein von Jesus vorher angekündigtes Wunder; vgl. auch Kertelge, Wunder 26.

[16] Rengstorf, ThW VII, 1964, 200—206 weist auf die Bedeutungsbreite und den formalen Charakter von σημεῖον ihn, der auch im hellenistischen Judentum (217—223) und im NT (229f.) erhalten geblieben ist. In Mk 8 12 ist lediglich die hinweisende Bedeutung des Begriffs vorausgesetzt (vgl. dazu Rengstorf a. a. O. 202). Zur Differenzierung zwischen σημεῖον und δύναμις in den Evangelien vgl. Rengstorf a. a. O. 228. 233f.

[17] Natürlich kann σημεῖον ἀπὸ τοῦ οὐρανοῦ in apokalyptischem Zusammenhang als »ein unheilvolles Vorzeichen, das das Nahen des Endes ankündigt« (Berger, Amen-Worte 59; ähnlich Hasler, Amen 30f.), verstanden werden, vgl. Lk 21 11, s. auch Apk 12 1. 3 15 1. Doch ist auch ein unapokalyptisches Verständnis möglich — nämlich aufgrund der geläufigen Verwendung von οὐρανός als Umschreibung des Gottesnamens (vgl. Traub, ThW V, 1954. 521. 531; Rengstorf, ThW VII, 1964, 233f.; vgl. die Gegenüberstellung ἐξ οὐρανοῦ ἢ ἐξ ἀνθρώπων in Mk 11 30). In diesem Sinne fordert R. Eliezer bBM 59b (Bill I 127f.) zur Legitimation seiner Lehrmeinung eine Bestätigung מן השמים und erhält sie in Form einer בת קול — vgl. auch die Replik von R. Jehoschua: לא בשמים היא Dtn 30 12); zur Interpretation vgl. Guttmann, HUCA 20, 1947, 375—386. Unapokalyptisch ist auch das Verständnis von αἱ ἐξ οὐρανοῦ γενόμεναι ἐπιφάνειαι in 2 Makk 2 21.

[18] Für die apokalyptische Deutung kann man auf die zweimalige Wendung ἡ γενεὰ αὕτη (Mk 8 12) verweisen (so Hasler, Amen 30f.; Berger, Amen-Worte 60). Sie begegnet ohne weitere Qualifizierung (als μοιχαλίς o. dgl.) noch Lk 7 31/Mt 11 16 Lk 11 30-32 Mt 12 41f. (Lk 11 30 ist gegenüber Mt 12 40 ursprünglicher, vgl. Strecker, Weg 103—105; Lührmann, Redaktion 37. 40; Schulz, Q 251f.) Lk 11 50f./Mt 23 36 Mk 13 30 (Lk 17 25 ist lk Bildung, vgl. Strecker, ZThK 64, 1967, 19—21) und ist dort jeweils Teil einer Ankündigung des Gerichts bzw. des Endes (vgl. dazu Lührmann a. a. O. 24—48; Hoffmann, Studien 181; Schulz a. a. O. 255—257. 381; gegen Meinertz, BZ NF 1, 1957, 283—289 ist dabei das zeitliche Moment nicht als sekundär zu betrachten). Doch ist — anders als in den übrigen Stellen — in Mk 8 (11) 12 der Gerichtsaspekt nicht explizit, sondern nur aus einem apokalyptischen Verständnis von σημεῖον (ἀπὸ τοῦ οὐρανοῦ) zu gewinnen. Berger a. a. O. 59. 164 verweist außerdem auf (ἀνα-)στενάζειν (v. 12 a), wodurch

der (in der Gemeindeüberlieferung festgehaltenen und sogar betont hervorgehobenen) eschatologischen Verkündigung Jesu ist mit einem grundsätzlichen Entweder — Oder wohl auch gar nicht zu rechnen[19].

Für die Erhebung der markinischen Verwendung der Überlieferung kann man somit nur von den redaktionellen Bestandteilen der Rahmung und der Anordnung im Kontext ausgehen.

Zunächst ist festzustellen, daß Markus — wie in Mk 3 20-35[20] — durch die Rahmung die Konfrontation Jesu mit seinen Gegnern verschärft[21].

Aufschlußreich ist aber vor allem die Einordnung von Mk 8 11-13 im Markusevangelium. Während in der Logienquelle die Tradition von der Zeichenforderung mit dem Bee(l)zebul-Streitgespräch und dem Rückfallspruch verbunden ist (Lk 11 14-23. 24-26)[22], hat Markus diese Überlieferung direkt an eine Wundererzählung angefügt. Diese Abfolge zeigt, daß Markus die Ablehnung der Zeichenforderung als Verweigerung des Selbstausweises Jesu durch seine Wundertaten versteht[23]: Gerade auch ein sog. ‚Natur'wunder erbringt nicht die unzweideutige, öffentlich evidente und öffentliche Ablehnung überwindende Legitimation Jesu[24].

---

das Logion v. 12 b. c als »Einblick in Gottes Geschichtsplan« und als »Unheilsansage« gekennzeichnet werde. Doch ist auch dies höchstens ein indirektes Indiz, wie Mk 7 34 zeigt. Im direkten Zusammenhang unterstreicht ἀναστενάζειν zunächst nur die Abwehr der Zeichenforderung (vgl. Lohmeyer, Mk 155 und s. auch Schneider, ThW VII, 1964, 600—603).

[19] Ob dabei die Erwartung des Selbstausweises den Messias(prätendenten) oder eher den Propheten betraf, kann hier unerörtert bleiben; vgl. dazu Hahn, Hoheitstitel 390f.; Delling, in: H. Ristow-K. Matthiae, Jesus 389f. sowie R. Meyer, ThW VI, 1959, 826f.   [20] S. o. S. 145—147.

[21] Die Benennung der Gegner, die Charakterisierung ihres Verhaltens als συζητεῖν und ihrer Forderung als ‚versucherisch' ergeben ein geschlossenes Bild vom grundsätzlichen Konflikt Jesu mit den Gegnern. Diesem Bild entspricht auch der szenische ‚Ausklang' v. 13, »die brüske Abreise Jesu« (Lohmeyer, Mk 156).

[22] In Mt 12 22-45 ist offensichtlich die Q-Reihenfolge verändert, vgl. Schulz, Q 476 A 562.

[23] Anders Hasler, Amen 30f., der ausschließlich die apokalyptische Deutungsmöglichkeit in Betracht zieht und ohne Rücksicht auf den Kontext von Mk 13 her interpretiert.

[24] Gegen Schille, Wundertradition 19, der Mk 8 11f. als prinzipielle Ablehnung jeder Wunderüberlieferung versteht und aus der mk Anordnung folgert, daß Mk »redaktionell wider den Spruch Stellung beziehen (dürfte)«. Doch widerspricht die mk Verwendung von Mk 8 (11) 12 keineswegs der Tradition. Denn in dieser wird nur das Legitimationswunder (oder: das erwartete apokalyptische Vorzeichen) abgelehnt; eine Stellungnahme zur Wunderüberlieferung überhaupt liegt nicht vor — und somit auch keine Umkehrung des Sinns durch Mk. Zudem beachtet Schille nicht die auch im MkEv vorliegende Differenzierung zwischen σημεῖον und δυνάμεις (s. o. S. 158 A 16).

V. Die Interpretation der Wundererzählungen in den summarischen Darstellungen des Wirkens Jesu

Der Interpretation der aufgenommenen Überlieferungsstoffe dienen auch die sog. ‚Summarien' oder ‚Sammelberichte'. In diesen kurzen zuständlichen Schilderungen wird das in den Einzelüberlieferungen enthaltene Bild der Wirksamkeit Jesu vom Verfasser des Evangeliums verallgemeinert und zugleich interpretiert[1]. Außerdem dienen die Sammelberichte dazu, die vorgegebene Stoffmasse in gewissem Umfang zu gliedern[2]. Die meisten Summarien beziehen sich auf Jesu Wundertätigkeit: Mk 1 32-39 3 7-12 und 6 53-56[3]. Als rein redaktionellen Bildungen kommt ihnen eine besondere Bedeutung für die Erhebung der markinischen Interpretation der Wundererzählungen zu[4].

---

[1] Zur Technik der Summarien vgl. K. L. Schmidt, Rahmen 105f.; Dibelius, Formgeschichte 226; Bultmann, Geschichte 365f. Auch in den Act bilden die Summarien »ein hervorragendes Mittel der Interpretation« (Conzelmann, Apg 9).

[2] Zur gliedernden Funktion der Summarien im Ablauf des MkEv vgl. Schweizer (1962) Aufs. I 100 A 32; ders. (1964) Aufs. II 28f. 32; H.-W. Kuhn, Sammlungen 216—221; s. auch o. S. 54 A 1.

[3] Ein Summarium der Verkündigung Jesu liegt in Mk 1 14f. vor; vgl. K. L. Schmidt, Rahmen 33f.; Bultmann, Geschichte 366; Klostermann, Mk 11.

[4] Wenn auch der Umfang der einzelnen Summarien umstritten ist, so ist doch deren redaktionelle Herkunft seit K. L. Schmidt weitgehend anerkannt. Eine grundsätzliche Gegenposition hat jedoch schon 1932 Dodd vertreten (Aufs. 1—11). Er sieht in den von K. L. Schmidt als Summarien gekennzeichneten Stücken einen zusammenhängenden vormk »outline« des Wirkens Jesu, den Mk als Leitfaden für die Anordnung des isolierten Einzelmaterials benutzt habe (10f.). Dodd führt zur Begründung an, daß Mk 1 14f. 21f. 39 2 13 3 7b-19 6 7. 12f. 30 (vgl. die Übersicht a. a. O. 7f.) »a continuous narrative« ergebe (8) und daß dieser »outline« nicht vollständig zur mk Materialanordnung passe, also nicht von Mk im Blick auf das vorhandene Material entworfen sein könne (8f.). Doch hat der von Dodd postulierte »outline« einen ausgesprochen heterogenen Charakter: neben kurzen Stationsangaben (1 39 2 13 6 7) finden sich zwei in sich abgeschlossenen Szenen (3 7b-12 3 13-19). Schließt man zudem 3 13-19 als (im Grundbestand) selbständige Tradition (vgl. Bultmann, Geschichte ErgH 33; Reploh, Markus 43—50) aus dem »outline« aus, entfällt auch das entscheidende Argument, »outline« und mk Materialanordnung würden sich nicht entsprechen.
Zur Kritik an Dodd vgl. auch Nineham, Gedenkschr. R. H. Lightfoot, 1955, 223 —239 (dazu s. die Replik von Dodd, Tradition 233f. A 2) und jüngst Güttgemanns, Fragen 201—208.

Trotz der üblich gewordenen Bezeichnung ‚Sammelbericht' sollten nicht die ‚Allgemeinheit' oder gar ‚Unanschaulichkeit' die einzigen Kriterien zum Nachweis redaktioneller Herkunft sein, wenn sie auch — in Entgegensetzung zur Einzelerzählung — in die richtige Richtung weisen. Denn auch anschaulich und konkret wirkende Einzelelemente können redaktionell-markinischer Herkunft sein und einer gewissen szenischen Ausgestaltung des Sammelberichts dienen[5]. Entscheidend ist erst der Nachweis, daß keine selbständig tradierbare Substanz vorliegt[6] und daß diese Bildung der Verallgemeinerung der vom Redaktor aufgenommenen Einzeltraditionen dient[7].

1. MK 1 32-39

Mit Mk 1 32 beginnt die erste summarische Darstellung der Wundertätigkeit Jesu im Markusevangelium[1]. Im Sinne des Markus umfaßt diese Darstellung nicht nur Mk 1 32-34, sondern das gesamte Zwischenstück 1 32-39 zwischen den beiden Einzelerzählungen 1 29-31 und 1 40-45. Und es kann wahrscheinlich gemacht werden, daß Mk 1 32-39 insgesamt eine rein markinische Bildung darstellt.

---

[5] So z. B. die Zeitangaben in Mk 1 32. 35 oder die Lokalangabe πρὸς τὴν θύραν in 1 33.

[6] Diese Notwendigkeit wird deutlich, wenn man die zutreffende Analyse von Mk 3 7-12 durch K. L. Schmidt, Rahmen 105—108 mit seiner primär von Impressionen geleiteten Besprechung von 1 32-34 (a. a. O. 57f.) vergleicht.

[7] Problematisch sind die Versuche, mit Hilfe der Wortstatistik zu einer Entscheidung über die mk oder vormk Herkunft eines summarischen Stückes zu gelangen (so bes. Pesch, BL 9, 1968, 187—190. 263—276 für Mk 1 32-39). Natürlich ist eine Häufung von spezifisch mk Vokabular ein (zusätzliches) Indiz für mk Bildung. Umgekehrt versagen jedoch die häufig hervorgehobenen Hapaxlegomena als Kriterien für vormk Herkunft weitgehend. Denn in jedem literarischen Dokument gibt es neben dem häufig verwendeten Wortmaterial einen gewissen Grenzbereich selten oder nur einmal vorkommender Ausdrücke oder Wendungen (vgl. das Vorkommen von Hapaxlegomena in unumstrittenen Paulus-Briefen, dazu s. Lohse, Kol 134f. A 3). Dies ist bes. dort zu erwarten, wo (wie im MkEv) die Basis zur Erhebung des typischen Vokabulars des betreffenden Autors begrenzt ist. Hapaxlegomena als solche sind deshalb für die Annahme von Traditionen oder Quellen nicht ausreichend. Beweiskräftig ist erst der Nachweis, daß die Wortwahl dem sonstigen Sprachgebrauch des Autors widerspricht und mit sachlich divergierenden Inhalten verbunden ist.

[1] Zur Analyse von Mk 1 32-39 vgl. K. L. Schmidt, Rahmen 57—62; Bultmann, Geschichte 366 (zu 1 32-34). 167 (zu 1 35-39); Dibelius, Formgeschichte 226; Sundwall, Zusammensetzung 10; Lightfoot, Gedenkschr. E. Lohmeyer, 1951, 110—115; Mauser, Christ 105—108; Wichelhaus, NovTest 11, 1969, 45—66; Pesch, BL 9, 1968, 186—195. 261—277; Kertelge, Wunder 31—33 und die Kommentare.

Mk 1 32-39 enthält keinerlei selbständig tradierbare Substanz. Das gilt nicht nur für die zuständlichen Schilderungen v. 32-34[2] und v. 39[3], sondern auch für die kurze Szene von v. 35-38. Die Mitteilung der Jünger: πάντες ζητοῦσίν σε (v. 37) und Jesu Antwort (v. 38) setzen die ab Mk 1 21 eröffneten Situation von Jesu Lehr- und Heilungstätigkeit voraus[4].

Die Annahme vormarkinischer Substanz in Mk 1 32-39 ist daher an den Nachweis eines übergreifenden vormarkinischen Zusammenhangs in Mk 1 21-38 oder 1 29-38 gebunden[5], und als Indiz hierfür wird meist auf die doppelten Zeitangaben in Mk 1 32. 35 hingewiesen. Da jeweils höchstens für eine der beiden Zeitangaben mit markinischer Herkunft zu rechnen sei[6], werde hier eine vormarkinische Verklammerung von Mk 1 29-31 / 32-34 / 35ff. sichtbar[7]. Doch entsprechen doppelte Zeitangaben durchaus dem Stil des Markusevangeliums[8], und in Mk

---

[2] So m. R. Bultmann, Geschichte 366; Klostermann, Mk 18, die Mk 1 32-34 mit 3 7-12 und 6 53-56, den beiden weiteren Wundersummarien des MkEv, vergleichen. Auffällig ist, daß dagegen K. L. Schmidt, Rahmen 57 (anders als a. a. O. 105 für 3 7-12) die Frage nach dem summarischen Charakter von 1 32-34 nicht stellt.

[3] Die mk Herkunft von Mk 1 39 ist unumstrittten, vgl. K. L. Schmidt, Rahmen 59f.; Bultmann, Geschichte 365; Klostermann, Mk 19; Lohmeyer, Mk 43; Taylor, Mk 184; Schweizer, Mk 29; Pesch, BL 9, 1968, 267.

[4] Zutreffend Taylor, Mk 182: »This Story about Jesus differs from many narratives in Mk that it is not self-contained, but derives its significance from the three preceding stories.«

[5] Die vermutete vormk Überlieferung wird verschieden eingegrenzt. a) Mk 1 21-38: K. L. Schmidt, Rahmen 55—60. 67; Schweizer, Mk 29 (ohne v. 27f. 33. 34b). b) Mk 1 29-38: Pesch, BL 9, 1968, 177—195. 261—277 — mit der Annahme mk Zusätze in v. 32. 35 (verdoppelte Zeitangaben), v. 32. 34 (Erwähnung der Exorzismen) und v. 38 (ἵνα καὶ ἐκεῖ κηρύξω). c) Mk 1 29-32. 34a (ohne die Erwähnung der Exorzismen in v. 32): Kertelge, Wunder 31f. — Ohne genauere Eingrenzung: Lohmeyer, Mk 41.

[6] So ist für Pesch, BL 9, 1968, 187. 263 in Mk 1 32. 35 jeweils die erste Angabe mk (ebenso für v. 32 Schweizer, Mk 29); vgl. auch Lohmeyer, Mk 41 und Kertelge, Wunder 31.

[7] Vgl. K. L. Schmidt, Rahmen 67: Mk 1 21-39 hat »eine feste Chronologie ... Die einzelnen Erzählungen (sic!) sind durch bestimmte Zeitangaben von Haus aus miteinander verbunden.«

[8] S. m. R. Klostermann, Mk 19. Vgl. Mk 4 35 14 12 15 42 16 2. Dabei geht meist wohl nur eine der beiden Angaben auf die mk Redaktion zurück. Doch ist zumindest für 4 35 mit der mk Herkunft beider Zeitangaben zu rechnen (s. o. S. 94f.). Und das Resultat der mk Redaktion ist jeweils das gleiche wie in 1 32. 35: die möglichst enge Erzähl*abfolge*.
Anders urteilt K. L. Schmidt, Rahmen 67f.: Für Mk sei die zusammenhangslose Auseinanderreihung der Einzeltraditionen typisch. Doch begegnen neben losen Aneinanderreihungen mehrfach auch engere Verknüpfungen durch Mk, so in

1 32. 35 sind sie vollständig als Teil einer markinischen Komposition von Mk 1 32-39 erklärbar: Durch den jeweils engen Anschluß von Mk 1 29. 32. 35 versucht Markus, eine möglichst geschlossene zeitliche Abfolge innerhalb von 1 21-29 herzustellen[9], um so die Darstellung des öffentlichen Wirkens Jesu mit der Schilderung eines typischen ‚Tages' zu eröffnen[10]. Umgekehrt müßte positiv beantwortbar sein, warum in der mündlichen Überlieferung die (beiden) selbständige(n) Erzählung(en) von Mk 1 (21-28) 29-31 um die beiden nichtselbständigen Stücke 1 32-34. 35-38 ergänzt wurde(n). Eine übergreifende Überlieferungseinheit ist ja nur diskutabel, wenn diese eine neue, und zwar gemeinsame Zielsetzung aufweist[11] — und diese fehlt[12].

4 35 (s. o. S. 94f.) 6 45 (s. o. S. 107) 5 21. 24 (s. o. S. 65 A 2). Diese szenischen Verbindungen entsprechen jeweils einer engeren inhaltlichen Verklammerung.

[9] Häufig wird auch vermutet, die Zeitangabe ὅτε ἔδυσεν ὁ ἥλιος (1 32) habe den Zweck, das Ende des Sabbats zu markieren, so daß v. 32b (ἔφερον ... πάντας τοὺς κακῶς ἔχοντας) nicht mehr einen Verstoß gegen die Sabbatruhe darstellst; so J. Weiß, Mk 83; K. L. Schmidt, Rahmen 57; Klostermann, Mk 19; Lohmeyer, Mk 41; Taylor, Mk 180; Pesch, BL 9, 1968, 193; Schweizer, Mk 29. Doch spielt auch in 1 21-28. 29-31 das Sabbatproblem keine Rolle (anders 3 1-5), so daß es auch in 1 32 nicht einzutragen ist. — Eine symbolische Deutung der Zeitangaben in 1 32. 35 vertritt Schreiber, Theologie 94f. 100—103; ebenso Wichelhaus, NovTest 11, 1969, 52—54 für 1 35. Das ist gesucht und wird durch eine ebenfalls symbolische Deutung von ἀναστάς (v. 35) auch nicht schlüssiger. Vgl. die Kritik von Pesch a. a. O. 193 A 48.

[10] Conzelmann, SThU 29, 1959, 57: »der Tag ist kein wirklicher, sondern ein typischer.« Im gleichen Sinne bereits Wellhausen, Mc 12: »Der erste Tag von Kapernaum ... hat paradigmatische Bedeutung.« Dabei ist die Bezeichnung ‚Tag' nicht zu strapazieren (vgl. Marxsen, Evangelist 37f. A 5). Kennzeichnend ist, daß der Umfang des ‚Tages' verschieden bestimmt werden kann; Lohmeyer, Mk 34: 1 21-31; Pesch, BL 9, 1968, 261—263. 271—277: 1 21-35 (für Mk; für die von Pesch postulierte Vorlage: 1 29-38).

[11] Lediglich Pesch, BL 9, 1968, 268f. 271—274 unternimmt den Versuch, die postulierte Überlieferungseinheit gattungsgeschichtlich zu bestimmen. Mk 1 35-38 möchte er »einfach einen Bericht« nennen (268), und 1 29-38 insgesamt sei eine »Gemeindegründungstradition mit missionarischem Akzent« (274). Doch ist Mk 1 29-31 eine in sich voll verständliche Wundererzählung, und auch in 1 32-34. 35-38 ist ein Bezug auf eine Gemeindegründung nicht enthalten. Daß für die postulierte Tradition »das ‚Haus' Simons als die eigentliche Urzelle« der Gemeinde gelten könnte (274), ist reines Postulat. Außerdem: Wie kann in einer Gemeindegründungstradition, die mit einer Wundererzählung einsetzt (1 29-31) und ein Wundersummar anfügt (1 32-34), also doch wohl Jesu Wundertaten als gemeindebegründend versteht, — wie kann in dieser Überlieferung mit v. 35ff., dem Rückzug Jesu, gleichzeitig die (von Pesch a. a. O. 269 für historisch zutreffend gehaltene) kritische Reaktion Jesu auf die öffentliche Wirkung der Wundertaten (269) tradiert werden? — Hier zeigt sich die methodische Schwäche der Rekonstruktionen von Pesch, der (unter der Überschrift: ‚Literarkritische

Auch sprachliche Gründe können nicht gegen eine markinische Verfasserschaft angeführt werden[13]. Vielmehr ist der gesamte Abschnitt durch zahlreiche markinische Spracheigentümlichkeiten geprägt[14].

Analyse') wortstatistische Erhebungen zur *Basis* der Unterscheidung von Tradition und Redaktion macht — womit diese überfordert sind (s. o. S. 10f. 161 A 7). Die bei Pesch danach folgende formgeschichtliche Analyse dient dann der weiteren Interpretation »des in der literarkritischen Analyse rekonstruierten Textes« (115). Vgl. zur Kritik dieses Vorgehens auch H.-W. Kuhn, Sammlungen 17 A 20.

[12] Das spricht — neben anderen Gründen — auch gegen den von Schürmann (1964) Aufs. 69—80 (vgl. ders., Lk I 223f.) postulierten »Bericht vom Anfang«, der Mk 1 14. 21-28. 32-34 a. 35-39 6 1 umfaßt haben soll und für den Schürmann eine selbständige Variante in Lk 4 erheben will (vgl. die Übersicht Aufs. 79). Schürmann sieht diesen ‚Bericht' in Entsprechung zur Passionserzählung (Aufs. 69). Nur: Die Passionserzählung weist einen durchlaufenden Erzählfaden auf und hat ein eindeutiges erzählerisches Ziel. Beides fehlt in dem vermeintlichen »Bericht vom Anfang«. Zur Kritik der literarischen Analysen von Schürmann vgl. Schramm, Markus-Stoff 85—91, bes. 90 A 1.

[13] Lohmeyer, Mk 41f. und Pesch, BL 9, 1968, 187—190. 263—267 versuchen, unmk Vokabular nachzuweisen. Zwar begegnet eine Anzahl von Hapaxlegomena — δύνειν (v. 32); ποικίλος (v. 34); νόσος (v. 34); ἔννυχα (v. 35); καταδιώκειν (v. 36); ἀλλαχοῦ (v. 38); αἱ ἐχόμεναι κωμοπόλεις (v. 38), doch sind diese als solche kaum beweiskräftig (s. o. S. 161 A 7). Jedenfalls ist die gelegentliche Verwendung dieses Vokabulars durch Mk nicht auszuschließen. Auch die weiteren Beobachtungen von Lohmeyer (zu v. 35-38) beweisen nicht vormk Herkunft:
v. 35: Die Stellung von λίαν ist prinzipiell frei (vgl. Bauer, WB 935f. s. v. λίαν), so daß eine Differenz zu 16 2 (λίαν πρωΐ) nicht besteht (außerdem ist λίαν in 1 35 auf ἔννυχα zu beziehen, vgl. Klostermann, Mk 19).
v. 36: Die Wendung Σίμων καὶ οἱ μετ' αὐτοῦ ist zwar auffällig, aber erklärlich: Mk formuliert offenbar in bewußter Fortführung von v. 29; Πέτρος gebraucht er übrigens erst ab 3 16.
v. 38: Die Wahl von ἐξῆλθον zur Bezeichnung des Auftrags Jesu ist zwar ungewöhnlich, aber hier handelt es sich wohl um Einfluß der Terminologie der vorgegebenen ἦλθον-Sprüche (im MkEv: 2 17, vgl. 10 45) bei gleichzeitiger Angleichung an den Kontext (v. 35: ἐξῆλθεν).
ἀναστάς (v. 35) und ἄγωμεν (v. 38) sprechen sogar eher für mk Bildung (s. A 14).
Das Beweisverfahren von Pesch ist z. T. ausgesprochen willkürlich. So werden nach Pesch a. a. O. 189f. θεραπεύειν und λαλεῖν sowohl traditionell als auch redaktionell gebraucht. Dennoch soll θεραπεύειν in v. 34 a auf Tradition, dagegen λαλεῖν in v. 34 b auf Redaktion weisen. Vollends vom vorausgesetzten Ergebnis her argumentiert Pesch a. a. O. 189, wenn er die coniugatio periphrastica in v. 34 der Tradition zuweist, »da Markus seine Überlieferungen (!) stilistisch nicht überarbeitet« (189 A 38). Umgekehrt hält Pesch a. a. O. 117f. Mk 1 22 (einschließlich ἦν γὰρ διδάσκων) m. R. für mk.

[14] In mk Formulierungen begegnen mehrfach: πάντες (v. 32. 37); die coniugatio periphrastica (v. 33); ὅλος (v. 33. 39); θεραπεύειν (v. 34); (δαιμόνια) ἐκβάλλειν (v. 34. 39); ἀναστάς (v. 35); ἐξέρχεσθαι; ἀπέρχεσθαι; ἔρημος τόπος; κηρύσσειν (v. 38f.; zur Verbindung von κηρύσσειν und δαιμόνια ἐκβάλλειν vgl. 3 14f. 6 12f.). Für ἄγωμεν (v. 38) ist der einzige weitere Beleg im MkEv (14 42) mk. — Zumindest einen

Mk 1 32-39 ist also insgesamt als Bildung des Evangelisten zu interpretieren[15], die als ganze eine erste summarische Zusammenfassung und Interpretation des Wirkens Jesu bildet[16]. Sie besteht aus:

a) v. 32-34: Zulauf des Volkes im Zusammenhang mit Jesu Wundertätigkeit (vgl. Mk 1 45 3 7-10 6 54-56); Heilungen und Exorzismen mit einem Redeverbot an die Dämonen (vgl. Mk 3 11f.).

b) v. 35-38: Jesu Rückzug vor der Menge (vgl. Mk 1 45 3 9)[17] — motiviert durch das morgendliche Gebet und den Auftrag, »woanders« zu wirken.

c) v. 39: Generalisierende Darstellung der Wirksamkeit Jesu in Galiläa.

Dabei nimmt Markus unter a) Jesu Wundertaten, unter b) seine Verkündigung in Blick, während er unter c) beides abschließend verbindet. In Mk 1 32-39 liegt also kein reines Wunder- und Heilungssummarium vor, sondern ein Summar der Tätigkeit Jesu insgesamt, das Wundertaten *und* Verkündigung umfaßt; d. h. Mk 1 32-39 entspricht in seiner Struktur der Zusammenordnung von Wundertaten und Lehre, die für die markinische Redaktion von Mk 1 21—3 6 insgesamt charakteristisch ist[18].

In diesem Summar verallgemeinert Markus nicht nur Jesu Heilungswunder und seine exorzistische Wirksamkeit, sondern er nimmt auch eine bestimmte Interpretation dieser Momente vor.

Die Dämonenaustreibungen werden durch die Notiz über den Schweigebefehl interpretiert, wobei Markus ausdrücklich den Grund angibt: ὅτι ᾔδεισαν αὐτόν (v. 34). Dies ist ein erster Hinweis auf die besondere Bedeutung des Wissens der Dämonen: Es wird als inhaltlich durchaus zutreffend vorausgesetzt und deshalb nicht bestritten; aber gerade deshalb soll es auch verborgen bleiben.

Die Interpretation der Heilungstaten erfolgt indirekter, nämlich durch v. 35ff. Der hier dargestellte Rückzug Jesu[19] erfolgt — wie in

---

weiteren mk Beleg gibt es für οἱ κακῶς ἔχοντες (v. 34): 6 55; πρωΐ (v. 35): 11 20 (s. o. S. 133 A 2); καὶ λέγει αὐτοῖς (v. 38): 6 31 (s. o. S. 100f.). Für ὀψίας δὲ γενομένης (v. 32) ist in 4 35 mk Herkunft möglich (s. o. S. 95 A 18).

[15] Für mk halten Mk 1 32-39 Bultmann, Geschichte 366. 167; Conzelmann, SThU 29, 1959, 57; Schulz, Stunde 30f.; Schreiber, Theologie 102f.; Wichelhaus, NovTest 11, 1969, 45—66 (für v. 35-39); H.-W. Kuhn, Sammlungen 17f.; vgl. auch Klostermann, Mk 18f.

[16] Pesch, BL 9, 1968, 261f. sieht in v. 35 eine mk Zäsur, die einen Neuanfang markiert. Doch ist das auch unter den eigenen Voraussetzungen von Pesch nicht überzeugend: v. 32 müßte dann als genauso scharfer Einschnitt gelten (in beiden Fällen rechnet Pesch mit einer vorgegebenen und einer mk Zeitangabe; s. ders. a. a. O. 187f.). [17] Zu Mk 3 9 s. u. S. 167. [18] S. o. S. 53—55.

[19] Zum Rückzugsthema bei Mk vgl. Mauser, Christ 105—108 (s. auch u. S. 172 A 1); Minette de Tillesse, Secret 251—254. Tagawa, Miracles 20 bestreitet die Inter-

Mk 1 45 und 3 7-10 — als Antwort auf den Zulauf der Menge, der durch seine Wundertaten hervorgerufen ist[20]. Die Interpretation der Heilungswunder erscheint also zwiespältig[21]: Einerseits betont Markus deren Größe, und der Leser erhält ein eindrucksvolles Bild der umfassenden Wunderkraft Jesu; andererseits wird dieses Bild von Jesus als dem Wundertäter deutlich zurückgenommen: Jesus zieht sich zurück, um »woanders« hinzugehen, und die ‚Suche'[22] nach dem Wundertäter bleibt erfolglos[23].

Die markinische Interpretation von Heilungen und Exorzismen in Mk 1 32-39 ist also analog. In beiden Fällen werden die Wundertaten zunächst in starker Weise betont, und sie münden in einen Hinweis auf das wahre Wesen der Person Jesu (v. 34: die Dämonen ‚kennen' ihn). Zugleich werden die Wundertaten durch das Schweigegebot und Jesu Rückzug derart interpretiert, daß deutlich wird, daß sie nur unvollständige Aussagen über die Person Jesu sind.

2. MK 3 7-12

Ein weiteres rein markinisches Summarium liegt in Mk 3 7-12 vor[1]. Wie in Mk 1 32-39 handelt es sich nicht um eine bloße Verallgemeinerung der Wundertaten Jesu, sondern zugleich auch um eine sehr bewußte Interpretation. Die Momente, die Markus[2] dabei her-

pretation von Mk 1 35ff. als Rückzug: Das Ziel sei die Ausweitung des Tätigkeitsbereichs Jesu. Doch ist dazu der erzählerische Aufwand von v. 35-38 zu umfangreich und die Parallelität von Zulauf und Rückzug in Mk 1 45 und 3 7-10 (vgl. auch 6 31-33) zu eindeutig.

[20] Luz, ZNW 56, 1965, 12f. beschränkt die Analyse auf Mk 1 32-34, so daß die interpretierende Funktion von 1 35-38 nicht deutlich wird und er zu der Schlußfolgerung gelangt, Heilungen und Exorzismen würden von Mk unterschiedlich behandelt.

[21] Natürlich bezieht sich v. 35ff. auf v. 32-34 insgesamt, also Heilungen und Exorzismen. Aber für die Heilungen stellt v. 35ff. die einzige Interpretation dar.

[22] ζητεῖν (vgl. Mk 3 32) hat sicher negativen Klang; vgl. Lohmeyer, Mk 43; Lightfoot, Gedenkschr. E. Lohmeyer, 1951, 111.

[23] Daß Jesu Rückzug nicht realistisch gemeint ist, sondern als Interpretation von 1 32-34, zeigt v. 39: Jesus zieht sich zurück — um woanders (wie in Kapernaum) zu verkündigen *und* Dämonen auszutreiben.

[1] Zu Mk 3 7-12 vgl. K. L. Schmidt, Rahmen 105—108; Bultmann, Geschichte 366; Dibelius, Formgeschichte 225—227; Keck, JBL 84, 1965, 341—358, dazu: Burkill, JBL 87, 1968, 409—417; Egger, Bibl 50, 1969, 466—490; Kertelge, Wunder 34f. — Zu Mt 12 15-21 vgl. Barth, WMANT 1, 117—120; Trilling, Israel 126f.; Strecker, Weg 67—70; zu Lk 6 17-19 vgl. Conzelmann, Mitte 37—39; Schramm, Markus-Stoff 113f. und jeweils die Kommentare.

[2] Zum Nachweis der rein mk Herkunft vgl. Burkill, JBL 87, 1968, 409—417 und Egger, Bibl 50, 1969, 466—490 — in Kritik an Keck, JBL 84, 1965, 341—358, der in Mk 3 7a. 9f. Tradition nachweisen will (ähnlich Schweizer, Mk 43).

vorhebt, sind: a) der Rückzug Jesu[3] und der Zulauf des Volkes (v. 7f.); b) der erneute Rückzug(sversuch) Jesu[4] aufgrund des Zudrängens des Volkes (v. 9f.); und c) die Prädikation Jesu als Gottessohn, die durch die Dämonen erfolgt, und das Schweigegebot Jesu (v. 11f.).

Wie in Mk 1 32-39 ist hier von Markus jeweils beides geschaffen: der Zulauf des Volkes und der Rückzug Jesu sowie das Dämonenbekenntnis und das Schweigegebot. Auf diesen Momenten liegt das markinische Interesse. Deshalb hat Markus die Darstellung der Wundertaten selbst drastisch reduziert: Jesu Heilungstätigkeit (v. 10a) nimmt nur den geringstmöglichen Raum ein und dient lediglich als Begründung für das Zudrängen der Menge in v. 10b[5]. Die Reduktion der Exorzismen ist sogar vollständig vollzogen. Markus läßt den Vollzug der Austreibungen vollständig fort und nimmt aus den Exorzismuserzählungen nur das Dämonenbekenntnis und den Schweigebefehl auf.

---

[3] Daß Mk den Rückzug Jesu in v. 7a als Reaktion auf v. 6 verstanden wissen will (so Klostermann, Mk 33), ist kaum wahrscheinlich. Richtig beobachtet Lohmeyer, Mk 72: »Einen Grund (sc.: für Jesu Rückzug) nennt der Erzähler nicht.« Vgl. auch Burkill, JBL 87, 1968, 41f.; Egger, Bibl 50, 1969, 467. Der Bezug von Mk 3 7ff. nach rückwärts ist eher ein antithetisches: Kertelge, Wunder 34: »Der ablehnenden Haltung seiner Gegner steht der Zulauf der großen Menge gegenüber.« Im gleichen Sinne schon K. L. Schmidt, Rahmen 107.

[4] Die Einführung des Bootes dient nicht der Vorbereitung von Mk 4 1 (so K. L. Schmidt, Rahmen 106), sondern das Boot ist — wie in 6 32 — Mittel des Rückzugs, vgl. Burkill, JBL 87, 1968, 409f. A 4. — Interessant ist, daß Mk das Rückzugsmotiv einführt, obwohl er es erzählerisch nicht voll durchführen kann, denn er will noch das Bekenntnis der Dämonen anschließen, so daß er in v. 9 keinen vollständigen Rückzug Jesu schildern kann (anders Mk 1 35ff.). Deshalb bleibt es beim Versuch. Das übersehen Lohmeyer, Mk 73 und Schweizer, Mk 43, die in v. 9 einen Widerspruch zu v. 10-12 erblicken und v. 9 deshalb für vormk halten.

[5] Egger, Bibl 50, 1969, 468: Weil V. 10 als Begründung von v. 9 dient, sei ἐθεράπευσεν (v. 10a) vorzeitig zu übersetzen; Egger paraphrasiert deshalb: »Weil (die Leute erfahren hatten, daß) Jesus viele geheilt hatte«. Andernfalls müsse man auch die Unsinnigkeit in Kauf nehmen, daß »Jesus viele heilte und sich diese selben, die an ‚Geiseln' litten, daraufhin (ὥστε!) auf ihn stürzten, um ihn zu berühren«. — Zutreffend ist, daß v. 10 insgesamt der Illustration von ἵνα μὴ θλίβωσιν αὐτόν (v. 9) dient, also eine nachträgliche Begründung für den Rückzugsversuch von v. 9 darstellt (so auch schon Klostermann, Mk 33). Das zeigt aber schon, daß Mk keine logisch wahrscheinlichen Handlungsabläufe darstellen will, sondern eine Zustandsbeschreibung beabsichtigt, so daß v. 10a nicht vorzeitig übersetzt zu werden braucht. Außerdem liegt in v. 10b mit ὅσοι εἶχον μάστιγας eine neue Subjektangabe vor (zur Nachstellung des Subjekts vgl. Bl-Debr § 472. 1), so daß v. 10a auch nicht im Sinne von v. 8 (ἀκούοντες ...) zu ergänzen ist. D. h. die Heilungstätigkeit Jesu ist weitgehend reduziert, aber nicht völlig eliminiert.

Umgekehrt sind der Zulauf der Menge und das Bekenntnis der Dämonen gegenüber Mk 1 32-39 deutlich gesteigert. Der Zulauf der Menge betrifft nicht nur eine einzelne Stadt, sondern eine ganze Kette von Städten und Gebieten (v. 7f.)[6]; die Haltung der Menge wird als ein Zudrängen dargestellt (v. 10b)[7]. Das Bekenntnis der Dämonen wird ausdrücklich formuliert (v. 11b), und der Eindruck eines fortdauernden Geschehens erweckt (v. 11a)[8]. Dabei läßt Markus die Dämonen das — für ihn inhaltlich zutreffende[9] — Bekenntnis σὺ εἶ ὁ υἱὸς τοῦ θεοῦ sprechen. Auch die Begründung des Schweigegebotes ist expliziter als in Mk 1 34: ἵνα μὴ αὐτὸν φανερὸν ποιήσωσιν (v. 12). Wie der Vergleich dieser Begründung mit Mk 1 45 zeigt, hat Markus die Wirkung von Heilungswundern und Exorzismen in gleicher Weise verstanden: beide machen Jesus »offenbar«[10]. Und die Interpretationen, die Markus in bezug auf Heilungswunder und Exorzismen vollzieht, sind ebenfalls als inhaltlich übereinstimmend zu verstehen: Der in seinen Heilungstaten epiphan gewordene Wundertäter zieht sich zurück[11], und die direkte Proklamation seiner Würde durch die Dämonen wird mit Schweigen belegt.

Mit dieser zuständlichen Schilderung vermittelt Markus dem Leser ein ganz bestimmtes Bild vom Wunderwirken Jesu. Für ihn werden die immer wieder durchbrechenden Epiphanien Jesu in seinen Wundertaten jeweils wieder zurückgenommen. Sie geben — zumindest isoliert — die Bedeutung der Person Jesu und seine Würde nicht vollgültig wieder[12].

---

[6] Dabei scheint Mk nicht nur eine Steigerung gegenüber Mk 1 32f., sondern auch eine Überbietung der Wirkung des Täufers (Mk 1 5) andeuten zu wollen; vgl. Klostermann, Mk 33; Burkill, JBL 87, 1968, 412. Ob Mk dabei eine vorgegebene Liste benutzt (was Egger, Bibl 50, 1969, 476 für möglich hält — doch vgl. K. L. Schmidt, Rahmen 106), kann hier offen bleiben.

[7] Dabei lehnt sich Mk an vorgegebene Einzeltraditionen an, bes. Mk 5 25-34. Nachweis bei Egger, Bibl 50, 1969, 470—473; vgl. schon die Hinweise bei K. L. Schmidt, Rahmen 106 und Klostermann, Mk 33.

[8] Zum iterativen Sinn von ὅταν mit dem Ind. der Vergangenheit vgl. Bl-Debr § 367; 382. 4.

[9] S. u. S. 189 f.

[10] Vgl. auch Mk 6 14.

[11] Die Bedeutung des Rückzugsmotivs als erzählerischem Mittel, mit dem Mk den Zulauf der Menge beleuchtet, wird von Luz, ZNW 56, 1965, 12f. und Kertelge, Wunder 34f. 36—39 nicht ausgewertet. Vgl. dagegen Egger, Bibl 50, 1969, 466—490. H. J. Ebeling, Messiasgeheimnis 116—118 weist zwar auf die Entgegensetzung von Zulauf der Menge und Rückzug Jesu im MkEv hin, interpretiert diese jedoch einseitig als Darstellung der Offenbarung Jesu.

[12] Damit erübrigt sich die mehrfach geäußerte Vermutung, Mk belege die Dämonenbekenntnisse deshalb mit Schweigen, weil sie als Aussagen der Dämonen illegitim sind (Vielhauer [1964] Aufs. 211: Die »Dämonenaussagen sind, obwohl inhaltlich zu-

3. MK 6 53-56

Die dritte summarische Darstellung der Wundertätigkeit Jesu liegt in Mk 6 53-56 vor[1]. Auch hier ist keine erzählerische Substanz vorhanden, die für eine mündlich tradierbare Einzelüberlieferung geeignet gewesen wäre[2].

Auch für Mk 6 53-56 ist mit markinischer Herkunft zu rechnen. Lediglich die Differenz zwischen Mk 6 53 (Landung in Gennesaret) und 6 45 (Fahrtziel: Bethsaida) könnte die Frage nach einer vormarkinischen Redaktion von 6 34-56 veranlassen[3]. Denn in seiner jetzigen Funktion als Überleitung zwischen v. 45 ff. und v. 54 ff. ist v. 53 deutlich redaktionell. Doch ist die Spannung zwischen v. 45 und v. 53 bei Annahme einer vormarkinischen Redaktion ebenso schwer erklärbar wie unter der Voraussetzung einer markinischen Anfügung

---

treffend, illegitim, weil vorzeitig und von unzuständiger Seite ausgesprochen«; vgl. auch 208). Dann bleibt jedoch unerklärt, warum Mk selbst überhaupt solche illegitimen Bekenntnisse in seine Darstellung einführt (gerade Vielhauer a. a. O. 202 schließt m. R. aus der Verwendung von υἱὸς τοῦ θεοῦ in einem redaktionellen Abschnitt auf das Interesse des Mk an diesem Titel). Zutreffend stellt Luz, ZNW 56, 1965, 20 fest: »Daß Mc Jesus den Dämonen ein Verkündigungsverbot auferlegen läßt, hat nichts mit ihrem dämonischen Wesen zu tun. Sie sind nur insofern zufällige Objekte dieses Verbotes, weil es ihnen eben von Natur aus gegeben ist, Jesu wahres Wesen zu verstehen.«
Angesichts von Mk 3 11f. hat Bauernfeind begreifliche Schwierigkeiten, seine Interpretation der Dämonenworte als Angriffe der Dämonen (s. o. S. 56—60) durchzuhalten (vgl. die Bemühungen von Bauernfeind, Worte 72f.). Auf jeden Fall will er aber zeigen, daß die Dämonenworte für Mk keine positive inhaltliche Bedeutung haben: Mk »muß ... sich vorgestellt haben, daß die Rufe der unreinen Geister möglicherweise ein erneutes Nachdrängen der Massen hätten zur Folge haben können, während Jesus doch schon (ich ergänze: mit Erfolg) bemüht war, sich von ihnen — nötigenfalls zu Schiff — zu lösen. Was Jesus vermeiden will, wäre also nur allgemein die Aufmerksamkeit, die durch die Dämonenrufe von Neuem auf ihn gelenkt werden könnte« (61). Doch ist die Gegenüberstellung vom Zulauf der Menge und dem Rückzug Jesu mit v. 10 abgeschlossen. Mit v. 11 setzt ein neues Thema des Sammelberichtes ein: auf das Summar der Heilungen folgt das der Exorzismen. Und Bauernfeinds Versuch a. a. O. 63f., die Auffassung von Mk 3 11f. als Exorzismussummarium zu bestreiten (weil der Exorzismusvorgang selbst fehlt), ist unzureichend. So bleibt es auch in Bauernfeinds Interpretation von Mk 3 7-12 ungeklärt, warum Mk, der kein Exorzismussummarium liefern will und auch nicht inhaltlich an den Dämonenaussagen interessiert ist, überhaupt Mk 3 11f. an 3 7-10 anfügt.

[1] Zur Analyse vgl. K. L. Schmidt, Rahmen 194—196; Bultmann, Geschichte 366; Dibelius, Formgeschichte 226; Sundwall, Zusammensetzung 42; Kertelge, Wunder 35f. und die Kommentare.
[2] So m. R. K. L. Schmidt, Rahmen 195, der jedoch mit vormk Herkunft des Summars rechnet.
[3] Mit einem solchen vormk Zusammenhang rechnet K. L. Schmidt, Rahmen 195.

von v. 53-56 an v. 34-44 / 45 ff., weil in keinem Fall ein positiver Grund für dies redaktionelle Vorgehen sichtbar ist[4]. — Die Vermutung, durch v. 53 solle angedeutet werden, die Jünger seien bei der Überfahrt von v. 45 ff. vom Kurs abgekommen[5], ist in jedem Fall eine Verlegenheitsauskunft; denn es ist nicht feststellbar, wie groß die Differenz zwischen Fahrtziel und Landung (in der Sicht des betreffenden Redaktors!) tatsächlich gewesen ist[6].

Thema dieses Summars ist ausschließlich Jesu Heilungstätigkeit. Anders als in Mk 1 32-39 und 3 7-12 wird auf die Exorzismen kein Bezug genommen, was jedoch dem näheren Kontext entspricht, in dem Exorzismuserzählungen fehlen[7]. Die Funktion dieses Summariums im Aufbau des Markusevangeliums ist nicht recht einsichtig[8]. Weder folgt es auf ein (oder mehrere) Heilungswunder, noch leitet es zu solchen über. Am ehesten wird man die markinische Intention wohl treffen, wenn man es mit der ebenfalls redaktionellen Szene Mk 6 30-34 zusammen interpretiert[9]. Beide Massenszenen scheinen einander zu entsprechen und aufeinander bezogen zu sein. In beiden Szenen strömen die Massen, die ‚(ihn) erkennen' (6 33. 54), herzu, und das Bild des Lehrers aus 6 34 wird in 6 53-56 durch das des Wundertäters ergänzt.

In dem Summarium selbst scheint Markus einlinig und ohne kritische Reserve den Massenzulauf zu Jesus und seine physisch verstandene Wunderwirkung darzustellen[10]. Doch ergeben sich auch Übereinstimmungen mit dem — kritisch interpretierten — Bild vom Wundertäter Jesus, das in Mk 3 7-10 entfaltet wurde. Bereits in

---

[4] K. L. Schmidt, Rahmen 195: Für eine mk Herkunft ließe sich anführen, daß Mk (zur Vorbereitung von 7 1 ff.) vom nichtgaliläischen Bethsaida wieder nach Galiläa zurücklenken wolle. Doch ist fraglich, ob Mk diese lokalen Unterschiede in seiner Redaktion bewußt beachtet; s. o. S. 79 f.

[5] So der Erklärungsversuch von K. L. Schmidt, Rahmen 195 (für einen vormk Zusammenhang) und Schreiber, Theologie 96 f. 206 f., der diese Absicht für Mk voraussetzt und damit weitreichende Folgerungen verbindet; s. o. S. 108 A 21.

[6] Allenfalls für v. 53 kann man nach vormk Vorstufen fragen. Doch bleibt es bei Vermutungen.
Marxsen, Evangelist 43 A 2: Gennesaret sei vielleicht die ursprüngliche Lokalisierung von Mk 7 1 ff. gewesen, die Mk nach 6 53 vorgezogen habe. Tagawa, Miracles 27: »Gennésareth appartient à la liste marcienne des localités importantes«, und aus Mangel an geeigneten Einzeltraditionen habe Mk diesen Ortsnamen in einem Summarium untergebracht. Zu Snoy (v. 53 sei der ursprüngliche Abschluß von 6 34-44) s. o. S. 36 A 32.

[7] So m. R. Kertelge, Wunder 36 (mit A 33). Innerhalb von Mk 6 1—8 26 findet sich keine typische Exorzismuserzählung (zu Mk 7 24-30 s. o. S. 55 A 2).

[8] Dies ist der entscheidende Grund für K. L. Schmidt, Rahmen 195, in Mk 6 53-56 ein vormk Summar zu sehen.

[9] Vgl. Kertelge, Wunder 35 f.; zur Analyse von Mk 6 30-34 s. o. S. 99—101.

[10] So Luz, ZNW 56, 1965, 12; Kertelge, Wunder 36.

Mk 3 7-10 war Jesu Heilungs*tätigkeit* auf ein Minimum reduziert, in Mk 6 53-56 ist sie völlig eliminiert. Die Heilungen erfolgen allein dadurch, daß die Kranken Jesu Kleidung berühren, so daß er als Machtträger erscheint (vgl. schon Mk 3 10), jedoch selbst überhaupt nicht tätig wird. Seine Heilwirkung wird als ein selbsttätiges Geschehen dargestellt, das ihn selbst nicht zu betreffen scheint; d. h. Jesu Person und deren (Wunder-) Wirkung werden so weit wie möglich getrennt. Diese Passivität Jesu ist das hervorstechende Merkmal dieses Heilungssummariums[11], und sie hat hier eine analoge Funktion wie in Mk 1 32-39 und 3 7-10 die Darstellung des Rückzuges Jesu. Deshalb wird a) breit Zulauf und Aktivität des Volkes dargestellt (v. 55f.), b) andererseits eine Handlung von seiten Jesu noch nicht einmal angedeutet und c) zwar eine Bitte des Volkes formuliert (v. 56), deren Antwort jedoch bezeichnenderweise ausbleibt.

Um diese Distanzierung Jesu von seinen Wundertaten darstellen zu können, greift Markus — wie in Mk 3 7-10 — auf das Bild von Jesus als dem Machtträger, das in Mk 5 25-34 vorgegeben ist, zurück. Nicht das Volk in seiner Haltung wird kritisiert, es dient ja nur als Kulisse, in der sich Jesus unbeteiligt bewegt; aber dem Leser wird deutlich gesagt, daß die Bedeutung der Person Jesu nicht in seinen Machtwirkungen aufgeht.

4. FOLGERUNGEN

Mit den markinischen Summarien ist die Analyse der Texte des Markusevangeliums, die Jesu Wundertätigkeit zum Thema haben oder darauf Bezug nehmen, abgeschlossen. Im Anschluß daran ist es möglich, den Bereich der in Betracht kommenden Interpretationen der Wundertaten Jesu in Blick auf das Markusevangelium einzugrenzen. Auf diese Weise kann eine Vorklärung erfolgen, die die abschließende Darstellung entlastet. Deshalb sollen zunächst diejenigen Momente dargestellt werden, die für das Verständnis der Wunderüberlieferungen und ihre Bedeutung für die Christologie im Markusevangelium nicht konstitutiv sind, sondern fehlen.

a) Jesu Exorzismen als kosmischer Kampf?

Innerhalb der Wundertraditionen des Markusevangeliums kommt den Exorzismen Jesu — wie die Summarien Mk 1 32-39 und 3 7-12

---

[11] Vgl. Schweizer, Mk 80, der feststellt, daß »nicht das Heilen Jesu betont (ist) — obgleich selbst 3, 10 und 5, 28 noch übertroffen werden —, sondern der Zulauf des Volkes«. Vgl. auch Lohmeyer, Mk 137.

zeigen — offenbar eine eigene, selbständige Bedeutung zu; und es ist versucht worden, von den Exorzismen her die Rolle der Wundertaten Jesu im Markusevangelium überhaupt zu interpretieren. Vor allem J. M. Robinson hat in den Exorzismen Teile eines die ganze Darstellung des Markusevangeliums bestimmenden kosmischen Kampfes Jesu mit dem Satan gesehen[1]. Es ist mehrfach gezeigt worden, daß die These vom kosmischen Kampf als Generalthema des Markusevangeliums eine Überzeichnung darstellt[2]. Und auch für die markinische Interpretation der Exorzismen selbst ist sie unzutreffend:

1. Schon die aus der Tradition aufgenommenen Exorzismuserzählungen sind nicht primär vom Gedanken des Kampfes Jesu mit den Dämonen geprägt, sondern von der schlechthin überlegenen Macht Jesu her konzipiert, an der die Dämonenherrschaft ihr *Ende* findet (vgl. Mk 1 24)[3].

2. Ebenso bringt die vormarkinische Interpretation der Exorzismen Jesu, die in Mk 3 27 vorliegt, primär den Gedanken der Überwindung der Satansherrschaft zum Ausdruck.

3. Auch in ihrer Gesamtheit ergeben die Exorzismuserzählungen zusammen mit dem Bee(l)zebul-Streitgespräch (Mk 3 22-30) keine Darstellung eines mit der Versuchung (Mk 1 12f.) einsetzenden fortlaufenden Kampfes mit dem Satan[4]. In jeder einzelnen dieser Traditionen

---

[1] Robinson, Geschichtsverständnis (bes. 34—54). Zu ähnlichen Ergebnissen gelangt Mauser, Christ 124—143 durch eine motivgeschichtliche Analyse des ‚Wüsten'-Themas: Die ‚Wüste' ist ein theologischer Ort, der Ort des Kampfes mit dem Satan. »Jesus ... in his withdrawals returns to the place where his mission properly began — to the desert. What happened in the story of the forty days (1. 12f.) is not merely an incident among others limited to a certain period. The Spirit did not cease to drive him to the wilderness« (141). Ähnlich wie Robinson interpretiert auch Schreiber, Theologie 168f. 194f. 197f., der sogar das Jüngerunverständnis als Teil des kosmischen Kampfes verstehen will.

[2] Zur Kritik an Robinson vgl. Baumbach, Verständnis 51f.; Best, Temptation 18—23; Rohde, Methode 119—123; Knigge, EvErz 18, 1966, 381; zur Kritik an Mauser vgl. Best a. a. O. 25—27. Zu Schreiber (bes. zur Methode) vgl. Grundmann, Mk 332—334.

[3] S. o. S. 57—61. Robinson, Geschichtsverständnis 45—49 übernimmt — trotz einzelner Korrekturen (vgl. 34f. A 1. 44f. A 11) — die grundsätzliche These von Bauernfeind (s. o. S. 56), die Dämonenworte seien als Gegenzauber und die Exorzismuserzählungen daher als Kämpfe zwischen Dämon und Exorzist zu interpretieren, und spricht von der »beherrschende(n) Grundstimmung der Feindseligkeit« (42 u. ö.) in den Exorzismuserzählungen.

[4] Robinson, Geschichtsverständnis 42 stellt ein geschlossenes Bild aus Versuchung, Exorzismen und Bee(l)zebul-Streitgespräch her: »Die Dämonenaustreibungen sind durch die Debatte von 3, 22—30 im Sinne des mit der Versuchung Jesu einsetzenden (sic!) kosmischen Kampfes zwischen Geist und Satan interpretiert.« Zwar gibt Robinson zu, daß die »Austreibungsgeschichten selbst ... nirgends aus-

4. Folgerungen

zeigt sich vielmehr — und zwar jeweils von neuem — Jesu Überlegenheit über die feindlichen Gegenkräfte[5]. Ein geschlossenes satanologisches Konzept als Gegenbild zur Darstellung der Wirksamkeit Jesu wird im Markusevangelium nicht sichtbar[6].

4. Entscheidend ist, daß die markinische Interpretation der Exorzismen in den summarischen Darstellungen Mk 1 34 3 11f. deren Verständnis als Teile eines kosmischen Kampfes eindeutig ausschließt. Markus übergeht ja gerade alle in den Exorzismuserzählungen noch enthaltenen ‚technischen' Elemente und greift nur die christologische Spitze der Überlieferungen auf: das Wissen der Dämonen um die wahre Würde Jesu — und dies Wissen soll verborgen bleiben[7].

b) Jesu Wundertaten als Zeichen der anbrechenden βασιλεία τοῦ θεοῦ?

In der synoptischen Tradition finden sich mehrere Überlieferungen, in denen ein deutlich eschatologisches Verständnis der Wundertaten Jesu zum Ausdruck kommt. Hier sind vor allem zwei Überlieferungen zu nennen, die in die Logienquelle aufgenommen wurden: Mt 11 2-6 / Lk 7 18-23 und Mt 12 28 / Lk 11 20.

---

drücklich auf Geist und Satan Bezug (nehmen)« (ebd.), aber »die beherrschende Grundstimmung der Feindseligkeit, sowie die scharf antithetische Form ihrer Darstellung« sind für Robinson doch hinreichende Argumente für die Annahme, »daß es in ihnen um den gleichen Kampf geht« (ebd.).

[5] Auch aus der Versuchungsgeschichte Mk 1 12f. kann nicht das Gegenteil entnommen werden. Auch wenn man die Frage nach der Vorgeschichte von Mk 1 12f. offen läßt (zur Lit. vgl. Bultmann, Geschichte ErgH 89), kann man feststellen, daß Mk 1 12f. a) keine ausführliche Schilderung eines Kampfes enthält; und b) nicht die Eröffnung einer *weitergehenden* Auseinandersetzung darstellt; mit καὶ οἱ ἄγγελοι διηκόνουν αὐτῷ wird vielmehr das Ende der Versuchung markiert (s. auch Schweizer, Mk 22).

[6] So m. R. Baumbach, Verständnis 52: »Vor allem ist Robinson der Vorwurf zu machen, daß er gerade das tut, was Markus nicht vorgenommen hat: eine Systematisierung aller Aussagen über das Böse zu einer der Christologie selbständig gegenüberstehenden Satanologie. Auf diese Weise bekommt das Böse bei Robinson ein Eigengewicht, das es bei Markus nicht hat.«
Der Gefahr der Systematisierung von Einzelaussagen ist — in der Kritik an Robinson — offenbar auch Best, Temptation 3—18 nicht entgangen: Mk 3 22-30 ergänze die (unvollständige) Versuchungserzählung und stelle klar, daß Jesus in der Versuchung den Satan mit Hilfe des Geistes besiegt habe. Die danach noch folgenden Exorzismen seien nur noch »mopping-up operations of isolated units of Satan's hosts and are certain to be successful because the Captain of the hosts of evil is already bound and immobilised« (15).

[7] Diese Reduktion der Überlieferungen übersieht Robinson, Geschichtsverständnis 34f. A 1.

In dem Apophthegma von der Täuferanfrage (Mt 11 2-6 / Lk 7 18-23)[1] wird Jesu Wirksamkeit — Wundertaten und Verkündigung — als Erfüllung eschatologischer Verheißungen (vgl. Jes 61 1 29 18 35 5f.)[2] verstanden. Die Kette der in Mt 11 5 / Lk 7 22 aufgezählten Wundertaten und der Hinweis auf die Verkündigung stellen die positive Antwort auf die Frage dar, ob Jesus der erhoffte ἐρχόμενος ist[3]. Jesu Wundertaten haben hier (zusammen mit der Evangeliumsverkündigung an die πτωχοί)[4] also direkt christologische Relevanz — und zwar qualifizieren sie ihn als den erhofften eschatologischen Heilbringer[5].

Im Logion Mt 12 28 / Lk 11 20[6] werden Jesu Exorzismen ausdrücklich mit dem Kommen der βασιλεία τοῦ θεοῦ verknüpft. Diese Verknüpfung ist ausgesprochen eng gedacht: Die Exorzismen sind Zeichen, ja sogar Teil der anbrechenden βασιλεία[7].

Es ist nun zu fragen, ob dieses Wunderverständnis, das z. T. als das Wunderverständnis des Neuen Testaments schlechthin angesehen wird[8], auch im Markusevangelium vorliegt.

Das in Frage kommende Material ist spärlich. Eine Sicht der Wundertaten Jesu als Erfüllung eschatologischer Hoffnungen liegt nur in der von Markus übernommenen Akklamation Mk 7 37 vor. Hier wird in feierlicher alttestamentlicher Sprache[9] erklärt: καλῶς πάντα πεποίηκεν, καὶ τοὺς κωφοὺς ποιεῖ ἀκούειν καὶ ἀλάλους λαλεῖν.

---

[1] Lit.: vgl. die Übersicht bei Bultmann, Geschichte ErgH 22f. sowie Schürmann, Lk I 406—414; Jeremias, Theologie I 106f.; Hoffmann, Studien 191—193. 198—215; Schulz, Q 190—203.

[2] Zum atl. und jüdischen Hintergrund vgl. jetzt Hoffmann, Studien 204—209 und Schulz, Q 196—200.

[3] Zur Diskussion der Echtheit vgl. jetzt Hoffmann, Studien 198—215 (mit Lit.). Zum Titel ὁ ἐρχόμενος vgl. Hoffmann a. a. O. 199f. und Schulz, Q 194f.

[4] Im Sinne von Mt 11 5 / Lk 7 22 sind Wundertaten und Verkündigung eng zusammengehörig — und: »Die Aufzählung der eschatologischen Heilstaten *kulminiert* in der Aussage von der Evangeliumsverkündigung« (Schulz, Q 199, Hervorhebung von mir).

[5] Hoffmann, Studien 211f.: Mt 11 2-6 / Lk 7 18-23 will zeigen, daß »Jesus mit der von Johannes angekündigten endzeitlichen Richtergestalt, in Q also mit dem Menschensohn, identisch ist.« Etwas anders Schulz, Q 195: »Der Kommende ist also für Q der in der Vergangenheit wunderbar Wirkende: Jesus war der Endzeitprophet auf Erden, aber nicht der apokalyptische Menschensohn und Richter.« Dabei ist aber nicht zu übersehen, daß Jesu Identifizierung mit dem ‚Kommenden' durch die Aufzählung von Mt 11 5 / Lk 7 22 unter dem Heilsaspekt (und nicht dem Gerichtsaspekt) vollzogen wird.

[6] Lit.: s. Bultmann, Geschichte ErgH 64f.

[7] Kümmel, Verheißung 101: In Mt 12 28 / Lk 11 20 kommt die Überzeugung zum Ausdruck, »daß die zukünftige Gottesherrschaft in seinem (sc. Jesu) Wirken bereits begonnen habe«.

[8] Vgl. Delling (1955) Aufs. 146—159 (bes. 150—154); Fuller, Wunder 47.

[9] S. o. S. 72 A 2.

4. Folgerungen

Jesus wird also — aufgrund seiner heilbringenden Wundertaten — als der verstanden, in dessen Wirken sich eschatologische Erwartungen erfüllen. Gerade weil für Markus diese Möglichkeit der Verknüpfung von Wunder und Christologie durchaus präsent war, kann es nicht als Zufall bewertet werden, daß dies Verständnis der Wundertaten Jesu von Markus selbst in seiner Interpretation der Wunderüberlieferungen nirgends aufgenommen wird.

Grundsätzlich gleich ist das Fehlen der Verknüpfung der Exorzismen mit dem Kommen der βασιλεία τοῦ θεοῦ zu beurteilen. Diese Verknüpfung, die in Mt 12 28 / Lk 11 20 vorliegt und als traditionsgeschichtlich primär angesehen werden kann[10], erscheint nirgends in den von Markus aufgenommenen Traditionen und bestimmt auch nicht seine eigene Interpretation der Exorzismen. Zwar werden in Mk 3 27 (vgl. v. 24) die Exorzismen — in Entgegensetzung zum Vorwurf des Dämonenbündnisses — als Sieg über den Satan interpretiert, den Jesus (so ist wohl die Anfügung von v. 28f. zu verstehen)[11] im heiligen Geist vollbringt, doch fehlt eine Gegenüberstellung der βασιλεία des Satans (vgl. v. 24) mit der βασιλεία τοῦ θεοῦ[12].

Eine gegenteilige Interpretation vertritt K. Kertelge: Markus interpretiere »die Wunder Jesu als Zeichen der anbrechenden Gottesherrschaft im irdischen Wirken Jesu«[13]. So überwinde Jesus in den Exorzismen »zeichenhaft und anfanghaft die Herrschaft Satans ... Jetzt schon, in der Geschichte Jesu, bricht in den Wundern die βασιλεία τοῦ θεοῦ an, die von Jesus selbst angekündigt wird (1, 14f.)«[14].

Natürlich kann der in jeder Exorzismuserzählung zum Ausdruck kommende Sieg Jesu über die Dämonen (vgl. Mk 1 24) ohne größere Uminterpretationen in einen eschatologischen Verstehensrahmen gestellt werden und als Anbruch oder Hinweis auf den Anbruch der βασιλεία τοῦ θεοῦ verstanden werden[15]. Exorzismen (und Wundererzählungen überhaupt) können aber auch ohne Einbeziehung in eine eschatologische Perspektive und die in ihr zum Ausdruck kommende

---

[10] Mt 12 28 / Lk 11 20 gilt m. R. als Hinweis auf Jesu eigenes Verständnis der Exorzismen; vgl. neben der bei Bultmann, Geschichte ErgH 64f. genannten Lit. Jeremias, Theologie I 98; Perrin, Was lehrte ...? 64—69; Conzelmann, Grundriß 130f.

[11] S. o. S. 143.

[12] So m. R. Baumbach, Verständnis 34f.

[13] Kertelge, Wunder 201.

[14] Kertelge, Wunder 201. Vgl. auch die Interpretation der Heilungswunder: »Anfanghaft erfahren die Hilfsbedürftigen, die sich an Jesus wenden und von ihm ihre Heilung erwarten, die ‚wohltuende' Wirklichkeit der βασιλεία τοῦ θεοῦ in seinen Wundern« (ebd.). Als Beleg für diese Sicht der mk Wunderinterpretation kann Kertelge jedoch nur auf Mk 7 37 verweisen (ebd. A 7).

[15] Gleiches gilt auch für die Heilungswunder als Siege über Krankheit und Tod.

Hoffnung verstanden werden: als Hinweise auf die Macht des Herrn, der in seiner Gemeinde präsent ist und dessen von den Dämonen befreiender Macht sich die Gemeinde in der Erzählung der einzelnen Wundertaten vergewissert. Den Schritt, dieses Verständnis der Exorzismen in einen umgreifenden eschatologischen Verstehenshorizont zu stellen, hat Markus nicht vollzogen[16]. Ein direkter Bezug zwischen der eschatologischen Erwartung und dem Verständnis der Wundertaten des Irdischen liegt im Markusevangelium nicht vor[17].

c) Die Wunder Jesu als Hinweise auf die Auferstehungsherrlichkeit?

Bei der Frage nach der Funktion der Wundererzählungen im Markusevangelium ist auch eine spezielle Beziehung zwischen Wundertaten und Auferstehung Jesu erwogen worden. Im Anschluß an E. Käsemann hat besonders S. Schulz die These vertreten, die Wunder seien für Markus »Hinweise auf die Auferstehungsherrlichkeit Christi«[1], welche die Schilderung der irdischen Existenz des »Gottes in Menschengestalt«[2] völlig bestimmt. Diese Sicht versucht S. Schulz durch eine Reihe weiterer Gesichtspunkte zu stützen:

---

[16] Signifikant ist, daß Mk in 1 14f. zwar die eschatologische Verkündigung Jesu zusammenfassend seiner Darstellung voranstellt, aber in der ersten Exorzismuserzählung (1 21-28) überhaupt keinen Bezug dazu herstellt. Was Mk in seiner Redaktion betont, ist das Lehren Jesu als solches, aber gerade nicht ein bestimmter inhaltlicher Aspekt (z. B. der eschatologische) seiner Lehre; s. u. S. 183 A 1. Kertelge, Wunder 201 verwischt diesen Sachverhalt, indem er zunächst in sehr weitem Sinne vom εὐαγγέλιον-Charakter der Geschichte Jesu im MkEv spricht, sodann vom εὐαγγέλιον-Charakter der einzelnen Wundererzählungen und von dort zu deren eschatologischer Interpretation überleitet.
Auch in den Analysen von Weinacht werden Bezüge hergestellt, die nicht durch die redaktionelle Interpretation der Wundererzählungen im MkEv gedeckt sind. Denn daß nach der Tradition von Mk 3 22ff. die Exorzismen Jesu im ‚Geist' erfolgen, heißt noch nicht, daß sich in ihnen die βασιλεία τοῦ θεοῦ »zeitigt« (Menschwerdung 92). Eine Verknüpfung von ‚Geist' und βασιλεία τοῦ θεοῦ liegt hier (anders als in Mt 12 28) gerade nicht vor. Auch eine Verknüpfung der Wundertaten mit der Taufe und dem in ihr verliehenen Geist wird im MkEv (anders als im LkEv) nicht vollzogen; s. u. S. 178 A 14.

[17] Der Berührungspunkt zwischen eschatologischer Hoffnung und Wunderüberlieferung ist im MkEv in anderer Richtung zu suchen: In der Interpretation der Wundererzählungen hat Mk mehrfach einen Bezug zur Passion in die Traditionen eingeführt (so betont in Mk 3 6, vgl. auch 3 22a 9 12b. 19 [s. o. S. 122. 125] 10 52). Analoges läßt sich auch für die mk Auswertung der eschatologischen Überlieferung feststellen, die Mk betont mit dem Thema der Nachfolge (als Konsequenz des Kreuzes) verbindet, vgl. Schweizer (1969) Aufs II. 43—48.

[1] Schulz, Stunde 76; im gleichen Sinne Käsemann (1953) Aufs. I 227; vgl. ders., RGG VI, 1962, 1836.

4. Folgerungen

1. Die »schier unaufhörliche Kette der von Markus berichteten Wundertaten«[3], »in denen die göttliche Wunderkraft des Gottmenschen sichtbarlich erscheint«[4], ist zu verstehen auf dem Hintergrund der in der Taufe erfolgten Geistbegabung Jesu. Die Taufe führt zum »ständigen Geistbesitz«[5]; und: »Erst dieser wunderhafte und wunderwirkende Gottesgeist als Taufgabe setzt Jesus zu seinen Wundertaten instand«[6].

2. Auch die Darstellung der Passion ist vom Gottmenschentum Jesu bestimmt. Die Begleitwunder in der Passionserzählung zeigen, daß kein Widerspruch zwischen Wundererzählungen und Passion besteht: »der göttliche Mensch in den Wundergeschichten entspricht dem Gottmenschen in der Passionsgeschichte«[7]. »Die Passionsgeschichte nicht weniger als die Wundergeschichten sprechen die Sprache des Triumphes. Die theologia crucis ist für Markus (sic!) zur theologia gloriae geworden!«[8]

3. Die Schweigegebote unterstreichen — in diesem Sinne! — den Bezug der Wundertaten auf Passion und Ostern[9]. Und: indem die Wunder durch die Schweigegebote in die Konzeption des Messiasgeheimnisses einbezogen werden, haben sie — so muß man S. Schulz interpretieren — Anteil am Prozeß der Mythisierung der Geschichte Jesu, den das Messiasgeheimnis darstellt[10]. Die Wunder sind Teil des Geheimnisses, das den »zur Erde gekommene(n) Gottessohn«[11] umgibt. Damit »steht nicht mehr eigentlich die Historie im Mittelpunkt der Betrachtung. Sie liefert nur den Schauplatz, auf welchem der Gottmensch sich seinen Feinden zum Streite stellt. Die Geschichte Jesu ist hier mythisiert«[12].

Diese von S. Schulz vehement vorgetragene Position ist äußerst anfechtbar.

1. Die Taufe ist — gegen S. Schulz — nicht Voraussetzung der einzelnen Wundertaten Jesu. In den einzelnen Wundererzählungen wird nicht über die Qualität der Geistbegabung reflektiert[13], und in

---

[2] Schulz, Stunde 70.　　[3] Schulz, Stunde 46.
[4] Schulz, Stunde 70.　　[5] Schulz, Stunde 73.
[6] Schulz, Stunde 73.　　[7] Schulz, Stunde 76.
[8] Schulz, Stunde 77.　　[9] Schulz, Stunde 75f.
[10] Vgl. Schulz, Stunde 64, wo er seine Darstellung des Messiasgeheimnisses mit einem ausführlichen Zitat von Käsemann (1954) Aufs. I 193 abschließt.
[11] Schulz, Stunde 64 (= Käsemann [1954] Aufs. I 193).
[12] Schulz, Stunde 64 (= Käsemann [1954] Aufs. I 193).
[13] Vgl. Vielhauer (1965) Aufs. 190f. (in Auseinandersetzung mit Hahn, Hoheitstitel 292ff.): »Nichts gibt zu der Annahme Anlaß, die Wunder Jesu seien von der palästinischen Urgemeinde auf eine momentane Geistbegabung, von den hellenistischen Judenchristen auf einen ständigen Geistbesitz zurückgeführt worden.« Auch Mk stellt sich derartige Fragen nicht.

den markinischen Summarien verhält es sich nicht anders[14]. Auch die Tauferzählung selbst rechtfertigt nicht die Sicht Jesu als ‚Gottmensch' und ‚übernatürlichem Wesen'[15], dessen »wesensmäßige Durchdringung mit dem Geist-Kraft-Fluidum«[16] die vorstellungsmäßige Voraussetzung für die einzelnen Wundererzählungen und -summarien des Markusevangeliums wäre[17].

2. Daß für Markus (!) die Passionsdarstellung Ausdruck einer theologia gloriae sein soll, scheitert an dem charakteristischen Interpretationsgefälle von Mk 8 27ff., durch das Markus die ekklesiologische Bedeutung der Passion formuliert: die Gemeinde ist nicht eine Gemeinde des Triumphes, sondern ihre bleibende Existenzbestimmung ist die Kreuzesnachfolge[18].

3. Auch die Auffassung, das Messiasgeheimnis diene der Mythisierung der Geschichte, in die die Wunder hineingenommen würden, ist unbegründbar. Denn als Darstellung des ‚zur Erde gekommenen Gottessohnes' kann man das Messiasgeheimnis nur dann interpretieren, wenn man für Markus eine Präexistenzchristologie im Sinne von Phil 2 6-11 voraussetzt[19]. Dies wird jedoch von S. Schulz selbst — und mit Recht — abgelehnt[20].

---

[14] Über den Zusammenhang der Taufe und des in ihr verliehenen πνεῦμα mit Jesu Wunder-δύναμις reflektiert erst Lk, der beides miteinander in Beziehung setzt, vgl. den programmatischen Eröffnungssatz Lk 4 14: καὶ ὑπέστρεψεν ὁ Ἰησοῦς ἐν τῇ δυνάμει τοῦ πνεύματος εἰς τὴν Γαλιλαίαν (vgl. auch Act 10 38); dazu s. Conzelmann, Mitte 168—172.   [15] Vgl. Schulz, Stunde 55.

[16] Schulz, Stunde 74. Nach Schulz ebd. wird zwar diese Durchdringung mit dem Geist-Kraft-Fluidum »von Markus eschatologisch-geschichtlich ausgelegt..., nämlich verstanden von der eschatologischen Verleihung des Taufgeistes«. Doch wird nicht recht deutlich, wo der Ertrag dieser ‚Auslegung' liegt, zumal Schulz a. a. O. 55 selbst die Übertragung der »königlich-messianische(n) Vollmacht« nur als zweitrangigen Gesichtspunkt des mk (!) Taufverständnisses ansieht.

[17] Vgl. zur Kritik an der Verwendung des Begriffs ‚Gottmensch' durch Schulz: Schweizer (1970) Aufs. II 42. — Für Taufe (und Verklärung) ist daran festzuhalten, daß deren leitender Gedanke der der Proklamation und Adoption ist; vgl. Vielhauer (1964) Aufs. 205—208; (1965) 191—193; Conzelmann, Grundriß 148. Das gilt — hinsichtlich Mk 1 9-11 — auch für das mk Verständnis. Und Mk 9 2-8 kann auch auf der Ebene des MkEv nicht als programmatische Darstellung einer wesensmäßigen Gottessohnschaft Jesu interpretiert werden. Der mk Kontext weist in eine andere Richtung. Mk 9 2-8 »konkurriert ursprünglich mit der Taufgeschichte. Im jetzigen Kontext ist sie die himmlische Bestätigung, die auf das Petrusbekenntnis und die Leidensweissagung hin erfolgt« (Conzelmann ebd.); vgl. auch Horstmann, Studien 101—103.

[18] S. o. S. 113f. Die Begleitwunder und das Vorherwissen Jesu, die Schulz, Stunde 75—77 hervorhebt, können die These einer theologica gloriae der Passionsdarstellung nicht tragen.

[19] So vor allem Schreiber, ZThK 58, 1961, 154—183, vgl. jedoch die zutreffende Kritik von Vielhauer (1964) Aufs. 200 und Strecker, TU 88 (StudEv III), 1964,

4. Folgerungen

4. Wenn S. Schulz von der »schier unaufhörliche(n) Kette der von Markus berichteten Wundertaten« spricht[21], übersieht er die kritischen Momente, die Markus dem Bild des Wundertäters Jesu hinzufügt. Neben der automatisch wirkenden Wunderkraft Jesu steht der — von Markus hervorgehobene — Zusammenhang von Wunder und Glaube; neben dem Zulauf der Menge der betonte Rückzug Jesu; neben der Epiphanie Jesu in seinen Wundertaten der Unglaube und das Unverständnis der Jünger sowie die öffentliche Ablehnung durch Gegner, Verwandte und Heimatstadt[22].

Mit einer einlinigen Interpretation der Wunder Jesu im Markusevangelium als Hinweise auf die Auferstehungsherrlichkeit und damit als Teil und Ausdruck einer theologia gloriae wird man der deutlich ambivalenten Interpretation der Wundertaten Jesu im Markusevangelium nicht gerecht.

94f. Schulz, der ZThK 58, 1961, 184—197 ebenfalls das Messiasgeheimnis als Ausdruck einer Präexistenzchristologie interpretiert hatte, hat dies TU 87 (StudEv II), 1964, 135—145 (und Stunde 46—64) aufgegeben.

[20] So Schulz, Stunde 55; dennoch übernimmt er a. a. O. 64 das Käsemann-Zitat, das von dem ‚zur Erde gekommenen Gottessohn' spricht (Käsemann [1954] Aufs. I 193). Das MkEv kennt in der Tat keine Aussagen über die Sendung und das Kommen des präexistenten Gottessohnes in die Welt. Die für diese christologische Konzeption charakteristischen Sendungsformeln (vgl. dazu Kramer, Christos 108—112. 116—120. 124) fehlen im MkEv völlig.

In Stunde 46—64 hat Schulz die Ableitung des Messiasgeheimnisses aus der Präexistenzvorstellung durch eine breite Schilderung der christologischen Vorstellungen des MkEv im Sinne einer ausschließlich am Epiphaniedenken orientierten Vorstellungswelt ersetzt, wobei er das Messiasgeheimnis zunächst völlig beiseite läßt (46—59) und dieses dann nachträglich in das schon fertige Bild einzeichnet (59—64). Dieses Verfahren ist genauso anfechtbar wie seine Erhebung des mk Wunderverständnisses (s. A 22).

[21] Schulz, Stunde 46.

[22] Die Interpretation gerade der kritischen Momente der mk Wunderdarstellung kommt bei Schulz deutlich zu kurz. Zwar stellt er — im Zusammenhang mit Mk 8 11-13 — fest, daß die »Wundertaten Jesu ... nach Markus keine außergewöhnlichen Beglaubigungen seines messianischen Anspruchs (sind)« (Stunde 75), doch betont er zuvor mehrfach, daß die Wundertaten Jesu »geschichtlich greifbare Gottesbeweise liefern« (65), daß sie »der objektive Beweis (sic!) für den Glauben« (69) sind, daß in ihnen die »kontrollierbare (sic!) Demonstration des Gottes in Menschengestalt« vorliegt (70). Verursacht ist diese Unausgeglichenheit und Verzeichnung des Bildes des MkEv dadurch, daß Schulz die Bedeutung der Wundererzählungen für das MkEv darstellt (64—70), indem er nicht die mk Interpretationen berücksichtigt, sondern sich von einem allgemeinen Bild hellenistischer Epiphaniereligiosität leiten läßt, ohne dessen Anwendbarkeit auf das MkEv jeweils zu prüfen. Die nachträgliche Behandlung der mk Interpretation der Wunderüberlieferungen (71 ff.) kann dies bereits feststehende Bild nicht mehr wesentlich ändern, da deren kritische Bedeutung weitgehend unausgeführt bleibt.

VI. Wundererzählungen und Christologie im Markusevangelium

1. DIE VIELFALT DER MARKINISCHEN INTERPRETATIONSMOMENTE

Die Analyse der markinischen Redaktion der Wundererzählungen und der verwandten Wundertraditionen ergibt, daß die Mittel dieser Redaktion formal und sachlich recht unterschiedlich sind. Es dominiert zunächst der Eindruck einer beträchtlichen Vielfalt der Gesichtspunkte, die in ihrer Gesamtheit die markinische Interpretation der Wundererzählungen darstellen:

1. Zu Beginn seiner Darstellung des Wirkens Jesu interpretiert Markus einige Wunderüberlieferungen dadurch, daß er sie mit dem Thema der ἐξουσία von Jesu Lehre verbindet und in dieses einordnet. Diese Interpretation betrifft jeweils eine Exorzismus- und Heilungserzählung (Mk 1 21-28 2 1-12) sowie eine apophthegmatische Wunderüberlieferung (Mk 3 1-6), die von Markus ebenfalls unter diesem Gesichtspunkt in seine Darstellung einbezogen wird.

2. Vor allem in den Heilungswundern begegnen als markinische Einfügungen Befehle, mit denen die öffentliche Verbreitung der Wundertat verboten wird. Dabei sind einige dieser Verbote als definitiv dargestellt (Mk 5 43 8 26), während anderen eine Durchbrechung folgt (Mk 1 45 5 20[?] 7 36f., vgl. auch 7 24).

3. Den markinischen Verbreitungsverboten stehen — ebenfalls markinische — Bemerkungen gegenüber, daß sich gerade aufgrund der Heilungs- und Exorzismustaten Jesu sein Ruf in der Öffentlichkeit ausbreitet (Mk 1 28) und daß diese Wundertaten ihn bekannt machen (Mk 1 45, vgl. auch 6 14).

4. In seinen Summarien hebt Markus die Heilungskraft Jesu deutlich hervor (Mk 1 32-34 3 7-10 6 53-56). Diese Heilungskraft veranlaßt jeweils den Zulauf der Menge (neben den Summarien begegnet der Zulauf der Menge als selbständige markinische Zufügung auch in Mk 1 45 und 6 30-33).

5. Ebenfalls in den Summarien (und in Mk 1 45 und 6 30-33) findet sich als offenbar gegenläufiges Moment die Darstellung des Rückzuges Jesu vor den herbeiströmenden Volksmassen. Hierbei ist zu beachten, daß Markus jeweils keinen endgültigen und erfolgreichen Rückzug Jesu, sondern nur erfolglose Rückzugsversuche gestaltet.

6. Die Exorzismuserzählungen interpretiert Markus in den beiden Summarien Mk 1 32-34 und 3 7-12, indem er einerseits das Wissen der Dämonen hervorhebt, andererseits dieses Wissen mit Schweigen

belegt (Mk 1 34 3 11f. — dort auch ein ausdrückliches Schweigegebot)[1].

7. Mit Heilungs- und Exorzismustraditionen ist gelegentlich das Thema des Glaubens verbunden (Mk 5 21-43 [vgl. 6 6a] 9 14-29)[2].

8. Sämtliche sog. ‚Natur'wunder interpretiert Markus durch das Motiv des Jüngerunverständnisses. Dieses für Markus charakteristische Interpretationsmoment begegnet außerdem in der aus Exorzismustraditionen bestehenden Komposition von Mk 9 14-29[3].

9. Mehrfach betont Markus auch die Ablehnung, auf die Jesu Wundertaten gestoßen sind, und den sich daraus ergebenden Konflikt. Dieser Gesichtspunkt begegnet — als markinische Zufügung — am Ende der Wundertradition von Mk 3 1-5 (v. 6); ebenso bestimmt die Darstellung der öffentlichen Ablehnung (bzw. des Mißverständnisses) Jesu die markinische Redaktion des Bee(l)zebul-Streitgesprächs (Mk 3 20f. / 22-30 / 31-35) und der Zeichenforderung (Mk 8 11-13), die markinische Verwendung von Mk 6 1-6a und die Gestaltung von Mk 6 14-16.

10. Für den Gesamtaufriß ist außerdem die oft vermerkte Tatsache wichtig, daß Markus die Masse der Wundererzählungen vor dem zentralen Einschnitt von Mk 8 27 einordnet, so daß die danach noch folgenden Erzählungen eher als Ausnahme in einem an sich konsequenten Aufbauschema wirken.

Diese Übersicht zeigt, daß Markus eine Reihe seiner Interpretationsgesichtspunkte schwerpunktmäßig den einzelnen Teilbereichen der Wunderüberlieferung (Heilungswunder, Exorzismen, ‚Natur'wunder) zuordnet. Die Verschiedenheit der Überlieferung bleibt damit auch in der markinischen Redaktion sichtbar. Zugleich wird das Bestreben deutlich, die verschiedenen Wunderüberlieferungen als Einheit zu begreifen und zu interpretieren. Denn die gleichen Interpretationsmomente bleiben nicht auf den jeweiligen Einzelbereich beschränkt, und dieselbe Gruppe von Wundererzählungen, ja mehrfach auch eine einzelne Erzählung wird durch mehrere Gesichtspunkte gleichzeitig interpretiert[4]. Wird nun in der Verschiedenheit der ein-

---

[1] S. o. S. 165. 167f.; zu Mk 5 7f. s. o. S. 62—64.

[2] Zur Hervorhebung der πίστις bzw. der ἀπιστία in der Komposition von Mk 5 21—6 6a s.o. S. 139. 152f. Das mk Interesse am Moment der πίστις wird auch in der Komposition von Mk 9 14-29 deutlich, s. o. S. 121 f. 126. In Mk 10 46-52 und 11 12-14. 20ff. ist es vorgegeben. In Mk 10 46-52 wird die πίστις des Geheilten durch das ἀκολουθεῖν ἐν τῇ ὁδῷ von Mk positiv aufgenommen und interpretiert, s. o. S. 131f.

[3] Der vorgegebene Gegensatz ‚Meister — Schüler' (vgl. v. 18b) wird von Mk durch die Einfügung von v. 19 und die am Ende notwendige Jüngerbelehrung (v. 28f.) verstärkt und dadurch zur Darstellung des Unverständnisses der Jünger; s. o. S. 126.

[4] Vgl. z. B. Mk 9 14-29 (s. o. S. 125f.).

zelnen markinischen Interpretationen ein geschlossenes Bild vom Wunderwirken Jesu sichtbar — und wie verhält sich dieses zu derjenigen christologischen Linie im Markusevangelium, die an der Passion orientiert ist? Hat die Aufnahme und Interpretation der Wundererzählungen eine doppelte Christologie im Markusevangelium zur Folge?

Doch ist zunächst nach der Einheitlichkeit der markinischen Wunderinterpretation selbst zu fragen. In der Gesamtheit der die Wundererzählungen interpretierenden Gesichtspunkte treten einige deutlich hervor, die eine kritische und restriktive Zielrichtung aufweisen, während in anderen die entgegengesetzte Tendenz sichtbar wird, nämlich eine offensichtlich positive Bedeutung der Wundererzählungen. Dies Gegeneinander wird besonders an der widersprüchlich wirkenden Darstellung der öffentlichen Wirksamkeit von Jesu Wundertaten deutlich. Einerseits hebt Markus deren öffentliche Auswirkung hervor, während er andererseits bestrebt ist, die öffentliche Wirkung zu reduzieren. Diesen beiden Linien in der markinischen Interpretation der Wundererzählungen gilt es nachzugehen und zu fragen, ob diese gegenläufigen Tendenzen als Teile einer beide umfassenden Gesamtkonzeption verstehbar sind.

2. DIE KRITISCHE INTERPRETATION DER WUNDERERZÄHLUNGEN IM MARKUSEVANGELIUM

In der markinischen Interpretation der Wundererzählungen begegnen mehrere Gesichtspunkte, die eine kritisch-restriktive Zielrichtung aufweisen. Neben den Verbreitungsverboten, den wiederholt dargestellten Rückzugsversuchen Jesu und der Betonung des Konflikts Jesu mit seiner Umwelt im Zusammenhang mit seinen Wundertaten ist hier die Interpretation mehrerer Wunderüberlieferungen durch das Thema der ἐξουσία des Lehrens Jesu zu nennen.

Diese Interpretation, die Markus sicher nicht zufällig an den Anfang seiner Darstellung gestellt hat (Mk 1 21—3 6), zeigt, daß er die Wundererzählungen nicht uninterpretiert als Kerygma weitergeben kann. Thema dieses Abschnittes sind nicht Jesu Wundertaten selbst, sondern seine ἐξουσία. Diese wird zwar durch die Wundertaten wirksam unterstrichen, aber sie manifestiert sich für Markus primär im Lehren Jesu. Die so in den Bereich des Lehrens Jesu einbezogenen Wundererzählungen sind nicht mehr als solche direkte Christusverkündigung, sondern haben eine dienende Funktion erhalten — als Erweise der ἐξουσία von Jesu Lehre. Markus verweist damit den Leser vom Wunder auf Jesu vollmächtige Lehre, von der her die

2. Die kritische Interpretation der Wundererzählungen

Gemeinde ihre jetzige Freiheit etwa von der jüdischen Sabbatpraxis und zur Zusage der Sündenvergebung empfängt und begründet[1].

Damit bezieht Markus jedoch nicht die Existenz der Gemeinde direkt und an Passion und Ostern ‚vorbei' auf den Irdischen und sein vollmächtiges Wirken zurück. Denn die ἐξουσία Jesu, aus der die Gemeinde lebt, ist — wie in Mk 1 21—3 6 zweimal deutlich wird (2 10. 28) — die ἐξουσία des Menschensohns, d. h. für Markus: es ist die ἐξουσία dessen, der zum Kreuz geht (Mk 8 31 9 31 10 33f.) und der der endzeitliche Richter sein wird (Mk 8 38 14 62)[2]. Hinzu kommt, daß Jesu ἐξουσία nicht als Triumph über seine Gegner dargestellt wird. Sie führt vielmehr zu deren Verblendung, die sich im Todesbeschluß manifestiert (Mk 3 6). Indem Markus so den Abschnitt über die ἐξουσία Jesu mit dem Hinweis auf die Passion enden läßt, macht er unübersehbar, in welcher sachlichen Perspektive er Jesu vollmächtiges Lehren und die diesem Thema zugeordneten Wunderüberlieferungen verstanden wissen will.

---

[1] Mk gebraucht διδάσκειν und διδαχή häufig absolut (bes. deutlich: Mk 1 21f. 2 13 6 6b. 30). Vgl. dazu Schweizer (1962) Aufs. I 95: »Etwas pointiert ausgedrückt: gegenüber dem Gesamtphänomen des Lehrens Jesu sind die den Inhalt wiedergebenden Abschnitte nur von sekundärer Wichtigkeit.« Doch sind die Inhalte natürlich keine beliebigen. Es ist also zwischen ‚Lehren' und ‚Lehre' zu unterscheiden, ohne beides auseinanderzureißen.

[2] Auch wenn zwischen den Worten vom irdischen, vom leidenden und auferstehenden und vom wiederkommenden Menschensohn traditionsgeschichtlich zu differenzieren ist, so ist doch für die Ebene der mk Redaktion nicht zu übersehen, daß hier die Endstufe vorliegt, auf der die drei Verwendungsarten koordiniert werden (die Koordinierung des irdischen und wiederkommenden Menschensohns ist schon in Q vollzogen, vgl. Hoffmann, in: W. Pesch, Jesus 62—64; ders., Studien 153—158).

Das mk Interesse an den Worten vom leidenden und auferstehenden Menschensohn geht aus den Leidens- und Auferstehungsweissagungen klar hervor (dies Interesse betont einseitig Tödt, Menschensohn 252—254) — vor allem dann, wenn man in Mk 8 31 eine mk Interpretation des Messiasbekenntnisses Mk 8 29 sieht (s. o. S. 113 A 2; vgl. außerdem die Analyse von Perrin, in: Betz, Christology 14—30). Aber daß Mk selbst υἱὸς τοῦ ἀνθρώπου nur für diesen Aussagenbereich reservieren will, kann daraus nicht gefolgert werden. Mk 2 10. 28 sind ja auch innerhalb der jetzigen Gestaltung von Mk 1 21—3 6 theologische Spitzensätze. In der einheitlichen Titulatur kommt für Mk zum Ausdruck, daß der Irdische kein anderer ist als der Leidende und Wiederkommende (und umgekehrt).

Nach der Bedeutung des Titels υἱὸς τοῦ ἀνθρώπου für die mk Christologie fragt ausdrücklich Perrin, wobei er Mk nicht als bloßen Tradenten versteht: »Mark uses Son of Man creatively to present his own christology and in so doing he creates the threefold emphasis upon present authority, necessary suffering and apocalyptic judgment which that title carries in his gospel. There was a certain amount of preparation for it in the tradition of the church, but the full development is Markan« (a. a. O. 22).

Eine kritische Beurteilung der Wundererzählungen als direkter, unvermittelt gültiger Christusverkündigung wird auch dort sichtbar, wo Markus Verbreitungsverbote in die Wundererzählungen einführt[3].

Mit diesen Verboten, die z. T. als definitiv dargestellt sind, fügt Markus ein retardierendes, ja blockierendes Element in den Erzählungsablauf ein. Diese Verbote, Jesu Wundertaten publik zu machen, erinnern natürlich sofort an die Schweigebefehle, die regelmäßig den christologischen Proklamationen — seien es nun solche durch die Jünger (Mk 8 30), durch die Dämonen (Mk 3 12) oder vom Himmel her (Mk 9 9) — folgen. Und es wird nach dem Verhältnis dieser beiden Verbotsreihen zu fragen sein. Bei den Verbreitungsverboten am Ende von Wundererzählungen finden sich jedoch — anders als bei den Schweigebefehlen nach christologischen Proklamationen — einige, die ausdrücklich durchbrochen werden. Für Markus sind beide Momente wesentlich, die endgültige Ausschaltung jeder öffentlichen Auswirkung von Jesu Wundertaten (Mk 5 43 8 26) und die Ausbreitung der Kunde von diesen Taten trotz der Verbreitungsverbote (Mk 1 45 5 20[?] 7 36f.). Aber auch dort, wo eine Durchbrechung des Verbreitungsverbotes erfolgt, ist dies nicht lediglich Stilmittel, um Jesu Ruhm um so nachdrücklicher hervorheben zu können. Denn für den Leser wird dieser Ruhm durch das vorangegangene Verbot durchaus zweideutig. Das unzweideutige Lob des Wundertäters, auf das die Akklamation des Publikums zielt (vgl. Mk 7 37), wird von Markus nur mit kritischer Reserve weitergegeben. Die Bedeutung Jesu geht für ihn offensichtlich nicht darin auf, ihn als Wundertäter zu qualifizieren.

Eine vergleichbare Tendenz wird in den markinischen Summarien der Heilungstätigkeit Jesu (Mk 1 32-34 3 7-10 6 53-56) sichtbar, in denen Markus zwar Jesu Wunderwirken betont herausstellt, Jesus aber doch in bewußter Distanz zur herbeiströmenden Menge darstellt. Diese distanzierte Darstellung der Wundertaten Jesu zeigt, daß die reine Aufzählung und Weitergabe von Wundertaten noch kein angemessenes und vollgültiges Bild von Jesu Person und Werk ergeben kann. Markus stellt in den Summarien Jesus durchaus als den schlechthin überlegenen Wundertäter dar. Aber wenn Markus dann im Zusammenhang mit dem Zulauf der Menge immer wieder Rückzugsversuche Jesu gestaltet[4], so wird deutlich, daß Jesus, sofern er ausschließlich als Wundertäter gesucht und gefeiert wird, mißverstanden ist und tatsächlichem Verstehen verborgen bleibt.

---

[3] S. o. S. 84 f.
[4] Rückzugsversuche gestaltet Mk außer in den Summarien auch in Mk 1 45 am Ende und in 6 30-33 zu Beginn einer Wundererzählung.

2. Die kritische Interpretation der Wundererzählungen 185

Der Gesichtspunkt der die Taten des Irdischen umgebenden Verborgenheit bestimmt auch zwei weitere Momente, die Markus in die Interpretation der Wundererzählungen einbringt.

In seiner Redaktion hebt Markus die sog. ‚Natur'wunder als eine besondere Gruppe von Erzählungen von den übrigen Wunderüberlieferungen ab[5]. In diesen Wundererzählungen tritt das Moment der Hilfe zurück, dafür dominiert das Interesse, die Überlegenheit und Macht des Wundertäters als solche sichtbar zu machen. Die Tendenz, daß hier Jesu Wundermacht zum Selbstzweck der Darstellung wird, ist schon in der vormarkinischen Überlieferung zum Problem geworden. Es sind noch die Versuche erkennbar, diese Epiphaniedarstellungen durch die Einfügung des Momentes der Hilfe (Mk 6 45-51) oder des Motivs von Jesu Erbarmen (Mk 6 34 8 2) zu ergänzen und so zu korrigieren[6]. Auch Markus übernimmt diese Erzählungen nicht uninterpretiert, aber er knüpft nicht an die schon in der Tradition vollzogenen Korrekturen an. Er konfrontiert vielmehr die demonstrativen Machttaten der Naturwunder mit dem völligen Unverständnis und Unglauben der Jünger (Mk 4 40 6 52 8 14-21). Damit will Markus der in diesen Erzählungen besonders hervortretenden Tendenz entgegenwirken, Jesu Taten als seine direkten Epiphanien (Mk 6 45-51!) darzustellen. Angesichts einer derartigen Verständnismöglichkeit dieser Überlieferungen betont Markus aufs schärfste, daß die Machttaten des Irdischen Verstehen gerade nicht eröffnen. Dieser kritischen Tendenz des Markus kommt innerhalb des Überlieferungsgutes die Einzeltradition von der Ablehnung der Zeichenforderung (Mk 8 11f.) entgegen, die Markus in diesem Sinne verwendet: Er läßt sie direkt auf einen sehr deutlichen Machterweis Jesu (Mk 8 1-9) folgen und macht so unmißverständlich klar, daß die Machttaten nicht als unzweideutige Legitimationen Jesu dienen können[7].

Während den Machttaten Jesu im Kreis der Jünger das Unverständnis entspricht, korrespondiert den δυνάμεις nach außen die Ablehnung und der Konflikt. Durch die Aufnahme von Traditionen, die eine Ablehnung Jesu im Zusammenhang mit seinen Wundertaten enthalten (Mk 3 22-30 6 1-6a), und durch die redaktionelle Verstärkung des Konfliktmomentes (Mk 3 20-35 sowie 8 11-13)[8] formt Markus ein geschlossenes Bild: nicht trotz, sondern gerade aufgrund der Wundertaten kommt es zur prinzipiellen Ablehnung Jesu durch Gegner, Verwandte und Heimatstadt.

In allen dargestellten Interpretationsmomenten wird eine gemeinsame Zielrichtung sichtbar. Markus schränkt jeweils die Bedeu-

---
[5] S. o. S. 92f.
[6] S. o. S. 101 zu Mk 6 34 8 2 und S. 105—106 zu Mk 6 45-51.
[7] S. o. S. 110. 159; die gleiche Aussagerichtung zeigt sich in der Abfolge Mk 4 35—5 43 / 6 1-6a, s. o. S. 152f.   [8] S. o. S. 145—147. 152f. 159.

tung der Wundererzählungen als direkter und vollgültiger Aussagen über die Person Jesu ein. Sie werden nicht als direkte Christusverkündigung weitergegeben, und die christologische Identifikation Jesu als Wundertäter, die durch die gehäufte Wiedergabe der Wundererzählungen in der markinischen Gesamtdarstellung entstehen könnte, wird zurückgenommen. Statt dessen betont Markus, daß die Wundertaten Jesu als solche nicht sein Verstehen eröffnen, sondern ins Unverständnis und zur Ablehnung führen. Die dargestellten kritischen Momente innerhalb der markinischen Interpretation der Wunderüberlieferung sind somit als Einheit verständlich. Da von den genannten Interpretationsgesichtspunkten des Markus die Verbreitungsverbote eine offensichtliche Nähe zu den übrigen Schweigegeboten des Markusevangeliums — und damit zum Gesamtkomplex ‚Messiasgeheimnis' — aufweisen, ist nach dem Bezug dieser kritischen Linie innerhalb der markinischen Wunderinterpretation zum Messiasgeheimnis überhaupt zu fragen[9].

Der Sinn der Schweigegebote nach der Proklamation der Würde Jesu vom Himmel her (Mk 9 9) und nach dem Messiasbekenntnis durch Petrus (Mk 8 30) — sowie die Bedeutung des Unverständnisses der Jünger über den Leidensweg Jesu (Mk 8 32f. 9 32 10 32) — erschließt sich, wenn man diese mit dem unverhüllten Bekenntnis Jesu in der Passion (Mk 14 62) und dem offenen Bekenntnis zu Jesus unter dem Kreuz (Mk 15 39) konfrontiert: Gültiges Bekenntnis ist erst in der Passion möglich. Vor Ostern und ohne die Passion gibt es kein angemessenes Verstehen von Jesu Person und Werk[10]; während und aufgrund des irdischen Wirkens Jesu allein ist dies nicht möglich[11].

Dieser Konzeption entspricht die kritische Interpretation der Wundererzählungen durch Markus. Das gilt nicht nur für die Verbreitungsverbote, durch die die öffentliche Auswirkung der Wundertaten immer wieder eingeschränkt und zurückgenommen wird. Auch die öffentlichen Reaktionen auf Jesu Wundertaten, daß Mißverständ-

---

[9] Hier kann weder ein Überblick über die Forschung seit Wrede, noch eine eigene erschöpfende Darstellung geboten werden — eine Stellungnahme zur Diskussion ist dennoch im folgenden natürlich implizit enthalten. — Einen Überblick über die Entwicklung der Forschung vermitteln H. J. Ebeling, Messiasgeheimnis 19—113; Minette de Tillesse, Secret 12—34; Bultmann, Geschichte ErgH 118; s. auch Conzelmann, Grundriß 158f. (ebenfalls mit Lit.).

[10] Dem entspricht die Komposition von Mk 8 27ff. Hier wird nicht nur das — für Mk zutreffende — Bekenntnis unter das Schweigegebot gestellt, sondern auch positiv der notwendige Zusammenhang von Bekenntnis und Passion hergestellt; s. o. S. 113 A 2.

[11] Vgl. die etwas überspitzt klingende Formulierung von Schweizer (1962) Aufs. I 103: »die Schweigegebote sind geradezu Verbote, den ‚historischen' Jesus, also das Sichtbare und Kommunikable, zu verkünden«.

2. Die kritische Interpretation der Wundererzählungen 187

nis (der Menge)[12], die Ablehnung (seitens der Gegner, der Verwandten und der Heimatstadt) und das Unverständnis (der Jünger), entsprechen dieser markinischen Gesamttendenz, eine vollgültige Offenbarung des Irdischen in seinen Taten — d. h. vor Ostern und ohne die Passion — auszuschließen[13]. Und wo Markus die Wundererzählungen direkt positiv auswertet — als Erweise der ἐξουσία Jesu, tut er dies nicht, ohne die ἐξουσία mit der Passion in Bezug zu setzen.

Bei dieser Interpretation, die Markus an die verschiedenen Einzeltraditionen heranträgt, knüpft er z. T. an Einzelmotive der vorgegebenen Wundererzählungen an[14]. So hat die markinische Darstellung des Jüngerunverständnisses insoweit einen Anhalt an der Tradition, als in einigen Wundererzählungen ein gewisser Kontrast zwischen dem Wundertäter Jesus und seinen Jüngern enthalten ist[15]. Und in der Betonung der Ablehnung und Feindschaft, auf die Jesu Wundertaten stoßen, kann sich Markus seiner Traditionen in direkter Weise bedienen. Einige Überlieferungen enthalten auch eine gewisse Verborgenheit der Wunderhandlung vor dem Publikum[16], aber die Verbreitungsverbote selbst, die hiervon zu unterscheiden sind[17], sind von Markus ohne erkennbares Vorbild in die Traditionen eingeführt worden[18]. Gleichfalls rein markinischer Herkunft ist das Motiv von Jesu Rückzug, und das Unverständnis der Jünger ist gegenüber dem bloßen Kontrast zwischen Meister und Schüler durchaus etwas Neues.

Die bisher dargestellte kritische Interpretation der Wundererzählungen ist also nicht als Fortführung von Tendenzen innerhalb

---

[12] Dies drückt sich nicht nur indirekt in den Rückzugsversuchen Jesu aus, sondern wird auch direkt in der redaktionellen Übergangsbildung Mk 6 14-16 dargestellt; s. o. S. 154f.

[13] Ein Unterschied zwischen einem ‚Wundergeheimnis' und dem ‚Messiasgeheimnis' (so Luz, ZNW 56, 1965, 9—30; aufgenommen von Roloff, EvTh 29, 1969, 84—92, der zwischen Schweigegeboten an Dämonen, Wundergeheimnis und Geheimhaltungsgeboten an die Jünger unterscheidet) ist also nicht feststellbar. Bei einer solchen Unterscheidung werden bei der Interpretation der mk Redaktion der Heilungswunder ausschließlich diejenigen Momente herangezogen, die die öffentliche Auswirkung von Jesu Wundertaten hervorheben, während die gegenläufigen Momente (z. B. die Darstellung der Rückzugsversuche Jesu) völlig unbeachtet bleiben. Zur Einzeldiskussion von Mk 5 43 und 8 26, wo die These eines ‚Wundergeheimnisses' das nur die öffentliche Wirkung der Wundertaten unterstreichen soll, ebenfalls fraglich wird, s. o. S. 65—72. Natürlich werden die einzelnen Schweigebefehle erzählerisch unterschiedlich gestaltet (das betont Roloff a. a. O. 86f.), aber es ist doch jeweils eine gemeinsame Zielrichtung vorhanden.

[14] Vgl. Strecker, TU 88 (StudEv III), 1964, 89—96.

[15] So in Mk 6 37 8 4 9 18, s. o. S. 103. 116.

[16] So in Mk 5 40 7 33 8 23.   [17] S. o. S. 66.

[18] So auch Strecker, TU 88 (StudEv III), 1964, 90; anders Roloff, EvTh 29, 1969, 86f. (bes. A 55!); doch s. o. S. 72f.

der vormarkinischen Wundererzählungen erklärbar. Wenngleich Markus bei seiner Interpretation einzelne Momente der Tradition aufgreifen kann, so ist doch die Gesamtkonzeption nicht in den Wundererzählungen vorgegeben. Die Einbeziehung der Wundererzählungen in die Konzeption des Messiasgeheimnisses hat als genuin markinische Interpretation zu gelten.

Dabei liegt die Einheit der verschiedenen redaktionellen Momente nicht auf der Ebene der historischen Darstellung, sondern in der theologischen Zielrichtung. Die einzelnen Interpretationsmomente ergeben keine historisch plausible Theorie über das Wirken Jesu, seine Stellung zu den Jüngern und der Öffentlichkeit, sondern sie sollen dem Leser ein sachlich geschlossenes Verständnis von Jesu Wirken und seiner Passion eröffnen. Deshalb korrespondieren die einzelnen Interpretationsmomente der jeweiligen Tradition nach sachlichen und nicht nach historiographischen Gesichtspunkten. So folgt auf die Massen(!)- speisungen das Unverständnis der Jünger — obwohl für eine primär historisch orientierte Geheimnistheorie doch hier das Verbreitungsverbot viel dringender gewesen wäre. Und da das Messiasgeheimnis eine auf den Leser ausgerichtete positive theologische Aussage darstellt, kann Markus sich auch ‚Durchbrechungen' wie die von Mk 2 10. 28 leisten. Denn die hier formulierte ἐξουσία des Menschensohnes ist von seiner Passion nicht zu trennen[19].

3. DIE POSITIVE FUNKTION DER WUNDERERZÄHLUNGEN FÜR DIE CHRISTOLOGIE DES MARKUSEVANGELIUMS

Für die Redaktion der Wundererzählungen im Markusevangelium ist kennzeichnend, daß der soeben dargestellten kritischen Interpretationslinie eine Reihe anderer Interpretationsmomente gegenübersteht, die auf eine positive Funktion der Wundererzählungen im Markusevangelium schließen läßt[1].

So begegnen neben den definitiv gestalteten Verbreitungsverboten auch solche, auf die eine Durchbrechung folgt. Und den Verbreitungsverboten insgesamt stehen markinische Hinweise gegenüber, daß es gerade Jesu Wundertaten sind, die ihn bekannt machen. Und obwohl die öffentliche Reaktion auf Jesu Wundertaten durch Mißverständnis und Ablehnung gekennzeichnet ist, hebt Markus in den

---

[19] Gleiches gilt — aufgrund der Einordnung und der mk Redaktion — von Mk 10 46-52, s. o. S. 130—132. Es ist deshalb nicht notwendig, die christologischen Aussagen von Mk 2 10. 28 10 47f. als quasi nicht-öffentliche verstehen zu wollen (so Boobyer, NTS 6, 1959/60, 225—235).

[1] Schon Wrede, Messiasgeheimnis 124—129 hat auf die ‚Widersprüche' in der Durchführung der Geheimnistheorie hingewiesen.

Summarien die umfassende Wunderkraft Jesu hervor. Ebenso hebt das uneingeschränkt dargestellte Unverständnis der Jünger das positive Interesse des Markus am Epiphaniemoment der Wundererzählungen nicht auf (vgl. Mk 9 14-29)[2].

Die markinische Redaktion der Wundererzählungen erscheint somit als ausgesprochen ambivalent. Denn es ist deutlich, daß beide Interpretationslinien, die kritisch-restriktive und die positive, gleichermaßen der markinischen Redaktion angehören[3]. Gibt es nun einen gemeinsamen Ansatzpunkt, von dem her beide Linien als eine geschlossene Aussage verständlich werden, ohne einseitig die eine gegenüber der anderen zurückzudrängen?

Als Einsatzpunkt für diese Frage bietet sich die markinische Interpretation der Exorzismuserzählungen an. Denn in den summarischen Darstellungen von Mk 1 34 und 3 11f., in denen Markus auf die Erzählungen von Jesu Exorzismen Bezug nimmt, sind beide Linien, das positive Interesse und die kritische Stellungnahme zur Tradition, aufs engste miteinander verbunden. Die Betonung des Wissens der Dämonen und das Schweigen, unter das Markus dies Wissen zugleich stellt, bilden offenbar einen geschlossenen Interpretationszusammenhang. Dabei ist davon auszugehen, daß das Schweigegebot nicht dadurch veranlaßt ist, daß es hier Dämonen sind, die das Bekenntnis σὺ εἶ ὁ υἱὸς τοῦ θεοῦ (Mk 3 11) sprechen[4]. Auch soll durch das Schweigegebot nicht der Inhalt des hier formulierten Bekenntnisses als unzutreffend dargestellt werden. Denn für Markus handelt es sich gerade bei dem hier verwendeten Titel υἱὸς τοῦ θεοῦ um eine der Person Jesu voll angemessene Aussage[5]. Aus Mk 3 11 geht somit

---

[2] In Mk 9 14-29 hebt Mk durch die Komposition und die Anordnung im Kontext das Epiphaniemoment von sich aus hervor, obwohl es nicht in den verarbeiteten Wundertraditionen enthalten ist; s. o. S. 123—126.

[3] Diese Ambivalenz spiegelt sich in den divergierenden Auffassungen der Literatur wider (s. o. S. 3f.), die sich jeweils auf bestimmte Aspekte des Gesamtbefundes berufen können.   [4] S. o. S. 168f. A 12.

[5] Die Bedeutung des υἱός-Titels im MkEv (vgl. dazu Vielhauer [1964] Aufs. 202 —210) geht aus dem Vorkommen an so herausgehobenen Stellen wie Taufe (Mk 1 11), Verklärung (Mk 9 7) und dem Bekenntnis unter dem Kreuz (Mk 15 39) hervor; auch in der Kombination christologischer Titel in Mk 14 61f. fehlt er nicht (auch wenn er dort nicht dominiert). Daneben ist aber auch das Gewicht, das υἱὸς τοῦ ἀνθρώπου für Mk hat, nicht zu unterschätzen (s. o. S. 183 A 2). Während jedoch υἱὸς τοῦ ἀνθρώπου mit thematisch eingegrenzten Sachbereichen verbunden ist, dient υἱὸς τοῦ θεοῦ als umfassender, auch für die Gegenwart geltender Ausdruck der Würde Jesu (sicher nicht zufällig ist durch 15 39 υἱὸς θεοῦ die letzte titulare Aussage des MkEv), deren Beginn — anders als in Röm 1 3f. — durch die Taufe (bzw. in ursprünglicher Konkurrenz: durch die Verklärung) markiert wird (vgl. Conzelmann, Grundriß 96f. 148). — Zur religions- und traditionsgeschichtlichen Diskussion vgl. Bousset, Kyrios 52—57; Bultmann, Theologie

hervor, daß Markus an den Dämonenaussagen als inhaltlich zutreffenden Bekenntnissen[6] positiv interessiert ist[7]. Das bedeutet, daß Markus in seinem Evangelium nicht nur die Passion des Gottessohnes darstellen will, sondern daß er auch bestrebt ist, das irdische Wirken Jesu als das Wirken des υἱὸς τοῦ θεοῦ darzustellen. Insofern die Exorzismuserzählungen dies zum Ausdruck bringen, hat Markus an ihnen ein positives Interesse. Nicht der Wundertäter und Exorzist als solcher ist das Ziel der markinischen Darstellung, sondern die sich auch in seinen Taten zeigende Würde Jesu[8].

Von hier aus erklärt sich, warum es Markus bei der Interpretation der Wundererzählungen nicht bei der kritisch-restriktiven Linie beläßt, sondern — ohne Abschwächung der kritischen Interpretationsgesichtspunkte — die Wunderkraft Jesu hervorhebt, deren öffentliche Wirkung betonen kann, das Moment der Epiphanie Jesu in den sog. ‚Natur'wundern zwar kritisch interpretiert, aber nicht eliminiert und mit Mk 9 14-29 sogar selbst eine Wunderdarstellung komponiert, in der der soeben vom Himmel her bestätigte Gottessohn (Mk 9 2-8) epiphan wird[9].

52f. 130—135; Cullmann, Christologie 276—313; Hahn, Hoheitstitel 280—319 (vgl. dazu die Kritik von Vielhauer [1965] Aufs. 187—195); Schweizer, ThW VIII, 1969, 367—392; Conzelmann a. a. O. 94—100; zur Entwicklung im vorpaulinischen Traditionsbereich vgl. auch Kramer, Christos 105—125.

[6] Als positive christologische Aussagen haben die Dämonenanreden bereits in den vormk Exorzismuserzählungen zu gelten (s. o. S. 59—61). Mk stimmt also hier in der Verwendung der Überlieferungen mit deren Zielrichtung durchaus überein. Die positive Funktion, die für Mk die Dämonenaussagen haben, geht auch daraus hervor, daß die Anrede Jesu als υἱὸς τοῦ θεοῦ von Mk in 3 11 parallel zur Taufproklamation (1 11) und zum Petrusbekenntnis (8 29) mit σὺ εἶ . . . eingeleitet wird.

[7] Anders Trocmé, Formation 37—44. 119—122; ders., Jésus 115f. 118f., der eine christologische Funktion der Wundererzählungen und bes. der Exorzismen im MkEv bestreitet: Die mk Redaktion zeige kein Interesse an christologischen Fragen. Mk habe die verschiedenen Titulaturen Jesu in den Wundererzählungen nicht vereinheitlicht (Jésus 115f.). Vielmehr benutze er diese Überlieferungen (galiläischer Provenienz) als Gegengewicht gegen viel stärker christologisch orientierte (jerusalemer) Tradition (Jésus 118f.). Trocmé kann seine Sicht nur durchhalten, indem er die prinzipielle Bedeutung der Bekenntnisaussagen nicht nur für Mk 3 11, sondern auch für 1 11 8 29 und 9 7 bestreitet (Formation 119—122) und Mk 14f. (auch aufgrund der christologischen Aussagen von Mk 14 61f. und 15 39 — vgl. Formation 185) nicht mehr zum ursprünglichen MkEv rechnet. Zur Kritik der Gesamtkonzeption von Trocmé vgl. jetzt Burkill (1972) Aufs. 180—264 (bes. 99—213. 241—263).

[8] Haenchen, Festschr. G. Stählin, 1970, 7: Im MkEv wird mit Hilfe der Wundererzählungen die »Kontinuität zwischen dem himmlischen Gottessohn und dem Menschen Jesus . . . anschaulich: Jesus war schon in seinem irdischen Wirken eben der göttliche Herr gewesen, als den die Gemeinde den Auferstandenen verehrte.«   [9] S. o. S. 123—126.

3. Die positive Funktion der Wundererzählungen

Die positive Wertung der Wundererzählungen, die neben und innerhalb deren kritischer Interpretation immer wieder sichtbar wird, kann somit nicht als ein bloßes Zugeständnis an die dem Markus vorgegebenen Traditionen erklärt werden[10]. Sie ist vielmehr ein integrierter Bestandteil der markinischen Redaktion der Wundererzählungen. Durch die positive Aufnahme der Wundererzählungen — und nicht zuletzt der Exorzismuserzählungen — ist die Darstellung des Wirkens Jesu zwischen Taufe und Verklärung und zwischen Verklärung und Passion[11] kein unchristologischer ‚Hohlraum'. Nicht nur die Szenen, in denen Jesu Gottessohnschaft vom Himmel her proklamiert oder im Bekenntnis ausgesagt wird, machen seine Würde offenbar, auch in seinem irdischen Wirken zeigt sich diese.

Dieser positiven Aufnahme der Wundererzählungen steht die Linie der kritischen Beurteilung gegenüber und beide begrenzen sich gegenseitig. Denn je stärker die Momente der Epiphanie und Offenbarung werden, desto stärker werden auch die Gegengewichte, die Markus in seine Darstellung einbringt. Die öffentliche Wirkung der Heilungstaten wird nur z. T. begrenzt und durch die Ablehnung seitens der offiziellen Vertreter des Volkes und der näheren Umgebung eingeschränkt (Mk 3 20-35 6 1-6a 8 11-13). Die manifesten Machterweise der sog. ‚Natur'wunder bleiben jedoch ohne jede öffentliche Auswirkung und stoßen auf das vollständige Unverständnis der Jünger, und die direkten Offenbarungen durch die Dämonen werden — soweit Markus frei gestalten kann[12] — ohne jede Einschränkung mit Schweigen belegt.

Durch diese ständige Konfrontation der positiven Hervorhebung der Wundertaten mit den gegenläufigen kritischen Interpretationsgesichtspunkten wird die Darstellung der Offenbarung Jesu in seinen Taten jeweils wieder eingeschränkt und als vorläufig dargestellt — und damit in die Ausrichtung auf Passion und Ostern hineingenommen. Und wo Markus himmlische Epiphanieszene und Epiphaniewunder miteinander verbindet (Mk 9 2-29) führt er nicht nur Schweige-

---

[10] Darauf weist bereits Wrede, Messiasgeheimnis 128 hin.
[11] Vielhauer (1964) Aufs. 210—214 interpretiert die drei υἱός (τοῦ θεοῦ)-Titulaturen von Mk 1 11 9 7 und 15 39 im Sinne des (ursprünglich ägyptischen) dreistufigen Zeremoniells der Thronbesteigung (vgl. dazu Jeremias, Past 23—25 und Dibelius-Conzelmann, Past 49—51 zu 1 Tim 3 16). Zutreffend ist, daß diese drei Proklamationen im MkEv besonders hervorgehoben sind (Vielhauer a. a. O. 213 A 46a); doch ist ihre Anordnung und ihre Funktion im MkEv auch ohne die Heranziehung des Inthronisationsschemas verständlich; vgl. auch die von Schweizer, ThW VIII, 1969, 381 A 324; ders., Mk 207; Burkill (1972) Aufs. 262 A 115 und Conzelmann, ThR NF 37, 1972, 254 geäußerte Skepsis und Kritik.
[12] Zu Mk 5 7f. s. o. S. 62—64.

gebot (9 9) und Unverständnis (9 6. 19. 28f.)[13] ein, sondern richtet auch beide Szenen gemeinsam auf die Passion aus (9 12b)[14]. Erst dort ist Jesu Würde als Gottessohn ohne Einschränkung aussagbar, weil sie dort nicht mehr mißverstanden werden kann; d. h. die Christologie, von der her Markus die Wundererzählungen aufgreift und interpretiert, ist diesen selbst fremd.

Aus diesem Vorgehen erklärt sich die komplexe Redaktion der Wundererzählungen im Markusevangelium. Markus ist an ihnen positiv interessiert, weil und insofern sie das Thema der Offenbarung Jesu auch in seinen irdischen Taten entfalten. Aber dieses — auch in den Wundererzählungen selbst durchaus wesentliche — Moment der Epiphanie muß Markus sogleich kritisch interpretieren. Denn nicht aufgrund der einzelnen Taten des Irdischen, sondern erst aufgrund von Kreuz und Auferstehung ist Jesu Würde als Gottessohn voll aussagbar. Deshalb muß Markus die vollen Epiphanien des Irdischen in seinen Taten, auf die die Wundererzählungen abzielen, reduzieren — sie als vorläufige darstellen, ohne sie zu eliminieren; deshalb muß er anstelle von direkten Epiphanien geheime gestalten[15], die auf die vollgültige Offenbarung in Passion und Auferstehung verweisen.

Der Zugang zum Verständnis der irdischen Taten Jesu ist nicht aus diesen selbst zu gewinnen, sondern für Markus nur von Kreuz und Auferstehung her möglich. Das ist von Markus nicht nur rückblickend als Aussage über die (vergangene) Epoche vor Ostern gemeint[16], sondern auch als für die Gegenwart geltende Bestimmung des Verstehens. Natürlich gilt auch für Markus, daß alles Verborgene auf seine Offenbarung zielt (Mk 4 22), aber unter der Voraussetzung, die Mk 4 10-12 prinzipiell markiert — daß nämlich der Gemeinde das μυστήριον τῆς βασιλείας τοῦ θεοῦ gegeben ist, während ‚denen draußen' alles (!) verborgen bleibt[17]; d. h. daß das Verstehen der Person Jesu

---

[13] Zur mk Herkunft von Mk 9 6 vgl. Schweizer, Mk 102; Horstmann, Studien 81—83; das Unverständnis hat Mk außerdem noch in 9 10 — in bezug auf das Schweigegebot — formuliert; zur unumstritten mk Bildung von 9 9f. vgl. Schweizer a. a. O. 104; Horstmann a. a. O. 73f.; Reploh, Markus 115; Müller, ZNW 64, 1973, 179.   [14] S. o. S. 125.

[15] Dibelius' berühmte Definition des MkEv als »Buch der geheimen Epiphanien« (Formgeschichte 232) kann damit als immer noch gültige Kurzformel für diesen Zentralaspekt gelten; vgl. auch das Urteil von Conzelmann, Grundriß 160.

[16] So Strecker, TU 88 (StudEv III), 1964, 97—103 (ähnlich Roloff, EvTh 29, 1969, 90f.), der das Messiasgeheimnis aufgrund von Mk 9 9 als »zeitgebundene, historische Aussage, die als solche nur für das Leben Jesu Gültigkeit hat« (102), bezeichnet. Dabei bleibt offen, welche gegenwärtigen theologischen Fragen für Mk leitend gewesen sind, die Vergangenheit so darzustellen, wie er sie darstellt — nämlich durch das Messiasgeheimnis.

[17] Eine erschöpfende Analyse von Mk 4 10-13. 33f. kann hier nicht erfolgen; zur Lit. vgl. die Übersicht bei Bultmann, Geschichte ErgH 76; außerdem: Marxsen,

3. Die positive Funktion der Wundererzählungen

und seiner Taten selbst Gabe ist. Dem entspricht, daß für die Jünger in der vorösterlichen Situation das totale Unverständnis kennzeichnend ist. Ohne die Passion und vor Ostern ist dieses nicht aufhebbar, können sie gar nicht ‚verstehen'. Zugleich wird ansatzhaft der tatsächliche Zugang zum Verstehen sichtbar, der Glaube, der alle Hilfe — und sich selbst — dem Gottessohn verdankt (Mk 9 24) und der sich für Markus in der Nachfolge verwirklicht (Mk 10 52).

Die markinische Redaktion der Wundererzählungen kann also als konsequente, jedoch nicht mechanische Durchführung der Konzeption des Messiasgeheimnisses auch angesichts der Wunderüberlieferung verstanden werden. Und es wird deutlich, daß es sich dabei um einen theologischen Entwurf handelt, der zugleich »positive Darstellung eines Offenbarungsverständnisses« ist[18]. Auch angesichts des für Markus recht disparaten Stoffes der Wundererzählungen erweist sich damit das Messiasgeheimnis als »die hermeneutische Voraussetzung der Gattung ‚Evangelium'«[19].

Die an Kreuz und Auferstehung orientierte markinische Darstellung der Würde als υἱὸς τοῦ θεοῦ in seinem irdischen Wirken ist — sowohl in bezug auf die Lehre als auch auf die Wundertaten — Darstellung eines Geschehens ἐν παραβολαῖς — Zeugnis des Glaubens für den Glauben[20].

[ZThK 52, 1955, 255—271; Reploh, Markus 60—71. Bei der Frage nach der mk Intention des vorliegenden Textes ist m. E. die Spannung zwischen v. 11 und v. 13b zu beachten. v. 13b entspricht offensichtlich der mk Konzeption vom Unverständnis der Jünger vor Ostern. Die Argumentation von v. 11 bewegt sich dagegen auf einer anderen Ebene: Die hier ausgesprochene prinzipielle Scheidung von ‚drinnen' und ‚draußen' ist ohne Rücksicht auf eine zeitliche Differenzierung von vor und nach Ostern entworfen. Schweizer (1965) Aufs. II 15—17 sieht deshalb in v. 11 (+ 12) und v. 13b zwei verschiedene Traditionsstufen: v. 11f. sei zwar später als (die ursprüngliche Fassung von) v. 10 und als v. 13a, aber früher als (der mk) v. 13b. Doch ist es keineswegs zwingend, daß der in der Tat wohl vormk v. 11(f.) (vgl. Jeremias, Gleichnisse 10—13) auch bereits vor Mk eingefügt worden ist. Denn v. 34 (zur mk Herkunft vgl. Bultmann a. a. O. 76; Reploh a. a. O. 62f.; H.-W. Kuhn, Sammlungen 132—135) zeigt deutlich, wie sehr v. 11 seiner eigenen Intention entspricht. Durch die Entgegensetzung von v. (33) 34a und v. 34b herrscht hier dieselbe grundsätzliche Differenz von ‚drinnen' und ‚draußen' wie in v. 11.

Das Nebeneinander von Mk 4 11 und 4 13b entspricht dem Doppelaspekt der mk Geheimnistheorie: In v. 11 verwendet Mk eine grundsätzliche Aussage über Verhüllung und Offenbarung, wobei er auf den historischen Rahmen, in dem er sich mit seinem Evangelium bewegt, keine Rücksicht nimmt. v. 11f. gilt — auch im Sinne des Mk — nicht so sehr für die damalige Situation der Jünger, sondern in erster Linie für die Gegenwart der angeredeten Gemeinde. Mit v. 13b kehrt dann Mk (im Anschluß an v. 13a? vgl. dazu Schweizer a. a. O. 15—17) wieder in die Erzählsituation des ‚Damals' zurück.] [18] Conzelmann, Grundriß 159.

[19] Conzelmann, ZThK 54, 1957, 295. [20] S. o. S. 153.

Literaturverzeichnis

Aufgeführt ist nur die verwendete Sekundärliteratur. Bei der Angabe der Quellen und Hilfsmittel wurden die Abkürzungen von RGG ³VI, ThW und Bauer, WB verwendet, wo sich auch jeweils die entsprechenden Publikationshinweise finden.

Achtemeier, P. J., Toward the Isolation of Pre-Markan Miracle Catenae, JBL 89, 1970, 265—291.
Ders., The Origin and Function of the Pre-Marcan Miracle Catenae, JBL 91, 1972, 198—221.
Ders., Gospel Miracle Tradition and the Divine Man, Interpretation 26, 1972, 174 —197.
Albertz, M., Die synoptischen Streitgespräche, Berlin 1921.
Argyle, A. W., The Meaning of ἐξουσία in Mark I: 22, 27, ET 80, 1968/69, 343.

Balz, H., Art.: φοβέω κτλ. A. Die Wortgruppe bei den Griechen. C. Die Furcht im palästinischen und hellenistischen Judentum. D. Die Wortgruppe im Neuen Testament, ThW IX, Stuttgart 1973, 186—194. 201—214.
Barth, G., Das Gesetzesverständnis des Evangelisten Matthäus, in: G. Bornkamm, G. Barth und H. J. Held, Überlieferung und Auslegung im Matthäusevangelium, WMANT 1, Neukirchen-Vluyn ⁵1968, 54—154.
Bartsch, H. -.W., Die »Verfluchung« des Feigenbaumes, ZNW 53, 1962, 256—260.
Bauernfeind, O., Die Worte der Dämonen im Markusevangelium, BWANT III 8, Stuttgart 1927.
Baumbach, G., Das Verständnis des Bösen in den synoptischen Evangelien, ThA 19, Berlin 1963.
Becker, Jo., Gottesfurcht im Alten Testament, AnBibl 25, Rom 1965.
Becker, Jü., Wunder und Christologie. Zum literarkritischen und christologischen Problem der Wunder im Johannesevangelium, NTS 16, 1969/70, 130—148.
Berger, K., Die Amen-Worte Jesu. Eine Untersuchung zum Problem der Legitimation in apokalyptischer Rede, BZNW 39, Berlin 1970.
Bertram, G., Art.: θάμβος κτλ, ThW III, Stuttgart 1938, 3—7.
Ders., Art.: θαῦμα κτλ, ThW III, Stuttgart 1938, 27—42.
Ders., Art.: ὕψιστος, ThW VIII, Stuttgart 1969, 613—619.
Best, E., The Temptation and the Passion. The Markan Soteriology, SNTS Mon. Ser. 2, Cambridge 1965.
Betz, H. D., Lukian von Samosata und das Neue Testament, TU 76, Berlin 1961.
Ders., Jesus as Divine Man, in: F. Th. Trotter (Hg.), Jesus and the Historian. Written in Honor of E. C. Colwell, Philadelphia o. J. (1968), 114—133.
Ders., The Cleansing of the Ten Lepers (Luke 17: 11—19), JBL 90, 1971, 314—328.
Bieler, L., ΘΕΙΟΣ ANHP. Das Bild des »göttlichen Menschen« in Spätantike und Frühchristentum I. II, Wien 1935. 1936.
Björck, G., Drei Markus-Stellen, ASNU 2, Leipzig 1936, 1—7.

Ders., HN ΔΙΔΑΣΚΩΝ. Die periphrastischen Konstruktionen mit Griechischen, Skrifter utgivna av Kungl. Humanistiska Vetenskaps-Samfundet i Uppsala 32, 2, Uppsala 1940.
Bonner, C., Traces of Thaumaturgic Technique in the Miracles, HThR 20, 1927, 171—181.
Ders., The Technique of Exorcism, HThR 36, 1943, 39—49.
Boobyer, G. H., The Eucharistic Interpretation of the Miracles of the Loaves in St. Mark's Gospel, JThS NS 3, 1952, 161—171.
Ders., The Miracles of the Loaves and the Gentiles in St. Mark's Gospel, SJTh 6, 1953, 77—87.
Ders., The Secrecy Motif in St. Mark's Gospel, NTS 6, 1959/60, 225—235.
Bornkamm, G., Besprechung von J. Sundwall, Die Zusammensetzung des Markusevangeliums, 1934, Gn 12, 1936, 651—657.
Ders., Die Sturmstillung im Matthäus-Evangelium (1948), in: G. Bornkamm, G. Barth und H. J. Held, Überlieferung und Auslegung im Matthäusevangelium, WMANT 1, Neukirchen-Vluyn [5]1968, 48—53.
Ders., Enderwartung und Kirche im Matthäusevangelium (1956), in: G. Bornkamm, G. Barth und H. J. Held, Überlieferung und Auslegung im Matthäusevangelium, WMANT 1, Neukirchen-Vluyn [5]1968, 13—47.
Ders., Πνεῦμα ἄλαλον. Eine Studie zum Markusevangelium (1970), in: Geschichte und Glaube. Zweiter Teil. Gesammelte Aufsätze Band IV, BEvTh 53, München 1971, 21—36.
Bousset, W., Kyrios Christos. Geschichte des Christusglaubens von den Anfängen des Christentums bis Irenaeus, FRLANT (NF 4) 21, Göttingen [4]1935.
Braun, H., Spätjüdisch-häretischer und frühchristlicher Radikalismus II, BHTh 24, 2, Tübingen [2]1969.
Büchsel, F., Art.: γενεά κτλ, ThW I, Stuttgart 1933, 660—663.
Bultmann, R., Das Evangelium des Johannes, MeyerK II, Göttingen [17]1962. ErgH. Göttingen 1964.
Ders., Die Geschichte der synoptischen Tradition, FRLANT (NF 12) 29, Göttingen [6]1964. ErgH. Göttingen [4]1971 (bearbeitet von G. Theißen und Ph. Vielhauer).
Ders., Theologie des Neuen Testaments, Tübingen [6]1968.
Bultmann, R./Lührmann, D., Art.: ἐπιφαίνω κτλ, ThW IX, Stuttgart 1973, 8—11.
Burger, Chr., Jesus als Davidssohn, FRLANT 98, Göttingen 1970.
Burkill, T. A., Mysterious Revelation. An Examination of the Philosophy of St. Mark's Gospel, New York 1963.
Ders., The Syrophoenician woman: The congruence of Mark 7, 24-31, ZNW 57, 1966, 23—37.
Ders., The Historical Development of the Story of the Syrophoenician Woman (Mark VII: 24—31), NovTest 9, 1967, 161—177.
Ders., The Syrophoenician Woman: Mark 7, 24—31, TU 102 (StudEv IV), Berlin 1968, 166—170.
Ders., Mark 3 7-12 and the Alleged Dualism in the Evangelist's Miracle Material, JBL 87, 1968, 409—417.
Ders., The Formation of St. Mark's Gospel, in: New Light on the Earliest Gospel. Seven Markan Studies, London 1972, 180—264.
van Cangh, J.-M., La Galilée dans l'évangile de Marc: un lieu théologique?, RB 79, 1972, 59—75.

Cave, C. H., The Obedience of Unclean Spirits, NTS 11, 1964/65, 93—97.
Clavier, H., La multiplication des pains dans le ministère de Jésus, TU 73 (StudEv I), Berlin 1959, 441—457.
Colpe, C., Art.: ὁ υἱὸς τοῦ ἀνθρώπου, ThW VIII, Stuttgart 1969, 403—481.
Conzelmann, H., Gegenwart und Zukunft in der synoptischen Tradition, ZThK 54, 1957, 277—296 (jetzt auch in: Theologie als Schriftauslegung. Aufsätze zum Neuen Testament, BEvTh 65, München 1974, 42—61).
Ders., Art.: Jesus Christus, RGG ³III, Tübingen 1959, 619—653.
Ders., Die formgeschichtliche Methode, SThU 29, 1959, 54—62.
Ders., Die Mitte der Zeit. Studien zur Theologie des Lukas, BHTh 17, Tübingen ⁵1964.
Ders., Besprechung der Neuauflage von W. Wrede, Das Messiasgeheimnis in den Evangelinen, ³1963, ThLZ 91, 1966, 754f.
Ders., Historie und Theologie in den synoptischen Passionsberichten, in: H. Conzelmann u. a., Zur Bedeutung des Todes Jesu (Hg.: F. Viering), Gütersloh 1967, 35—53 (jetzt auch in: Theologie als Schriftauslegung. Aufsätze zum Neuen Testament, BEvTh 65, München 1974, 74—90).
Ders., Auslegung von Markus 4, 35—41 par; Markus 8, 31—37 par; Römer 1, 3f., EvErz 20, 1968, 249—260.
Ders., Grundriß der Theologie des Neuen Testaments, München ²1968.
Ders., Geschichte des Urchristentums, NTD Ergänzungsreihe 5, Göttingen ²1971.
Ders., Die Apostelgeschichte, HNT 7, Tübingen ²1972.
Ders., Literaturbericht zu den Synoptischen Evangelien, ThR NF 37, 1972, 220—272.
Craghan, J. F., The Gerasene Demoniac, CBQ 30, 1968, 522—536.
Cullmann, O., Die Christologie des Neuen Testaments, Tübingen ²1958.

Danker, F. W., Mark 8 3, JBL 82, 1963, 215f.
Daube, D., ἐξουσία in Mark I 22 and 27, JThS 39, 1938, 45—59.
Ders., The New Testament and Rabbinic Judaism, London 1956.
Delling, G., Das Verständnis des Wunders im Neuen Testament (1955), in: Studien zum Neuen Testament und zum hellenistischen Judentum. Gesammelte Aufsätze 1950—1968 (Hg.: F. Hahn, T. Holtz und N. Walter), Göttingen 1970, 146—159.
Ders., Josephus und das Wunderbare (1957/58), in: Studien zum Neuen Testament und zum hellenistischen Judentum. Gesammelte Aufsätze 1950—1968 (Hg.: F. Hahn, T. Holtz und N. Walter), Göttingen 1970, 130—145.
Ders., Botschaft und Wunder im Wirken Jesu, in: H. Ristow und K. Matthiae (Hg.), Der geschichtliche Jesus und der kerygmatische Christus, Berlin 1960, 389—402.
Delorme, J., Aspects doctrinaux du second Évanglie. Études récentes de la rédaction de Marc, in: I. de la Potterie (Hg.), De Jésus aux Évangiles. Tradition et Rédaction dans les Évangiles synoptiques. Donum natalicium I. Coppens Vol. II, BEThL 25, Gembloux 1967, 74—99.
Denis, A.-M., La marche de Jésus sur les eaux. Contribution à l'histoire de la péricope dans la tradition évangélique, in: I. de la Potterie (Hg.), De Jésus aux Évangiles. Tradition et Rédaction dans les Évangiles synoptiques. Donum natalicium I. Coppens Vol. II, BEThL 25, Gembloux 1967, 233—247.
Ders., La section des pains selon s. Marc (6, 30—8, 26), une théologie de l'Eucharistie, TU 102 (StudEv IV), Berlin 1968, 171—179.

Dibelius, M., Die Formgeschichte des Evangeliums, Tübingen 1919. ²1933. ³1959 (= ⁵1966) mit einem Nachtrag von G. Iber hg. von G. Bornkamm.

Ders., Stilkritisches zur Apostelgeschichte (1923), in: Aufsätze zur Apostelgeschichte (Hg.: H. Greeven), FRLANT (NF 42) 60, Göttingen ⁴1961, 9—28.

Ders., Zur Formgeschichte der Evangelien, ThR NF 1, 1929, 185—216.

Ders., Die Botschaft von Jesus Christus (1935), München und Hamburg 1967 (hg. von H. Conzelmann).

Ders., Der Text der Apostelgeschichte (1941), in: Aufsätze zur Apostelgeschichte (Hg.: H. Greeven), FRLANT (NF 42) 60, Göttingen ⁴1961, 76—83.

Ders., Der Brief des Jakobus (Hg.: H. Greeven), MeyerK XV, Göttingen ¹¹1964.

Dibelius, M./Conzelmann, H., Die Pastoralbriefe, HNT 13, Tübingen ⁴1966.

Dinkler, E., Petrusbekenntnis und Satanswort. Das Problem der Messianität Jesu (1964), in: Signum Crucis. Aufsätze zum Neuen Testament und zur Christlichen Archäologie, Tübingen 1967, 283—312.

von Dobschütz, E., Zur Erzählerkunst des Markus, ZNW 27, 1928, 193—198.

Dodd, C. H., The Framework of the Gospel Narrative (1932), in: New Testament Studies, Manchester ²1954, 1—11.

Ders., The Interpretation of the Fourth Gospel, Cambridge 1958.

Ders., Historical Tradition in the Fourth Gospel, Cambridge 1963.

Duplacy, J., Marc, 2, 10. Note de syntaxe, in: Mélanges Bibliques rédigés en l'honneur de A. Robert, o. O. o. J. (Paris 1957), 420—427.

Ebeling, G., Jesus und Glaube (1958), in: Wort und Glaube (I), Tübingen 1960, 203—254.

Ebeling, H. J., Das Messiasgeheimnis und die Botschaft des Marcus-Evangelisten, BZNW 19, Berlin 1939.

Edwards, R. A., The Sign of Jonah. In the Theology of the Evangelists and Q, Studies in Biblical Theology. Second Series 18, London 1971.

Egger, W., Die Verborgenheit Jesu in Mk 3, 7—12, Bibl 50, 1969, 466—490.

Eßer, D., Formgeschichtliche Studien zur hellenistischen und frühchristlichen Literatur unter besonderer Berücksichtigung der vita Apollonii des Philostrat und der Evangelien, Diss. Bonn 1969.

Farrer, A. M., A Study in St. Mark, London 1951.

Ders., Loaves and Thousands, JThS NS 4, 1953, 1—14.

Fiebig, P., Jüdische Wundergeschichten des neutestamentlichen Zeitalters, Tübingen 1911.

Fitzmyer, J. A., The Oxyrhynchus logoi of Jesus and the Coptic Gospel according to Thomas (1959), in: Essays on the Semitic Background of the New Testament, London 1971, 355—433.

Foerster, W., Art.: Βεεζεβούλ, ThW I, Stuttgart 1933, 605f.

Ders., Art.: ἐξουσία, ThW II, Stuttgart 1935, 559—571.

Fohrer, G., Art.: υἱός κτλ. B. Altes Testament, ThW VIII, Stuttgart 1969, 340—354.

Fortna, R. T., The Gospel of Signs, SNTS Mon. Ser. 11, Cambridge 1970.

Fridrichsen, A., Le problème du miracle dans le christianisme primitif, Études d'histoire et de philosophie religieuses 12, Paris 1925.

Friedrich, G., Die beiden Erzählungen von der Speisung in Mark. 6, 31—44; 8, 1—9, ThZ 20, 1964, 10—22.

Fuchs, A., Sprachliche Untersuchungen zu Matthäus und Lukas. Ein Beitrag zur Quellenkritik. Die Blindenheilung: Mt. 9, 27—31; Das Zeugnis der Christen in der Verfolgung: Lk. 21, 14—15, AnBibl 49, Rom 1971.

Fuchs, E., Jesus. Wort und Tat, Tübingen 1971.

Fuller, R. H., Die Wunder Jesu in Exegese und Verkündigung, Düsseldorf ²1968.

Glasswell, M. E., The Use of Miracles in the Markan Gospel, in: C. F. D. Moule (Hg.), Miracles, London ²1966, 149—162.

Gnilka, J., Die Verstockung Israels: Isaiah 6, 9—10 in der Theologie der Synoptiker, StANT 3, München 1961.

Gräßer, E., Jesus in Nazareth (Mk 6 1-6 a). Bemerkungen zur Redaktion und Theologie des Markus, in: E. Gräßer u. a., Jesus in Nazareth, BZNW 40, Berlin 1972, 1—37.

Grant, R. M., Miracle and Natural Law in Graeco-Roman and Early Christian Thought, Amsterdam 1952.

Grobel, K., Formgeschichte und Synoptische Quellenanalyse, FRLANT (NF 35) 53, Göttingen 1937.

Grundmann, W., Der Begriff der Kraft in der neutestamentlichen Gedankenwelt, BWANT IV 8, Stuttgart 1932.

Ders., Art.: δύναμαι κτλ, ThW II, Stuttgart 1935, 286—318.

Ders., Das Evangelium nach Markus, ThHK 2, Berlin ³1968.

Ders., Das Evangelium nach Matthäus, ThHK 1, Berlin 1968.

Ders., Das Evangelium nach Lukas, ThHK 3, Berlin ⁵1969.

Güttgemanns, E., Offene Fragen zur Formgeschichte des Evangeliums, BEvTh 54, München 1970.

Guttmann, A., The Significance of Miarcles for Talmudic Judaism, HUCA 20, 1947, 363—406.

Haenchen, E., Aus der Literatur zum Johannesevangelium 1929—1956, ThR NF 23, 1955, 295—335.

Ders., Johanneische Probleme (1959), in: Gott und Mensch. Gesammelte Aufsätze, Tübingen 1965, 78—113.

Ders., Literatur zum Thomasevangelium, ThR NF 27, 1961, 147—178.

Ders., Die Komposition von Mk VII (sic!) 27 — IX 1 und par., NovTest 6, 1963, 81—109.

Ders., Der Weg Jesu. Eine Erklärung des Markus-Evangeliums und der kanonischen Parallelen, Berlin 1966.

Ders., Die Apostelgeschichte, MeyerK III, Göttingen ¹⁵1968.

Ders., Historie und Verkündigung bei Markus und Lukas, in: Die Bibel und wir. Gesammelte Aufsätze. Zweiter Band, Tübingen 1968, 156—181.

Ders., Leidensnachfolge. Eine Studie zu Mk. 8, 27—9, 1 und den kanonischen Parallelen, in: Die Bibel und wir. Gesammelte Aufsätze. Zweiter Band, Tübingen 1968, 102—134.

Ders., Vom Wandel des Jesusbildes in der frühen Gemeinde, in: O. Böcher und K. Haacker (Hg.), Verborum Veritas. Festschrift für G. Stählin zum 70. Geburtstag, Wuppertal 1970, 3—14.

Hahn, F., Das Verständnis der Mission im Neuen Testament, WMANT 13, Neukirchen-Vluyn 1963.

Ders., Christologische Hoheitstitel. Ihre Geschichte im frühen Christentum, FRLANT 83, Göttingen ³1966.
Ders., Methodenprobleme einer Christologie des Neuen Testaments, VF 15/2, 1970, 3—41.
Hasler, V., Amen. Redaktionsgeschichtliche Untersuchungen zur Einführungsformel der Herrenworte »Wahrlich ich sage euch«, Zürich 1969.
Hauck, F., Das Evangelium des Markus, ThHK 2, Leipzig 1931.
Ders., Art.: παραβολή, ThW V, Stuttgart 1954, 741—759.
Hawkins, J. C., Horae Synopticae. Contributions to the Study of the Synoptic Problem, Oxford ²1968.
Heising, A., Die Botschaft der Brotvermehrung, SBS 15, Stuttgart 1966.
Held, H. J., Matthäus als Interpret der Wundergeschichten, in: G. Bornkamm, G. Barth und H. J. Held, Überlieferung und Auslegung im Matthäusevangelium, WMANT 1, Neukirchen-Vluyn ⁵1968, 155—287.
Hengel, M., Nachfolge und Charisma. Eine exegetisch-religionsgeschichtliche Studie zu Mt 8 21f. und Jesu Ruf in die Nachfolge, BZNW 34, Berlin 1968.
Herzog, R., Die Wunderheilungen von Epidauros, Philologus Suppl. XXII 3, Leipzig 1931.
Hiers, R. H., »Not the Season for Figs«, JBL 87, 1968, 394—400.
Hoffmann, P., Jesusverkündigung in der Logienquelle, in: W. Pesch (Hg.), Jesus in den Evangelien, SBS 45, Stuttgart 1970, 50—70.
Ders., Studien zur Theologie der Logienquelle, NTA NF 8, Münster 1972.
Horstmann, M., Studien zur markinischen Christologie. Mk 8, 27—9, 13 als Zugang zum Christusbild des zweiten Evangeliums, NTA NF 6, Münster 1969.
Hunzinger, C.-H., Art.: συκῆ κτλ, ThW VII, Stuttgart 1964, 751—757.
van Iersel, B., Die wunderbare Speisung und das Abendmahl in der synoptischen Tradition (Mk VI 35—44 par., VIII 1—20 par.), NovTest 7, 1964/65, 167—194.
Jeremias, J., Art.: Ἰωνᾶς, ThW III, Stuttgart 1938, 410—413.
Ders., Art.: ποιμήν κτλ, ThW VI, Stuttgart 1959, 484—498.
Ders., Die Gleichnisse Jesu, Göttingen ⁶1962.
Ders., Die Briefe an Timotheus und Titus, NTD 9, Göttingen ⁸1963, 1—68.
Ders., Unbekanntes Evangelium mit johanneischen Einschlägen (Pap. Egerton 2), in: E. Hennecke/W. Schneemelcher (Hg.), Neutestamentliche Apokryphen. I Evangelien, Tübingen ⁴1968, 58—60.
Ders., Neutestamentliche Theologie. Erster Teil. Die Verkündigung Jesu, Gütersloh 1971.
Kähler, M., Der sogenannte historische Jesus und der geschichtliche, biblische Christus, Leipzig ²1896. Neudruck: ThB 2 (Hg.: E. Wolf), München ²1956.
Käsemann, E., Zum Thema der Nichtobjektivierbarkeit (1953), in: Exegetische Versuche und Besinnungen I, Göttingen ⁵1967, 224—236.
Ders., Das Problem des historischen Jesus (1954), in: Exegetische Versuche und Besinnungen I, Göttingen ⁵1967, 187—214.
Ders., Art.: Wunder. IV. Im NT, RGG ³VI, Tübingen 1962, 1835—1837.
Kahn, J. G., La parabole du figurier stérile et les arbres récalcitrants de la Genèse, NovTest 13, 1971, 38—45.
Karnetzki, M., Die letzte Redaktion des Markusevangeliums, in: E. Wolf (Hg.), Zwischenstation. Festschrift für K. Kupisch zum 60. Geburtstag, München 1963, 161—174.

Keck, L. E., Mark 3 7-12 and Mark's Christology, JBL 84, 1965, 341—358.
Kee, H. C., Aretalogy and Gospel, JBL 92, 1973, 402—422.
Kertelge, K., Die Wunder Jesu im Markusevangelium, StANT 23, München 1970.
Kilpatrick, G. D., Some Problems in New Testament Text and Language, in: E. E. Ellis und M. Wilcox (Hg.), Neotestamentica et Semitica. Studies in Honour of M. Black, Edinburgh 1969, 198—208.
Kleinknecht, H., Art.: θεῖος, ThW III, Stuttgart 1938, 122f.
Klostermann, E., Das Lukasevangelium, HNT 5, Tübingen ²1929.
Ders., Das Matthäusevangelium, HNT 4, Tübingen ³1938.
Ders., Das Markusevangelium, HNT 3, Tübingen ⁵1971.
Knigge, H.-D., Zur Exegese des Markusevangeliums, EvErz 18, 1966, 375—386.
Knox, W. L., The Sources of the Synoptic Gospels (Hg.: H. Chadwick) I. St. Mark, Cambridge 1953.
Köhler, L., Die Offenbarungsformel »Fürchte dich nicht!« im Alten Testament, SThZ 36, 1919, 33—39.
Köster, H., Gnomai Diaphoroi: Ursprung und Wesen der Mannigfaltigkeit in der Geschichte des frühen Christentums (1965), in: H. Köster und J. M. Robinson, Entwicklungslinien durch die Welt des frühen Christentums, Tübingen 1971, 107—146.
Ders., Ein Jesus und vier ursprüngliche Evangeliengattungen (1968), in: H. Köster und J. M. Robinson, Entwicklungslinien durch die Welt des frühen Christentums, Tübingen 1971, 147—190.
Ders., Grundtypen und Kriterien frühchristlicher Glaubensbekenntnisse, in: H. Köster und J. M. Robinson, Entwicklungslinien durch die Welt des frühen Christentums, Tübingen 1971, 191—215.
Kramer, W., Christos Kyrios Gottessohn. Untersuchungen zu Gebrauch und Bedeutung der christologischen Bezeichnungen bei Paulus und den vorpaulinischen Gemeinden, AThANT 44, Zürich 1963.
Kuby, A., Zur Konzeption des Markus-Evangeliums, ZNW 49, 1958, 52—64.
Kümmel, W. G., Verheißung und Erfüllung. Untersuchungen zur eschatologischen Verkündigung Jesu, AThANT 6, Zürich ³1956.
Ders., Einleitung in das Neue Testament, Heidelberg ¹⁷1973.
Kuhn, H.-W., Der irdische Jesus bei Paulus als traditionsgeschichtliches und theologisches Problem, ZThK 67, 1970, 295—320.
Ders., Zum Problem des Verhältnisses der markinischen Redaktion zur israelitisch-jüdischen Tradition, in: G. Jeremias, H.-W. Kuhn und H. Stegemann (Hg.), Tradition und Glaube. Das frühe Chrsitentum in seiner Umwelt. Festgabe für K. G. Kuhn zum 65. Geburtstag, Göttingen 1971, 299—309.
Ders., Ältere Sammlungen im Markusevangelium, SUNT 8, Göttingen 1971.

Lagrange, M.-J., Évangile selon Saint Marc, Études bibliques, Paris (1929) 1966.
Léon-Dufour, X., Études d'Évangile, Paris 1965.
Lightfoot, R. H., History and Interpretation in the Gospels, London 1935.
Ders., A Consideration of Three Passages in St. Mark's Gospel, in: W. Schmauch (Hg.), In memoriam E. Lohmeyer, Stuttgart 1951, 110—115.
Linton, O., The Demand for a Sign from Heaven (Mk 8, 11—12 and Parallels), StTh 19, 1965, 112—129.
Ljungvik, H., Zum Markusevangelium 6 14, ZNW 33, 1934, 90—92.

Lohmeyer, E., Galiläa und Jerusalem, FRLANT (NF 34) 52, Göttingen 1936.
Ders., Das Evangelium des Markus, MeyerK I 2, Göttingen [17]1967. ErgH. (Hg.: G. Saß) Göttingen [3]1967.
Lohse, E., Art.: ῥαββί κτλ, ThW VI, Stuttgart 1959, 962—966.
Ders., Jesu Worte über den Sabbat (1960), in: Die Einheit des Neuen Testaments. Exegetische Studien zur Theologie des Neuen Testaments, Göttingen 1973, 62—72.
Ders., Der König aus Davids Geschlecht. Bemerkungen zur messianischen Erwartung der Synagoge, in: O. Betz, M. Hengel und P. Schmidt (Hg.), Abraham unser Vater. Juden und Christen im Gespräch über die Bibel. Festschrift für O. Michel zum 60. Geburtstag, AGSU 5, Leiden und Köln 1963, 337—345.
Ders., Die Geschichte des Leidens und Sterbens Jesu Christi, Gütersloh 1964.
Ders., Die Briefe an die Kolosser und an Philemon, MeyerK IX 2, Göttingen [1(14)]1968.
Ders., Art.: υἱός κτλ. C II. Palästinisches Judentum, ThW VIII, Stuttgart 1969, 358—363.
Ders., Art.: υἱὸς Δαυίδ, ThW VIII, Stuttgart 1969, 482—492.
Loisy, A., Les Évangiles Synoptiques I (1907), Frankfurt/M. 1971.
van der Loos, H., The Miracles of Jesus, NovTest Suppl. 9, Leiden 1965.
Lührmann, D., Die Redaktion der Logienquelle, WMANT 33, Neukirchen-Vluyn 1969.
Ders., Epiphaneia. Zur Bedeutungsgeschichte eines griechischen Wortes, in: G. Jeremias, H.-W. Kuhn und H. Stegemann (Hg.), Tradition und Glaube. Das frühe Christentum in seiner Umwelt. Festgabe für K. G. Kuhn zum 65. Geburtstag, Göttingen 1971, 185—199.
Luyten, P., Die Perikope der Tempelreinigung. Eine redaktionsgeschichtliche Untersuchung, Diss. Würzburg 1969.
Luz, U., Das Geheimnismotiv und die markinische Christologie, ZNW 56, 1965, 9—30.
Ders., Besprechung von Q. Quesnell, The Mind of Mark, 1969, ThLZ 96, 1971, 349—351.
McCasland, S. V., By the Finger of God. Demon Possession and Exorcism in Early Christianity in the Light of Modern Views of Mental Illness, New York 1951.
Maisch, I., Die Heilung des Gelähmten. Eine exegetisch-traditionsgeschichtliche Untersuchung zu Mk 2, 1—12, SBS 52, Stuttgart 1971.
Mánek, J., Mark VIII 14—21, NovTest 7, 1964/65, 10—14.
Manson, W., Bist Du der da kommen soll?, Zollikon-Zürich 1952.
Marxsen, W., Redaktionsgeschichtliche Erklärung der sogenannten Parabeltheorie des Markus, ZThK 52, 1955, 255—271.
Ders., Der Evangelist Markus. Studien zur Redaktionsgeschichte des Evangeliums, FRLANT (NF 49) 67, Göttingen [2]1959.
Ders., Einleitung in das Neue Testament, Gütersloh 1963.
Ders., Bibelarbeit über Mk 5, 21—43/Mt 9, 18—26, in: Der Exeget als Theologe. Vorträge zum Neuen Testament, Gütersloh 1968, 171—182.
Mauser, U., Christ in the Wilderness. The Wilderness Theme in the Second Gospel and its Basis in the Biblical Tradition, Studies in Biblical Theology 39, London 1963.

Mayeda, G., Das Leben-Jesu-Fragment Papyrus Egerton 2 und seine Stellung in der urchristlichen Literaturgeschichte, Bern 1946.
Mead, R. T., The Healing of the Paralytic — A Unit?, JBL 80, 1961, 348—354.
Meinertz, M., »Dieses Geschlecht« im Neuen Testament, BZ NF 1, 1957, 283—289.
Metzger, B. M., A Textual Commentary on the Greek New Testament. A Companion Volume to the United Bible Societies' Greek New Testament, London · New York 1971.
Meyer, A., Die Entstehung des Markusevangeliums, in: Festgabe für A. Jülicher, Tübingen 1927, 35—60.
Meyer, R., Art.: προφήτης κτλ. C. Prophetentum und Propheten im Judentum der hellenistisch-römischen Zeit, ThW VI, Stuttgart 1959, 813—828.
Michaelis, W., Art.: όδός κτλ, ThW V, Stuttgart 1954, 42—101.
Michel, O., Art.: κύων κτλ, ThW III, Stuttgart 1938, 1100—1104.
Minette de Tillesse, G., Le secret messianique dans l'Évangile de Marc, Lectio Divina 47, Paris 1968.
Moule, C. F. D., The Classification of Miracle Stories, in: C. F. D. Moule (Hg.), Miracles, London ²1966.
Müller, U. B., Die christologische Absicht des Markusevangeliums und die Verklärungsgeschichte, ZNW 64, 1973, 159—193.
Münderlein, G., Die Verfluchung des Feigenbaumes (Mk. XI. 12—14), NTS 10, 1963/64, 88—104.
Nineham, D. E., The Order of Events in St. Mark's Gospel — an examination of Dr. Dodd's Hypothesis, in: D. E. Nineham (Hg.), Studies in the Gospels. Essays in Memory of R. H. Lightfoot, Oxford (1955) 1967, 223—239.
Nock, A. D., Conversion. The Old and the New in Religion from Alexander the Great to Augustine of Hippo (1933), Oxford 1969.

Oepke, A., Art.: ἐξίστημι, ThW II, Stuttgart 1935, 456f.
Ders., Art.: ἰάομαι κτλ, ThW III, Stuttgart 1938, 194—215.

Pax, E., ΕΠΙΦΑΝΕΙΑ. Ein religionsgeschichtlicher Beitrag zur biblischen Theologie, MThS I 10, München 1955.
Ders., Art.: Epiphanie, RAC V, Stuttgart 1962, 832—909.
Percy, E., Die Botschaft Jesu. Eine traditionskritische und exegetische Untersuchung, LUA NF Avd. 1. Bd. 49. Nr. 5, Lund 1953.
Perels, O., Die Wunderüberlieferung der Synoptiker in ihrem Verhältnis zur Wortüberlieferung, BWANT IV 12, Stuttgart 1934.
Perrin, N., Towards an Interpretation of the Gospel of Mark, in: H. D. Betz (Hg.), Christology and a Modern Pilgrimage. A Discussion with Norman Perrin, Claremont (California) 1971, 1—78.
Ders., Was lehrte Jesus wirklich? Rekonstruktion und Deutung, Göttingen 1972.
Pesch, R., Neuere Exegese — Verlust oder Gewinn?, Freiburg 1968.
Ders., »Eine neue Lehre aus Macht«. Eine Studie zu Mk 1, 21—28, in: J. B. Bauer (Hg.), Evangelienforschung, Graz 1968, 241—276.
Ders., Naherwartung. Tradition und Redaktion in Mk 13, Düsseldorf 1968.
Ders., Ein Tag vollmächtigen Wirkens Jesu in Kapharnaum (Mk 1, 21—34. 35—39), BL 9, 1968, 114—128. 177—195. 261—277.
Ders., Jesu ureigene Taten? Quaestiones Disputatae 52, Freiburg 1970.
Ders., Der Besessene von Gerasa, SBS 56, Stuttgart 1972.

Peterson, E., ΕΙΣ ΘΕΟΣ. Epigraphische, formgeschichtliche und religionsgeschichtliche Untersuchungen, FRLANT (NF 24) 41, Göttingen 1926.
Petzke, G., Die Traditionen über Apollonius von Tyana und das Neue Testament, Studia ad Corpus Hellenisticum Novi Testamenti 1, Leiden 1970.
Pfister, F., Art.: Epiphanie, PW Suppl. IV, Stuttgart 1924, 277—323.
Ders., Art.: Beschwörung, RAC II, Stuttgart 1954, 169—176.
Preuschen, E., Das Wort vom verachteten Propheten, ZNW 17, 1916, 33—48
Preuß, H. R., Galiläa im Markusevangelium, Diss. Göttingen 1966.
Preisigke, F., Die Gotteskraft der frühchristlichen Zeit, Berlin und Leipzig 1922.
Preisker, H./Schulz, S., Art.: πρόβατον κτλ, ThW VI, Stuttgart 1959, 688—692.

Quesnell, Qu., The Mind of Mark. Interpretation and Method through the Exegesis of Mk 6, 52, AnBibl 38, Rom 1969.

von Rad, G., Das hermeneutische Problem im Buche Genesis, VF ([3] 1942/46), 1946/47, 43—51.
Reitzenstein, R., Hellenistische Wundererzählungen, Leipzig (1906) 1922.
Rengstorf, K. H., Art.: σημεῖον, ThW VII, Stuttgart 1964, 199—261.
Reploh, K.-G., Markus — Lehrer der Gemeinde. Eine redaktionsgeschichtliche Studie zu den Jüngerperikopen des Markus-Evangeliums, SBM 9, Stuttgart 1969.
Riesenfeld, H., Art.: παρά, ThW V, Stuttgart 1954, 724—733.
Ders., Tradition und Redaktion im Markusevangelium, in: Neutestamentliche Studien für R. Bultmann zu seinem siebzigsten Geburtstag, BZNW 21, Berlin 1954, 157—164.
Robbins, V. K., The Healing of Blind Bartimaeus (10: 46—52) in the Marcan Theology, JBL 92, 1973, 224—243.
Robinson, J. M., Das Geschichtsverständnis des Markus-Evangeliums, AThANT 30, Zürich 1956.
Ders., Kerygma und Geschichte im Neuen Testament (1965), in: H. Köster und J. M. Robinson, Entwicklungslinien durch die Welt des frühen Christentums, Tübingen 1971, 20—66.
Ders., On the Gattung of Mark (and John), in: Pittsburgh Theological Seminary (Hg.), Jesus and man's hope I, A Perspektive Book, Pittsburgh 1970, 99—129.
Ders., Die johanneische Entwicklungslinie, in: H. Köster und J. M. Robinson, Entwicklungslinien durch die Welt des frühen Christentums, Tübingen 1971. 216—250.
Rohde, J., Die redaktionsgeschichtliche Methode. Einführung und Sichtung des Forschungsstandes, Hamburg 1966.
Roloff, J., Das Markusevangelium als Geschichtsdarstellung, EvTh 29, 1969. 73—93.
Ders., Das Kerygma und der irdische Jesus. Historische Motive in den Jesus-Erzählungen der Evangelien, Göttingen 1970.
Rudberg, G., Zu den Partizipien im Neuen Testament, CN 12, Lund 1948, 1—38.

Sahlin, H., Die Perikope vom gerasenischen Besessenen und der Plan des Markusevangeliums, StTh 18, 1964, 159—172.
Schaeder, H. H., Art.: Ναζαρηνός κτλ, ThW IV, Stuttgart 1942, 879—884.
Schenk, W., Tradition und Redaktion in der Epileptiker-Perikope Mk 9 14-29, ZNW 63, 1972, 76—94.

Schille, G., Die Topographie des Markusevangeliums, ihre Hintergründe und ihre Einordnung, ZDPV 73, 1957, 133—166.

Ders., Die Seesturmerzählung Markus 4 35-41 als Beispiel neutestamentlicher Aktualisierung, ZNW 56, 1965, 30—40.

Ders., Anfänge der Kirche. Erwägungen zur apostolischen Frühgeschichte, BEvTh 43, München 1966.

Ders., Die urchristliche Wundertradition, Arbeiten zur Theologie I 29, Stuttgart 1967.

Schlatter, A., Das Wunder in der Synagoge, BFChTh 16/5, 1912, 49—86.

Schlingensiepen, H., Die Wunder des Neuen Testaments. Wege und Abwege ihrer Deutung in der alten Kirche bis zur Mitte des fünften Jahrhunderts, BFChTh II 28, Gütersloh 1933.

Schmidt, K. L., Der Rahmen der Geschichte Jesu (1919), Darmstadt 1969.

Schmidt, K. L./Schmidt, M. A., Art.: πωρόω κτλ, ThW V, Stuttgart 1954, 1027—1030.

Schmithals, W., Wunder und Glaube. Eine Auslegung von Markus 4, 35—6, 6a, BSt 59, Neukirchen-Vluyn 1970.

Schnackenburg, R., Zur Traditionsgeschichte von Joh 4, 46—54, BZ NF 8, 1964, 58—88.

Ders., Das Johannesevangelium. 1. und 2. Teil, Herders Theologischer Kommentar zum Neuen Testament 4, Freiburg 1965. 1971.

Schneemelcher, W., Spruchsammlungen auf Papyrus. Einleitung, in: E. Hennecke/ W. Schneemelcher (Hg.), Neutestamentliche Apokryphen. I Evangelien, Tübingen ⁴1968, 61.

Schneider, J., Art.: ἐξέρχομαι, ThW II, Stuttgart 1935, 676—678.

Ders., Art.: ὁρκίζω, ThW V, Stuttgart 1954, 463f.

Ders., Art.: ἐξορκίζω, ThW V, Stuttgart 1954, 465f.

Ders., Art.: στενάζω κτλ, ThW VII, Stuttgart 1964, 600—603.

Schniewind, J., Das Evangelium nach Markus (NTD 1, 1931), München und Hamburg 1968.

Schrage, W., Das Verhältnis des Thomas-Evangeliums zur syonptischen Tradition und zu den koptischen Evangelienübersetzungen, BZNW 29, Berlin 1964.

Ders., Art.: τυφλός κτλ, ThW VIII, Stuttgart 1969, 270—294.

Schramm, T., Der Markus-Stoff bei Lukas. Eine literarkritische und redaktionsgeschichtliche Untersuchung, SNTS Mon. Ser. 14, Cambridge 1971.

Schreiber, J., Die Christologie des Markusevangeliums, ZThK 58, 1961, 154—183.

Ders., Theologie des Vertrauens. Eine redaktionsgeschichtliche Untersuchung des Markusevangeliums, Hamburg 1967.

Schürmann, H., Das Thomasevangelium und das lukanische Sondergut (1963), in: Traditionsgeschichtliche Untersuchungen zu den synoptischen Evangelien, Düsseldorf 1968, 228—247.

Ders., Der »Bericht vom Anfang«. Ein Rekonstruktionsversuch auf Grund von Lk 4, 14—16 (1964), in: Traditionsgeschichtliche Untersuchungen zu den synoptischen Evangelien, Düsseldorf 1968, 69—80.

Ders., Das Lukasevangelium. 1. Teil, Herders Theologischer Kommentar zum Neuen Testament 3, Freiburg 1969.

Schulz, S., Markus und das Alte Testament, ZThK 58, 1961, 184—197.

Ders., Die Bedeutung des Markus für die Theologiegeschichte des Urchristentums, TU 87 (StudEv II), Berlin 1964, 135—145.

Ders., Die Stunde der Botschaft. Einführung in die Theologie der vier Evangelisten, Hamburg 1967.
Ders., Das Evangelium nach Johannes, NTD 4, Göttingen ¹(¹²)1972.
Ders., Q. Die Spruchquelle der Evangelisten, Zürich 1972.
Schweizer, E., Die Heilung des Königlichen: Joh 4, 46-54 (1951), in: Neotestamentica. Deutsche und englische Aufsätze 1951—1963, Zürich 1963, 407—415.
Ders., Der Menschensohn (Zur eschatologischen Erwartung Jesu) (1959), in: Neotestamentica. Deutsche und englische Aufsätze 1951—1963, Zürich 1963, 56—84.
Ders., Anmerkungen zur Theologie des Markus (1962), in: Neotestamentica. Deutsche und englische Aufsätze 1951—1963, Zürich 1963, 93—104.
Ders., Die theologische Leistung des Markus (1964), in: Beiträge zur Theologie des Neuen Testaments. Neutestamentliche Aufsätze (1955—1970), Zürich 1970, 21—42.
Ders., Zur Frage des Messiasgeheimnisses bei Markus (1965), in: Beiträge zur Theologie des Neuen Testaments. Neutestamentliche Aufsätze (1955—1970), Zürich 1970, 11—20.
Ders., Das Evangelium nach Markus, NTD 1, Göttingen ¹(¹¹)1967.
Ders., Art.: υἱός κτλ. C. Judentum I 1b—3. D. Neues Testament, ThW VIII, Stuttgart 1969, 355—357. 364—395.
Ders., Eschatologie im Evangelium nach Markus (1969), in: Beiträge zur Theologie des Neuen Testaments. Neutestamentliche Aufsätze (1955—1970), Zürich 1970, 43—48.
Seesemann, H., Art.: πεῖρα κτλ, ThW VI, Stuttgart 1959, 23—37.
van Segbroeck, F., Jésus rejeté par sa patrie (Mt 13, 54-58), Bibl 49, 1968, 167—198.
Sjöberg, E., Der verborgene Menschensohn in den Evangelien, SHVL 53, Lund 1955.
Smith, Ch. W. F., No Time for Figs, JBL 79, 1960, 315—327.
Smith, M., Prolegomena to a Discussion of Aretalogies, Divine Men, the Gospels and Jesus, JBL 90, 1971, 174—199.
Snoy, Th., La rédaction marcienne de la marche sur les eaux (Mc., VI, 45—52), EThL 44, 1968, 205—241. 433—481.
Stählin, G., Art.: ὀργή κτλ. E. Der Zorn des Menschen und der Zorn Gottes im NT, ThW V, Stuttgart 1954, 419—448.
Stein, R. H., The »Redaktionsgeschichtlich« Investigation of a Markan Seam (Mc 1 21f.), ZNW 61, 1970, 70—94.
Ders., The Proper Methodology for Ascertaining a Markan Redaction History, NovTest 13, 1971, 181—198.
Strathmann, H., Art.: μάρτυς κτλ, ThW IV, Stuttgart 1942, 477—514.
Strecker, G., William Wrede. Zur hundertsten Wiederkehr seines Geburtstages, ZThK 57, 1960, 67—91.
Ders., Zur Messiasgeheimnistheorie im Markusevangelium, TU 88 (StudEv III), Berlin 1964, 87—104.
Ders., Die Leidens- und Auferstehungsvoraussagen im Markusevangelium (Mk 8, 31; 9, 31; 10, 32-34), ZThK 64, 1967, 16—39.
Ders., Der Weg der Gerechtigkeit. Untersuchungen zur Theologie des Matthäus, FRLANT 82, Göttingen ³1971.
Ders., Literarkritische Überlegungen zum εὐαγγέλιον-Begriff im Markusevangelium, in: H. Baltensweiler und B. Reicke (Hg.), Neues Testament und Geschichte.

Historisches Geschehen und Deutung im Neuen Testament. O. Cullmann zum 70. Geburtstag, Zürich und Tübingen 1972, 91—104.
Suhl, A., Die Funktion der alttestamentlichen Zitate und Anspielungen im Markusevangelium, Gütersloh 1965.
Sundwall, J., Die Zusammensetzung des Markusevangeliums, Acta Academiae Aboensis, Humaniora IX: 2, Abo 1934.
Tagawa, K., Miracles et Évangile. La pensée personelle de l'évangéliste Marc, Études d'histoire et de philosophie religieuses 62, Paris 1966.
Taylor, V., The Gospel according to St. Mark, London und New York ²1966.
Thiering, B. E. ‚Breaking of Bread' and ‚Harvest' in Marks Gospel, NovTest 12, 1970, 1—12.
Thraede, K., Art.: Exorzismus, RAC VII, Stuttgart 1969, 44—117.
Thyen, H., Studien zur Sündenvergebung, FRLANT 96, Göttingen 1970.
Tödt, H. E., Der Menschensohn in der synoptischen Überlieferung, Gütersloh 1959.
Traub, H., Art: οὐρανός. D. Neues Testament, ThW V, Stuttgart 1954, 521—535.
Trilling, W., Das wahre Israel. Studien zur Theologie des Matthäus-Evangeliums, StANT 10, München ³1964.
Ders., Christusverkündigung in den synoptischen Evangelien, Biblische Handbibliothek 4, München 1969.
Trocmé, É., La formation de l'Évangile selon Marc, Études d'histoire et de philosophie religieuses 57, Paris 1963.
Ders., Jésus de Nazareth vu par les témoins de sa vie, Neuchâtel (Suisse) 1971.

Vielhauer, Ph., Jesus und der Menschensohn. Zur Diskussion mit H. E. Tödt und E. Schweizer (1963), in: Aufsätze zum Neuen Testament, ThB 31, München 1965, 92—140.
Ders., Erwägungen zur Christologie des Markusevangeliums (1964), in: Aufsätze zum Neuen Testament, ThB 31, München 1965, 199—214.
Ders., Ein Weg zur neutestamentlichen Christologie? Prüfung der Thesen F. Hahns (1965), in: Aufsätze zum Neuen Testament, ThB 31, München 1965, 141—198.
Vögtle, A., Der Spruch vom Jonaszeichen, in: Synoptische Studien. A. Wikenhauser zum siebzigsten Geburtstag am 22. Februar 1953 dargebracht, München o. J. (1953), 230—277.
Wanke, G., Art.: φοβέω κτλ. B. φόβος und φοβέομαι im Alten Testament, ThW IX, Stuttgart 1973, 194—201.
Wansbrough, H., Mark III. 21 — Was Jesus out of His Mind?, NTS 18, 1971/72, 233—235.
Weihnacht, H., Die Menschwerdung des Sohnes Gottes im Markusevangelium. Studien zur Christologie des Markusevangeliums, HUTh 13, Tübingen 1972.
Weinel, H., Die Wirkung des Geistes und der Geister im nachapostolischen Zeitalter bis auf Irenäus, Freiburg 1899.
Weinreich, O., Antike Heilungswunder. Untersuchungen zum Wunderglauben der Griechen und Römer, RVV VIII 1, Gießen 1909.
Ders., Neue Urkunden zur Sarapis-Religion (1919), in: Ausgewählte Schriften I 1907—1921 (Hg.: G. Wille), Amsterdam 1969, 410—442.
Ders., Gebet und Wunder, Stuttgart 1929.
Weiß, H. F., Art.: Φαρισαῖος. B. Die Pharisäer im Neuen Testament, ThW IX, Stuttgart 1973, 36—49.

Weiß, J., Das Markus-Evangelium, in: J. Weiß (Hg.), Die Schriften des Neuen Testaments I, Göttingen ²1907, 67—229.
Weiß, K., Art.: προσφέρω, ThW IX, Stuttgart 1973, 67—70.
Wellhausen, J., Das Evangelium Marci, Berlin ²1909.
Wendling, E., Die Entstehung des Marcus-Evangeliums, Tübingen 1908.
Wettstein, J., Novum Testamentum Graecum I. II (1751. 1752), Neudruck: Graz 1962.
Wichelhaus, M., Am ersten Tage der Woche. Mk. I 35—39 und die didaktischen Absichten des Markus-Evangelisten, NovTest 11, 1969, 45—66.
Windisch, H., Urchristentum und Hermesmystik, ThT 52, 1918, 186—240.
Ders., Paulus und Christus, UNT 24, Leipzig 1934.
Ders., Art.: ζύμη κτλ, ThW II, Stuttgart 1935, 904—908.
Wohlenberg, G., Das Evangelium des Markus, KNT 2, Leipzig ³1930.
Wrede, W., Das Messiasgeheimnis in den Evangelien. Zugleich ein Beitrag zum Verständnis des Markusevangeliums (1901), Göttingen ³1963.
Ders., Zur Heilung des Gelähmten (Mc 2, 1ff.), ZNW 5, 1904, 354—358.
Wülfing von Martitz, P., Art.: υἱός κτλ. A. υἱός im Griechischen, ThW VIII, Stuttgart 1969, 335—340.
Zerwick, M., Untersuchungen zum Markus-Stil, Scripta Pontificii Instituti Biblici [31], Rom 1937.
Ders., Graecitas Biblica, Scripta Pontificii Instituti Biblici 92, Rom ⁴1940.
Ziener, G., Das Bildwort vom Sauerteig Mk 8, 15, TThZ 67, 1958, 247f.
Ders., Die Brotwunder im Markusevangelium, BZ NF 4, 1960, 282—285.

Stellenregister[1]

Altes Testament

Genesis
15 1 .... 105 A 5

Exodus
14 f. .... 62 A 4
20 18. 20 .... 105 A 5
34 29ff. .... 124 A 50
34 30 .... 29 A 15

Deuteronomium
6 4f. .... 82 A 21
30 12 .... 158 A 17
32 5 .... 119 A 27

Richter (Jdc)
6 23 .... 105 A 5

1. Königsbuch (1 Reg)
17 18 .... 57 A 15, 58 A 23

2. Königsbuch (2 Reg)
5 .... 77 A 21

Jesaja
6 9f. 72
29 18 174
35 5f. .... 130 A 18, 174
40—55 .... 105 A 5
40 3 .... 82 A 21
61 1 174
65 1-5 .... 62 A 4

Psalmen (Zählung nach LXX)
109 1 .... 82 A 21
117 22f. .... 82 A 21
117 26 .... 82 A 21

Hiob
42 11 (LXX) .... 20 A 6

Daniel
3 91 .... 20 A 6
3 95 .... 23 A 27
10 12 .... 105 A 5
10 19 .... 105 A 5

Apokryphen, Pseudepigraphen und übrige jüdische Literatur

2. Makkabäerbuch
1 22 .... 20 A 6
2 21 .... 158 A 17
3 30 .... 23 A 27
5 4 .... 29 A 18

Tobit
11 16 .... 20 A 6
12 16 .... 105 A 5

Zusätze zu Daniel
Bel 41 .... 23 A 27

Äthiopisches Henochbuch
15 1 .... 105 A 5

Slawisches Henochbuch
1 8 .... 105 A 5
20 2 .... 105 A 5
21 3 .... 105 A 5

22 5 .... 105 A 5

4. Esra
10 55 .... 105 A 5

Apokalypse des Abraham
10 6 .... 105 A 5
10 15 .... 105 A 5

Mischna
MTaan III 8 .... 142 A 13

Talmud
bBM 59b .... 158 A 17
bPes 112b/113a .... 56 A 7

Josephus
Ant VIII 45—49 ...... 56 A 5f., 60 A 30

Philo
Deus Imm 138 .... 57 A 15, 58 A 23

---

[1] Auf Anmerkungen wird nur verwiesen, wenn im Text der angegebenen Seite(n) die jeweilige Stelle nicht erwähnt ist.

Neues Testament

Matthäus

6 15	133 A 5
8 f.	135 A 5
8 3	76 A 16
8 5-13	14 A 14, 55 A 2, 87 A 6, 117 A 13
8 6	96
8 7-13	131 A 24
8 13	129 A 15
8 14	135 A 5
8 23-27	93 A 7, 96 A 23
8 25	96 A 25. A 28
8 27	26 A 38
8 28-34	62 A 1
9 1(2)-8	46 A 1, 70 A 19
9 8	26 A 38
9 18f. 22-26	23 A 24
9 25f.	66 A 9
9 26	46 A 22, 67 A 21
9 27-31	73 A 1, 126 A 1
9 27	96
9 29	76 A 16
9 30	76 A 17, 77 A 20
9 31	23 A 24
9 32-34	26 A 39
9 32f.	19, 25 A 37, 134 A 2
9 33	19, 26
9 36	101 A 13
10 1-16	100 A 3
11 2-6	173f.
11 5	27
12 15-21	166 A 1
12 22-45	159 A 22
12 22-30	134f. A 2, 141, 142 A 12. A 17. A 18, 143 A 20
12 22-24	26 A 39
12 22f.	19, 25 A 37, 134 A 2
12 23	19, 26
12 24	140 A 3
12 27	140 A 3
12 28	173—175, 176 A 16
12 31f.	143 A 23
12 38-42	155—157
12 40-42	158 A 18
13 54-58	147 A 1
13 57	148 A 7
13 58	152 A 28
14 12f.	99f. A 3
14 13	100 A 6
14 14	101 A 13
14 22-33	23 A 24, 108 A 22
14 33	26
15 21-28	85 A 1, 88
15 21	90 A 29
15 28	76 A 16
15 29-31	22 A 23, 72 A 1
15 31	23 A 25, 24 A 29, 26 A 38
16 1. 2a. 4	155—157
16 11	97 A 29
16 13-20	113 A 2
17 7	105 A 5
17 14-21	118 A 22
17 17	119 A 27
20 29-34	126 A 1
20 30	127 A 5
20 34	76 A 16, 127 A 3
21 15f.	26 A 39
21 18-20	23
23 36	158 A 18
28 5	105 A 5
28 9	106 A 5
28 10	105 A 5

Markus

1 1—8 26	1, 54 A 1, 91 A 31
1 3	82 A 21
1 4	73 A 9
1 5	46 A 20, 168 A 6
1 7	73 A 9
1 9-11	178 A 17
1 9	94 A 15
1 11	189 A 5, 190 A 6f., 191 A 11
1 12f.	172, 173 A 5f.
1 13	156 A 3
1 14—3 6	53 A 6
1 14f.	160 A 3f., 175, 176 A 16
1 14	73 A 9, 164 A 12
1 16-20	43, 54, 135
1 21—3 6	33, 42, 50, 53—55, 85 A 5, 165, 182, 183
1 21—2 12	42
1 21-39	10 A 13, 162f.
1 21-28	2, 12 A 19f., 19, 39, 43—46, 50, 52—55, 57, 61, 135, 136 A 8, 150 A 17, 164 A 12, 176 A 16, 180
1 21f.	43f., 101, 160 A 4, 183 A 1
1 21	75 A 9, 119 A 29, 135 A 4
1 22	45 A 14, 46, 99 A 38, 164 A 13
1 23-27	13, 62 A 2, 117 A 17
1 23f.	55
1 24	5 A 27, 27 A 10, 28, 57—59, 60 A 33, 61 A 35, 117 A 16, 172, 175
1 25	56f., 77 A 20, 121 A 37
1 26	56, 57 A 11, 121 A 37
1 27	2, 12 A 20, 19f., 23f., 25 A 35, 26 A 38, 28, 37, 39f., 41 A 11, 43 A 7, 44f., 72 A 6, 99 A 38
1 28	45f., 74, 78, 80, 82 A 22, 84, 180
1 29-32	13 A 10, 15 A 18, 22, 134—136, 161
1 29	75 A 9, 163
1 32-39	5, 30, 75, 100, 135f., 160, 161—166, 167f., 170f.
1 32-34	5, 61, 84 A 2f., 180, 184
1 32	46 A 20
1 33	46 A 20

1 34   55f., 61, 120 A 35, 152 A 29, 173,
         181, 189
1 35 .... 65 A 2, 75 A 9, 89 A 24, 95 A 18
1 37 .... 46 A 20
1 38 .... 73 A 9, 75 A 9, 100 A 7
1 39 46 A 20, 120 A 35, 123 A 46, 160 A 4
1 40-45   15 A 18, 22, 27, 33 A 13, 64,
          73—78, 84, 86, 161
1 40 96
1 41 .... 76, 103 A 18
1 43 .... 75 A 11, 76f.
1 44 .... 68 A 4, 74 A 4, 75f.
1 45   46 A 22, 47, 64, 67 A 23, 71 A 22,
       74f., 76, 80, 82, 91 A 32, 100, 120 A 35,
                155, 165f., 168, 180, 184
2 1—3 6   30, 32—34, 39 A 48, 54 A 1,
               73 A 3, 74 A 4
2 1-12   13, 19, 34 A 19, 39 A 48, 40, 41 A
         11, 46—50, 52—55, 86, 180
2 1f. ....69, 70 A 19, 101, 147 A 40
2 1 .... 75 A 9
2 2 .... 75 A 12, 100 A 7
2 4f. .... 131 A 24
2 5 .... 40 A 6
2 7 .... 120 A 35
2 8 .... 141 A 7
2 10   33, 40, 43 A 17, 141 A 9, 183, 188
2 11   68 A 2, 69 A 13, 83 A 34, 129 A 15
2 12   19—21, 23f., 26 A 38, 31, 45 A 16,
       78 A 3, 82 A 23, 99 A 38
2 13f. .... 34 A 19
2 13   43 A 17, 46 A 20, 75 A 19, 160 A 4,
       183 A 1
2 14 .... 89 A 24
2 15-28 42
2 15-17 .... 34 A 19
2 17 .... 164 A 13
2 23-28 .... 33 A 15
2 28 ...... 33, 39 A 48, 141 A 9, 183, 188
3 1-(5)6   14 A 14, 33 A 13, 44 A 11, 47 A
           10, 50—52, 52—55, 117 A 13, 163 A 9,
           180f.
3 1 .... 75 A 9
3 2 .... 152 A 29
3 5 .... 48 A 15, 112
3 6   1, 33, 54 A 1, 75 A 19, 155 A 2, 176
      A 17, 183
3 7-12   5, 30, 38 A 44, 54 A 1, 147, 160,
         161 A 6, 162 A 2, 166—168, 170, 180
3 7-10   47 A 5, 75, 84 A 2f., 100, 165f.,
         170f., 180, 184
3 7f. .... 80 A 12
3 7 .... 65 A 2, 120 A 35
3 8 .... 73 A 9, 90 A 29, 156 A 4
3 9f. .... 139 A 19
3 9 .... 65 A 2, 120 A 35, 165
3 10 ...... 73 A 9, 100 A 7, 152 A 29, 171
3 11f.   4, 56, 61, 64 A 13, 165, 173, 181,
         189
3 11 .... 5 A 27, 30, 61, 190 A 6f.

3 12 ......56 A 8, 77 A 20, 131 A 23, 184
3 13—5 43 .... 71 A 25, 85, 153
3 13-19   38 A 44, 54 A 1, 85 A 5, 160 A 4
3 13 .... 65 A 2
3 14f. .... 83 A 34
3 14 .... 73 A 9, 80
3 15   43 A 7, 53 A 4, 80 A 16, 120 A 35,
       123 A 46
3 16 .... 164 A 13
3 20-35   38 A 44, 139, 140—147, 159, 181,
          185, 191
3 20f. 31-35 .... 144, 145—147, 152
3 20   46 A 3, 47 A 5, 65 A 2, 69, 70 A 19,
       75 A 12, 120 A 35
3 22-30   27, 61, 141—145, 152, 157 A 9,
          172, 173 A 6, 176 A 16, 185
3 22 .. 1 A 5, 27 A 9, 120 A 35, 176 A 16
3 23 .... 120 A 35
3 24 175
3 27 .... 172, 175
3 28f. 175
3 32 .... 166 A 22
4 1-41 .... 153 A 32
4 1-34 .... 94, 95 A 17
4 1f. .... 43 A 7
4 1 .. 47 A 5, 75 A 9, 95, 156 A 4, 167 A 4
4 2 .... 43 A 7, 67 A 23
4 3-8 .... 111 A 2
4 10-12(13). 33f. ... 91 A 32, 145, 153, 192
4 10 .... 96 A 22
4 11f. 112
4 12 .... 72, 111 A 4
4 13 .... 72 A 27, 97
4 14-20 .... 46 A 4, 111 A 2
4 22 192
4 33 .... 46 A 4
4 34 .... 11 A 18, 96 A 22
4 35—8 26 .... 30, 34—38
4 35—6 6a .... 93 A 6, 185 A 7
4 35—5 43 ...... 81 A 19, 138 A 13, 153
4 35-41   2, 19, 34, 36, 37 A 34, 62 A 2,
          79 A 10, 93—99, 102, 111 A 4
4 35f. 153
4 35 .... 37, 156 A 4, 162 A 8, 165 A 14
4 36 .... 65 A 2, 81 A 19
4 38 .... 12 A 21
4 39 .... 77 A 20
4 40 ...... 72 A 27, 107, 111 A 5, 153, 185
4 41   19, 21f. A 16, 23f., 25 A 35, 26 A 38,
       28, 45 A 17f., 150 A 17
5 1-20   10 A 13, 14 A 12, 15 A 18, 19, 36,
         37 A 41, 57, 59 A 29, 61, 62—64, 65 A
         2, 67, 74 A 5, 78—84, 117 A 15, 117 A
         17
5 1f. .... 44 A 11
5 1 .... 37, 79 A 10, 82 A 23, 119 A 29,
        156 A 4
5 2 .... 120 A 35
5 6f. 55
5 6 .... 57f., 117 A 16

Register

5 7f. . . . . 61 A 39, 181 A 1, 191 A 12
5 7   5 A 27, 27 A 10, 28, 57—59, 64 A 13, 117 A 16
5 8 . . . . 56, *63f.*
5 9-13 . . . . 56, 58
5 9 . . . . 57 A 12, 58 A 19
5 13 . . . . 56 A 6, 121 A 37
5 14f. 82
5 14 . . . . 81 A 18
5 15 . . . . 19, 83, 84 A 34
5 16 83
5 17 . . . . . 65 A 2, 80 A 14, 82 A 25, 83, 89 A 24
5 18-20   15 A 19, 21 A 12, 74 A 6, *78—84*, 156 A 4
5 18 . . . . 120 A 35
5 19f. . . . . 73 A 9
5 19 . . . . 68 A 2, 70, 153
5 20   64, 65 A 2, 73 A 9, 90 A 28. A 30, 180, 184
5 21-43   2, 15 A 18, 40, 79 A 10, 151 A 23, 153, 181
5 21-24. 35-43   15 A 15, 19, 22, 25, 36, 64, *65—68*, 72, 138f.
5 21   36 A 32, 37, 46 A 3, 47 A 5, 156 A 4, 163 A 8
5 22 . . . . 127 A 5
5 23 . . . . 96, 138 A 10
5 24 . . . . 41 A 10, 163 A 8
5 25-34   10 A 11, 15 A 15, 19 A 23, 22, 29, 36, 65, 67, 134, *136—139*, 168 A 7, 171
5 27 . . . . 65 A 2
5 28 . . . . 171 A 11
5 30-34 . . . . 21 A 12
5 30 . . . . 49 A 20
5 31 . . . . 65 A 2
5 34 . . . . 65, 129 A 15
5 35 . . . . 96 A 27, 138 A 10
5 36 . . . . 65, 139
5 37 . . . . 19 A 4, 135 A 5
5 38f. . . . . 138 A 10
5 40 . . . . 19 A 4, 187 A 16
5 42f. . . . . 22 A 22, 23 A 24, 46 A 22
5 42 . . . . 19, 22 A 21
5 43   5, 19 A 4, 37, 45 A 20, 64, 70f., 84, 85 A 4f. A 9, 131 A 23, 153, 180, 184, 187 A 13

6 1-6 a   15, 38 A 44, 65, 67, 79 A 10, 84 A 2, 85 A 5. A 9, 138 A 13, 139f., *147— 153*, 154f., 181, 185, 191
6 1 . . 75 A 9, 89 A 24, 120 A 35, 164 A 12
6 2 . . . . 43 A 7, 93 A 6, 100 A 7, 139
6 6a 181
6 6b—8 26 . . . . 71 A 25, 85, 170 A 7
6 6b . . . . 43 A 7, 183 A 1
6 7-30 139
6 7-13 . . . . 38 A 44, 99f., 151 A 23
6 7 . . . 43 A 7, 53 A 4, 123 A 46, 160 A 4
6 10 . . . . 89 A 24
6 11 . . . . 74 A 4
6 12f. . . . . 55, 100 A 4, 160 A 4
6 12 . . . . 73 A 9, 75 A 9, 80
6 13   80 A 16, 120 A 35, 123 A 46, 152 A 29
6 14-29 . . . . 38 A 44, 99, 139 A 15
6 14-16   84 A 2, 140 A 1, *154f.*, 181, 187 A 12
6 14 . . . . 68, 168 A 10, 180
6 17-29 . . . . 37 A 34, 154
6 30(34)-56 . . . . 34, 169f.
6 30(34)-53 . . . . 35 A 28
6 30(34)-(51)52 . . 35, 38 A 44, 101, 107
6 30(34)-44   19 A 23, 22, 34, 35 A 27, 36, 92 A 3, *99—104*, 107—112
6 30-33(34)   75, 84 A 3, 107, 170, 180, 184 A 4
6 30   47 A 5, 73 A 9, 81 A 18, 160 A 4, 183 A 1
6 31-33 . . . . 47 A 5, 166 A 19
6 31f. . . . . 11 A 18
6 31 . . . . 75 A 9, 147 A 40, 165 A 14
6 32 . . . . 36 A 32, 65 A 2, 75 A 9, 167 A 4
6 33 . . . . 49 A 20
6 34   43 A 7, 65 A 2, 67 A 23, 75 A 9, 185
6 35 . . . . 36 A 32, 75 A 9
6 37 . . . . 109, 187 A 15
6 42 . . . . 88 A 12
6 43 . . . . 110, 111 A 4
6 45-(51)52   19, 22 A 23, 23 A 24, 25, 27 A 10, 30, 34—37, 92 A 3, *104—108*, 185
6 45   35 A 28, 36 A 32, 37, 65 A 2, 156 A 4, 163 A 8, 169
6 47 . . . . 95 A 18
6 51f. . . . . 23 A 24, 26, 99 A 38
6 51 . . . . 19, 21f. A 16
6 52   52 A 13, 72 A 27, 97, 102, 104, 110, 111 A 5, 112, 185
6 53-56   5, 30, 38 A 44, 84 A 2f., 101, 104, 107, 110, 139 A 19, 160, 162 A 2, 165, *169—171*, 180, 184
6 53 . . . . 35, 36 A 32, 37, 65 A 2
6 54 . . . . 49 A 20
6 55 . . . . 46 A 20, 75 A 9, 165 A 14
6 56 . . . . 44 A 10
7 1-37 35
7 1-23   34—36, 79 A 9, 91, 145, 170 A 4. A 6
7 1 . . . . 47 A 5, 75 A 9
7 14 . . . . 65 A 2, 145 A 32
7 15 . . . . 112 A 12
7 17-23 . . . . 120 A 34
7 17 . . . . 65 A 2, 70, 75 A 9, 120 A 35
7 18 . . . . 72 A 27
7 24—8 26 . . . . 90 A 31
7 24-30   14 A 14, 15, 34 A 20, 35f., 55 A 2, 64 A 13, 79 A 9, 80 A 12, *85—92*, 117 A 13, 170 A 7
7 24   65 A 2, 70, 75 A 9. A 11, *89—92*, 109, 120 A 35, 180

14*

7 26	96, 120 A 35
7 28f.	131 A 24
7 28	82 A 21
7 29	129 A 15
7 31(32)-37	14 A 12, 15 A 18, 19, 22 A 23, 34—36, 43 A 7, 64f., 67 A 24, 69 A 9, 71, *72f.*, 77f., 90 A 27. A 30
7 31	75 A 9, 79 A 11, 80 A 12, *89—92*, 109, 114 A 4
7 33	11 A 18, 116 A 11, 151 A 19, 187 A 16
7 34	159 A 18
7 36f.	76, 180, 184
7 36	64, 67, 68 A 4, 84, 85 A 4, 131 A 23
7 37	2, 19, 23, 26 A 38, 28, 37, 99 A 38, 151 A 19, 174, 175 A 14
8 1-9(10)	13 A 10, 22, 34—36, 92 A 3, 102, 103 A 18, *109f.*, 110—112, 185
8 1	46 A 3, 65 A 2, 94 A 15
8 2f.	102
8 2	101, 104 A 24, 185
8 4	88 A 12, 103, 187 A 15
8 6f.	103 A 24
8 8	88 A 12, 110, 111 A 4
8 10	35, 120 A 35, 156 A 4
8 11-26	35
8 11-(12)13	34—36, 110, 112, 140, *155—159*, 179 A 22, 181, 185, 191
8 11	45 A 15, 75 A 9
8 13	65 A 2
8 14-21	34 A 20, 35, 50 A 24, 71 A 25, 97, 102, 104 A 24, *110—112*, 156 A 4, 185
8 15	52, 67 A 23
8 16f.	49 A 20
8 17	49 A 20, 52 A 13, 72 A 27, 97 A 29, 141 A 7
8 18	71f.
8 21	72 A 27, 97 A 29
8 22-26	15 A 18, 22, 25, 27 A 5, 28 A 13, 34—37, *68—72*, 132
8 22	113 A 1, 119 A 29
8 23	116 A 11, 187 A 16
8 26	22 A 22, 37 A 37, 64, 75 A 9, 84, 85 A 4. A 9, 180, 184, 187 A 13
8 27—10 52	5, 71, 85 A 6, 91 A 31, 113f., 121f., 125 A 58, 126, 130—132, 181
8 27-37	6 A 33, 178, 186 A 10
8 27-33	113 A 2, 132
8 27-29	34 A 20, 154
8 27	1, 33, 85 A 9, 89 A 25, 114 A 4
8 29f.	4
8 29	64 A 1, 183 A 2, 190 A 6f.
8 30	77, 131 A 23, 184, 186
8 31	43 A 7, 75 A 9, 183
8 32f.	186
8 32	46 A 4, 75 A 9, 77 A 20
8 33	77 A 20, 120 A 35
8 34-37	113, 132
8 34	120 A 35, 145 A 32
8 38	183
9 1	125 A 58
9 2-29	191
9 2-13	120
9 2-8	29 A 17, 105 A 5, 106, 123—126, 178 A 17
9 2	11 A 18
9 6	22 A 16, 192
9 7	189 A 5, 190 A 7, 191 A 11
9 9-13	125f.
9 9	67, 131 A 23, 184, 186, 192
9 10	45 A 15, 68 A 26, 93, 123, 192 A 13
9 12	176 A 17, 192
9 14-29	22, 55 A 2, 62 A 3, 93 A 5, *114—126*, 181, 189f.
9 14	44 A 11, 45 A 15, 65 A 2
9 15	29 A 18, 46 A 20
9 16	45 A 15, 120 A 35
9 17	96 A 27
9 18	120 A 35, 187 A 15
9 19	72 A 27, 176 A 17, 192
9 20	55
9 22	96
9 24	193
9 25	56, 77 A 20, 121 A 37
9 26	56, 57 A 11, 121 A 37
9 27f.	23, 26
9 28f.	22 A 22, 192
9 28	70, 75 A 9
9 30-32	113 A 2
9 30	75 A 9, 89 A 24, 91 A 33, 114 A 4
9 31	43 A 7, 120 A 35, 183
9 32	72 A 27, 99 A 38, 120 A 35, 186
9 33ff.	113, 120 A 34
9 33	49 A 20, 70, 114 A 4, 120 A 35
9 34	114 A 4
9 38f.	122 A 44
9 38	120 A 35
10 1	89, 90 A 28, 114 A 4, 156 A 4
10 2	156 A 3
10 10-12	120 A 34
10 10	70, 91 A 32, 120 A 35
10 13	77 A 20, 131 A 24
10 17-31	132 A 38
10 17	114 A 4
10 18	49 A 20
10 23-27	50 A 24
10 23	49 A 20, 120 A 35
10 24	99 A 38, 105 A 4
10 25	49 A 20
10 26	43 A 7, 49 A 20, 99 A 38, 105 A 4, 120 A 35
10 28	75 A 9
10 32(33)-34	91 A 31, 113 A 2, 183
10 32	75 A 9, 99 A 38, 114 A 4, 124 A 50, 186
10 35ff.	113
10 42	145 A 32
10 45	164 A 13
10 46-52	13, 15 A 18, 21 A 12. A 14, 27, 71 A 23, 72, 114, 121, *126—132*, 181 A 2, 188 A 19

Register   213

10 46 ...... 114 A 4, 119 A 29, 120 A 35
10 47f. .... 82 A 21, 96
10 48 .... 77 A 20, 151 A 20
10 49 .... 151 A 20
10 51 96
10 52   15 A 19, 21, 23, 26, 76 A 16, 114 A
              4, 176 A 17, 193
11 1-6 134
11 1 .... 1, 119 A 29
11 3 .... 82 A 21
11 9 .... 82 A 21
11 10 131
11 11 .... 75 A 9, 95 A 18
11 12-25 .... 40, 139
11 12-14. 20-25   23, 121 A 39, *132—143*,
                                     181 A 2
11 12 .... 119 A 29
11 15-19 134
11 15 .... 75 A 9, 119 A 29
11 16 .... 158 A 18
11 18 .... 43 A 7, 46 A 20
11 20 .... 95 A 18, 165 A 14
11 22 .... 49 A 20
11 27-33 .... 43 A 7
11 27 .... 119 A 29, 120 A 35
11 30 .... 158 A 17
11 31 .... 49 A 20
12 1-12 .... 88 A 12, 134
12 1 .... 75 A 9
12 9 .... 156 A 9
12 11 .... 82 A 21
12 12 .... 65 A 2, 79 A 7, 156 A 4
12 13 .... 52, 155 A 2
12 15 .... 156 A 3
12 18-27 .... 68 A 26
12 28 .... 45 A 15
12 29f. .... 82 A 21
12 35f. .... 82 A 21
12 38 .... 43 A 7
13 .... 159 A 23
13 1 .... 120 A 35
13 3 .... 120 A 35
13 4 158
13 9 .... 74 A 4
13 10 .... 73 A 9, 92
13 20 .... 82 A 21
13 30 .... 158 A 18
13 34 .... 43 A 7
14f. .... 190 A 7
14 1-11 139
14 1 .... 1, 104 A 24
14 5 .... 77 A 20
14 8f. .... 73 A 9
14 12-16 134
14 12 .... 162 A 8
14 17-21 134
14 17 .... 95 A 18
14 22 .... 103 A 24
14 29-31 134
14 42 .... 164 A 14

14 60 .... 89 A 24
14 61f. .... 189 A 5, 190 A 7
14 62 .... 2, 183, 186
15 1 .... 95 A 18
15 39 . 2, 186, 189 A 5, 190 A 7, 191 A 11
15 42 .... 95 A 18, 162 A 8
16 2 .... 95 A 18, 162 A 8, 164 A 13
16 5f. .... 105 A 5
16 8 .... 29 A 17

         Unechter Markusschluß
16 9 .... 120 A 35
16 17 .... 120 A 35, 122 A 44

                  Lukas
1 12 .... 29 A 17
1 29(f.) .... 29 A 17, 105 A 5
2 9(f.) .... 29 A 17, 105 A 5
4 .... 164 A 12
4 14 .... 178 A 14
4 16-30 .... 147 A 1
4 24 .... 148 A 7
4 36 .... 26 A 38, 44
4 38 .... 135 A 4
5 1-11 .. 14 A 14, 54 A 4, 105 A 5, 135 A 5
5 14 .... 75 A 12, 76 A 15
5 15 .... 46 A 22
5 25 .... 21, 23 A 25
5 26 .... 26 A 38
6 17-19 .... 166 A 1
7 1-10 .... 14 A 14, 55 A 2, 86 A 6
7 3-5 96
7 11-17 19
7 16 .... 19, 21, 23f.
7 17 .... 46 A 22, 82 A 22
7 18-23 .... 173f.
7 31 .... 158 A 18
8 22-25 .... 93 A 7
8 24 .... 96 A 28
8 25 .... 26 A 38
8 26-39 .... 62 A 1
8 55f. .... 67 A 21
8 55 .... 66 A 8
9 10f. .... 100 A 4
9 11 .... 101 A 13
9 28-36 .... 125 A 57
9 37-43 a .... 118 A 22, 125 A 57
9 41 .... 119 A 27
9 43a .... 23f., 26, 118 A 20
10 2-12 .... 100 A 4
10 17 .... 100 A 4
11 14-23   134f. A 2, 141, 142 A 12. A 17f.,
                        143 A 20, 159
11 14 .... 19f., 25f., 134 A 2
11 15 .... 140 A 3
11 18. 19 .... 140 A 3
11 20 .... 173—175
11 24-26 159
11 29(30)-32 .... 155—157, 158 A 18
11 50f. .... 158 A 18
12 1 .... 111 A 6

12 10 .... 143 A 23
13 10-17 .... 14 A 14
13 10-13 25
13 13 .... 21, 23 A 25
14 1-6 .... 14 A 14, 51 A 6, 117 A 13
14 4 .... 129 A 15
17 11-19 ..... 14 A 14, 21, 25, 137 A 6
17 13 96
17 14 .... 77 A 21
17 25 .... 158 A 18
18 35-43 .... 21 A 14
18 35 .... 127 A 5
18 42 .... 127 A 3
18 43 .... 21, 23f., 26, 127 A 3
19 1-10 .... 129 A 16, 131 A 24
21 11 .... 158 A 17
24 37 .... 29 A 17

Johannes
2 1ff. .... 31 A 5
2 4 .... 32 A 6
2 12f. .... 31 A 4
4 44 .... 148 A 7
4 46b-54 .... 31 A 4f., 87 A 6
4 48 .... 32 A 6, 40 A 8
6 .... 34, 36
6 1-21 .... 34 A 20, 37
6 1-15 ..... 99 A 1, 102 A 18, 103 A 21
6 4. 6 .... 32 A 6
6 14 .... 22 A 17
6 16-21 ..... 35 A 25, 104 A 1, 106 A 10
6 21 .... 35 A 25
6 26ff. .... 34 A 20
6 32ff. .... 34 A 20
6 66ff. .... 34 A 20
7 1-13 .... 31 A 4
9 7 .... 77 A 21
11 33 .... 77 A 20
11 38 .... 77 A 20
20 19. 21. 26 .... 106 A 5
20 30f. .... 17, 31, 32 A 8

Apostelgeschichte (Act)
2 42-47 .... 16 A 5
3 1-10 .... 16 A 6
3 8(9)-10 .... 18, 25
3 11-26 .... 16 A 6
3 11f. .... 18 A 16
4 1-22 .... 16 A 6
4 29 .... 46 A 4
4 30 24

5 11 18
5 12-16 .... 16 A 5. A 7, 122 A 44
5 15 .... 137 A 4
6 1-6 110
8 7-12b .... 122 A 44
9 33-(34)35 .... 16f. A 8, 18 A 21
9 36-(41)42 .... 16f. A 8, 18 A 21
9 40 .... 116 A 11
9 43 .... 17 A 8
10 1ff. .... 17 A 8
10 38 .... 178 A 14
11 19 .... 46 A 4
13 6-12 .... 122 A 44
14 11 18
14 25 .... 46 A 4
16 19 83
16 39 83
18 9 .... 106 A 5
19 11f. .... 122 A 44
19 12 .... 137 A 4
19 13-16 ..... 56 A 7, 57 A 13, 122 A 44
19 17 18
19 23-40 83
20 7-12 .... 18 A 21
20 11 .... 18 A 17
20 12 .... 17 A 8, 18
27 24 .... 106 A 5

Römer
1 3f. .... 189 A 5
1 16 .... 88 A 12. A 17
3 24 .... 4 A 26

1. Korinther
12 9f. .... 122 A 44

Philipper
2 6-11 .... 4, 178

1. Timotheus
3 16 .... 191 A 11

Jakobus
5 14 .... 122 A 44

Johannesapokalypse (Apk)
1 17 .... 106 A 5
6 12 .... 154 A 5
12 1. 3 .... 158 A 17
15 1 .... 158 A 17

Christliche Literatur außerhalb des NT

Thomasevangelium
31 .... 148 A 7

Griechische und lateinische Literatur

Apuleius
Met XI 13 .... 20 A 6, 23 A 27

Homer
Hymn 33, 16f. .... 20 A 6

Livius
II 36, 7 .... 20 A 6

Lucian
Dial Deor XX 7 .... 105 A 5
Ikaromenipp XIII .... 105 A 5

Philops
Philops 12 .... 20 A 6
  16 56 A 5. A 7, 57 A 13, 60 A 30
  31 .... 57 A 13, 60 A 30

Philostrat
Vit Ap III 38 .... 56 A 5
  IV 20 28 A 13, 55 A 3, 56 A 6,
                    60 A 30f.
  IV 25 .. 55 A 3, 56 A 7, 58 A 20

Plutarch
I 24, 225c .... 20 A 6

Sammelwerke

AOT (Altorientalische Texte, Hg. v. H. Greßmann, ²1926)

77—79 .... 55f. A 4, 56 A 7, 59 A 26

BGU (Ägyptische Urkunden aus den Museen zu Berlin: Griechische Urkunden, 1895—1933)

III 846, 13ff. .... 154 A 5

Ditt Syll (W. Dittenberger, Sylloge inscriptionum Graecarum, ³1915—1924)

III 1173, 4—6 20 A 6, 24 A 27, 37 A 40, 72 A 6
III 1173, 9f. .... 21 A 13
III 1173, 10f. .... 24 A 30
III 1173, 13f. .... 21 A 13, 24 A 30
III 1173, 17f. .... 21 A 13, 24 A 30

P Oxy (B. P. Grenfell — A. S. Hunt, The Oxyrhynchus Papyri, 1898—1927)

1, 6 .... 148f.
1242, 52—54 .... 20 A 6
1381, 218—222 .... 29 A 18
1382, 20f. .... 23 A 27

Preis Zaub (K. Preisendanz, Papyri Gracae Magicae, 1928. 1931)

IV 3037—3039 .... 56 A 7
XIII 243f. .... 56 A 7

Griechisches Stichwortregister

(in Auswahl)

ἀγνοεῖν .... 72 A 27
ἀκολουθεῖν .... 65 A 2, 131 A 27f.
ἀναστάς . 89 A 24, 163 A 9, 164 A 13f.
ἀπαγγέλλειν 81
ἀπέρχεσθαι   65 A 2, 82 A 23, 89 A 24,
            100 A 7, 156 A 4, 164 A 14
ἀπιστία .... 139, 147, 152f., 181 A 2
ἄπιστος .... 72 A 27
ἀποπομπή .... 56 A 5
ἄρρωστος .... 152 A 29
ἀσπάζεσθαι 120
ἀσύνετος .... 72 A 27
βασιλεία τοῦ θεοῦ ..... 174f. 176 A 16
Βεε(λ)ζεβούλ ...140 A 3, 142, 143 A 20
(ἀνα-)βλέπειν 72, 132
γενεά .... 122, 158 A 18
γινώσκειν .... 72 A 27
δαιμόνια ἐκβάλλειν   55, 80 A 16, 120 A
            35, 123 A 46, 164 A 14
διαλογίζεσθαι .... 48 A 20
διαπερᾶν .... 65 A 2
διαστέλλεσθαι .... 67 A 23, 73 A 9
διδάσκαλος .... 96 A 27
διδάσκειν 43 A 7, 44 A 11, 101f., 183 A 1
διδαχή 43 A 7, 44, 150 A 17, 153, 183 A 1
δύνασθαι .... 49 A 20, 120 A 35
δύναμις   53 A 4, 137, 139, 155 A 8,
            158 A 16, 178 A 14
δυνάμεις 68, 84 A 2, 93 A 6, 139, 147,
            153, 155, 159 A 24, 185
ἐγώ εἰμι 105
εἰσέρχεσθαι ..... 75 A 9, 120 A 35
ἐκεῖθεν .... 89 A 24
ἐκθαμβεῖσθαι 120, 124
ἐκπλήσσεσθαι   20, 43 A 7, 147 A 2,
            152 A 25
ἔκστασις 20, 29
ἐλεεῖν, ἔλεος .... 82 A 16
ἐμβαίνειν .... 156 A 4
ἐμβριμᾶσθαι 77
ἐξέρχεσθαι   75 A 9, 121 A 37, 155 A 2,
            164 A 14
ἐξίστασθαι .... 20, 29 A 16, 99 A 38
ἐξορκίζειν .... 57 A 14
ἐξουσία 43 A 7, 44, 50, 53—55, 137 A 4,
            182f., 187f.
ἐπερωτᾶν .... 120 A 35
ἐπιγινώσκειν .... 49 A 20
ἐπιπομπή .... 56 A 5
ἐπιτιμᾶν 77
ἐπιφάνεια .... 29 A 18

ἔρημος τόπος.... 75 A 9, 100, 164 A 14
εὐαγγέλιον .... 176 A 16
εὐθύς .... 45 A 20, 49 A 20
ζητεῖν .... 166 A 22
ἤρξατο mit Inf. 75 A 9, 82 A 23, 101 A
            14, 155 A 2
Ἡρῳδιανοί 52
θαμβεῖσθαι ...... 20, 29 A 16, 99 A 38
θαυμάζειν .... 20, 29 A 16
θεῖος ἀνήρ/θεῖος ἄνθρωπος 26 A 3, 28 A
            13, 60, 61 A 38, 92 A 2, 124 A 52
θεραπεύειν ....55, 152 A 29, 164 A 13f.
θλίβειν .... 65 A 2
κατ' ἰδίαν   11 A 18, 110 A 7, 120 A 35,
            145 A 33
κηρύσσειν   73 A 9, 75 A 9, 80, 81 A 18,
            123 A 46, 164 A 14
κύριος .... 82 A 21. A 23, 88 A 17
λαλεῖν (τὸν λόγον) ...... 46, 164 A 13
λέγειν .... 49 A 20, 100 A 7, 165 A 14
λόγος .... 46 A 4
οἱ μαθηταὶ αὐτοῦ .... 120 A 35
μαρτύριον .... 74 A 4
Ναζαρηνός/Ναζωραῖος 127 A 6, 128 A 9
νοεῖν 72, 112
ὁδός 91 A 31, 113 A 1, 114, 131, 181 A 2
οἶκος / οἰκία   69f., 91, 120 A 35, 146,
            147 A 40
ὅλος .... 45f. A 20, 164 A 14
ὅρια .... 89 A 24
ὁρκίζειν .... 57f.
ὅσος .... 73 A 9
οὐρανός 158
ὄχλος (πολύς) 20, 24 A 29, 65 A 2, 103,
            146
ὀψίας γενομένης .... 95, 165 A 14
πάλιν .... 156 A 4
παραβολή .... 145 A 33, 193
πᾶς .... 20, 46 A 20, 164 A 14
πειράζειν 155
πέραν .... 36 A 32, 156 A 4
πίστις 72 A 27, 87 A 7, 97, 121, 129,
            131, 137, 139, 147, 153 A 36, 181 A 2
πνεῦμα ἄλαλον 55, 57 A 11, 115 A 6,
            117 A 16, 124 A 53
πολλά ..... 67 A 23, 75 A 9, 102 A 14
πολλοί .... 47, 100 A 7
πρωί .... 95 A 18, 165 A 14
πρῶτον .... 87, 88 A 12
πώρωσις τῆς καρδίας .... 52 A 13
ῥαββουνί 128

σημεῖον   31f. A 5, 156, 158, 159 A 24
σκανδαλίζεσθαι 147 A 2, 150 A 13, 152 A 25
σπλαγχνίζεσθαι 76, 101
(ἀνα-)στενάζειν .... 158 A 18
συζητεῖν 45, 120, 123, 155 A 2, 159 A 21
συνάγειν .... 47 A 5, 65 A 2
συνθλίβειν .... 65 A 2
συνιέναι 72, 112
τυφλός 72, 132

υἱὸς Δαυίδ 128, 130 A 18, 131, 132 A 34
υἱὸς τοῦ ἀνθρώπου 33, 49 A 21, 50 A 23,
                      183 A 2, 189 A 5
υἱὸς τοῦ θεοῦ 147, 168, 169 A 12, 189f.,
                      191 A 11, 193
ὕψιστος .... 28 A 11
Φαρισαῖοι .... 52, 155 A 2f.
φοβεῖσθαι .... 20, 29 A 6, 99, 105 A 5
φόβος 20, 29

Walter de Gruyter
Berlin · New York

Beihefte zur Zeitschrift
für die neutestamentliche Wissenschaft
Herausgegeben von Walther Eltester
Groß-Oktav. Ganzleinen

Martin Hengel	**Nachfolge und Charisma** Eine exegetisch-religionsgeschichtliche Studie zu Mt 8,21 f. und Jesu Ruf in die Nachfolge VI, 116 Seiten. 1968. DM 36,— ISBN 3 11 005600 3 (Band 34)
Wolfgang Huber	**Passa und Ostern** Untersuchungen zur Osterfeier der alten Kirche XI, 255 Seiten. 1969. DM 48,— ISBN 3 11 002585 X (Band 35)
Ch. Burchard – J. Jerwell – J. Thomas	**Studien zu den Testamenten der Zwölf Patriarchen** Drei Aufsätze, herausgegeben von Walther Eltester VIII, 158 Seiten. 1969. DM 44,— ISBN 3 11 002587 6 (Band 36)
Walther Eltester (Hrsg.)	**Christentum und Gnosis** Aufsätze VIII, 143 Seiten. 1969. DM 38,— ISBN 3 11 002586 8 (Band 37)
Martin Lehmann	**Synoptische Quellenanalyse und die Frage nach dem historischen Jesu** Kriterien der Jesusforschung untersucht in Auseinandersetzung mit Emanuel Hirschs Frühgeschichte des Evangeliums XII, 218 Seiten. 1970. DM 42,— ISBN 3 11 002588 4 (Band 38)
Klaus Berger	**Die Amen-Worte Jesu** Eine Untersuchung zum Problem der Legitimation in apokalyptischer Rede XII, 182 Seiten. 1970. DM 42,— ISBN 3 11 006445 6 (Band 39)
E. Grässer – A. Strobel R. C. Tannehill – W. Eltester	**Jesus in Nazareth** VIII, 153 Seiten. 1972. DM 64,— ISBN 3 11 004004 2 (Band 40)
Ulrich Wickert	**Sacramentum Unitatis** Ein Beitrag zum Verständnis der Kirche bei Cyprian XII, 164 Seiten. 1971. DM 58,— ISBN 3 11 002424 1 (Band 41)

Preisänderungen vorbehalten

# Walter de Gruyter
Berlin · New York

P. Bonifatius Kotter (Hrsg.)

Die Schriften des Johannes von Damaskos

Herausgegeben vom Byzantinischen Institut der Abtei Scheyern. Etwa 8 Bände. Groß-Oktav. Ganzleinen. (Patristische Texte und Studien)

I. Institutio elementaris. Capita philosophica (Dialectica). Als Anhang: Die philosophischen Stücke aus Cod. Oxon. Bodl. Auct. T. I. 6.
XVI, 198 Seiten. 1969. DM 48,— ISBN 3 11 002661 9
(Band 7)

II. Expositio Fidei
LX, 291 Seiten. 1973. DM 128,— ISBN 3 11 004033 6
(Band 12)

III. Contra imaginum calumniatores orationes tres
Etwa 264 Seiten. 1975. Etwa DM 128,— ISBN 3 11 005971 1
(Band 17)

Ekkehard Mühlenberg

Psalmenkommentare aus der Katenenüberlieferung

2 Bände. Groß-Oktav. Ganzleinen.
Band I: XXXIV, 375 Seiten. 1975. DM 118,—
ISBN 3 11 004182 0
(Patristische Texte und Studien, Band 15)

Edition und Rekonstruktion mit ausführlichem textkritischen Apparat. Die Klassifizierung beruht auf den Vorarbeiten von R. Devreesse und M. Richard.
Die Ausgabe der „Psalmenkommentare der Katenenüberlieferung" erfolgt in zwei Bänden. Band I enthält die Texte von Apollinaris zu Psalm 1—150 und Didymos zu Psalm 1—50, während Band II die Didymos-Texte zu Psalm 51—150 und das Register bringen wird.

Hans Lietzmann

Geschichte der Alten Kirche

4./5. Auflage in einem Band
Groß-Oktav. XVIII, 1223 Seiten. 1961. Photomechanischer Nachdruck 1975. Ganzleinen DM 178,— ISBN 3 11 004625 3

Es handelt sich hier um das klassische Standardwerk zur Geschichte des Christentums in den ersten Jahrhunderten. Es ist für alle unentbehrlich, die sich mit dieser Epoche beschäftigen, und zwar über die Kirchengeschichte hinaus für alle benachbarten Disziplinen. Das Werk hat den zusätzlichen Vorzug einer so flüssig lesbaren und allgemeinverständlichen Darstellung, daß es in den Bibliotheken aller an der Geschichte des Christentums interessierten Gebildeten vertreten sein sollte.

Preisänderungen vorbehalten

Walter de Gruyter
Berlin · New York

Studia Judaica
Forschungen zur Wissenschaft des Judentums
Herausgegeben von Ernst Ludwig Ehrlich
Groß-Oktav. Ganzleinen

Paul Winter — On the Trial of Jesus
2nd edition. Revised and edited by T. A. Burkill and Geza Vermes
XXIV, 225 pages. 1974. DM 48,—
ISBN 3 11 002283 4 (Volume 1)

Michael Avi-Yonah — Geschichte der Juden im Zeitalter des Talmud
In den Tagen von Rom und Byzanz
XVI, 290 Seiten. 1962. DM 38,— ISBN 3 11 001344 4 (Band 2)

Gershom Scholem — Ursprünge und Anfänge der Kabbala
XI, 434 Seiten. 1962. DM 48,— ISBN 3 11 001345 2 (Band 3)

Abraham Schalit — König Herodes
Der Mann und sein Werk
XVI, 890 Seiten. Mit 1 Frontispiz, 8 Bildtafeln, 4 Karten und 1 Stammtafel in Tasche. 1969. DM 148,—
ISBN 3 11 001346 0 (Band 4)

Arnold Maria Goldberg — Untersuchungen über die Vorstellung von der Schekhinah in der frühen rabbinischen Literatur
— Talmud und Midrah —
XII, 564 Seiten. 1969. DM 72,— ISBN 3 11 001347 9 (Band 5)

Chanoch Albeck — Einführung in die Mischna
Aus dem Hebräischen übers. v. Tamor und Pessach Galewski
VIII, 493 Seiten. 1971. DM 68,— ISBN 3 11 006429 4 (Band 6)
Enthält ein neuartiges Lexikon von 192 Seiten

Hermann Greive — Studien zum jüdischen Neuplatonismus
Die Religionsphilosophie des Abraham Ibn Ezra
X, 225 Seiten. 1973. DM 72,— ISBN 3 11 004116 2 (Band 7)

Peter Schäfer — Rivalität zwischen Engeln und Menschen
Untersuchungen zur rabbinischen Engelvorstellung
XIV, 280 Seiten. 1975. DM 78,— ISBN 3 11 004632 6 (Band 8)

Preisänderungen vorbehalten